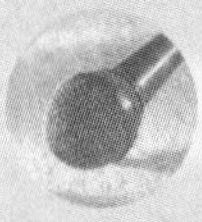

中国传媒大学 播音主持艺术学院

播音与主持艺术专业本科教材

A Practical Course in Anchoring

总主编◉付 程

实用播音教程

第 1 册

普通话语音和播音发声

主编◉吴弘毅 责任编辑◉杜丽华

第 2 册

语言表达

主编◉付 程 责任编辑◉杜丽华

第 3 册

广播播音与主持

主编◉陈雅丽 责任编辑◉韩旺辰

第 4 册

电视播音与主持

主编◉罗 莉 责任编辑◉陈友军

第3册

实用播音教程

广播播音与主持

A Practical Course in Anchoring

主编◉陈雅丽

A Practical Course in Anchoring

中国传媒大学出版社
·北京·

图书在版编目（CIP）数据

实用播音教程：第三册，广播播音与主持 / 陈雅丽主编 . – 北京：北京广播学院出版社，2002. 1
(2019. 2重印)
ISBN 978-7-81004-978-8

Ⅰ. 实…　Ⅱ. 陈…　Ⅲ. ①广播 – 播音 – 高等学校—教材　②广播 – 主持人 – 高等学校—教材
Ⅳ. G222. 2

中国版本图书馆 CIP 数据核字（2001）第 062461 号

实用播音教程（第三册）　广播播音与主持
SHIYONG BOYIN JIAOCHENG（DI-SAN CE）GUANGBO BOYIN YU ZHUCHI

主　　编　陈雅丽
责任编辑　韩旺辰
责任印刷　阳金洲
装帧设计　闫志杰

出版发行　中国传媒大学出版社
社　　址　北京市朝阳区定福庄东街 1 号　邮编：100024
电　　话　86-10-65450532　　65450528　传真：65779405
网　　址　http://www.cucp.com.cn
经　　销　全国新华书店

印　　刷　三河市东方印刷有限公司
开　　本　787mm×1092 mm　1/16
印　　张　27. 5
字　　数　413千字
版　　次　2002 年 1 月第 1 版
印　　次　2019 年 2 月第 27 次印刷

书　　号　ISBN 978-7-81004-978-8/K·978　　定　价　45. 00 元

前　言

《实用播音教程》是北京广播学院播音主持艺术学院播音与节目主持艺术本科专业训练教材。全套教材共4册。第一册，普通话语音和播音发声(一年级用)；第二册，语言表达（二年级用)；第三册，广播播音与主持(三年级用)；第四册，电视播音与主持（四年级用)。

北京广播学院自1963年创建播音专业，经过几代人的辛勤努力，积累了较为丰富的专业教学经验，播音专业理论教材也日臻完善。但是，由于种种原因，播音专业训练教材一直没有正式出版。随着我国广播电视事业的快速发展和社会对播音、节目主持人才需求的增加，播音教育事业也迅速发展起来。国家教育部于1998年进行高校专业调整，又将播音专业改设为播音与主持艺术专业，同时，颁布了高校播音与主持艺术专业专业规范。因此，正式出版播音与主持艺术专业训练教材的时机业已成熟。

本教程力图体现以下特点：

一、统一性与规范性相结合。每册教材按不同内容分为若干教学单元，每个教学单元都按照统一的体例安排教学内容。本教程无论是理论概要，还是训练材料，均符合教学计划、教学大纲和部颁专业规范的要求。

二、实用性和可操作性相结合。1．本教程为方便教学和提高教学效率，在每单元开始部分安排理论概要和教学目的及教学要求，以便于使用者了解、把握理论脉胳，指导实践。2．示例分析是通过具体实例、例稿分析，简述本单元理论、训练要点和主要教学方法，具有一定的示范作用。3．训练材料部分基本涵盖和体现本单元理论要点、基本类型和基本教学要求。每部分、每篇练习材料或几篇同类的练习材料均有相应的训练提示，使教学有所遵循。4．每一单元有的还有补充练习材料，既可做课上训练之用，又可做学生课下练习之用。5．思考题基本涵盖单元理论要点，便于学生复习。6．每册教材的最后附有综合练习材料，既可供教师训练选用，也可作为学生课下实践、练习之用。

三、典型性和稳定性相结合。教材内容既保留了多年来部分专业教学训练的经典内容，又注意吸收、选收近年专业教学、科研的新成果和广播、电视实践中的新材料。这些材料对专业基本功和业务技能训练具有一定的典型意义。

为提高本材料使用效率，特建议：

1. 材料各单元虽设有理论概要这一内容，但它只是专业理论的基本线索，为全面、系统掌握专业理论，学习中将本教材与相应的理论教材配合使用，效果会更好。

2. 教学中，教师应在熟悉教学大纲和教学进度计划的基础上使用本教材，学生应在教师的指导下，按计划使用本教材。

3. 教材中的训练提示只是为训练提供一个基本方向，或从某个角度对教学提供某种参考意见，并不能以此代替使用者自己的思维。教师尤其要鼓励学生独立思考，勇于创新。

4. 教师在使用本教材时也应积极思考，善于总结，对教材中的看法既要有所遵循（指的是被实践证明带有规律性的部分），又不应过分依赖和拘泥。特别是教学方法，应因人、因材、因时、因势而宜，灵活多样，不拘一格。

《实用播音教程——广播播音与主持》是大学本科三年级业务理论课《播音文体业务理论》的配套教材。内容包括文艺播音理论、通讯播音理论、新闻播音理论、评论播音理论、主持人概论等不同体裁的稿件、不同的节目形式、不同语体的训练材料。广播电台的播音与主持工作属有声语言艺术创造的范畴，他们唯一的传播手段是自己的有声语言。所以本教材的训练重点是使同学们基本做到对不同体裁的稿件、不同形式的节目都能用相应的语体表达出来，达到广播电台播音与主持工作实战的要求。本教材应与《播音文体业务理论》一本配合使用。

《实用播音教程——广播播音与主持》由北京广播学院播音主持艺术学院广播播音与主持业务理论教研室编撰完成。各单元编著者有：

第一单元：新闻播音　高蕴瑛

第二单元：评论播音　毕德颐　毕征

第三单元：通迅播音　张慧

第四单元：文艺播音　陈雅丽

第五单元：节目主持艺术　白龙

由于时间的仓促，不当之处在所难免。欢迎批评、指正，以利于再版时补正。

编　者

2002年1月

目　录

第一章　新闻播音

一、理论概要

播报新闻是广播电视传媒中播音员、主持人最主要的工作内容之一，新闻播报的质量直接影响着宣传效果。各个台的新闻播音员、主持人往往成为这个台的标识性人物，人们也往往拿他们的播报水平和主持形象做为评价一个台的重要依据。掌握新闻播报的规律，切实提高自己的播报水平是每一个有志于从事播音、主持工作的人所期望的。希望下面的训练能帮助大家逐步实现、落实这一期望。

新闻稿件的特点对新闻播音产生规定性影响，从对新闻稿件由内容到形式的整体认识中可以逐步寻求到新闻播音的基本要求，体会到新闻播报的语言特色。“用事实说话，以新感人”简略地概括了新闻播音的特点，换个角度说，新闻播音的基本要求就是：（一）叙事要清楚；（二）新鲜感要强。

（一）叙事要清楚

透过稿件文字还原新闻事实，在播报之前不仅要做到“知其然”，而且还要略知其“所以然”，这是将新闻事实叙述清楚的前提条件。新闻内容包罗万象：有的是简单的信息，有的却是引人注意的动态或是发人深省的现象，所以在凭借稿件文字了解事实表象之后，往往还需要探求其深层含意（见第一章典型问题）。这就需要我们将这一事实摆在它特有的时空坐标上，上挂政策，下联实际，明确其宣传背景的宣传目的，广义备稿在此有着十分重要的意义。不断积累知识，学习政策，了解实际，提高自己的新闻敏感程度是每一个新闻播音员、主持人所必需的，否则只能做一个“匠人”，停留在见字读音简单成句的水准。业内人士常说：“播新闻不难，播好新闻可太难了。”恐怕道理就在这里。

新闻稿件的结构有它的体裁特征，熟悉其导语、主体和结尾（有的还有背景材料）的三段式结构，对在较短的时间内迅速准确地把握新闻事实十分重要。而在语言表达过程中则要分别注意以下问题：

分析确定导语的语句重心，避免语势平直架起。导语“纲举”鲜明，导向清晰，新闻事实本质便一“耳”了然，而后的新闻主体部分方可顺其势“目张”明了。

新闻主体部分是事实的展现部分，最忌讳的就是摆单句，摆成一片散沙或一团乱麻。应该由宏观入手，先确定重点和层次，通过语流曲线的对比变化将其重点突出，将层次内部集中，将层次间的转换显露，而后再一步步地走向微观落实。比如层次内部的相对集中，是通过关连密切的语句关系和每一语句的准确表达来实现的。在这一环节，组织好句子、强化句与句间的关联至关重要。

明确背景材料的用途，充分发挥内在语的作用，避免直白肤浅和故弄玄虚，不躁不饰地将背景材料交待透彻，这样才能使新闻内容更加重点突出，使新闻价值更加明确。（见第一章典型问题第8例）

结尾部分要注意与全篇消息的呼应，将语气自然过渡转换，自信平稳地将句尾蹲住，给人以结束感，并将新闻内容引向深化。

为了在快速运动的语流中仍能将事实叙述清楚，需要有扎实的语言基本功做保证。比如，明亮坚实的声音，通畅自如的气息，标准清晰的字音，灵活有力的口齿等等。这些都是需要在持之以恒的锻炼中逐步加强的，在新闻播报过程中切不可着意去调整、改进某一项目，或是着意去展现某一项目，瞬间对内容的疏忽都会直接影响语意的清晰度，使事实含混。

（二）新鲜感要强

“我们的新闻播音要用时代的新鲜气息吸引和感染听众”，这种新鲜气息来源于播音员对新闻事件、新闻稿件的认识和感受，而这些又直接受到他个人的政策水平、新闻敏感度和认识结构状况的影响。一个新闻事件发生，一篇新闻稿件到手，能迅速准确地捕捉到新鲜点、感受到新意，是要有一个积累熟练过程的。只有开始时每一条新闻都不厌其“繁”，才能做到有日后的其速其准。开始的时候可以先摸索在广阔的新闻背景中绘制这一新闻事件的时空坐标图，然后再在同一时期的不同事件类比中（横向比较），和同一事件的不同时期的变化对比中（纵向比较）找到它的特别之处，即新意所在。新意表现在各个方面，比如事件新、政策新、思想新、角度新、形式新、听众新等等。稿件的新意被播音员的主观感受强化并向宣传职能方向转化，这便形成了一股内驱力，通常把这种力称为播讲愿望。不同体裁稿件引发的播讲愿望都会呈现出自己的特点，新闻稿件刺激产生的播讲愿望可大体地概括为“先睹为快之后产生的欲先吐为快的冲动”，这不仅是新奇感得到满足和得以宣泄的愉悦，更是宣传目的得以实现的愉悦。这种有特色的播报愿望在播报过程中应被有声语言的反馈不断加强，再反过来驱动有声语言更加有活力、有新鲜感地顺畅向前。这就是新闻播报的创作心态，它的源头是“新意”，它的归宿是播报语言的新鲜感。

为了能最大限度地传达新意，体现新鲜感，我们在驾驭具体语言技巧时需要注意以下几点：膈肌活跃，气息带有明显的弹发跳跃感；声音明亮轻松，字音饱满有力度；语势常扬，语气明朗有兴致；节奏简洁明快顺畅。

现在新闻播报中有一种偏误，就是片面追求新鲜感和大信息量。这种形而上的追求使新闻播报乍听起来似乎很有朝气，新鲜感强极了，又似乎非常流畅，信息量大极了，但是一串高声亮词过后却往往让人不知所云。高平过快的语流使人难以听清语意，短促偏前的字音使人难以辨清某些词意，急促飘浮的气息使播的和听的都人心躁乱。这岂不是事与愿违了吗？本来是想以新夺人，以大信息量与受众共享，出现如此偏误，结果只能是损失了信息，失去了受众。

以上谈的是新闻播报的两点基本要求。下面将依此要求形成的新闻播报的语言特征及其相关技巧概括一下：

朴实无华——以叙述尤其是概述为主，语气平实，无拖腔甩调，无浓彩重抹。

准确清晰——语音规范，字正腔圆（当然不是蹦字），语句规整，层次清晰，语意集中。

简洁明快——“感而不入”，概述为主，音色明亮，语势常扬，不悠荡不拖腔。

平稳顺畅——无大起大伏，无大停大连，重音少而精，停少而连多。

新闻播报技术的提高可以分两步进行，先做单项练习，通过典型例稿重点体会某一项或几项技能，而后再做综合练习，讲究技能的综合使用并探讨整组新闻的内部配合和新闻板块的特色（如国际新闻、体育新闻、经济新闻、综合新闻等）以及新闻播报样式的特色（如宣读式、播讲式、说新闻）。

二、典型问题训练

（一）标准结构

新闻消息的结构形式包括：导语、背景、主体、结尾四个部分。尽管有的消息欠缺某一部分，如无背景、无结尾，有的短新闻只有起导语或结尾等作用的短句而未能构成完整段落，但新闻消息的基础结构程式还是明显地存在着。了解了这个特点，播报时心中便有了对整体脉络的发展控制，如同摸清、感受到文章起承转合的文脉一样，语气的调整转换便能更主动更鲜明。

导语部分拎起重点，揭示价值，确定基调；主体部分承接导语的总括，转入“从头说来”，语气自然平缓了许多，在流畅简洁的叙述中将事件的发展层次依次展现，其中的背景情况的交待更使事件的意义显现突出；结尾部分在主体交待了事件的始末之后顺势给以概括性评价或展望，语气明朗舒展，自然收尾结束。

以下三条消息均采用了标准结构方式。第一条包括了导语、背景、主体、结尾四部分，每部分都很典型，全条消息规范顺畅，清晰自然。

第二条消息主题重大，新闻价值极高。它包括导语、主体、结尾三部分。导语部分精选的重音和体现态度的得当语气都直接影响着开篇对此事件新闻价值的“醒目”程度。主体部分分三个层次：“双千”目标是怎样确立的，为实现“双千”目标所采取的措施，省部委对此的高度肯定。主体部分的表达难点是三个层次的相互承接和清晰转换，尤其是第二层“措施”内部的三小层要层层点透，说到点儿上，重音稍有偏移便不能真实反映出其措施的普遍示范性。结尾部分对事情的发展动态报道，对听众很有吸引力而且很巧妙地再次提示了实现“双千”的重大意义，增强了这条消息的新闻价值。

第三条消息是录音报道，它使用了大量的音响材料，让音响表达意思突出主题，也正是在音响和串连语的相互配合中呈现出导语、主体和结尾三段式的结构特征。

例稿一

5月9号，来自全国的一批遗传和生理学家，在南京农业大学观看了利用籼稻原生质体培养出来的30株再生绿色植株，他们称赞说，我国禾谷类生物工程研究又获新的突破。

籼稻种植在我国和世界都占有很大面积，利用细胞遗传工程来改良籼稻的品质，是各国多年来进行研究的重要课题。但由于籼稻原生质体的培养比较困难，在这之前都没有获得突破性的进展。

南京农业大学中年教师杨世潮，于1986年开始这项研究工作。他首先建立能游离出富有活力的原生质体的悬浮培养物，较好地解决了分离原生质体的材料问题；又研究出Y－8原生质体的培养基，解决了原生质体的分裂；其后又筛选出适宜原生质体的培养方法“混合看护培养法”，提高了原生质体的分裂频率；找到了培养基与各类激素试剂的合理组合，使原生质体进一步培养出完整的绿色植株，并移栽成活。

籼稻原生质体的培养成功，不仅加快了利用生物工程改良籼稻的实用进程，而且对其他禾谷类植物原生质体的培养技术的建立也有指导意义。

例稿二

本台消息：11月22号，在省政府召开的新闻发布会上，副省长王建功向到会的86家新闻单位及中央农业、科研等机构的代表宣布：桓台县全县三十九万四千亩粮田今年耕亩单产达到1048.6公斤，亩均收入达到1020元，实现了由“吨粮”到“双千”的跨越，在我国长江以北建成第一个“双千县”。

1990年，我县建成江北第一个“吨粮县”后，县委、县政府认真总结经验，找准薄弱环节，果断做出决策，以市场为导向，发展优质高产高效农业，确定了“粮田平均亩产千公斤，亩均收入超千元”的“双千”奋斗目标。李鹏总理去年11月来桓台视察时，曾高兴地说："祝你们早日实现双千县。"建设"双千"县的决策确立后，我县加大措施。一是改多年一贯制注重吨粮作物，为积极调整，优化种植结构，发展适销对路、附加值高、经济效益好的农产品，将农业全面推向市场。让农民瞅着市场想品种，盯着市场种庄稼。二是用高新技术嫁接传统农业，在玉米地大面积间作木耳、银耳、香菇等经济作物，按科学规律搞立体种植，土地单位时间内利用率和产出率大大提高，复种指数达203%。科技在全面增产、增效中的比例，据中科院农业专家测算高达42%，在全国属高科技型农业。三是围绕市场搞农副产品的深加工。全县形成了食品加工、畜禽加工等6大龙头企业，使农产品通过深加工身价倍增。

副省长王建功在发布会上说，桓台县实现"双千"很振奋人心，并希望我县在发展高效农业上再上一个新台阶，把种植业有计划、有步骤地推向国际、国内两个市场。国家计委、农业部的负责人在会上宣布，将我县在长江以北实现"双千县"列为重大科研成果。据在省政府采访的记者报道，县委书记赵奎将于明天赶往北京接受李鹏总理的接见，向李鹏总理汇报我县实现"双千县"的具体做法。本台记者将随同进京继续为你报道。

（此消息为山东台供稿，曾在1997年度全国优秀广播电视节目评选中获奖。）

例稿三

震惊全国的"2·25"爆炸案今天终审判决

乌鲁木齐电台　丁芳　李鹏　祁勇　姚兰

各位听众，今年2月25号，我市发生了一起由民族分裂主义分子制造的震惊国内外的公共汽车爆炸案。今天上午北京时间10点，乌鲁木齐市中级人民法院依法宣布了对制造这起暴力恐怖事件的12名犯罪分子的终审判决。

（录音："爆炸、故意杀人、抢劫、非法买卖枪支弹药犯马合木提·阿不都热合曼等12名罪犯，罪大恶极，民愤极大，应依法严惩。"）

今年2月25号下午北京时间6点半左右，行驶在我市闹市区的3辆公共汽车几乎同时发生爆炸，当场炸死无辜群众9人，炸伤67人。案件发生后，公安部、自治区党委指示公安机关迅速侦破。在各族群众的大力协助下，案件发生后第8天，此案告破，并很快将犯罪嫌疑人缉拿归案。

今天，12名罪大恶极的犯罪分子被押上了人民的审判台。

（录音："马合木提·阿不都热合曼犯爆炸罪、故意杀人罪、抢劫罪、非法买卖枪支弹药罪，数罪并罚，判处死刑，剥夺政治权利终身。"）

（压混）

12名罪犯中，8名主犯被判处死刑，剥夺政治权利终身。另外4名罪犯分别被判处死缓和无期徒刑。

宣判大会后，8名死刑犯被押赴刑场，执行枪决。

两名刚听完宣判的群众激动地说：

（女录音："这次公判大会非常地顺乎民心、合民意，只有加大打击力度，才能保证我们的社会安全，人身安全，我们的经济才能得到发展。"）

（男录音："像这样搞爆炸的坏人，我们维族群众也恨得很，对他们要狠狠打击，不能手软。"）

宣判大会后，市委常委、市政法委书记卢其法在接受记者采访时说：

（录音："市委、市政府的态度是，坚决贯彻中央关于维护稳定的指示精神，对民族分裂主义的各种破坏活动必须予以坚决打击。乌鲁木齐市稳定了，对维护全疆乃至全国的稳定都有重要意义。"

这是本台记者丁芳报道的。

（1997年5月29日首播）

（此消息为乌鲁木齐台供稿，曾在1997年度全国广播电视新闻奖评中获长消息一等奖。）

（二）新闻背景与导向

作为新闻发布的消息都在传播着最新的信息，并对社会舆论起引导作用。播音员有时因对社会实际情况不摸底或对党的方针和具体政策不熟悉或是由于知识所限、理论水平不高等原因，往往会将一条很有信息价值的消息看得平淡无奇，播报语言只停留在浅层面的流畅之上，真正的内涵都从嘴下白白淌走了，若谈到技巧的使用，也只能说是局部的"见字生情"罢了。了解新闻背景，明确针对性，新闻的导向自然就明朗了，这是不断培养新闻敏感，提高自身新闻素质的长线问题，但又是可以通过对每一篇新闻稿件的开掘来学习和切实提高的短线问题。播音员在学播报新闻之初先要学会看透新闻，即把握新闻，这其中新闻的背景、针对性、导向是三个密不可分的主要因素，一定要引起大家的特别关注。下面选取的八条消息都很有些由头，请大家先开动脑筋而后再把它落实到嘴上。

例稿一

《技术市场报》消息：我国科技体制改革试点城市之一的南京市，目前，已经出现科研单位与生产部门多形式、多层次的联合；银行每年可以贷款总额的千分之二支持技术开发；并以南京为中心，即将组成包括苏、皖、赣所属18个地市的技术信息网络以及南京技术交易中心。

提示：先请同学们回答为什么重音应落在“科技体制改革”、“多形式、多层次”、“千分之二”、“苏、皖、赣”这几处，而不应放在如“南京市”、“联合”、“支持”、“网络”等处。这样选择的政策依据是什么？下面的实际情况是怎样的？这样报道的目的是什么？而后再用有声语言鲜明突出地体现出你对舆论的导向，对实践的指导。

例稿二

据山东日报报道：齐鲁石化公司致力于提高对现有原油的加工深度，去年建成投产的重油加氢装置，可把原来只能作锅炉燃料和沥青石的原油“渣滓”转化成汽油、柴油和液化气，经一年试生产表明，这套装置每年仅提高原油加工深度一项就可增加效益一亿元左右。

提示：依第一条例稿的思路分析这条消息，认识其新闻价值，并逐一说透政策依据、针对的实际情况和企图实现的引导。最后将重音确定，并在语气的自然流动变化中将其鲜明地表现出来。

例稿三

怎样把形势教育进一步引向深入，不断增强人们对改革的信心？本台记者王树德、庄聪生从南京军区空军某飞行团了解到，这个团引导飞行员运用正确的思想方法分析和看待改革形势，用理想的钥匙打开人们心中的闷锁，增强了飞行员们改革的主人翁精神。

这个团党委针对形势教育中存在的就事论事，在具体事情上争是非的问题，引导飞行员从三个方面正确看待改革形势：一是用生产力衡量形势，看现行政策制度是解放生产力还是束缚生产力？二是以商品经济发展的观点，理解改革中出现的某些问题；三是用辩证的观点看待改革中取得的成就和失误，不被眼前的困难所动摇。

这个团党委还为形势教育创造和谐的环境，采取群众自我教育的方法，鼓励大胆提出问题，大家共同探讨。

通过学习，飞行员们认识到，在改革的年代，每个人既是改革的实践者，又是改革的风险承担者。

当改革遇到困难时，我们不能只当受益者，而应以主人翁的姿态勇于承担风险，与党共渡难关，把改革推向深入。

提示：这条消息的重音到底应该落在哪里呢？是“正确的思想方法”、“主人翁”、“生产力”、“发展的观点”还是“理想”、“改革的”、“商品经济”、“成就和失误”？请讲出理由并上口播报。

例稿四

企业拖欠税款，厂长出国不行。辽宁人民广播电台记者王红宇、孙文娟报道：

11月11号，辽宁精密仪器厂厂长王德民在首都机场准备登机飞往美国考察时，被省国税局和省公安厅依法阻止出境。因企业欠税，企业法人出国受阻，这在我省乃至全国都是第一例。

从1993年到1997年10月，辽宁精密仪器厂累计欠税846万元，国税沈河分局曾多次到企业追缴，厂方均以种种理由拖欠不交。11月10号，当稽查人员再次到企业清欠时，得知厂长王德民第二天要到美国去，当即向局领导做了汇报。国税沈河分局在同企业就交税问题反复交涉未果的情况下，依据国家税务总局和公安部1996年12月发布的《关于阻止欠税人出境实施办法》的规定，堵住了欠税企业法人的出国之门。厂长王德民在被阻止出境的第二天，便来到税务机关递交了第一批还税计划和担保书。

（出录音——

“达成今年还款总的目标就是今年增值税不再新拖欠，我们今年需要上缴120万，这个月我们将以两台红旗轿车顶上51万元的税款。”

——录音完）

国税沈河分局局长穆洪来接受记者采访时说：

（出录音——

“我们阻止欠税人出境不是目的，目的是要提高企业的依法纳税意识，真正体现税法的严肃性。”

——录音完）

提示：这条消息1997年11月首播，后获中国广播电视新闻奖短消息一等奖。

这是一条宣传税法的好新闻，厂长出国被阻事件不大，而事件背后却告诉人们税法铁面无私。思想性新闻离不开新闻事件，但事件往往并不引人注目，而事件蕴含的某种理念、意义等思想却超出事件本身。记者们能从平常的事件中提炼出不平常的思想信息，使平中见奇，这是记者的功劳，倘若这一切被播音员所不识又将它还原于平淡之中，使别人的努力前功尽弃，岂不就是播音员的罪过了。为了帮助同学们更深地认识这条新闻，特将评委的点评介绍如下，它对这条消息的针对性、导向性的思考都是很全面的。

依法纳税是公民和企业应尽的义务。然而近年来，收税难，清欠难已成为影响税收收入、干扰税收秩序的一大公害。特别是长期以来，一些企业法人认为企业是国家的，欠国家的钱理所当然。因而有法不依、欠税、逃税事件屡有发生。

辽宁精密仪器厂厂长王德民，因企业欠税，被依法阻止出境，在辽宁省乃至全国都是第一例。因此这条新闻本身就具有较高的新闻价值。人们从没听说过不交税不准出国的事，这回有了。消息一经播出，听众反响很大。既宣传了税法，又使欠税企业认识到税法的严肃性。

作品取材新颖，短小精悍。音响运用得当，语言精炼，篇末穆洪来局长的讲话深化了主题，听后令人感动和信服。

这篇消息曾在中央台播出，一些听众来信认为，这是“一条宣传税法的好新闻”。

例稿五

钱其琛说，中国金融稳定，经济形势很好。据中国国际广播电台记者鲍冬青报道：

本台消息：中国国务院副总理钱其琛12日说，在最近东南亚地区出现严重金融危机的情况下，中国金融稳定，经济形势很好，人民币不会贬值，但中国仍要抓紧做好金融、经济工作，在稳定的基础上求得比较高速的发展。

钱其琛是在看望中国侨联五届四次全委会代表，回答他们关心的国内经济、金融形势的问题时做上述表示的。钱其琛说，最近几个月东南亚和其他国家的金融危机对中国尽管不是毫无影响，但中国很早就对金融界的混乱现象采取了一系列措施，所以形势相当好，今年通货膨胀率为2%到3%。

据悉，此次中国之所以受东南亚金融风波影响不大，是因为中国经济的宏观调控成功地实现了软着陆，出现了高增长、低通膨的好形势，全年出口势头仍很好，可达到3200亿元以上，中国不会通过人民币的贬值来促进出口。

谈及此次东南亚金融危机是否会对香港经济产生影响，钱其琛说，由于香港经济全面开放，尽管受到这次危机较大影响，但没有伤筋动骨。中国经济形势良好，香港也会有很好表现。

提示：这条消息 1997 年 12 月 12 日首播，后获中国广播电视新闻奖短消息一等奖。

这条消息的成功在于抓住了世人最关注的问题——1997 年下半年以来席卷东南亚的金融风波对中国经济会产生什么影响。它还以最快的速度第一个报道了中国领导人第一次谈及的“人民币不会贬值”的重大内容。这条消息的及时性、针对性、权威性是显而易见的，其对舆论的重大影响和对稳定中国及其亚洲金融市场经济形势的作用也是不可低估的。为了帮助同学们思考，下面也将评委的点评介绍给大家。

“这条新闻的成功，在于记者敏锐地抓住要害和突出要害。

1997 年下半年以来，席卷东南亚的金融风波引起全世界的强烈震撼。这场金融风波会不会波及中国，对中国的经济会产生什么样的影响，已成为世界关注的焦点。钱其琛副总理在中国侨联五届四次全委会上的讲话，谈了很多内容，包括国内、国际形势，对侨务工作的指示，以及中国的金融、经济形势等。记者敏锐地抓住钱副总理讲话中最令世人关注的内容，即‘在最近东南亚地区出现严重金融危机的情况下，中国金融稳定，经济形势很好，人民币不会贬值’的话，独立成篇，既简明又突出。

然而，作者为进一步说明钱副总理的‘中国受东南亚金融风波影响不大’的话是有根据的，又加入了必要的背景材料：其一，‘是因为中国经济的宏观调控成功地实现了软着陆，出现了高增长、低通膨的好形势’。其二是‘全年出口势头仍很好’，‘中国不会通过人民币贬值来促进出口’。这就使钱副总理的话更令人信服。

接着，又引述钱副总理谈及东南亚金融风波对香港的影响的话：即香港‘尽管受到较大影响，但没有伤筋动骨，中国经济形势良好，香港也会有很好表现’。这就进一步丰富了新闻的内涵。

这条新闻的成功，在于抓住了世人最关注的问题，丰富内涵，突出主题，既传播了信息，又表达了舆论，对稳定中国、香港，乃至亚洲的金融市场和经济形势有重大作用。从媒体角度也体现出新闻与宣传的双重价值。因其内容是中国领导人第一次谈及，它就更显示出其及时性、针对性和权威性。

抓住要害，突出要害，关键在于记者的新闻敏感。所谓新闻敏感，就是记者对客观事物的新闻价值的判断能力。这种判断能力，包括对社会现象的观察能力，对事物发展变化的反应能力，对新闻线索的识别能力，以及对新闻事实的分析能力等方面的综合体现。这条新闻的作者，在钱副总理讲话的众多内容中，能抓住要害，突出要害，无疑表现了记者具有的功力——新闻敏感性，这实际也就是政治敏感性。”

例稿六

据新华社兰州8月12日电：西北最大的自流灌工程——引大入秦工程，经中国、意大利、日本三国施工队六年奋战，已接近尾声。继日本熊谷组、意大利CMC公司和中国铁道部第二十工程局之后，铁道部第十五工程局承建的隧洞日前全部贯通。铁道部另一支施工劲旅——第十八工程局正顽强奋战在崇山峻岭之中，开凿整个工程的最后一个隧洞。

引大入秦工程是第一次实行招标，第一次严格执行国家通用的“菲迪克”条款管理，有世界银行咨询专家到现场监理的国内大型水利项目。全长86.94公里的总干渠上有33座总长75.14公里的隧洞。据工程指挥部负责人介绍，工程总干渠最迟明年6月贯通，当年即可实现冬灌，整个工程发挥后，将为甘肃省增加八十余万亩水浇地。

提示：这是条以背景材料（第二自然段第一、二句）为重点的消息。如果没有这种特殊的背景，便没有现在的新闻价值。请思考这个背景给予这一新闻事实自身哪些更深层的含意？这些含意又是怎样作为内在语影响着播报语气，实现着宣传目的的？

例稿七

据新华社消息：中共中央总书记江泽民今天下午在中南海会见了台湾东吴大学校长章孝慈。江泽民说，加强海峡两岸的各项交流，推动两岸民间交往，有利于增进两岸同胞的相互了解，有利于推进两岸关系的发展。

中共中央台办主任王兆国会见时在座。

章孝慈是20日到京参加海峡两岸法学学术研讨会的。

提示：这条会见消息因被会见人章孝慈的特殊身份而升格，实际成为对海峡两岸高层人士会晤的报道。江泽民的讲话显然带有政策性的暗示，不能等同于一般送往迎来的客套话处理。

例稿八

本台记者刘应钦从北京报道：昨天下午，省长郭树言在北京“两会”新闻中心举行的记者招待会上说，“三峡”工程建比不建好，早建比晚建有利。湖北人民盼望早日兴建这项工程。

在这次由“两会”新闻中心安排的记者招待会上，郭树言回答了一百多名国外记者提出的有关“三峡”工程的问题。他说，由国家组织的412名专家，经过几年科学论证后，绝大多数专家认为“三峡”工程对“四化”是必要的，技术上是可行的，经济上是合理的，建比不建好，早建比晚建有利。根据专家的论证，他列举了兴建这项工程的四大好处：一是可以提高长江的防洪能力；二是发电经济效益巨大；三是能提高长江航运能力；四是有利于南水北调。

关于“三峡”工程的投资，郭树言说，总投资按1990年价值计算大约需五百七十亿元，但是到第一台机组发电时只需要总投资的一半左右；到工程建成时，累计的发电效益就可以抵偿全部投资。谈到是否会影响三峡风景时，他说，工程建成以后，大部分风景会因水位升高而变得更加壮丽。同时，大坝和电站本身就是幅壮丽的画图。关于移民问题，郭树言说，经过几年的试验，如果相当鼓舞人心，只要做好工作，移民问题一定会妥善解决。

有记者问，“三峡”工程何时兴建？郭树言说，我们湖北人民的愿望是越早越好。但这是一个影响深远的大型水利工程，因此国家一向采取积极而慎重的态度，国务院成立了“三峡”工程审查委员会，正在抓紧审查，作出决策后，还要提交全国人民代表大会审议。

提示：这条1991年4月6日在湖北台《早新闻》播出的消息引起了全省乃至全国人民的普遍注意。请思考这条消息的背景，针对性是什么？或是设想一下记者们可能提出的是些什么问题？这些问题是否代表一部分国内群众和国外友好人士的疑惑？

（三）导语的处理

导语确实似听众收听新闻的向导，它处于每一条消息的头一两句，它开门见山点透每一新闻事实的本质，有很多时候听众就是在听完了导语之后才更加注意下面的详细内容，或反之不再专注下面的内容。所以，我们播报新闻一定要“开好第一脚”，处理好导语段或导语句。

由于导语位置重要且内容高度凝炼，包含了新闻的几个“W”要素，很容易让初学者误解为导语中的每一词语都很重要，都得强调，这样就造成了导语内部支点（重音）过多，整个语势僵直架起，语流的自然曲线运动完全被拉平，语意反而不鲜明了。下面选取了七条导语，请大家在每一条的特定宣传背景中去分析它，而后精选重音，摆准语句重心，使整个导语自如地呈现曲线走势，在语气的贯通下鲜明地引导听众理解整条新闻内容。

例稿一

北京市一项重点市政建设工程——田村山水厂今天竣工，正式向城区供水。这对缓和首都夏天供水不足的矛盾将发挥重要作用。

提示：重心在中间，重音只需保留“水厂”、“竣工”（或“供水”）。整个语句从开始时起潮而后逐渐垫起，到“水厂今天竣工”为最高点，而后拉住，顺势稍有减弱，蹲住结束。

例稿二

七届全国人大常委会第十三次会议今天上午在人民大会堂开始举行。这次会议的主要任务，是为即将在京举行的七届全国人大会议作准备。

提示：重心在后，重音只需保留“即将”、“人大会议”。这条消息的主要宣传目的是告诉大家“七届全国人大会议即将召开”。整个语句开始平起速行，到“主要任务是为……”时开始提示性减缓抬起，至“即将在京举行的七届全国人大会议”达到最高点而后迅速落下“作准备”结束。

例稿三

据台湾《新生报》报道，一处仿大陆山水风景的游乐园将在明年年初在台湾台中地区建成。

提示：“大陆”和“台湾”（或“台中”）构成对比重音。整个语势平稳，前后各有两处小波澜呼应。

例稿四

曾荣获市质量管理奖的国家三级企业——北京市塑料三厂，近来因企业管理和质量出现严重滑坡，昨天被市经委“亮黄牌”警告。

提示：语句是首尾两头重，但稍向尾偏移。重音只需保留“曾荣获”和“警告”。考虑到北京市塑料三厂在当时的知名度，也可以将重音选为“塑料三厂”和“警告”。这条消息应展示出政策上的一点调整：以前对名厂、大厂是保护的，现在为了加强质量管理的力度，不论……。整个语势呈高起重收中间平稳拉住的运动态势。

例稿五

湖北省为实施“在中部崛起”战略，推动企业技术进步，自 1986 年以来，采取一系列有效措施，积极扶持大力开发新产品。

提示：重心在后，重音只需保留“新产品”。这条消息的价值就在于湖北开发新产品这条路子对所有中部地区的崛起都有典型示范意义。在中央的“东南沿海先行”的战略部署之后，实施“中部崛起”战略，这就决定了中部地区要想崛起，必然不能重复东南沿海的老路、老产品，一定得走出自己的新路，开发自己的新产品。语势是开始略抬高些，在“中部崛起”处形成一小浪峰，而后逐渐平缓到“积极扶持”处又垫起抬高到达“新产品”的最高点。

例稿六

一所由山东烟台市福山区塔寺庄村民筹资兴办的乡镇成人大学，明年将面对社会招生。

提示：重心在中部，重音只需保留“村民”、“大学”和“社会”。语势是“一所”领起后迅速加大密度将村民的定语带过，而后放慢点透“村民”和“大学”，平稳地落在“社会”后结束。

例稿七

最近，在河南汝阳县杜康村发现一座古代造酒遗址，经文物部门鉴定，为建安时期的文物。

提示：重心均衡地在首尾显现，重音只需保留“杜康”、“建安”。之所以如此选择是考虑到这样几点情况：这一带不只一家生产杜康酒，而且都说自己是正宗；这一带也经常发现些古代造酒遗址，但“建安”时期的却是鲜见；“何以解忧，惟有杜康”恰是建安时期曹操的诗句。

（四）主体的内部层次及主次

叙事清楚是对新闻播报的最基本的要求。事实的交待主要是在消息的主体部分完成的，只有将主体内部层次和主次处理好才能使新闻事实清晰、重点突出。主体内部层次处理一是要注意每一层次内部的集中，这主要是加强语句之间的关连，避免总是放到零再从零起的单摆雷同语势；二是要注意这一层向下层转换时语气的衔接与转换，避免平直无逻辑联系。主体内部的主次处理人们一般只是注意到高低的对比，在此我们要特别提醒大家，还要注意运用调节疏密变化这一手段，那些不重要的部分往往是加快速度放平语势说清带过，而重点部分却是放慢速度、扬起语势、说透加重。这种对比会在听众的听觉中造成“醒耳”的反差，引起他对重点内容的特别注意和思考。

例稿一

本报讯：房山区中医医院即将赴俄罗斯开设传统中医医疗中心。

Ⓐ今年9月9号房山区中医医院与俄罗斯联邦斯维尔德洛夫斯克州“新星”有限公司，签定了在扎列奇内镇第32医院开设传统中医医疗中心的意向书。Ⓑ11月，房山区中医医院院长韩臣子一行5人实地考察了对方的合作诚意、条件及医疗状态。俄方通过当场治病及医疗水平的探底，十分敬佩中医疗法，对合作表示了极大的兴趣和诚意。Ⓒ俄方医院距州府15公里，服务范围60万人，地区多发病为哮喘、气管炎、风湿、血栓、肛肠，正是“中

医对症"的长处。中医医疗中心将开设针灸、药浴、火罐、梅花针、正骨、新医疗法等医疗业务，同时进行咨询、教学等项活动。

提示：主体内部分Ⓐ、Ⓑ、Ⓒ三个层次，Ⓒ层为重点部分。Ⓐ层与Ⓑ层为承接关系，Ⓑ层与Ⓒ层为转折关系。Ⓑ层内部两句分别介绍了中俄双方对对方的满意考察。既要在"俄方通过……"处稍抬起些以提示"换方"了，又要和前面中方的考察语气相连构成"两好凑一好"的整体气氛，使其层次内部集中。重点层次Ⓒ层内部第一句既是背景句又是第二句的条件句，所以这两句的关连是很紧密的，语气一定要造就一种"所以就"的必然趋势，顺势而成第二句，使全篇结束。第一句内部有数个并列的内容，一串顿号如处理不好就使这个句子散沙一片了，所以在语气处理上一定要前有统领（"地区多发病为"），后者归结（"正是中医对症的长处"），这样句意句形全都集中，向第二句的顺势转换才好进行。

例稿二

今天北京日报介绍了北京维尼纶厂摆脱困境，由"低谷"爬上"高坡"的经验。Ⓐ今年1到9月这个厂实现利税七百多万元，比1986年增长将近两倍。Ⓑ他们从"低谷"爬上"高坡"的诀窍是，在困境中觉悟到科技进步是企业兴旺发达的命脉，Ⓒ切切实实抓科技进步、抓新产品开发、新用途开发，提高产品中的技术附加值，Ⓓ由低档变高档，由内销变外销。报纸指出，北京维尼纶厂翻身的启示是，一个企业要使自己兴旺发达效益高，必须抓科技进步。

提示：这条消息只有一个自然段，但是导语（第一句）、主体（第二、三句）、结尾（第四句）的分工仍清晰可见。作为主体的第三、四句虽然文字不多，不必再分层次，但是明确其内在逻辑关联，可通过语气的变化将事实的深层面显现给听众，避免一口气平趟到底的浅面叙述。具体语气变化如下：Ⓐ维尼纶厂已爬上高坡。Ⓑ他们怎样由低谷爬上高坡的呢？首先是提高认识，Ⓒ而后是具体措施落实，Ⓓ最终取得结果。

例稿三

本台记者孙立群报道：国家土地管理局规划司和江苏省土地管理局的负责人在常熟市考察时看到经济技术开发区一幢幢楼房拔地而起，而周围的零星空地上，依然是麦苗和油菜一片碧绿，称赞常熟市在开发区建设中重视保护土地资料，管好开发区土地，这种做法值得提倡和推广。

今春以来，常熟市凭借改革开放的又一次高潮，大大加快了各类经济技术开发区的建设，规划面积达六十多平方公里。在这过程中，常熟市政府认真处理好开发区建设和节约用地的关系，严格用地审批制度，精打细算，把开发区用地降到最低程度。中外合资波尔德斯公司基地，原计划征地20亩，市土地管理局经过详细调查论证，压缩到14亩，减少用地近三分之一。何市镇配合水利工程，用疏通河道的泥土铺设工业小区的道路，既疏通了河道，又保证了道路所需要的土方。

对可以不占用耕地的新办项目，常熟市坚决不批给土地。由常熟市原材料总公司、常熟经贸总公司等组成的商业区，就是填平了堵塞废弃的河浜建造的。城郊乡房管所结合水利工程，在小河浜里填进暗水管，建成了生活住宅区。到目前为止，开发区内共填平利用废弃河浜一百多亩。

常熟市还采取滚动开发的办法提高土地利用率。市里规定农户在开发区规划内的投入成本和青苗费由待建企业负责赔偿；开发区规划征用的土地，只要项目还没有动工，就应当让农民在地里种上庄稼，不能让土地晒太阳。省级市场——常熟市招商城开发区建在市郊的琴南乡，大块的土地上都有项目开始兴建，乡土地管理所动员农民在小块边角地上种上蔬菜，估计每亩年收入在6千到8千元左右，取得可观的经济效益。另外，常熟市还制定了一系列复垦土地的优惠政策，今年全市已经复垦耕地2500亩，基本上实现了耕地收支平衡。

提示：这条消息篇幅较长，主体部分对事实的交待也较为翔实。为了避免事实散乱一片和针对性不清，宣传目的不明，需要扎实地做好案头分析和语言处理设想。此消息曾在全国评选中获奖，为了帮助大家，下面摘引了江苏广播电视厅对此稿的推荐意见：

在邓小平同志南巡讲话的鼓舞下，经济建设飞速发展，一大批各种各样的开发区相继建立。但在这过程中，也出现了盲目圈地、乱占耕地、浪费土地资源的现象。这条消息的作者有较强的新闻敏感，抓住这一问题，及时报道了常熟市妥善处理土地与建设的关系，在加快开发区建设中保护土地资源的做法。常熟市地处苏南经济发达地区，且人多地少，这个市处理好土地与建设关系的做法，具有较强的典型性和指导性。这条消息是11月15日播出的。11月23日国务院发出了《关于严格制止乱占滥用耕地的通知》，这说明，这条消息抓的问题是准的，具有较高的新闻价值。12月30日，中央人民广播电台在《各地电台联播节目》中播出了这条消息。

消息写作上层次清楚、内容翔实、事例确凿，令人信服地指出既加快开发区建设，又保护耕地、节约土地资源是能够做到的。

至于有声语言的具体落实，由同学们自行考虑，这里不再做示范性分析。

（五）客观报道中显示出的态度

报道强调客观真实是对新闻事实的尊重，是取得受众信任的基础。但是任何通讯社的报道都不可能是纯客观的，从新闻选材开始就不可避免地带有新闻采访者的主观倾向。如果有人还在新闻播报中追求纯客观，那确实太天真了，其幼稚程度不亚于在新闻播报中追求旗帜鲜明。倒是那些控制分寸，外表做得尽量公正、客观的报道更来得老道，能将自己的倾向掩藏在客观事实后面，利用“内在语”控制语气，在不知不觉中影响他人，从而取得最佳的宣传效果。

我们下面选取的例稿可以分为两大类，一种是将客观做为一种技巧，无论是记者的文字还是播音员的语气都尽量含而不露，让事实去说话，去表明我们的倾向，实现宣传目的。另一种将客观做为一种态度，表明我们不偏不倚，不褒不贬，这常见于国际新闻。

例稿一

新闻中心记者石建华报道：

省七届人大一次会议刚刚闭幕，记者来到郑州市中州宾馆，看到这时轿车一部接着一部，鱼贯而入。经打听，说是来参加全省贫困地区经济开发工作会议的。

据会务人员介绍，省政府通知各地市有关贫困县参加会议的人员共246名。如果一个单位来一部车，算下来不过50部。但是，到元月30号下午，光是向会议正式报到的人带来的小轿车就有84部，其中，相当一部分是进口车。车多宾馆内停放不下，一部分小轿车只好开到附近几家宾馆、招待所安歇。

穷得出名的贫困县——卢氏县共派六位同志参加，居然带了四部小轿车，天天叫喊财政吃紧的洛宁县也派六人开会，县经济开发办公室提出派一部面包车把开会的人送来，但是县长不同意。他独自坐一部全县最好的小轿车，风行数百里，直抵郑州，其他人也分乘两部小轿车尾随其后。

省直机关一位参加会议的同志对记者说："现在正是年头岁尾。'朝拜'，'进贡'之风又起。这小轿车除为参加会议的人'壮行'之外，还有没有别的'用武之地'？"

历史上贫困出名的河南省，现在大部分地区温饱问题已经基本解决，但是仍有一些老、边、山、灾地区没有脱贫，靠财政补贴的县还占相当大的比例。这些地区出现的一个值得注意的现象是，办脱贫的工厂没钱，搞救灾没钱，办教育更没钱，但却有钱建办公大楼，盖高级招待所，买高级小轿车，请客送礼，有的贫困地区的领导还坐着高级轿车上省城、跑北京要扶贫款、要救济钱。

提示：这条消息的内在语对语气的导向作用直接而突出，表达时不得含混。比如导语部分内在语是"扶贫会上小车多发人深思"，语气中便融进了几分思考，语句重心也落在了语句的后部"贫困地区……会议"；倘若将它仅当作一般会议隆重召开的消息处理，语气中便无了那份思考而呈现出喜庆和隆重的色彩，语句重心也自然地挪至语句中部"小轿车……"。主体部分的叙述也都是客观中融进很多疑问和思考，虽没有直接去揭露去批评，但效果却毫不逊色。

例稿二

下面播送本站记者李俊锋采写的录音新闻《如此"扫盲"》。

最近记者从有关部门获悉：我县上肖乡被庆阳地区树立为全区"扫盲先进乡"。为了报道他们的经验，记者专程赶到这个乡，找到了负责这个乡扫盲工作的乡教委干部张正年，就这一问题和他谈了起来。

记者：老张，我是咱们县广播站的记者，听说你们乡的两项扫盲指标分别达到了85%和95%，被地区评为"全区扫盲先进乡"，你是不是能给我们介绍一下你们乡上的一些主要做法。

张正年：拿我们乡来说，13个行政村都达到了这个标准，主要措施是：首先在1990年教师节表彰大会上做了动员报告，又召开了各行政村主任、文书会议……

（压混）

带着一大堆数字和经验，记者又来到这个乡扫盲工作先进村——北庄行政村，正好碰上这个村沟畎自然村的村长马步锋。谈到这个问题，他毫不掩饰地给记者说了这样一番话：

（出录音）

马步锋：你要问这个事，我们行政村扫盲工作是1991年冬季搞的，（当时）叫不上学员，叫上几个去转一阵，晒晒太阳。最后乡上要验收，没办法，以后叫上我教，还有一个村长，都是临时教员，在各村叫了些识字的，有些还是高中生、初中生，当时也是我教着呢。（记者：都是啥程度？）最少都是小学的。（记者：怎么叫来，一人给多少工吗？）按义务劳动记工分（记者：叫了多少人？）叫了五十几个人。（记者：最后考试全部合格吗？）当然合格，（笑声）100％合格，个别如果答不上来，都给说的答上来。（记者：谁说的吗？）我给说，还有监考的说，这都是本乡人，一级哄一级呢！（笑声）

记者：这种扫盲应付考试的现象在你们上肖乡普遍不？

马步锋：（大意）我认为各行政村都是这样，（记者：你见到听到过没有？）我们村我弄着呢，我知道，其他没看到，但也打听过，和我们行政村一样，（笑声）现在农村好多事都是这样，原来我不知道，现在我一当干部知道，上面下来检查啥事，千方百计弄点吃的，然后支书连编带加工的汇报的好得很（笑声）……

为了证实这位村长的谈话，记者找了一位去年曾参加过扫盲考试的村民：（出录音）

记者：同志，请问你叫啥名字，今年多大了？

曹志仁：我叫曹志仁，今年24岁。

记者：听说你去年参加了乡上组织的扫盲考试，当时出的考试题你能看懂吗？

曹志仁：哎，这给你说句实话呢，我是1989年的应届高中毕业生，把这些题还做不了！哎，我前年就参加了扫盲考试，这是给你说老实话呢，那给咱们记义务工着呢，咱们不去做啥呢，这总比搞农田基本建设强么！

记者：那么，你觉得这样做对不对？

曹志仁：现在的事有个啥对不对呢，只要不违法，不犯法。（录音止）

据记者了解，这个乡仅1990年、1991年两年，光扫盲费用就花去了5万元，义务工达一万三千多个，两者相加，相当于全乡乡镇企业三年上交的利润总额。

眼下，又到了1992年度扫盲工作验收阶段，按照省上的要求，1993年全县要达到扫除文盲县标准，那么如此“扫盲”，能否实现呢？

刚才播送的是本台记者采写的录音新闻“如此扫盲”。

提示：现在在国内新闻中这种形似“客观”的“冷处理”样式很是时兴，尤其多见于“新闻纵横”、“焦点访谈”这种类型的新闻节目中。上面这篇录音新闻曾在全国优秀广播节目评选中获奖。这无疑是篇揭露批评性稿件，却沿着欲正面报道的路数，不惊不诈，不褒不贬，慢慢道来。正是在这种平淡中听众体味出了其独具的讽刺意味和深思此类现象产生的根源以及在其他领域中是否也不同程度地存在着？

例稿三

本台记者报道（佛山电台秦淑卿、曹汉广、陈科）：

连年亏损的广州冶金集团在号称“五星级的家”的顺德市碧桂园高级度假村召开的扭亏解困会议今天（19日）结束。这个会议为期三天，有60人参加，平均每人花费的会议费2500元，相当于这个企业一个职工半年的收入。

度假村的两位服务员接受了记者的采访。

记者：“他们住的别墅一晚多少钱？”

(普通话翻译，混播)

服务员A：“每人每晚667元。”

(普通话翻译，混播)

记者：“住了多少天？”

(普通话翻译，混播)

服务员A：“住了三天两晚。”

(普通话翻译，混播)

记者：“他们吃什么菜呢？”

(普通话翻译，混播)

服务员B：“蛇煲老鸡、炒水鱼（甲鱼）裙、豉油皇乳鸽……”

(普通话翻译，混播)(录音止)

记者在服务员手上的菜单看到的菜式还有冬虫草炖水鸭、焖大鳝等。

据知情者透露：广州冶金集团近四年共亏损两亿七千多万元，这次在碧桂园高级度假村召开的扭亏解困会议并没有拿出扭亏解困的新办法。

度假村一位姓刘的公关经理说：

(出录音，普通话翻译，混播)

“企业都亏损了，还来这里开什么扭亏会议，真是没见过。”

提示：1997 年 12 月 19 日首播，获中国广播电视新闻奖一等奖。这篇例稿“客观”的手法运用的更加成熟，通过录音对话让听众看清了真相，白描的手法不仅紧凑朴实，而且真实可信。真可谓词清语淡却态度鲜明。

例稿四

新华社日内瓦 3 月 14 日电：美苏军备控制谈判第二次会议今天在日内瓦举行，双方在会议上阐述了各自对核裁军问题的立场。

据美国代表团发言人在两个小时的会议结束后宣布，双方代表团在会上宣读了各自政府对核裁军的立场的声明，并且交换了有关的文件。

今天的会议并按原定的计划就战略、中程和太空武器问题举行分组谈判。三个小组“即将分别举行会议”，但是美方发言人未说明具体日期，双方仍然实行一致同意的“保密”原则。

这位发言人在谈到双方交换的文件内容时说：“就我所知，不会有任何新的东西。”

据报道，苏联方面一直强调，战略核武器、中程核武器和太空武器三个谈判是一个相互关联的整体，而美国方面则认为，这三方面的谈判是彼此可分的。

消息灵通人士认为，苏联代表团坚持“完全新的谈判原则，即这次谈判与 1983 年中断的战略核武器谈判中程核武器谈判没有联系，主张重新拟订新谈判程序规则和新的工作方式”。

下次会议将于 19 日在日内瓦苏联代表驻地举行。

提示：这篇稿件做为例稿虽已陈旧，但在内在语对表达的影响方面却很典型，请同学们考虑：怎样运用表达技巧将“双方都无诚意，净在枝节问题上扯皮”这层内在含意在对谈判会议的客观报道中曲折地渗透出来，以达到预想的宣传目的。

例稿五

美国国会参议院财经委员会昨天批准在今后7年里总共削减预算5300亿美元，以便在2002年实现共和党提出的平衡预算的计划。

根据这项计划，在今后7年里美国要削减公共医疗补助金1820亿美元，老年人医疗照顾资金2700亿美元，所得税信用贷款320亿美元，贫困者福利基金350亿美元。

美国总统克林顿昨天在他的例行周末广播讲话中批评这一计划说，他坚决支持平衡预算的计划，以使美国的下一代不再负债，但共和党提出的这项平衡预算计划对老年人享受医疗保健和贫穷者福利所需资金砍得太多，威胁美国老年人的尊严，危及美国医疗保健制度。

例稿六

根据韩国总统金泳三的特赦令，前总统全斗焕和卢泰愚昨天获释出狱。

全斗焕和卢泰愚对由于自己的问题给国民造成的忧患表示谢罪。

提示：在播报以上两条消息时既要避免赞赏克林顿或金泳三，也要避免倾向于美国国会参议院财经委员会或是获释出狱的全斗焕和卢泰愚，而应选取一种客观平和的语气将事实叙述清楚即可。在国际新闻的播报中会经常遇到情况不明（如某国刚发生了政变，但背景如何及新政府的对华政策如何都尚不清楚），或是他国内政之事又不牵涉第三国利益，不损伤人道主义原则（如前面例稿五、六），我们都采取这种客观语气。

例稿七

新华社消息：巴基斯坦22日否认仍有一些尚未撤离的穆斯林游击队员占领着印控克什米尔地区的某些阵地。

巴基斯坦联合通讯社援引巴军方发言人库雷希的话说，穆斯林游击队与印度军队脱离接触的行动已经在本月17日完成，没有任何自由战士还在与印军交战。库雷希同时指责印度军队在过去几天中炮击巴军阵地。据报道，本月17日是印度确定的穆斯林游击队撤离印控克什米尔地区的最后期限。

印度军方官员21日曾表示，印度炮兵当天炮击了尚未完全撤离印控克什米尔地区的穆斯林游击队员。一些穆斯林武装分子21日晚袭击了印控克什米尔查谟市以东的一个村庄，杀死了3名村民，另外还绑架5人。

另据报道，巴基斯坦外长阿齐兹22日前往现任欧盟轮值主席国芬兰，与芬兰领导人讨论克什米尔局势。他还将前往英国与英国外交大臣库克举行会谈。

阿齐兹21日晚发表讲话，要求印度归还其在克什米尔地区占领的面积达2500平方公里的巴基斯坦土地。据报道，巴方要求归还的土地中包括1984年被印度占领的锡亚琴冰川。

今年5月以来，印度军队与穆斯林游击队在克什米尔实际控制线地区爆发持续10周的激战，双方共有一千多人伤亡。

提示：这条消息和以前两伊战争时的报道很相仿，是分别转引双方通讯社的报道或转述双方的表态，不偏不倚。我们正是在这种冷冷地客观转述中表现出了自己的态度：惋惜战火给两国人民带来的灾难，希望早日结束战争。

（六）态度情感分寸控制

新闻要求客观、公正，但并不等于要人为地消除新闻报道中所有的感情成分。同新闻事实是客观存在一样，对新闻事实的认识必然带有采编播人员的主观倾向也是客观存在。我们的要求是从宣传策略和宣传目的的需要出发，恰当地控制感情，有分寸地把握文字和有声的语言表达，欠和过都是应当尽量避免的。

例稿一

新华社洛杉矶7月29日电：中国在奥运会历史上“零的记录”的局面在今天11时10分（北京时间30日凌晨20分）被中国射击选手许海峰突破。许海峰以560环的成绩获得男子自选手枪冠军，夺得了奥运会的第一块金牌。

中国体育代表团副团长陈先在许海峰获得金牌后对新华社记者发表谈话说，这对中国运动员是极大的鼓舞。这是中国在奥运会历史上得到的第一枚金牌，实现了“零”的突破，在中国体育史上具有深远的意义。他表示感谢运动员和教练作出的艰苦努力。

许海峰今年27岁，是安徽省供销社的职员。他在获得金牌后对新华社记者说，这还不是他最好的成绩，只不过是正常发挥技术。他最好的成绩是

583环。他表示要不骄不躁，继续努力，争取今后取得更大成绩。

提示：这条消息的振奋色彩是很突出的，使播音员产生一种不可遏制的冲动，在这种心态驱使下语言一般不可能过冷、无动于衷，而是容易过热，“冒”了出去，这时就需调整心态，注意表达分寸，以不失公职身份，不失大国风范和不破坏整组新闻的和谐。同样的道理，讣告类的新闻在播读时也要控制哀悼的分寸，既不能轻松明快，也不能哭腔哭调。同学们可以自选不同的讣告消息进行练习。

例稿二

新华社报道：记者最近获悉，浙江省发现了4名艾滋病毒感染者，其中3名是儿童，这4名艾滋病毒感染者都是因为患血友病而注射1982年10月进口的血液制品第N因子制剂，卫生部和浙江省卫生厅有关人士就此呼吁：使用进口血液制品应慎重。

1984年以来，我国卫生部已严令禁止进口第N因子制剂等血液制品，但直到目前仍有人通过携带或邮寄方式将血液制品带入国内。加上一些地方库存的外国血液制品的继续使用，都应引起高度的重视。

浙江省4名艾滋病毒感染者都已得到相应的治疗，他们的亲属和接触者也在卫生防疫部门的监护之中。

提示：面对以上的事实，不论是播音员还是听众，大家都会“忧虑袭上心头”，而把握这“忧虑”的度数就是消息传播者的功夫了。这条消息一方面要避免无忧无虑的轻松播报，另一方面也要避免悲观恐惧的耸人听闻，应将分寸控制在“引起注意，认真对待，能够控制”的基调内，在督促全社会重视的同时，也给人以信心。

例稿三

台湾民航再次发生飞行安全事故。昨天中午，台湾立荣航空公司一架由台北飞往花莲的民航班机在降落时滑出跑道，至少有25名乘客被灼伤。

据报道，这架立荣班机是昨天12点零5分由台北飞往花莲，预定于12点40分降落花莲机场。飞机在降落后滑行时，机舱灯管破裂，引起前段机身起火，飞机滑出跑道。机上90名乘客纷纷夺门逃生。到下午2点，已发现受伤乘客25人，分别送往两家医院救治。

提示：对各种自然灾害或交通事故、空难的报道，我们都应本着“人道主义”的原则给以婉惜或关心，不应受种种政治因素影响而显出冷漠，更不能有丝毫的幸灾乐祸。这次台湾民航发生的事故，恰巧在我们对李登辉公开宣扬“两国论”给以坚决的批判和人民解放军严阵以待这样一个特定的时空点上，所以播报此条消息时更要注意感情分寸的把握，不可夸大，更不可乐祸。

例稿四

广西罗城县广播站报道：7月15号上午9点40分，天河镇党委扩大会正开一半，一个说是上朝村韦书其的老农，匆匆忙忙闯进会场，劈头便问：“你们在座的哪个是新来的廖书记？”新任天河镇党委书记廖庆堂，带着微笑迎了上去，亲切地回答道：“我就是，老人家您有什么事？”“廖书记你要给我做主啊！我孙仔今早被开水烫伤要住院，可是家里除了这些纸条外，一分钱也没有，你讲怎么办？”老人讲着，焦急的泪水湿透了双眼。廖书记接过老人手中的纸条，数了数，一共6张，都是今年镇烟叶办，因为收购资金暂时不足打下的白条，共计856元。廖书记收住了笑容，心里沉甸甸的。二话没说离开了会场。大约过了10分钟，廖书记从家中拿来了185元现金塞到老人手中，很内疚地讲：“老人家，我们对不住您，这是我刚领到的工资，您先拿去吧，剩下的明天再想法解决。”在场的其他几位副书记和委员们看到这种情景，也都默默地你50、他100往老人手中塞，一会儿就兑换完了老人手里的白条。韦书其老人做梦也不会想到，他的燃眉之急会这样顺利地得到解决，一时激动地话也说不出来，只是深深地向所有在场的人鞠了一躬，便离开会场。

一个钟头过后，天河镇党委做出决议：先从镇企业办公室借出九万七千元，由书记、镇长带队，3天之内把留在124名烟农手中的白条全部赎回。

提示：这条新闻曾在1994年全国广播奖评选中获新闻一等奖，短短500字的报道，典型而具体，确实感人。可以设想若将此条消息播报得毫不动声色将是什么效果。当然，若就此报道细节叙述较具体的特点再浓描重抹一番，也必然损伤它的真实性。

例稿五

各位听众，市长热线电话是百姓与政府沟通和理解的桥梁。但是，昨天退休教师关宴拨通哈尔滨市长热线的时候，听到的却是另一种声音。

——录音

“你好。”

“你好，你这是市长专线电话吗?”

“对。”

“我们是安和街47号的居民……”

——压混

安和街47号的多数居民早在四年前就交了煤气管道安装费，可是一直没有给安装煤气管道。四处求告无门，急切中居民们想起了市长热线电话。

——录音

“问题是他们不来收钱，应该他们来收钱，收够了给安。他们就不给收。”

“那不行，你们就自己收。”

“那么多钱，我们自己怎么收？收错了谁负责任哪?”

“为什么要收错呢？咱们都不是傻子，脑筋里面又不是缺根弦。问他多少钱就完了，怎么能收错呢？都不想担责任，还想使煤气呀!”

“这不是我们的工作，我们老百姓能去收吗？你能帮我们的忙吗?”

“我怎么帮你忙，帮你收钱去吗？你信得着我吗?”

“你帮我们找找房管四所呗。”

“我找它有啥用?”

“你找它，让它来收啊。你能不能给我们解决?”

“我没法给你解决这个事儿。”

“你没法给解决，那我白打这个电话了。”

“你不白打，我把我们的意思充分表达了，也表达清楚了。我信得着你了，你就去收。”

“你充分表达意思，都推给我了，让我找人去收钱。”

“就这么点事儿，我就算把任务交给你了。”

“你贵姓?”

“我姓陆。”

关宴老师并不是唯一在市长热线中受到冷遇的人。宋培路老人向记者介绍了今年8月，他打市长电话时遇到的情况。

——录音

“他说，那得排班。怎么还能排班呢？都排了这么长时间班了，还不够排吗？他说，那不排班能行吗？就这么把电话撂死了。我现在77了，你说我再等四五年，我是不是就死了，我就捞不着煤气管道用了。”

哈尔滨市政府在今年年初热线开通时曾提出：“打个电话，我为你分忧。”但是，关宴、宋培路老人从市长热线中又听到了什么呢？

提示：黑龙江人民广播电台梁振元等采录的这篇报道“市长热线让人心凉”，曾获1997年中国广播电视新闻奖一等奖。这篇报道记者完全处于一种隐形状态，没有提问和较多的客观叙述，在一来一往的对话录音中（属直接信息）将主题和宣传目的清晰地展现出来了，这是它成功的独特魅力。但是，我们也应该看到该报道的间接信息略显不足。如果播音员将自己的认识和情感注入那仅有的叙述语言中，不是用非语言丰富补充了语言嘛！那一定会使这篇本已使人“别有一番滋味在心头”的报道更加精彩，产生更大的社会效益，引导舆论，促成问题的解决。

舆论监督是新闻工作的神圣职责，批评性报道是帮助党和政府改进工作的重要途径。批评的问题、批评的方法多种多样，我们播报的态度分寸要随时调整，不可一律声色俱厉，也不可一律和风细雨。千万要注意不要以个人情感替代政策和策略。

例稿六

外交部长唐家璇3号晚在香港表示，中国政府正在密切关注印尼方面如何采取有力、有效的措施，确保在印尼的华人华侨的安全和权益。

唐家璇说，中国政府十分重视这一事件，极为关注在印尼的华人华侨的处境，并多次通过外交途径要求印尼方面惩处凶手，采取有力、有效的措施，确保华人华侨的人身安全和合法权益，防止再度发生类似事件。

唐家璇指出，目前，中国政府正拭目以待印尼方面的调查委员会就此事将发表怎样的调查结果，作出什么结论。中国政府也在密切注视印尼方面将采取哪些有力、有效的措施，确保在印尼的华人华侨的安全和权益，杜绝再度发生类似事件。

提示：牵扯我国与另一国关系的新闻不能与国内新闻相同对待，在态度的分寸把握上更需谨慎，一般是宜收不宜放，这是我国对外政策和策略的需要。上面这条消息表明了中国政府对在印尼某些城市发生洗劫华人商店、强暴华人妇女的骚乱之后，印尼政府态度暧昧的强烈不满。对这条消息的态度分寸把握是既不能软绵绵的无关痛痒地去提几个疑问，又不能把骚乱完全等同于印尼政府的官方行为而“强烈抗议”或“提出严正要求”。

这里需要特别提及的是作为个人对印尼的一些不法分子欺辱我华侨、华人的暴行，对于印尼政府明里说调查暗里却包庇、纵容的行为表示强烈的愤懑是完全可以理解的，但是作为某一级党的喉舌发布新闻却不能以个人情感和表达方式为依据了，要从我国一贯的外交方针、政策和具体到这一事件的策略考虑出发，约束个人情感，使它进入政策和策略的有分寸的轨道。人们常说的“大国风范”、“大气”恐怕就和感情分寸的控制以及表达方式有很大关系。

（七）新闻中数字的处理

数字的绝对值是对事物本质的量化记录和反应。对于数字首先要读准、读清楚不可有误，这是显而易见不必多讲的。在读清读准的基础上要注意数字的色彩，因为就一般受众尤其是靠线性传播接受信息的广播听众来说，如果事件不是他所熟悉的，某些数值就可能成为空泛的概念，很容易在意识的表层流失。比如说“特种钢材的年产量是13500吨”，在外行人听来，便不知是多是少。因此，播报时需给数字着色，根据新闻事实，我们赋予数字或大或小、或多或少、或轻或重的不同色彩，形成对听众的倾向性提示，这样数值的真正含意才能进入听众的思考认识范围。在一条消息内有时会出现多处数字，如果处处着色，便会使整条消息变得累赘、拖带，破坏了新闻播报语言的简洁、顺畅。此时应选取最有价值、最直观、听众最好理解和记忆的数字给予着色突出，其他只需读清楚即可了。

例稿一

据苏州日报报道：世界上最小的一尊佛像昨天在苏州市工艺美术研究所问世，这是年仅32岁的副工艺师沈为众继独创发丝微雕绝技后在微雕艺术上的又一突破。这尊象牙佛雕，盘坐在一个莲花座上，身后是佛龛和光圈，整个体积只有一粒米的五分之四大。皈行佛礼的手指仅一根头丝的三分之二粗。透过显微镜，可以清晰地看到这尊深浮雕的坐佛玲珑剔透、光滑可鉴；

面容慈祥可掬，衣褶纹晰丝缕，可谓巧夺天工的稀世珍奇。至此，全世界佛像的两个之最，已全部在我国。最大的佛像是四川省乐山县城东南凌云山前的乐山大佛，建于唐开元元年到贞元十九年也就是公元713年至803年，高71米，气魄雄伟，名震中外，时隔一千多年，沈为众又以妙手绝技开创了佛像的另一个之最。这件以纤巧见宏大的艺术杰作，最近将携带中国人民的友谊，前往泰国、新加坡等地巡展。

提示：上面这条消息中的“五分之四”、“三分之二”都是大比例，可此处的内容，却需要往小处着色，而“71米”的绝对高度并非可观，却需往大处着色。

例稿二

本台消息：全省各级地税机关积极采取有力措施，加大宣传力度，提高公民纳税自觉性，并积极稳妥地开展个体工商户的建帐试点，努力做到应收尽收，使个人所得税的征收达到历史最好水平。今年一季度，全省地税系统共组织征收个人所得税3.5亿元，比去年同期增长29%。

例稿三

本台消息：一支活跃在本溪市的红领巾环卫监督队伍近年来引起市民的关注，并受到好评。

据了解，这支红领巾环卫监督队是本溪市平山小学与平山街道办事处联手成立的。从1996年至今，他们长期活动在市区的18条主要干道和十多个公共场所，向市民宣传环卫法规，在培养小学生的环保意识和社会参与意识的同时，也对改善地区的环境卫生状况起到了积极作用。

提示：例稿二中的“3.5亿元”、“29%”和例稿三中的“18条主要干道”、“十多个公共场所”都是需要往大处着色的。

例稿四

本台消息：京城种植的西瓜自7月9日开始大量上市，当天通过各种渠道共上市西瓜960万斤。其中产地向市内自销放百万斤，商业部门成交360万斤。从西瓜零星上市到目前，累计上市量已达一亿二千万斤左右，比去年同期增加一倍多。

在市各有关部门互相配合下，今年，本市西瓜市场出现了渠道畅通，购销活跃，购买方便的好形势。曾有很多人担心西瓜购销价将会上涨，实际上是逐渐下降的。据市果品公司7月1日至8日的统计，成交、零售平均价格分别比去年同期下降二分七厘和二分六厘。其中早花西瓜零售价格自7月1日以来自行下降四次，由每斤两角下降到一角多，甚至更低。

据大兴、顺义、通县三个主要产瓜县的统计，西瓜还有后继货源二亿多斤，大部分集中在7月10日至20日上市，最高峰时上市量可超过一千五百万斤。

例稿五

据新华社报道：到目前为止，黑龙江省已经有效地控制了非农业建设用地。国家下达这个省每年非农业占地不超过15万亩，去年全省实际占地降到6万亩以下，比上年少占40%，比国家计划少占60%。

据有关部门介绍，光是这一项，去年一年可使国家节省征地费用三千六百多万元。

提示：这两条消息中的数字比较多，依我们前面谈到的选取最重要、最直观、最便于听众理解记忆的数字进行着色，第四条可以将所有的数字平铺直叙而过，只要在“一倍多”处着色往多处说，在“一角多”处着色往少处说就可以起到鲜明主题的作用了。第五条例稿要特别强调“15万亩”和“6万亩”的对比色彩。

（八）具体情节的处理

消息和专稿的写法不同，但又没有严格的界线。对于那些边缘性的近似专稿的消息，我们在播报时不要过分追求“身临其境”感和语言的“绘声绘色”，即感觉把握在“感而不入”的境界，语言把握住概述的格调顶多有个别的叙述，这样这条消息的播报才能和整组新闻播报语言统一协调。

例稿一

本台消息：北京卫戍区警卫团三名战士三分钟内连续制服两名持刀歹徒的事迹近日传为佳话。

12月15日晚6时30分左右，北京卫戍区某团警通连特警排排长贾军，战士陈颖超、公茂营，执行完任务来到和平里桥头等车准备归队。突然听到前边不远处传来“抢钱了”、“抓强盗”的喊声。他们循声望去，只见在人流当中有两个人神色慌张、拚命地向前跑。他们马上意识到出了什么事，立即向歹徒追去。一名歹徒发现身后有人追赶，急忙转身从胸前掏出一把尖刀迎面向战士们刺来，陈颖超迅速撤步闪身躲过尖刀，排长贾军飞起一脚将其踢倒，然后猛然压在歹徒身上缴获了凶器。另一歹徒被公茂营制服，他们把这两名歹徒扭送到派出所。

在不到三分钟的时间里，战士们接连制服两名歹徒，他们这种见义勇为的精神和过硬的擒敌本领受到在场群众的赞扬。

例稿二

本台消息：昨天下午，20名在去年有过英雄壮举的市民光荣当选第七届首都见义勇为好市民。

他们是：（按得票多少为序）：徐寅、赵崇舜、王树忠、田庆丽、刘星红、徐宏源、白新生、于亚东、陈胜林、赵健、赵伟、王宇、侯勇、侯冬冬、张建军、刘忠旭、张福全、裴春富、于涛、徐至平。

去年8月，徐至平、徐寅父子听到邻居家有异常响动，立即出来猛力砸邻居的家门。两名男青年在徐父的一再追问下凶相毕露，与父子俩厮打起来。18岁的徐寅被手持尖刀的歹徒疯狂地刺中23刀，在倒下去的最后一刻，还用手抓住一个酒瓶子将歹徒砸伤，后徐寅被送医院抢救脱险。12岁的侯勇、侯冬冬是20位好市民中年龄最小的，他们从塌方的沙堆里救出5名幼童。

此外，另有34位北京市民当选为第七届首都见义勇为积极分子。

有关领导蒋先进、李志坚、强卫、龙新民、陶西平、刘敬民等为当选者颁奖。勇救3名落水者的北京建材科研院党委书记于亚东当场将3500元奖金和保险金捐作见义勇为活动基金。

（九）专业性、技术性强的稿件处理

这类稿件不仅艺术语较多而且将特定的专业技术生产工艺的程序也是大家所不熟悉的，所以播音员往往因理解障碍而使表达陷入被动，尽管没有读错字，却有时处理错词；尽管没有断错句，却有时语意含混，让人听不清事实的过程、事情的关键，更谈不上引起什么重视、激发什么情感。所以首先要求“真正搞懂”，而后才是播清、播顺、播的内行、播的有兴致、播的有

分量。要能满足听众求新、求知的欲望，使他们听你播比看的还明白，就一定先要使自己通过思考、求教跨过“纯外行”的门槛。当你懂了，你才能产生兴致，才能产生播报的主动性。准备这类稿件最忌讳的就是半知不解，还不肯踏实琢磨稿件或是向别人讨教，而企图靠蒙混了事，这样往往闹出笑话，有损电台、电视台声誉。

例稿一

据光明日报报道：我国基因工程研究又获三项重要成果，它们是中国科学院研究的“乙型肝炎重组痘苗病毒疫苗”、“青霉素酰化梅基因工程菌”和“K88抗原工程菌试验性菌苗”。在最近召开的成果鉴定会上，有关专家认为，这些成果均达到或接近国外同类工作的先进水平。

乙型肝炎在我国流行广、危害大，用乙型肝炎疫苗预防传染是一条有效的途径。目前可用的疫苗是从病人血清中分离纯化的乙肝表面抗原，来源很困难。近几年来，国外用基因工程的办法，实现了乙肝表面抗原基因在酵母哺乳动物细胞中的高表达，已进入临床试用阶段。中国科学院上海生物化学所近年来开展对乙型肝炎牛痘病疫苗的研究，得到一种具有乙肝表面抗原基因的牛痘病株，能产生乙肝表面抗原颗粒。上海生化所与卫生部北京动物制品所和生物制品检定所将合作进行扩大试验，可望今年提供一批乙型肝炎表面抗原疫苗供临床试用。

青霉素酰化酶主要用于半合成青霉素原料的生产，在抗菌素工业中占有重要地位。我国目前生产青霉素酰化酶的菌种青霉素酰化酶的成活性低，每年尚需花大量外汇从国外进口固定化青霉素酰化酶，半合成抗菌素及其原料。上海药物所一个以中年科研人员为骨干的研究组，仅用一年半的时间就出色地完成了青霉素酰化酶基因工程菌的构建，其三个重要指标优于西德用基因工程方法构建的菌种。这一成果有助于推动我国半合成青霉素工业的发展。

例稿二

市节能办、节油办和市节能新技术推广站目前联合召开推广会，推广应用H－Ⅱ型汽车起动节油净化器。

这种节油净化器，采用高科技手段，通过多脉冲点火，形成一个更高电压值和更大能量的脉冲电压，增强了点火力度，延长了点火放电时间，使汽缺内的混合体得以充分燃烧，从而达到充分利用能源、降低废气排放量的作用。据中国机动车辆安全鉴定检测中心等部门认定，节省燃油12%。

例稿三

中国国际广播电台消息：伊拉克军方发言人15号宣布，美战斗机当天对伊摩苏尔北部底格里斯河萨达姆高坝地区进行了轰炸，造成3名伊拉克平民受伤，一座清真寺被毁。

发言人说，美英战斗机当天入侵了都胡克、埃拉比尔、尼尼维和南部的巴士拉、米萨恩、齐卡尔、美萨那等省领空，并轰炸了一些民用设施。伊拉克防空部队进行了还击，迫使敌机逃窜。

自去年12月“沙漠之狐”军事行动以来，美英战斗机入侵伊拉克领空已达11375架次，对伊军事和民用设施的轰炸给伊拉克人民生命和财产造成了巨大损失。

例稿四

本市深化科研院所体制改革的思路和做法受到国家科学技术部的肯定，认为本市从规划入手，出政策、抓投入，成效显著，国家科学技术部昨天专门发文要求各地学习。

为在“九五”期间进一步深化本市科技体制改革，市科委根据本市经济建设和科技发展的总体规划以及科研所发展现状，提出要建设“三层三类”框架结构新型科技体系的总体思路：“三层”就是应用基础研究层、工程技术研究层、科学技术服务层，“三类”就是政府主导类、政府和行业共建类、市场主导类，通过构建“三三制”新型科技体系，进一步实现结构调整，人才分流、机制转换，引导各类科研院所在新的形势下，根据自身实际，为本市和经济发展多做贡献。

市科委还调整资金投向，拿出大量资金支持大胆改革的院所，形成了只有改革才能得到支持，不改革不支持的局面。通过规划、政策、试点、推动等，本市科研院所体制改革不断向纵深发展。

例稿五

新华社华盛顿消息：美国宇航局和日本一些大学的科学家最近发射了一

个巨型气球，希望能借助它在大气中采集到反物质。

反粒子是所带的电荷与普通粒子正好相反。一般认为宇宙是由正粒子组成的，但也有科学家认为宇宙中存在着由物质组成的反星系，尽管他们至今还拿不出这种星系存在的证据。此前的一些高空气球实验已探测到各种反质子，但因为反质子可能是宇宙射线粒子之间或与大气中的分子对撞形成的，因此不能证明反星系的存在。

参加这项实验的科学家说，如果能够找到更加复杂的反物质，比如反氦分子，那就为反物质星系的存在提供了有力证据。他们说，与反氢分子不同，目前反氦分子无法通过人工对撞获得，而只能来自其他地方，比如反星系。

例稿六

由中国民航学院天津三维显示技术有限公司和天津长城电子公司历经数年合作研制开发的时分式无闪烁立体电视技术，日前获得首届香港世界华人发明博览会金奖。

目前由三维显示技术有限公司和天津长城电子公司合作、应用这项技术生产的首批1000台“100赫兹数字化无闪烁立体电视接收机”，将于明年春节前投入市场。届时广大消费者足不出户就可以欣赏到栩栩如生的立体电视图像。

例稿七

由中华全国集邮联合会、中国集邮总公司等7家单位联合主办的“迈宁杯”、中国’99全国集邮宣传优秀作品征集评选活动圆满结束，颁奖仪式昨天在中国国际展览中心举行。

人民日报社卢新宁的《向世界呈上一份精美的“国家名片”》、北京日报社康宏志的《冷眼静看“集邮热”》、新华社李晓建的《我国集邮体制改革取得显著成效》等5篇文字作品荣获一等奖；人民邮电出版社和中国集邮总公司的《方寸情缘》、上海市集邮协会的《放大镜下的乐趣》、北京市集邮协会的《方寸世界》等3部电视专题片荣获音像作品一等奖，另有6部电视专题片获二等奖，8部电视专题片获三等奖；10篇文字作品获二等奖，16篇文字作品获三等奖。

（十）长句处理

处理好句子是播报新闻的基本功，处理好长句就更显其功力的作用。尽管一贯提倡广播语体句子要短、要口语化，但在不得已的情况下，我们也常常面对长句，有时甚至是看着都费解的长句，这就要求我们能用有声语言将其语法关系准确化，将其内在逻辑联系明朗化，将其语句目的鲜明化，使听众一听就懂。

处理长句首先是在搞清语意和语法关系的基础上安排好停连（包括“顿挫”），然后是明确语句目的精选重音，最后是环顾语境，确定语气，调整疏密，承上启下直奔语句目的。处理长句忌过于微观，若仅仅盯着这一句去处理它，往往患得患失，顾此失彼，宏观控制的微观调整才是上策。下面选取的几条例稿，在长句处理上有着不同的侧重。

例稿一

全国首例天气预报侵权案一审终结，原告青岛气象台日前被青岛市南区法院判决胜诉。

诉1994年，原告发现被告东岳时通电讯公司未予许可，擅自在其无线电寻呼业务中转播青岛天气预报，即多次劝阻协商，指出被告的行为违反国家有关法规和政策规定，但均遭拒绝。法庭认为天气预报是科技产品和智力劳动成果，被告侵犯了原告天气预报的技术劳动成果和原告合法使用天气预报产品获取收益的权利。法庭判决：被告停止通过无线寻呼机向其用户传送使用原告气象台、青岛气象科技中心加工制作的青岛每日天气预报，并赔偿原告经济损失36000元。

例稿二

全国各级检察机关重建以来，陆续设置法纪检察机构，积极开展法纪工作，取得了较好的成绩。

据有关部门统计，从去年11月至今年6月，各级检察机关共受理了一万多件非法拘禁、非法搜查、刑讯逼供、报复陷害、隐匿罪证、破坏选举、侵犯通信自由以及邮电人员私自开拆、隐匿、毁弃邮件、电报等侵犯公民人身权利和民主权利的案件，已经办理八千多件，有违法乱纪行为的有九千多人，其中追究刑事责任的有一千八百多人，其余人员已转请有关部门分别作了党纪或政纪处理。

例稿三

第七届北京国际艺术图书博览会昨天在北京展览馆举行。来自美、英、德、法、瑞士、荷兰、俄罗斯、意大利、日本、新加坡等国家和香港、台湾地区的数十家出版商和书商代表各国和地区的四百多家出版社参展。中国美术学院出版社、天津人民艺术出版社、山东人民美术出版社、黑龙江人民美术出版社等国内美术图书出版社、艺术图书公司也展出了一些精品图书。

提示:以上三条要求根据语意和语法结构着重安排好停连,处理好气口。

例稿四

《经济日报》公布了一组令人震惊的数字：全国每年废品损失占工业总产值的1.51%，按去年全国工业总产值12135亿计算，全国废品损失达183亿24万元，有关部门说，这是不完全统计，实际的废品损失数额还要大。调查发现，生产过程废品损失和次品降级占废品总损失的90%以上，因此，权威人士认为，加强生产过程的质量管理是企业的当务之急，也是提高经济效益的重要途径。报纸同时介绍了天津市解决废品率高的经验。

提示：这条消息的第一句要舍弃一些数字，精选重音，将语句重心后移，形成一种递进趋势。第二句要抓问题的实质找准重音，然后顺势而下。

例稿五

新华社报道：中国银行鄂东黄州支行新近推出优惠购物储蓄方法，受到市民欢迎。

这个支行规定，有10元起存定期半年以上的人民币、50元等值外币存储户，可以在本行辖区内领取面额等值的“优惠购物券”，到支行特约商店“赤努商场”等购物点购取所需商品，凭优惠券，针织、成衣类可优惠10%，副食、百货类可优惠5%。据统计，自开展这类储蓄业务后，20天内这个支行就回笼现金八十多万元。

提示：这条新闻的主体部分，基本上就是一个长句，处理它时一定要宏观控制，大胆取舍。这个长句在“优惠购物券”前后完成两层意思：存点钱就可以领优惠券；凭券定点购物享受优惠。整个句子以第一层意思带动，第二层加大密度顺势而出。第一层内不要去细说到底存多少钱可领券，第二层内也不必去详讲到哪个商店买什么样的物品，否则全句将滞涩、散乱不清。

例稿六

《人民日报》在头版头条位置刊登一篇报道，记述了山西绛县县委书记李桂春同农民的一次对话，并且发表评论员文章指出，绛县的实践说明，对话是开展形势教育的一种极好的形式。文章说，运用对话，通过说理、疏导，既把改革、发展的成绩说明，又把困难问题说透；既让农民说说自己的难处，又要说说国家的难处。文章认为，在形势教育中，不仅要使农民受到教育，也要使同农民打交道的各级领导和有关部门的人员受到教育。

提示：全条消息共三句话。第一句要形成以“对话”为核心的前领起后落实的一气贯通的语势；第二句要在两组对比重音的并列配合中将语气在转折中贯通；第三句的对比重音，要在前密后疏的语流趋势中自然显现，并突出侧重点结束全篇。

例稿七

据《工人日报》报道，华南第一峰广西定安县猫儿山上的国家重点保护植物，素有“植物大熊猫”之称的珍稀树种铁杉，目前处境危机。猫儿山自然保护区管理人员介绍说，该保护区的铁杉现已死亡1/4。一些村民和游客对铁杉剥树皮、剪树叶、刨挖幼苗，对铁杉造成直接的伤害，而山上丢弃、堆积的各种各样的生活垃圾，又改变着保护区的生态环境，对铁杉的生存构成威胁。

例稿八

今天凌晨一点左右，西直门立交桥1号匝道桥吊装了最后两段钢梁，其中一段为北京建桥史中最重的钢梁，重达87吨。至此，一号匝道和2号匝道桥上8跨13段总重747.22吨，面积为1488平方米的钢梁全部吊装完毕。

西直门立交桥改扩建工程自3月6日正式开工以来，在市政府的亲切关怀和有关部门的鼎力支持下，以全国劳动模范张全忠为项目经理的市政总一公司八百余名建设者，克服重重困难，艰苦奋斗，积极创造条件打主动仗，并运用多项科技新工艺，经过165天的日夜连续奋战，除部分现浇段外，主体工程即将完成，其建桥速度在北京建桥史上堪称之最。

目前，建设者正争分夺秒，加强施工，以确保9月下旬主桥主路通车目标的实现，向国庆50周年献礼。

（十一）快读处理

为了加大单位信息量，新闻播报普遍提速是必要的，但是总该有个限度，总该讲究提速的技术，否则便会欲速则不达。当信息不能与受众共享时，岂不是损失了信息，事与愿违了吗！当前盲目提速造成新闻播报中几种弊病：平均压缩音节，使声韵含混，语音清晰度降低，使发音动程减小，音位前移形成唇齿间发音的小气音色；过快的速度使语流的自然曲线受损，或蹦字或语流僵直高架，严重地影响语意的表达；心理和肌体的紧张感造成气息的下意识上提和僵化，使整体语气躁动，影响了语言的自如顺畅；过快的语速使播音员的思维跟不上，结果是只能做“口眼之学”，陷入“见字出声”、“见字生情”的浅薄被动状态。在上述状态下播报的新闻，内容肤浅尚不必说，事实不清，甚至出错误闹笑话也不为鲜见。

播报提速的“度”是受人的听觉反应、思维反应的客观极限制约的，在其允许范围内讲究快的技巧，使信息量尽可能加大也是非常必要的。一般来讲打破标点符号的限制，在整体内容的宏观控制和驱动下少停多连，用语气的转折和错落（而不用停顿），来鲜明语意、区分层次是提速的有效方法。再者，调大整体结构和语句内部的疏密对比，即大胆带过次要或重复的部分，而伸展、加强重要部分，也是节省时间、鲜明内容的好方法。最忌讳的就是平均压缩音节、拉直语流曲线，切记坚持以心带嘴、目的先行。

任何一篇新闻稿件都可以作为快播训练稿，但是在开始体会快播技术时，还是以低规格、轻小题材、口语化基础较好的稿件为宜。

例稿一

据本台记者报道：一批批“打工仔”、“打工妹”不再飞往东南沿海，纷纷涌向湖南衡山深处安营扎寨。据不完全统计，今年衡山县迎来近万名外地“打工仔”、“打工妹”。

衡山县是革命老区，由于地势偏僻，经济落后，每年有几万人背井离乡，去沿海一带打工赚钱学技术。今年以来，县委、县政府进一步解放思想，先后建起了席草、香莲、网箱养鱼、湘黄鸡等十大商品基地，鼓励农民从事种、养、加工一条龙生产，形成了一乡一品的规模经济。同时，引进外资3935万元，新办厂矿、商店、宾馆二千九百多个，吸收了大批剩余劳力。衡山县祝融乡因地制宜，种植席草7400亩，实行农工贸一体经营，今年全乡席草加工业兴旺，仅加工机械就有四千一百多台，本地劳力远远满足不了需要，于是外地人纷纷涌向这里打工、谋职。目前，祝融乡“打工仔”已达二千一百人，相当于本地村民的五分之一。这个乡柏树村农民李春华家有两台机器，仅两个劳力，一次便从外地请来6个“打工妹”。

衡山不仅吸引了众多外地“打工仔”、“打工妹”。近百名家在衡山的“打工仔”、“打工妹”在外地学到技术后，也先后返回家乡办厂，为振兴家乡经济出力。白果镇紫楼村青年廖立新，1990年到广东一个基建队打工，发现砂卵石需求量很大，今年春节过后，他便回乡办起了一个砂石场，今年1至9月就创利八万多元。

例稿二

记者从中国篮协获悉：1998年全国女篮联赛于本月20日在河北唐山和浙江余姚拉开战幕，共有11支甲级队参赛。

A组唐山赛区的球队有八一、北京、空军、福建、江苏，B组余姚赛区有辽宁、沈阳军区、山东、浙江、四川和上海。比赛分为两个阶段，第一阶段于6月20日至24日在唐山和余姚采用单循环赛排出预赛名次；第二阶段采用主场巡回制。

部分球队按照临时转会的条例引进了内援，乙级队的尖子选手郑冬梅、薛翠兰、徐春梅等已转入甲级队参赛。四川西部投资俱乐部还引进了两名美国中锋参赛。

例稿三

《人民日报》记者曹焕荣6月18号从巴黎发回消息说：马赛球迷骚乱以后，法国世界杯赛各赛场所在城市纷纷采取新的安全措施，防止类似事件的发生。

马赛市规定，在比赛前后的日子里，禁止酒类销售。所有酒吧、咖啡馆按规定，均不得超时营业。

英格兰队将于下周一晚上在图卢兹与罗马尼亚队比赛。为此，当地政府要求：周日和周一两天，关闭酒吧、餐馆。同时，各大超市、杂货店限制含酒精饮料出售。原定的在比赛前一天晚上举行的大型音乐会，被延至7月11日。已经设立在市中心的大屏幕电视，将不再播映。

朗斯在6月25、26日也有两场音乐会。由于英格兰与哥伦比亚的比赛这期间在此举行，地方当局取消了音乐会的安排。

例稿四

科技部副部长邓楠6月25号代表科技部、财政部宣布：国务院决定设立科技型中小企业技术创新基金，用于扶持和促进科技型中小企业的发展。这项政府专项基金首期额度为10亿元，6月25日起正式启动。

在国务院办公室在京举行的记者招待会上，邓楠介绍，据初步统计，1998年我国科技型中小企业已超过七万家，职工总数三百三十多万人，全年技工贸总收入超过六千亿元，上缴税金二百六十多亿元，出口创汇近1千亿元。科技型中小企业已成为我国技术创新和发展高新技术产业的重要力量。因此，发展科技型中小企业是促进国民经济稳定快速增长的重要支撑，应该成为政府一项长期战略任务，稳定地予以政策扶持。

邓楠说，创新基金鼓励并优先支持产、学、研的联合创新，优先支持具有自主知识产权、高技术、高附加值、能大量吸纳就业、节能降耗、有利环境保护、出口创汇的项目。创新基金支持各种所有制的科技型中小企业，并根据项目的不同特点，分别采取无偿资助、贴息、资本金投入等不同的支持方式，无偿资助主要用于支持科研人员抓住科技成果创办科技型中小企业的启动资金；中小企业进行创新产品研制以及开发的部分补助。对于已有一定规模和水平的中小企业创新项目，采取贴息方式支持和鼓励其使用商业银行贷款，以尽快扩大生产和提高产品竞争力。

对少数起点高、具有较大创新内涵和较高创新水平，并具有后续创新潜力和较大市场需求的新兴产业项目，采取资本金投入方式，以引导企业创业投资等方面的资本投入。资本金投入一般不超过企业注册资本的20%，并要求在一定期限内依法回收。

例稿五

现时都市的孩子大多住在多层或高层建筑中，少见阳光，少与人交际，吃的主要是冰箱里的食物，故易出现易疲劳、食欲差等“冰箱综合症”。6月25号，中国妇幼营养学会主任委员会何志廉教授在罗氏公司举办的“儿童食品与营养”的报告会上表达了这个新观点。

据调查，现代居民住楼房的多，双职工无暇顾及孩子的饮食，一些孩子常以方便面为主食，饮料则是从冰箱里拿出的高糖饮料及雪糕等，导致维生素A摄入量严重不足，一些微量元素不同程度缺乏。孩子除了上学的路上外，平时少晒太阳，活动量也严重不足。凡此种种，导致孩子食欲欠佳，造成恶性循环；有的没有活力，上课爱瞌睡；有的则容易腹泻、易感染呼吸道疾病。

有专家认为，“冰箱综合症”与家长营养认知的偏差有关。要改变孩子的营养状况，防止此症在孩子中蔓延，首先要改变家长的营养观。

（十二）一组新闻内部的配合（播报对手的配合）

一组新闻内部的配合主要表现在程序的轻重、规格搭配上，如同报纸版面安排上头版头条规格较高、内容较重要一般，表现在几条新闻围绕一个主题思想进行，从不同侧面、不同角度体现一个共同的新闻质点上；表现在不同播报人员表达方式、声音运用的协调配合上。如下面选取的这组中央台新闻联播节目：

从条序上看，第一条江泽民赴湖北长江抗洪前线，查看汛情，慰问军民是全组新闻最重要的、最高规模动态新闻，而后力度稍减，播报李瑞环听取政协机关负责同志关于开展抗洪救灾捐款活动的汇报消息；再往后力度与前持平，播报长江和东北嫩江的防洪形势和中央到地方对灾区的支援以及最新汛情通报，最后力度递减，播报国际新闻和其他国内新闻直到结束。

从围绕的报道中心看有两个中心是非常明显的。第一个是防洪形势严峻，各地加大力度，严防死守江堤。第二个是中央及中央各部委、全国各省区拨款、捐款、捐物支援灾区。其中第一个中心内部又分长江流域和嫩江流域两个小集中点。在每个中心的内部不论包括几条，不论是对播还是一个人物都要注意从方方面面向一个中心呼应、集中。

从对手的配合上看，一定先从内容需要出发，顾及稿件的内在联系体现上面提及的条序差异和向围绕的中心集中。而后是互相照应在表达样式和声音的高低、语流的速度、音色的搭配等各个方面使形式也协调统一，相辅相成。

例稿一

1998年8月8日中央人民广播电台《全国新闻联播》节目：

△各位听众，晚上好，欢迎收听《全国新闻联播》。

▲这次节目的主要内容有：

△江泽民赴湖北长江抗洪前线，查看汛情，慰问军民；

▲李瑞环听取全国政协机关负责同志关于开展抗洪救灾捐款活动的汇报；

△长江防洪形势严峻，沿江各地加大抗洪力度，广大军民严防死守江堤；

▲中央财政已拨款22亿元支援防汛抗洪；

国家各部委局、全国各地及香港各界捐款、捐物积极支援灾区人民抗洪救灾；

△第25号汛情通报；

▲丁关根同第六届中国影协领导成员座谈；

△印尼将邀请外国情报人员帮助调查骚乱事件；

▲拉那烈表示有条件接受调解；

△美国一枚运载间谍卫星的火箭升空后爆炸。

▲下面请听详细内容。

△新华社消息：正当长江第5次洪峰袭来的紧要关头，中共中央总书记、国家主席、中央军委主席江泽民，今天上午亲赴湖北长江抗洪抢险第一线，查看汛情，慰问军民。

随从江泽民查看灾情的有：中共中央政治局委员、国务院副总理、国家防总总指挥温家宝，中共中央政治局委员、中央军委副主席张万年、中共中央政治局候补委员、中央办公厅主任曾庆红等。

▲中央台消息：中共中央政治局常委、全国政协主席李瑞环今天在听取全国政协机关负责同志关于开展抗洪救灾捐款活动汇报时说，广大政协委员对当前长江抗洪抢险十分关心，对受灾群众非常同情，表示愿意捐献一些钱物，这是一件好事。政协机关对此应给予褒奖和支持，并加以精心组织，提供各种方便。

他指出，中华民族有着扶危济困、乐善好施的传统美德。改革开放20年来，群众生活水平有了很大提高。适当开展一些群众性的自愿捐献活动，不仅可以增强战胜自然灾害的物质力量，更可以增强人民的团结，增强全民族为振兴中华而奋斗的精神力量。

△中央台综合消息:长江防洪形势严峻,各地加大力度,严防死守江堤。

记者陈连生、沈剑华报道：目前，长江第五次洪峰正在向洪湖等中下游推进。湖北省紧急增拨一亿二千万元资金用于补充抗洪所需的物资，各省市支援的三百多万条编织袋以及三峡总公司等地支援的二千多吨石料运抵荆江大堤。近两天来，湖北共查处险情一百多处。在武汉，坚守在长江大堤上的二十多万军民，已组建临时党支部三百多个，增强抗洪凝聚力。

记者胡啸、姜惠林报道：江西省委书记舒惠国、省长舒圣佑要求九江及鄱阳湖各地市县和省委、省政府各部门对依然严峻的防汛形势要有充分认识和足够准备，严防死守长江大堤、重点圩堤，保证京九铁路安全畅通，同时要把保障人民群众生命安全放在第一位，防止大灾之后发生大疫。

记者洪波报道：到今天下午两点，安徽沿江大堤水位呈缓慢回落态势。近期出现的宿松德化西圩排灌站渗漏等险情，经过当地干部群众和解放军的奋力抢堵，已经排除。安徽省委、省政府要求全省百万抗洪大军全力以赴，夺取抗洪抢险的最后胜利。

中央台驻江苏记者报道：南京市十多万军民坚守在长江大堤，目前正在加紧抗洪物资的储备和巡堤查险。

江苏省要求各市、县、乡、镇切实抓好24小时巡查制度，安排好防汛部队指战员的生活，做好防汛第一线军民的防病治病工作，确保沪宁铁路等交通大动脉的安全，确保人民生命财产安全。

记者陈代泽报道：8月11号至12号，重庆市再次受到大暴雨的袭击，今天（13号）上午，长江寸滩水位达177.17米，比昨天又涨1.27米。据预报：今天到明天，长江上游嘉陵江、乌江等流域仍然有中到大雨。

▲记者毕国昌报道：东北嫩江全流域洪水猛涨，许多流域出现了自有水文记载以来的最高水位。近日由于嫩江在上游又形成了第四次大洪峰，嫩江全线告急，现在已经有近一百万军民日夜守护在嫩江防汛抗洪一线。从今天起，哈尔滨市部分江堤实行戒严，以确保防汛抗洪战斗的顺利进行。

记者崔世杰报道：吉林省紧急调拨的抢险物资正在源源不断地运往嫩江

险工险段。八千多名部队官兵奋战了两个昼夜，排除险工险段三十多处，加高加固险堤二十多公里。

记者李国林、那森宝音报道：内蒙古东部防汛形势十分严峻，嫩江右岸各支流先后发生特大洪水，受灾严重。当地政府正在组织群众抢险救灾，国家防汛总指挥部支援的抗洪救灾物资正在陆续运抵内蒙，部分物资已经运到抗洪第一线。

在洪峰中坍塌的内蒙古滨州铁路426公里680米处的铁路桥经过铁路职工及武警官兵近五个昼夜的全力抢修于昨天18点正式通车。铁道部部长付志寰昨天上午乘机抵达哈尔滨，在哈铁局党委书记何洪达陪同下乘汽车前往齐齐哈尔，在滨州大昂坝150米决口处，他肯定了哈局干部职工连续奋战，把损失减少到最低程度的成绩。

△中央台综合消息：长江和东北地区的洪灾成为全国人民关注的焦点，一方有难八方支援，目前各地的捐款捐物正源源运往灾区。山东省决定筹集1100万元救灾款，到目前已经先后调运14艘冲锋舟和85万条编织袋及时运往湖北灾区抗洪抢险。

四川省委、省政府决定向湖北、湖南、江西、安徽四省灾区军民捐赠250万元的急需药品和猪肉。昨天晚上，满载猪肉的冷藏专列已经出发，支援灾区的药品也在今天启程空运。

山西省紧急动员全省人民支援灾区。仅昨天一天时间，山西干部群众捐助物资价值已达200万元，救灾款800万元。

浙江省决定向黑龙江、吉林捐赠8500件两用衫、棉毛衫以及一批方便食品和医用药品。到目前，浙江省各地已向灾区捐赠抢险用编织袋232万条。

刚刚战胜地震灾害，重建家园的河北省张北县人民从自己并不丰盈的腰包中拿出十万多元送到国家民政部。

在地震重灾区张北县乱石山村，老党员邓元德徒步3公里走到捐款地点，把省吃俭用攒的50元钱投进了捐款箱。开滦矿务局捐赠的50万元已经送往灾区。

青岛市决定立即向灾区捐款160万元。另外，由国家防汛抗旱总指挥部从青岛紧急调动的第二批26艘冲锋舟昨天晚上从青岛流亭机场装机运往河北省和黑龙江省。

大连市直机关干部和广大市民踊跃捐款捐物。大连市还决定从市财政拿出100万元，寄往灾区。

截至昨天，重庆市捐赠办公室已收到11个单位三十多万元的捐款和一千八百八十多件衣物。

天津市卫生系统已经组织十支抗洪救灾医疗队，市卫生局还准备了价值100万元的药品、器械和各种物资，时刻准备运往灾区。

陕西505集团向洪涝灾区捐赠价值60万元的医药保健品，帮助灾区群众预防和治疗各种易发疾病，这批捐赠品正运往灾区。

青海省藏药制药厂日前捐款100万元支援长江抗洪救灾，其中包括价值80万元专门治疗肠胃疾病的藏药药品和20万元现金，以表达藏族同胞对内地灾区人民的民族情谊。

华北制约集团有限责任公司今天通过中国人民解放军总后卫生部向战斗在抗洪一线的子弟兵捐赠价值100万元的急需药品。

▲中央台综合消息：

今年以来尤其是进入汛期以后，财政部紧急调度资金，全力支持防汛抗洪工作。到目前为止，已经先后拨付防汛、抢险、工程加固、防汛物资储备、灾民生活救济、防疫以及水毁水利工程、公路和中小学校舍修复等方面资金22亿元，有力地支持了各地防汛抗洪工作。

财政部日前发出紧急通知，要求各级财政部门全力以赴支持防汛工作，确保防汛抗洪资金及时足额到位。

农业部决定再次加大支持地方抗洪救灾的力度，其中包括向灾区下拨救灾化肥18.2万标准吨，救灾柴油49万吨，调拨救灾种子955万公斤，并在有关物资和款项安排上进一步向重灾区倾斜，组织渔政、船艇全力以赴支援抗洪救灾。

中国农业银行总行发出紧急通知，要求各有关分行要把支持防洪抗灾作为当前一项重要工作切实抓好，增加防汛抗洪救灾信贷投入。优先支持灾区农业生产资料的供应和储备，优先支持小型水毁工程的抢修和修复，优先支持灾区农民抢收抢种，优先支持灾区的重点企业恢复正常的生产经营。

国土资源部今天（13号）发出紧急通知，要求各地继续做好汛期地质灾害防治工作，迅速组织专业队伍对重点地区进行地质灾害巡回检查，同时发动群众做好群测群防工作，一旦发生险情，要迅速做好危险地区居民的转移工作，确保人民群众的生命安全。

△新组建的中国石油天然气集团公司日前向所属各单位发出紧急通知，要求160万石油职工积极响应党中央、国务院的号召，认真做好抗洪救灾捐助活动。到今天上午，集团公司已紧急动员炼化企业生产编织袋182万条，价值368万元，全部捐赠给抗洪一线。

中国石化集团公司今天（13日）紧急调运50万条编织袋，奔赴武汉抗洪抢险前线。同时，中国石化集团公司从齐鲁石化、镇海炼化等其他9个企业紧急调集的170万条编织袋也已于今天运往长江抗洪抢险第一线。

△国家烟草专卖局发出紧急通知，要求烟草行业工商企业开展抗洪救灾工作。目前，烟草行业已向灾区捐款一亿五千万元。

截至目前，中国红十字会已为遭受洪涝灾害的地区筹集到8000万元的钱物。总会日前发出慰问电，号召全国广大红十字会员为夺取抗洪救灾防病工作全面胜利努力工作。

全国邮电系统已决定为中华慈善总会’98抗洪赈灾紧急救援行动提供邮汇免费服务。从8月9号至13号，中华慈善总会共接受捐款696万元，捐赠物品价值1775万元。

中华慈善总会今天又公布一批救灾联系热线电话和传真号码。

传真号码	热线电话
010—66083190	010—66055848
010—66083191	010—66055849
010—66083192	010—66055847
010—66083193	010—66072567
010—66020903	010—66050494
	010—66072595
	免费热线
	8008103999

▲贵州省委、省政府近日决定向湖北、湖南、江西、安徽、江苏五省各

捐赠人民币50万元。

长江流域水灾以来，香港各界人士十分关注。到昨天下午，香港红十字会已收到港币2500万元赈灾捐款。

△现在请听中央台记者徐成忠、孙叶采写的通讯：洪水中的誓言

面对肆虐的长江洪水，参加抗洪抢险的南京军区某部675名官兵举起拳头，发出了响亮的誓言：人在堤在！他们发扬连续作战的顽强作风，12次突击抢险，12次出色完成任务。

这支部队坚守在江苏长江段最险峻的句容通江河道上，在这一地段，有严重险情的就有十多处。引河车站坝堤底基严重渗水，一旦决口，落差6米的洪水就会喷涌而下，直接威胁着京沪铁路干线。一百二十多名官兵组成的抢险队，火速赶到现场，官兵们冒着四十多度的高温，突击排险，11名官兵相继累倒，被战友们背下大坝。战友们心连心，顽强拼搏，险情终于被控制住了。

在一个多月与洪水的搏斗中，不少官兵们的手和脚都泡烂了，但没有一人退缩，他们用行动实现了自己的誓言。

▲现在播送中央台记者胡啸、姜惠林从九江抗洪前线发来的特写：九江平安夜

8月7号下午，九江长江大堤4号闸与5号闸之间的溃决，给九江市民带来了困扰。经过5个昼夜几万官兵的殊死拼搏，昨天下午终于将决口堵住。昨天晚上，清静了几天的街道又热闹起来，人行道上行人明显增多，电影院已经恢复放映。

许多市民满怀深情地说，是人民子弟兵用血肉之躯给他们筑起了一道抵挡肆虐洪水的屏障，是人民子弟兵的高尚情操点燃了九江市的夜色之光。

为了感激人民子弟兵，市民们送来各种食品、饮料和菜肴，通过决口侧面的一块草地，送到子弟兵手中。草地上走的人多了，走出一条光溜溜的小道。市民们说，这是他们的“支前小道”。

一位名叫商国华的年轻人，是宾馆的一名职工，他也通过“支前小道”去了堵口现场，并且摄下了令他泪流不止的场面。他跑回宾馆，立即将录像带放给同事们看，并且很快和其他三位同事凑足五千多元钱，买了100箱矿

泉水，500条毛巾和20条香烟，又通过“支前小道”送到了亲人子弟兵手上。他说，他一个月工资才四百多元，三位同事与他不相上下，送这些东西每个人都得花去整整三个月的工资，但是，花得舒坦，否则会留下遗憾。

△中央台消息：国家防汛抗旱总指挥部办公室今天（13）发布第25号汛情通报。长江第五次洪峰通过湖北沙市、监利到汉口段，水位上涨，汉口以下河段和洞庭湖、鄱阳湖水位继续缓慢回落。

今天下午两点，沙市洪峰水位44.84米，低于今年出现的最高水位0.16米。

嫩江干流上游出现洪峰，齐齐哈尔以下河段水位继续上涨。今天下午两点，黑龙江省甘南县同盟洪峰水位回落到170.61米，嫩江齐齐哈尔水位149.30米，比昨天上涨0.12米。松花江干流哈尔滨水位119.06米，水势仍在上涨。

▲中共中央政治局委员、书记处书记、中宣部部长丁关根昨天和新当选的第六届中国电影家协会主席、副主席座谈，希望影协团结全国电影工作者，为繁荣发展我国电影事业作出新贡献。

△现在播送国际新闻。

△印度尼西亚总统哈比比昨天指示有关方面，邀请外国情报人员到印尼，以帮助印尼调查今年5月在当地发生的骚乱和强奸华人妇女的案件。

印度尼西亚新闻部长对记者说，印尼政府将邀请中国、美国、中国台湾、中国香港和新加坡等国及地区的情报人员组成一个联合小组，帮助调查强奸华人妇女等案件。

▲柬埔寨奉辛比克党主席拉那烈昨天表示，他愿意有条件地参加西哈努克国王提议召开的“暹粒非正式会议”。拉那烈表示期待着参加暹粒非正式会议，但这应该在大选中存在的问题获得解决之后。

柬埔寨全国选举委员会7月26号公布大选初步结果。奉辛比克党和桑兰西党一直认为大选过程和议席分配计算方式存在严重问题，至今仍拒绝接受大选结果，致使柬埔寨再次陷入政治僵局。

△负责对伊拉克武器核查的联合国特委会主席巴特勒昨天在致本月份安理会主席的信中说，在伊拉克同联合国关于武器核查问题的僵局未打破之前，计划中的生化武器和导弹的核查将会推迟。特委会将无法作出伊拉克履行销毁武器承诺的保证。

▲肯尼亚总统莫伊昨天发表声明说，肯尼亚有关机构已经逮捕了一些与本月7号驻内罗毕美国使馆爆炸案有关的嫌疑人员，声明说，一些人已经因此案被捕，并正在提供有用的线索，但是声明没有进一步提供细节。

肯尼亚总统办公室宣布，爆炸现场救援工作昨天已经结束，已查明共有247人丧生，6人生命垂危，伤亡总人数达5097人。

△津巴布韦国防部长马哈奇昨天宣布，由津巴布韦、赞比亚、纳米比亚和坦桑尼亚四国组成的调查委员会将前往乌干达和卢旺达，核实这两个国家是否参与了刚果金的武装冲突。

本月初，刚果金首都金沙萨和东部地区发生了武装叛乱，刚果金政府指责，卢旺达和乌干达参与了这场叛乱，卢乌两国均予以否认。

▲联合国秘书长发言人卡洛斯昨天宣布，在联合国的斡旋下，阿富汗武装派别塔利班已同意国际非政府组织恢复在喀尔布的人道主义工作。塔利班上个月曾经发出命令，强行要求在首都喀布尔开展人道主义工作的35个非政府组织将他们的办事处迁往一座破旧断水断电的校舍内。但是遭到一致拒绝，于是塔利班勒令他们全部撤出喀布尔。

△美国一枚运载间谍卫星的火箭在美东部时间昨天发射升空以后爆炸，这次事故造成的损失约十亿美元，事故原因目前正在调查。

▲瑞士银行与世界犹太人组织昨天在纽约就二战期间犹太人遗款问题达成一揽子协议。根据协议，瑞士银行同意向世界犹太人组织一次性支付12.5亿美元，作为对二战期间受害的犹太人的赔偿，世界犹太人组织同意放弃对瑞士银行的控告和取消扬言将对瑞士银行和企业实施的制裁。

△据美国地震信息中心昨天透露，美西部城市旧金山附近，当天早晨发生里氏5.4级地震，地震发生在美国西部时间早上7点11分，地震只造成少量财产损失，没有造成人员伤亡。

▲山东台消息：山东省沿黄各地立足防大汛、抢大险，加紧落实黄河防汛抗洪措施，确保安全度汛。

目前，黄河河务部门已经对防汛工程进行了全面检查，37处险点险段得到及时抢护，全省沿黄各地还加强了非工程防汛措施，从省到村共组织起一百四十多万人的防汛大军；由几千名黄河职工组成的专业抢险队、解放军、武警部队正严阵以待。

△中央台记者黄立新报道：

陕西省最近提出绿化三秦大地、控制水土流失的新目标。从“九五”到下世纪前10年，陕西省要把目前生态环境最脆弱、对改善全省全国生态环境具有重大影响的黄土高原区、土石山区以及风沙区三个流域作为重点，控制生态环境恶化趋势，带动和促进全省生态治理进程。

▲中央台消息：在本世纪末基本解决贵州农村人畜饮水困难的“渴望”工程，从去年实施以来进展顺利。到目前，全省已完成各类饮水工程7789处，安装管道14000公里，建梯水站303个，累计解决113万人、八十多万头牲畜饮水困难，占工程总计划数的34%。

△中央台消息：河北省栾城县采取切实措施调动农民种粮积极性，农民丰收踊跃交售爱国粮。日前，全县3700万公斤夏粮定购任务已经完成。这个县人均、亩均向国家贡献小麦已连续17年位居全省第一。

▲中央台记者周玉琛报道：吉林省调整产品产业结构，新产品新产业对经济的拉动作用明显增强。

吉林省把发展汽车、化工等支柱产业、医药、电子等优势产业和高新技术产业，作为调整产业结构的重点。上半年，电子工业同比增长一倍多，医药工业增长17%。高速铁路客车、捷达轿车等20个市场前景好、科技含量高的产品，保持了旺盛的增长势头，新产品产值同比增长22%。

△中央台消息：广州地铁一号线全线近日合闸送电获得成功，为年底全线开通运营打下了基础。

广州地铁一号线全长18公里，牵引供电工程，是整个地铁工程的心脏部分。

▲北京台消息：北京市首座汽车液化石油气加注站近日投入使用。全市第一批120辆经过改装的公共汽车驶上首都街头。

液化石油气是一种清洁燃料，汽车改用液化气后，比使用汽油的费用降低，污染减少，同时还可以延长发动机使用寿命。

△中央台记者陈运灵报道：广州市社会服务联合行动网络近日启动。这个网络是以110报警服务台为龙头，包括卫生、公共事业等20个单位组成，实行24小时值班。

广州市还建立了监督检查和反查追究责任制度。凡出现对群众报警求助有推诿、态度差或处理不力的，群众可以举报投诉。

▲中央台记者报道：云南省456家个体经济组织、私营企业近两年在全省各地州市招聘国有企业下岗职工，有近一千五百人和用人单位初步达成了再就业意向。

山东台消息：山东省邮电、铁路、民航等11个行业的养老保险统筹工作今年9月底以前将全部移交地方管理。

这些行业涉及在职职工近百万人，离退休人员27万人。

△中央台记者才让多杰报道：青海省'98江河源环保世纪行，近日在西宁启程。这一活动主要围绕黄河的一级支流——湟水河流域水污染防治进行。

这次《全国新闻联播》节目是由祝燕南、杨青编辑，金锋、黎江播送的，欢迎接着收听中央台《新闻纵横》节目。

例稿二

天津电视台《今晨相会》节目（1998.12.26）：

口播：早上好，观众朋友。今天是12月26号星期六。今天节目的主要内容有：

配片：《今晨要闻》国家副主席胡锦涛会见“爱我中华、述我香江”活动北京交流营的香港与内地学生。我国同美国和欧盟有关纺织品问题的谈判取得进展。市委书记张立昌会见泰达足球队主教练金志扬。俄白签署关于建立联盟国家的宣言。科索沃再次爆发大规模武装冲突。“根雕热”引来生态悲剧，一些自然保护区和国家重点保护的原始森林遭到破坏。“千山鸟飞绝，万径兽踪灭”，各地大吃野味的风气愈演愈烈，我国野生动物的状况处于极端危急的境地。详细报道请看报摘新闻。日前，数十只仙鹤飞临银河度假村，请看《今晨热线》的报道。

口播：下面请看详细内容。

配片：中共中央政治局常委、国家副主席胡锦涛昨天下午在人民大会堂亲切会见“爱我中华、述我香江”活动北京交流营的香港与内地学生。大型媒体只读光盘《毛泽东》出版座谈会，昨天上午在北京人民大会堂举行。中共中央政治局常委、书记处书记尉健行出席了座谈会，并作了重要讲话。中共中央政治局候补委员、中共中央书记处书记曾庆红主持了座谈会。近期，我国同美国和欧盟有关纺织品出口的谈判取得了积极进展。从明年1月1号开始，美国对从中国进口的丝绸服装不再实行许可证管理。中国和欧盟日前达成的第6个纺织品协议也从1月1号起开始实行。中共天津市委关于12月22号邀请本市各民主党派、有关各人民团体负责人和无党派人士座谈，就准备提交市委七届二次全体扩大会议审议的《中共天津市委1999年工作意见》征求意见稿，听取了大家的意见。市委书记张立昌主持了座谈会并作了重要讲话。

口播：本台消息，市委书记张立昌、市长李盛霖昨天亲切会见了天津泰达足球队主教练金志扬和教练商瑞华。张立昌说，足球运动为广大群众日益关注，已成为人民精神生活的重要组成部分。希望球队在金志扬主教练执教下，团结一致，刻苦训练，不断提高整体素质和技战术水平。市委副书记刘峰岩、市委常委秘书长王文华、副市长孙海林、市政府秘书长陈红江参加会见。本台消息，昨天晚上，市长李盛霖在市政府贵宾厅会见了西班牙国际合作署秘书长路易斯艾斯皮诺萨先生，和西班牙驻华大使胡安来尼亚先生一行。宾主双方就进一步合作并拓宽合作领域进行了深入交谈。

配片：昨天本市召开工业工作会议。市委常委、常务副市长杨新成，副市长梁肃出席会议并讲话。会议提出，明年全市工业工作要紧紧围绕国有企业三年改革脱困目标，以提高工业经济运行质量和效益为中心，以机制创新为动力，以结构调整为重点，解放思想，坚定信心，迎难而上，开拓创新，继续保持工业经济持续、稳定、健康发展的势头。

口播：请看一组国际新闻。

配片：俄罗斯总统叶利钦和白俄罗斯总统卢卡申科25号在莫斯科签署了一项历史性协议，准备将俄白两国合并为一个国家。日本政府25号通过了总额为81.86万亿日元的1999年度预算草案，表明日本政府将努力采取刺激经济复苏的政策。南斯拉夫联盟科索沃地区24号在圣诞前夜又发生新的冲突。这给脆弱的科索沃和平又蒙上了一层阴影。印度新任外交部长贾斯万特辛格24号在首次记者招待会上表示，印度将在新的一年中，致力于改善对华关系。俄罗斯议会下院国家杜马24号以303票赞成、65票反对、9票弃权的表决结果，一致通过了1999年度联邦预算草案。

口播：以下是报摘新闻。《人民日报》消息，前不久，国家林业局开展了“中国公众森林生态环境意识”的调查。调查中，大多数人认为“干净的空气”、“绿地花草”、“树林”、“清澈的河流”是“理想生活环境中最不可缺少的东西”；“长久持续的经济发展是最优先的考虑，但这种发展应确保不会破坏环境和影响子孙后代”。这些调查结果表明，人们对森林保护的关心程度在提高，森林生态保护意识在加强。但是，目前在我们的生活中仍然存在着一些有意无意的破坏生态环境的事情。

据《工人日报》报道，华南第一峰广西定安县猫儿山上的国家重点保护植物，素有“植物大熊猫”之称的珍稀树种铁杉，目前处境危急。猫儿山自然保护区管理人员介绍说，该保护区的铁杉现已死亡1/4。一些村民和游客对铁杉剥树皮，剪树叶，刨挖幼苗，对铁杉造成直接的伤害。而山上丢弃、堆积的各种各样的生活垃圾，又改变着保护区的生态环境，对铁杉的生存构成威胁。

在两广地区，根雕作为有特色的旅游产品，已成为具有一定产销规模的新兴产业。一些地方还出现不少根雕户，根雕村。据《光明日报》报道，随着吃“根雕”饭的农民越来越多，不仅死树的根挖掘殆尽，就连能用来做根雕的活树也所剩无几。一些村为了改变“停产待料”状态，甚至成立了“寻根队”专门走南闯北到邻村、邻乡、邻县甚至邻省寻找根林。一些自然保护区和国家重点保护的原始森林遭到不同程度的破坏。森林毁坏面积不断扩大。

《经济参考报》消息，素有“绿岛”之称的海南省近些年森林面积迅速增加，森林覆盖率已超过50%。热带天然林、沿海防护林体系和速生丰产林基地已逐渐建成。据估算，全省森林涵水效益为15.57亿元，防止水土流失效益14.7亿元。加上其他如保护鸟类、旅游、保健效益累计创造价值超过一百亿元。

据《中国青年报》报道，近年来在晋、陕、内蒙古交界处，尤其是晋西北的偏关、五寨等地山区，农民采用在山地上投放剧毒农药的方式猎杀野生动物。在这些地方，已经形成了产、供、销一条龙的发达经营体系，导致当地生物灭绝性的破坏。而更为可怕的是，对这样长时间、大范围、大规模的违法犯罪行为，有关部门不仅没有依法执法和管理，而且还从中渔利，向农民大量销售剧毒农药。在冬季投毒的高峰期，每瓶剧毒农药的售价从十几元暴涨至近百元。《中国青年报》的这篇文章认为，仅靠一般的呼吁、教育是不够的，应尽快完善立法。必须依靠强有力的国家机器和政府行为，严格执法，严肃处理。

据《文汇报》报道，我国有史以来，首次在全国范围内，规模最大、参与人数最多的野生动物资源调查目前各项任务都已完成过半。这项投资上亿元的调查将弄清我国野生动物资源的现状，建立相应的数据库，提出系统准确的调查材料。预计这项调查明年底将全部完成。

口播：欢迎您继续收看《今晨相会》。本市北辰区良好的自然环境引来了数十只仙鹤逗留在银河度假村，请看《今晨热线》的报道。(内容省略)

口播：下面让我们一起来关注一下今天的天气情况。(内容省略)

口播：好，观众朋友，今天的《今晨相会》节目播送完了，感谢您的收看，明天同一时间我们再见。

三、不同播音样式训练

新闻播音的语言样式目前常见的是播报式、宣读式和谈话式。

播报式是最常见的一种，也被人们称为播讲式。语言规整简练，流畅自如，既带有报告新闻的振奋、准确和简洁，又保留了自然语式的自如曲线运动。可以说它是一种介于口语谈话和宣读中间的语言样式，其适用范围非常广泛，广播电视新闻绝大部分是采用这种语言样式传播的，是广播电视新闻的代表性语体。我们在前面的例讲中已经频繁地接触了这种语言样式，所以在本章中就不再另行安排训练内容。

宣读式又称播读式，是三种新闻播音语言样式中规整性要求最严的一种。它语流速度相对平缓，字正腔圆，口腔力度较大。它的适用范围较窄，适合于特殊体裁如公告、通告、讣告、命令、通知、任免名单、法律条文等。这种语言样式带有很强的书面语的影响，它的吐字归音、语句停连处理都较为规整，气息控制也较匀畅沉稳，声音坚实、宏亮。它既有发布新闻的新鲜感，又有宣布重大消息的严肃感和持重感。可以说它是一种被自如化了的“宣读”。这种样式虽不多见，却是考核播音员、主持人语言功力的“硬石头”，是培养提高学生语言表达基本功力的重要教材。在训练中要注意防止另一种倾向的出现，比如：过分注意控制口腔力度而将字咬死、叼狠出现“蹦字”现象，甚至影响语意造成全篇散字一片。过分注意气息下沉，结果破坏了气息的自如运动状态，造成气僵、气噎、气憋影响表达。过分强调语句的停连规整，造成语句呆板、单一，同时也削弱了语句与语句之间的必然联系，造成全篇散句一堆。过分强调声音的坚实明亮，结果欠缺弹性变化，使语言色彩单一，影响全篇稿件思想感情的传达。应力求规整而不僵直、持重而不造作、有力度而不生硬。

谈话式的说新闻以前曾经出现过，那时是为了适应部分文化水平不高的听众的需要将新闻慢慢讲清楚。现在在广播和电视新闻栏目中出现的说新闻和以前不同，是为了适应受众求异求近的心理和追求综合性大信息量的需求而产生的，以香港凤凰卫视的鲁豫说新闻影响最大。以后迅速在全国各地方台兴起，现已形成一股“说风”。“说”并非万能也不可能取代其他两种语言样式，它只是作为其中一种样式存在着。这种谈话式的说新闻不能简单地理解为照原稿加些口语中的“的、了、嘛、呢”的放松一说。它是需要在阅读、分析、记忆原新闻稿件、明了事实之后重新编排内容组织语言的，主持人手中往往只有卡片或提纲。这种样式较播报式灵活自然，语气稍松缓，交流感强，使受众更有一番贴近感。它的词语组织更加口语化，比如更多地使用简单句和短句，使用惯用词和听觉容易分辨的词等等。由于新闻自身的特点限制，谈话式的说新闻不可能和其他的谈话式相同，它对规整性、简洁性、流畅性都还是有要求的。不能说半句话，不能拖泥带水、反反复复，不能想想停停说说。应该说，一个贴近内容、语言又比较自然的播报和一个语言比较讲究的说新闻，单在语言样式方面比较是没有太大差异的。那种为了赶时髦，故意将标准语言掺杂进港台味、将简洁的语句加上些“那么”、“好的”、“……呢”等累赘，将朴实的语气甩上拖下的做法绝不是说新闻，是应该坚决摒弃的。

（一）宣读式

在这一样式中力度控制和感情色彩也不完全一样，下面例稿的安排是依照不同规格、不同内容力度递减的顺序进行的。

例稿一

△新华社北京12月19日0时　中华人民共和国中央军事委员会主席江泽民今天发布《中国人民解放军驻澳门部队进驻澳门特别行政区的命令》。全文如下：

中国人民解放军驻澳门部队全体官兵：

根据《中华人民共和国宪法》赋予中国人民解放军的使命，依照《中华人民共和国澳门特别行政区基本法》、《中华人民共和国澳门特别行政区驻军法》有关规定，命令你们进驻中华人民共和国澳门特别行政区，于1999年12月20日开始履行防务职责。

我国政府对澳门恢复行使主权，是继香港回归祖国后中华民族的又一盛事，标志着中国人民按照“一国两制”的方针，在实现祖国统一大业的道路上又迈出了坚实的一步。中国人民解放军驻澳门部队担负澳门特别行政区的防务，是中国政府对澳门恢复行使主权的重要象征，使命神圣，责任重大。你们进驻澳门特别行政区以后，要坚持人民解放军全心全意为人民服务的宗旨，发扬优良传统，忠实履行职责，遵纪守法，依法治军，把部队建设成“政治合格，军事过硬，作风优良，纪律严明，保障有力”的威武文明之师，为维护祖国统一，捍卫国家主权和领土完整，保持澳门的稳定和发展做出积极的贡献。

中华人民共和国中央军事委员会主席　江泽民

1999年12月19日

例稿二

邓小平同志治丧委员会公告（第1号）

为了表达全党全军全国各族人民对邓小平同志的无比崇敬和深切悼念之情，现决定：

（一）自告全党全军全国各族人民书发布之日起到邓小平同志追悼大会举行之日止，首都天安门、新华门、人民大会堂、外交部和我驻外使领馆、新华社香港分社、新华社澳门分社下半旗志哀。这期间，我驻外使领馆、新华社香港分社、新华社澳门分社设灵堂，接待驻在国和港、澳地区的吊唁。

（二）按照我国惯例，不邀请外国政府、政党和友好人士派代表团或代表来参加悼念活动。

特此公告。

邓小平同志治丧委员会

1997年2月19日

例稿三

邓小平同志治丧委员会公告（第2号）

鉴于邓小平同志在党和国家历史发展中的特殊功绩，以及全党全军全国各族人民的共同愿望，现决定：

（一）2月25日，中共中央、全国人大常委会、国务院、全国政协、中央军委在北京人民大会堂隆重举行邓小平同志追悼大会，邓小平同志治丧委员会委员（京外委员派代表），中央党政军群机关各部门和首都各界代表，生前友好，家乡代表，共一万人参加。

在首都举行的邓小平同志追悼大会，是全党全军全国各族人民悼念邓小平同志的活动，中央人民广播电台、国际广播电台、中央电视台届时将现场转播追悼大会实况，各级党组织要认真组织广大干部群众收听和收看追悼大会的实况转播。

（二）2月25日，全国党政军机关，各边境口岸、海、空港口，企业、事业、学校等单位，我驻外使领馆、新华社香港分社、新华社澳门分社下半旗志哀。

（三）在追悼大会举行时，上午10时整，一切有汽笛的地方，如火车、轮船、军舰、工厂等，鸣笛三分钟志哀。

（四）根据邓小平同志的嘱托和亲属的意见，不举行遗体告别仪式。

特此公告。

邓小平同志治丧委员会

1997年2月20日

例稿四

邓小平同志的亲属致江总书记并党中央的信，全文如下：

江总书记并中央：

近来小平同志病重，作为他的亲人，我们的心情十分沉重。我们知道，中央的同志们都很关心小平同志，也与我们一样，已开始考虑有关后事安排。

小平同志是彻底的唯物主义者，对于生死问题的看法向来达观，关于他的后事，近年来曾对我们多有交待。为了体现小平同志一生的追求和信念，完美地完成他人生的最后一个篇章，根据他的嘱托，我们提出如下意见：

一、不搞遗体告别仪式。小平同志历来主张丧事从简，不搞遗体告别仪式符合他的看法。

二、追悼会在火化后举行。骨灰盒以中国共产党党旗覆盖，上方悬挂体现小平同志精神面貌的彩色照片，以表达庄重肃穆的气氛。

三、家中不设灵堂。

四、捐献角膜。解剖遗体供医学研究。

五、不留骨灰。根据小平同志本人的意愿，把骨灰撒入大海。

小平同志毫无保留地把毕生奉献给了祖国和人民，我们希望，我们为小平同志所做的最后一件事，既能体现小平同志的精神本质，又能以最朴素和最庄严的方式表达我们的哀思。

以上当否，请予考虑。

卓琳暨子女

邓林 邓朴方

邓楠 邓榕

邓质方

1997年2月15日

（新华社北京2月20日电）

例稿五

告全国人民书

中国共产党中央委员会、中华人民共和国全国人民代表大会常务委员会、中华人民共和国国务院、中国人民政治协商会议全国委员会、中国共产党和中华人民共和国中央军事委员会，极其悲痛地向全党全军全国各族人民通告，我们敬爱的邓小平同志患帕金森病晚期，并发肺部感染，因呼吸循环功能衰竭，抢救无效，于1997年2月19日21时8分在北京逝世，享年93岁。

邓小平同志是我党我军我国各族人民公认的享有崇高威望的卓越领导人，伟大的马克思主义者，伟大的无产阶级革命家、政治家、军事家、外交家，久经考验的共产主义战士，我国社会主义改革开放和现代化建设的总设计师，建设有中国特色社会主义理论的创立者。

邓小平同志是中国共产党早期的党员和积极活动家。第一次国内革命战争时期，在西北革命军队中负责政治工作，后来到武汉，参加决定对国民党反动派实行武装反抗方针的中共中央紧急会议即八七会议。第二次国内革命战争时期，发动和领导百色起义和龙川起义，创建红军第七军、第八军和右江、左江革命根据地；到中央革命根据地后，由于拥护毛泽东同志的正确路线而被当时党内“左”倾领导者撤职；随后到红军总政治部工作，参加了二万五千里长征，长征途中参加了党的历史上具有伟大转折意义的中共中央政治局扩大会议即遵义会议。抗日战争时期，同刘伯承同志一起，率部创建晋冀豫等根据地，任一二九师政治委员和中共中央北方局太行分局书记，后来代理北方局书记，并主持八路军总部的工作，担负起领导华北敌后抗日根据地的重任；在党的第七次全国代表大会上，被选为中央委员。解放战争时期，任晋冀鲁豫军区政治委员，中共中央中原局书记和后来辖区扩大了的中原局第一书记，以大无畏的英雄气概，坚决执行毛泽东同志关于从内线作战转向外线作战的战略决策，同刘伯承同志一起率领大军强渡黄河，千里跃进大别山，揭开了人民解放战争全国性战略进攻的序幕；在战略决战阶段，担任统一指挥中原野战军、华东野战军的总前委书记和中共中央华东局第一书记，同这两个野战军的领导同志一起，领导了三大战役中规模最大的淮海战役，领导了渡江战役，解放南京、上海及东南诸省，宣告国民党反动统治的覆灭；然后又率部进军大西南，参加领导了和平解放西藏，完成中国大陆的解放。邓小平同志为民族独立和人民解放，为新中国的诞生，建立了不可磨灭的功勋。

中华人民共和国成立后，邓小平同志任中共中央西南局第一书记，领导了西南全区的政权建设、社会改造和经济恢复。不久调到北京参加中央领导工作，1954年任中共中央秘书长，1955年被增选为中央政治局委员。1956年在党的第八次全国代表大会上作关于修改党章的报告，提出和深刻论述了党在执政条件下加强自身建设的任务。在八届一中全会上当选为中共中央政治局常委、总书记，成为以毛泽东同志为核心的中央领导集体的重要成员。在担任总书记的十年间，他主持中央书记处的工作，为社会主义制度的建立和社会主义建设的展开，为探索适合中国国情的建设社会主义的道路，为总结经验、调整政策、克服困难，担负着繁重的任务，进行了卓有成效的工作。他还多次率代表团去莫斯科同苏联共产党进行谈判，坚决维护中国共产党独立自主的原则立场，反对党与党之间的不平等关系。“文化大革命”中，邓小平同志受到错误批判和斗争，被剥夺一切职务。1973年复出，1975年担任中共中央副主席、国务院副总理、中央军委副主席、中国人民解放军总参谋长，主持党、国家和军队的日常工作。他力挽狂澜，对“文化大革命”以来所造成的严重困难局面开始了大刀阔斧的整顿，同“四人帮”进行了针锋相对的斗争。这种整顿和斗争，反映了广大干部和群众的愿望，代表了党的正确领导，在短时间内就取得显著成效，得到了全国人民的拥护。虽然不久他再度被错误地撤销一切职务，但已经为粉碎“四人帮”准备了党内外广泛的群众基础。

粉碎“四人帮”、结束“文化大革命”后，在广大党员和人民的迫切要求下，邓小平同志恢复了原来担任的职务。当时中国面对的局势十分严峻，任务极为艰巨，不仅需要从“文化大革命”造成的深重灾难中摆脱出来，而且需要总结历史经验和教训，面对世界形势的发展，重新思考中国社会主义发展的道路，为中国在未来岁月中如何前进规划出新的蓝图。邓小平同志没有辜负党和人民的期望，他从千头万绪中首先抓住决定性的环节，从思想路线的拨乱反正入手，强调实事求是是毛泽东思想的精髓，反对“两个凡是”的错误观点，支持开展真理标准问题的讨论，重新确立解放思想、实事求是的思想路线。思想路线的拨乱反正，成为党的十一届三中全会的先导。

党的十一届三中全会，标志着建国以来历史的伟大转折，开辟了改革开放和集中力量进行社会主义现代化建设的历史新时期。经过这次全会，邓小平同志成为第二代中央领导集体的核心。在新时期中，邓小平同志和中央领导集体一起，作出了关系党和国家前途命运的两大历史性贡献。一个是领导全党总结建国以来的历史经验，纠正“文化大革命”的错误，坚持科学地认识和评价毛泽东同志的历史地位和毛泽东思想的科学体系。另一个是创立和发展了建设有中国特色社会主义理论，制订了党在社会主义初级阶段“一个中心、两个基本点”的基本路线，确立了党在经济、政治、外交、教育、科技、文化、军事、祖国统一、党的建设等方面的一整套方针政策，成功地开辟了在改革开放中实现社会主义现代化的新道路。

在邓小平建设有中国特色社会主义理论和党的基本路线指引下，从拨乱反正到全面改革，从农村改革到城市改革，从经济体制改革到各方面体制改革，从在沿海兴办经济特区到形成全国范围对外开放格局，社会主义物质文明和精神文明建设一起抓，十八年来中国的经济发展取得了前所未有的成就，人民生活得到很大提高，国家面貌发生深刻变化，广大群众衷心拥护。80年代末、90年代初国内国际发生政治风波，党和政府在邓小平同志和其他老同志坚决有力的支持下，依靠人民，旗帜鲜明地坚持四项基本原则，坚持维护国家的独立、尊严、安全和稳定，同时毫不动摇地坚持经济建设这个中心，坚持改革开放。由于党和政府坚定清醒的立场，由于改革开放和社会主义现代化建设的成就深入人心，我们经受住了严峻考验，有中国特色的社会主义显示出更加蓬勃的生机和活力，使人民高兴，世界瞩目。

邓小平建设有中国特色社会主义理论的一个重大创造，是按照“一国两制”的构想实现祖国的和平统一。根据中英、中葡协议，香港即将回归祖国，澳门将在1999年回归祖国。台湾问题也终将得到解决，祖国的完全统一必定会实现。

邓小平建设有中国特色社会主义理论的一个重要内容，是关于国际形势的分析和中国国际战略的决策。调整对日、对美、对苏关系，发展同周边国家和第三世界国家的友好关系，打开中国对外关系新局面，为集中力量进行现代化建设争取和创造了有利的国际环境。

邓小平建设有中国特色社会主义理论，是在和平与发展成为时代主题的历史条件下，在我国改革开放和社会主义现代化建设的实践过程中，在总结我国社会主义胜利和挫折的历史经验并借鉴其他社会主义国家兴衰成败历史经验的基础上，逐步形成和发展起来的。从世界范围来说，无产阶级领导人民取得政权以后如何建设社会主义，是一个需要很好总结和探索的重大历史性课题。社会主义在中国的新局面和新成就，使我们从历史的比较和国际的观察中认识到，邓小平建设有中国特色社会主义理论是正确的。这个理论，科学地把握社会主义的本质，第一次比较系统地初步回答了中国这样的经济文化比较落后的国家如何建设社会主义、如何巩固和发展社会主义的一系列基本问题。它是马克思列宁主义基本原理与当代中国实际和时代特征相结合的产物，是毛泽东思想的继承和发展，是当代中国的马克思主义。它是全党全国人民集体智慧的结晶，是中国共产党的指导思想和中华民族的精神支柱。没有邓小平同志创立的这个理论，就不会有今天中国改革开放的新局面和中国社会主义现代化的光明前景。

邓小平同志早就主张废除干部领导职务终身制。他本人几次恳切地表达了退休的愿望。党的十三大决定同意他不进入新的中央委员会和中央顾问委员会，留任中央军事委员会主席。十三届五中全会又决定同意邓小平同志辞去中央军事委员会主席的职务。邓小平同志为第二代中央领导集体向以江泽民同志为核心的第三代中央领导集体顺利过渡，保持党和国家的稳定，创造了充分的条件，发挥了决定性的作用。

从领导岗位退下来的邓小平同志，仍然以高度的历史责任感，关注着改革开放和现代化建设事业。1992 年初他视察南方发表重要谈话，科学地总结了十一届三中全会以来党的基本实践和基本经验，从理论上深刻地回答了长期困扰和束缚人们思想的许多重大认识问题，特别是社会主义与市场经济的关系问题，不仅对开好党的十四大具有重要指导作用，而且对整个社会主义现代化建设事业具有深远意义。以邓小平同志南方谈话和十四大为标志，中国社会主义改革开放和现代化建设进入新的阶段。1993年，89岁高龄的邓小平同志亲自主持编辑并逐篇审定《邓小平文选》第三卷。《邓小平文选》第三卷和第二卷，汇集了邓小平同志在形成和发展建设有中国特色社会主义理论中富有独创性的重要著作，是引导我们胜利前进的科学指南。

十四大以后，以江泽民同志为核心的党中央高举邓小平建设有中国特色社会主义理论的旗帜，领导全党全军全国各族人民按照十四大的部署，抓住机遇，深化改革，扩大开放，促进发展，保持稳定，在以经济建设为中心的同时一贯坚持物质文明和精神文明建设两手抓，实现了国民经济持续、快速、健康发展，提前达到了邓小平同志为我们确定的“三步走”发展战略中的第二步战略目标，经济和社会发展取得了重大新成就。现在，正在为迎接党的十五大的召开，努力做好各方面的工作。

邓小平同志在长期的革命实践中锤炼出鲜明的革命风格。他尊重实践，敏锐把握时代发展的脉搏和契机，既继承前人又突破陈规，既借鉴世界经验又不照搬别国模式，总是从中国的现实和当代世界发展的特点出发去总结新经验，创造新办法，寻找新路子。他尊重群众，时刻关注最广大人民的利益和愿望，总是把是否有利于发展社会主义社会的生产力、是否有利于增强社会主义国家的综合国力、是否有利于提高人民的生活水平作为制订路线、方针、政策的出发点和归宿。他目光远大，胸襟开阔，总是从大局着眼来观察和处理各种重大问题。他崇尚实干，行动果断，在关键时刻作出重大决策更是表现出非凡的胆略和勇气。他无私无畏，不屈不挠，把自己的一切献给党和人民，献给社会主义和共产主义事业。他的光辉一生充分表明，他不愧是中国人民的伟大儿子。他深情地爱着自己的祖国和人民，祖国人民也深情地爱戴他。

邓小平同志的逝世，对我党我军我国各族人民是不可估量的损失，定将在我国人民心中引起极大的悲痛。中央号召全党全军全国各族人民，化悲痛为力量，继承邓小平同志的遗志，以更加努力地做好各方面工作的实际行动，来表达我们的悼念。

我们一定要坚持十一届三中全会以来邓小平同志为我们确立的党的基本路线不动摇，坚持以经济建设为中心，坚持把经济体制改革和其他方面体制改革进行下去，坚持对外开放，坚持四项基本原则，在这条路线指引下，开拓创新，战胜一切困难，经受住各种风险，把社会主义现代化建设不断推向前进。

我们一定要坚持和维护党的团结和统一，更加自觉地团结在以江泽民同志为核心的党中央周围，加强党的思想建设、组织建设和作风建设。

我们一定要巩固工人阶级领导的、工农联盟为基础的人民民主专政，发展广大的爱国统一战线，加强全国各族人民的大团结，维护社会稳定，艰苦奋斗，勤俭建国。

我们一定要坚持独立自主的和平外交政策，在和平共处五项原则的基础上积极发展同世界各国的友好关系，为维护世界和平，促进世界发展，反对霸权主义和强权政治，建立国际政治新秩序和国际经济新秩序，作出自己的贡献。

我们一定要努力学习邓小平建设有中国特色社会主义理论，学习邓小平同志的革命风格，学习他运用马克思主义立场、观点和方法研究新情况、解决新问题的科学态度和创造精神，为把我国建设成为富强、民主、文明的社会主义现代化国家而奋斗。

在以江泽民同志为核心的党中央坚强领导下，全党全军全国各族人民高举邓小平建设有中国特色社会主义理论的旗帜，坚定不移，满怀信心，一定能够把邓小平同志开创的社会主义改革开放和现代化建设的伟大事业坚持下去，胜利地达到我们的目的地。

邓小平同志永垂不朽。

（新华社北京2月19日电）

例稿六

邓小平同志治丧委员会名单：

主任委员：

江泽民

委　员：

李　鹏　乔　石　李瑞环　彭　真　朱镕基　刘华清　胡锦涛　荣毅仁　丁关根　田纪云　李岚清　李铁映　杨白冰　吴邦国　邹家华　姜春云　钱其琛　黄　菊　尉健行　谢　非　温家宝　王汉斌　杨尚昆　万　里　宋　平　薄一波　宋任穷　张　震　张万年　迟浩田　任建新　倪志福　陈慕华（女）　费孝通　孙起孟　雷洁琼（女）　李锡铭　王丙乾　帕巴拉·格列朗

杰　王光英　程思远　卢嘉锡　布　赫　铁木尔·达瓦买提　吴阶平　宋健　李贵鲜　陈俊生　司马义·艾买提　彭珮云（女）　罗　干　张思卿　叶选平　吴学谦　杨汝岱　王兆国　阿沛·阿旺晋美　赛福鼎·艾则孜　洪学智　杨静仁　邓兆祥　赵朴初　巴　金　钱学森　钱伟长　胡　绳　钱正英（女）　苏步青　丁光训　董寅初　孙孚凌　安子介　霍英东　马万祺　朱光亚　万国权　何鲁丽（女）　王　平　伍修权　刘澜涛　江　华　李德生　肖　克　余秋里　张劲夫　张爱萍　陈锡联　段君毅　耿　飚　姬鹏飞　黄　华　黄火青　习仲勋　彭　冲　叶　飞　廖汉生　王　芳　方　毅　谷牧　马文瑞　王恩茂　杨成武　吕正操　汪　锋　郑天翔　杨易辰　刘复之　王鹤寿

（以下按姓氏笔划排序）

丁文昌　丁石孙　丁衡高　于　珍　于永波　万学远　马启智　马忠臣　王　占　王　克　王　涛　王　海　王　群　王广宪　王云龙　王云坤　王太华　王乐泉　王成斌　王如珍（女）　王志武　王启人　王忍之　王茂林　王茂润　王忠禹　王学萍　王荣生　王思齐　王洛林　王梦奎　王维澄　王朝文　王森浩　王瑞林　王德瑛　毛致用　丹　增　乌力吉　乌云其木格（女）　方荣欣　方祖岐　尹克升　邓鸿勋　艾知生　厉有为　石云生　石玉珍（女）　石兆彬　石宗源　卢荣景　卢瑞华　叶　青　叶连松　田凤山　田成平　田曾佩　史大桢　史玉孝　白立忱　白恩培　白清才　包叙定　兰保景　邢世忠（以下从略）

例稿七

新华社北京10月31日电　全国人民代表大会常委委员会决定任命的名单（1999年10月31日第九届全国人民代表大会常务委员会第十二次会议通过）

一、任命胡锦涛为中华人民共和国中央军事委员会副主席。

二、任命郭伯雄、徐才厚为中华人民共和国中央军事委员会委员。

例稿八

新华社北京10月31日电　全国人民代表大会常务委员会（1999年10月31日第九届全国人民代表大会常务委员会第十二次会议通过）

一、任命曹建明为最高人民法院副院长、审判委员会委员。

二、免去崔盛远、王德龙的最高人民法院审判员职务。

三、任命姜伟、杨立新、华晔晖为最高人民检察院委员会委员。

例稿九

新华社北京10月31日电　全国人民代表大会常务委员会批准免职的名单（1999年10月31日第九届全国人民代表大会常务委员会第十二次会议通过）

批准免去胡叙明的宁夏回族自治区人民检察院检察长职务。

例稿十

中华人民共和国中央军事委员会副主席胡锦涛简历：

胡锦涛，男，汉族，1942年12月生（56岁），安徽绩溪人，1964年4月入党，1965年7月参加工作，清华大学水利工程系河川枢纽电站专业毕业，大学文化，工程师。现任十五届中央政治局常委，国家副主席，中共中央军事委员会副主席，十五届中央书记处书记，中央党校校长。

1959至1965年，在清华大学水利工程系学习，1964年后，并任政治辅导员。1965至1968年，在清华大学水利工程系参加科研工作，并任政治辅导员（“文化大革命”开始后终止）。1968至1982年，先后在水电部刘家峡工程局房建队劳动，任水电部第四工程局八一三分局技术员、秘书、机关党总支副书记，甘肃省建委秘书，甘肃省建委设计管理处副处长，甘肃省建委副主任，共青团甘肃省委书记。1982年至1992年，先后任共青团中央书记处书记，全国青联主席，共青团中央书记处第一书记，贵州省委书记，贵州省军区党委第一书记，西藏自治区党委书记、西藏军区党委第一书记。1992年至现在，任中央政治局常委、中央书记处书记，中央党校校长。1998年当选为国家副主席。1999年任中共中央军事委员会副主席。

第十二届中央候补委员、委员，十三届、十四届、十五届中央委员，十四届、十五届中央政治局委员、常委、中央书记处书记，第六届全国政协常务委员。

例稿十一

中华人民共和国民政部关于取缔法轮大法研究会的决定

经查，法轮大法研究会未经依法登记，并进行非法活动，宣扬迷信邪说，蒙骗群众，挑动制造事端，破坏社会稳定。据此，依照《社会团体登记管理条例》有关规定，认定法轮大法研究会及其操纵的法轮功组织为非法组织，决定予以取缔。

中华人民共和国民政部

1999 年 7 月 22 日

例稿十二

中华人民共和国公安部通告

中华人民共和国民政部已于 1999 年 7 月 22 日认定法轮大法研究会及其操纵的法轮功组织为非法组织，决定予以取缔。据此，特通告如下：

一、禁止任何人在任何场所悬挂、张贴宣扬法轮大法（法轮功）的条幅、图像、徽记和其他标识。

二、禁止任何人在任何场合散发宣扬法轮大法（法轮功）的书刊、音像制品和其他宣传品。

三、禁止任何人在任何场合聚众进行“会功”、“弘法”等宣扬法轮大法（法轮功）的活动。

四、禁止以静坐、上访等方式举行维护、宣扬法轮大法（法轮功）的集会、游行、示威活动。

五、禁止捏造或者歪曲事实、故意散布谣言或者以其他方式煽动扰乱社会秩序。

六、禁止任何人组织、串联、指挥对抗政府有关决定的活动。

违反上述规定，构成犯罪的，依法追究刑事责任；尚不构成犯罪的，依法给予治安管理处罚。

中华人民共和国公安部

1999 年 7 月 22 日

例稿十三

全国人民代表大会常务委员会关于取缔邪教组织、防范和惩治邪教活动的决定

1999 年 10 月 30 日第九届全国人民代表大会常务委员会第十二次会议

通过

为了维护社会稳定，保护人民利益，保障改革开放和社会主义现代化建设的顺利进行，必须取缔邪教组织、防范和惩治邪教活动。根据宪法和有关法律，特作如下决定：

一、坚决依法取缔邪教组织，严厉惩治邪教组织的各种犯罪活动。邪教组织冒用宗教、气功或者其他名义，采用各种手段扰乱社会秩序，危害人民群众生命财产安全和经济发展，必须依法取缔，坚决惩治。人民法院、人民检察院和公安、国家安全、司法行政机关要各司其职，共同做好这项工作。对组织和利用邪教组织破坏国家法律、行政法规实施，聚众闹事，扰乱社会秩序，以迷信邪说蒙骗他人，致人死亡，或者奸淫妇女、诈骗财物等犯罪活动，依法予以严惩。

二、坚持教育与惩罚相结合，团结、教育绝大多数被蒙骗的群众，依法严惩极少数犯罪分子。在依法处理邪教组织的工作中，要把不明真相参与邪教活动的人同组织和利用邪教组织进行非法活动、蓄意破坏社会稳定的犯罪分子区别开来。对受蒙骗的群众不予追究。对构成犯罪的组织者、策划者、指挥者和骨干分子，坚决依法追究刑事责任；对于自首或者有立功表现的，可以依法从轻、减轻或者免除处罚。

三、在全体公民中深入持久地开展宪法和法律的宣传教育，普及科学文化知识。依法取缔邪教组织，惩治邪教活动，有利于保护正常的宗教活动和公民的宗教信仰自由。要使广大人民群众充分认识邪教组织严重危害人类、危害社会的实质，自觉反对和抵制邪教组织的影响，进一步增强法制观念，遵守国家法律。

四、防范和惩治邪教活动，要动员和组织全社会的力量，进行综合治理。各级人民政府和司法机关应当认真落实责任制，把严防邪教组织的滋生和蔓延，防范和惩治邪教活动作为一项重要任务长期坚持下去，维护社会稳定。

（新华社北京10月30日电）

例稿十四

新华社北京12月24日电　中国共产党的优秀党员，忠诚的共产主义战士，久经考验的无产阶级革命家，我党党务工作和政法战线的杰出领导人，原中共中央顾问委员会常务委员，原最高人民法院院长江华同志，因病医治无效，于1999年12月24日10时08分在杭州逝世，享年93岁。

例稿十五

新华社北京10月23日电　中纪委、中组部、监察部制定的《关于党政机关县（处）级以上领导干部廉洁自律“五条规定”的实施意见》已经中央同意，全文如下：

关于党政机关县（处）级以上领导干部廉洁自律“五条规定”的实施意见

《中共中央、国务院关于反腐败斗争近期抓好几项工作的决定》（以下简称《决定》）重申和提出的党政机关县（处）级以上领导干部廉洁自律的“五条规定”，是推动当前反腐败斗争深入进行，促进党风廉政建设的重要举措。为使各级领导干部严格遵守“五条规定”，使执行纪律有所依据，保证“五条规定”的正确实施，提出如下实施意见。

一、“五条规定”适用于党政机关县（处）级以上领导干部，即党的机关、行政机关、审判机关、检察机关副县（处）级以上（含副县、处级）领导干部，包括已到退（离）休年龄，尚未办理退（离）休手续的上述干部。

按国家规定批准设立的具有行政管理职能的公司和具有行政管理职能的事业单位（总会）以及工会、共青团、文联、科协等群众团体机关中副县（处）级以上（含副县、处级）领导干部，也适用“五条规定”。

上述机关中任非领导职务的副县（处）级以上（含副县、处级）干部，也适用“五项规定”。

二、对违反“五条规定”的行为，凡是党和国家已有规定的，按照有关规定进行处理；过去没有规定的，按照本《实施意见》处理。

对经商办企业，利用职权为配偶、子女和亲友经商办企业提供优惠条件，在各类经济实体中兼职（包括名誉职务）领取报酬，到下属单位和其他企业事业单位报销应由个人支付的各种费用，在公务活动中接受礼金和各种有价证券等问题，按党中央、国务院及中央纪委已发布的有关规定处理。本人自查自纠的，可以从轻处理。

对违反“五条规定”的行为，过去没有规定的，按以下规定处理：

（一）《决定》公布实施前从事有偿中介活动的，按经商办企业处理。《决定》公布实施后，继续从事有偿中介活动的，责令其停止活动，收缴经营所得并视情节轻重给予党纪、政纪处分。

（二）《决定》公布实施前合法持有的股票，必须向所在单位登记并依照股票交易规则售出。已持有的企业内部职工股，必须按发行时的价格立即退还企业；在《国务院办公厅转发国家体改委等部门〈关于立即停止发行内部职工股不规范做法意见〉的紧急通知》发布后，购买、无偿获取企业内部职工股的，除必须立即退还企业外，并视情节轻重给予党纪、政纪处分。

《决定》公布实施后买卖股票的，应视情节轻重给予党纪、政纪处分，并依照《股票发行与交易管理暂行条例》的规定处理。

无偿或非法获取的股票及其非法所得，予以没收，并给予党纪、政纪处分。

（三）《决定》公布实施前以各种名义接受下属单位或其他企业事业单位赠送的信用卡，归个人使用的本单位信用卡，应立即退还，因私事使用上述信用卡所开支的费用如数退还，并视情节轻重予以处理；拒不交出信用卡和拒不退还用于私事费用的，从重处理。

《决定》公布实施后以各种名义接受下属单位或其他企业事业单位赠送信用卡以及将本单位用公款办理的信用卡归个人使用的，必须立即交出所持有的信用卡，退还因私事开支的费用，并视情节轻重，给予党纪、政纪处分。

（四）《决定》公布实施前用公款获取各种形式的俱乐部会员资格的，必须立即退出。如不退出，由本人支付全部费用。

《决定》公布实施以后，仍用公款取得各种形式的俱乐部会员资格的，必须退还公款，并给予党纪、政纪处分。

（五）《决定》公布实施后，用公款参与高消费娱乐活动的，由个人承担费用，并视情节给予党纪、政纪处分。

违反“五条规定”触犯刑律的，由司法机关依法处理。

三、本《实施意见》由各级党委、政府组织实施，同级纪检监察机关、组织部门负责监督检查。

中共中央纪委
中共中央组织部
监察部
1993年10月8日

(二) 谈话式说新闻

下面仅提供两份实录稿供参考。一份是凤凰电视台鲁豫说新闻的实录；一份是广东经济电视台《一周新闻回顾》串联词实录。

例稿一

陈鲁豫主持《凤凰早班车》(1999.12.14)

各位，早上好！欢迎乘坐《凤凰早班车》！

因为西方国家的强烈反对，俄罗斯对于车臣最后通牒的态度开始有所软化，俄罗斯军队里面一个高级将领表示，他们的最后通牒只是针对车臣叛军还有恐怖分子，并不是针对车臣百姓的。另外车臣副总统说俄罗斯的军队礼拜一在格罗兹尼上空曾经发射了一枚化学武器，造成37个人死亡，还有二百多人受伤。而英国报纸事后报道说这是一枚芥子毒气。俄罗斯军队里面的高级将领还表示，目前在格罗兹尼城内还有大概有二千多名叛军困守格罗兹尼城。

另外，俄罗斯总统叶利钦和白俄罗斯总理卢卡申科礼拜三在莫斯科的克里姆林宫签署了两国建立联盟国家的条约，这期间也发生了一段很有意思的小插曲，叶利钦在发表讲话的时候突然忘记该讲什么了，需要自己的助手提醒他，看来叶利钦的身体情况还不是太好。

(配音：叶利钦在签字仪式上强调，联盟国家将保留俄白两国的主权，不建立统一的军队。他指出，建立俄白联盟国家不是针对西方，更不是追求任何政治目的。

叶利钦说，建立俄白联盟国家条约是划时代的事件，符合俄白的国家利益。

在仪式期间，68岁的叶利钦精神不佳，更是一度站立不稳，在旁边的卢卡申科立刻伸手搀扶。

叶利钦早前曾经患肺炎。卢卡申科说，该条约开辟了俄白两国联系的新纪元。建立联盟国家有助于加强两国在国防、安全以及在国际舞台上的合作。叶利钦和卢卡申科还签署了实施联盟国家条约的行动纲领。

这个纲领规定，从2000年起逐步拉平两国主要宏观经济指标，从2001年起实行统一的税收政策，从2005年起实行统一的贸易和关税政策。当年底以前实现货币统一。

这一条1996年起开始草拟的联盟条约还需要两国的议会讨论确认。)

《东方日报》报道

印尼首都雅加达唐人街又遭到歹徒的破坏，在礼拜三一伙歹徒在雅加达唐人街放火烧了四辆车，还有一个赌场，事后有人说，也许是由于人们不满这个赌场在回教斋月开始之前还是营业。另外，还有媒体说可能是不同的派别为了争夺对于赌场的控制权，而从今天开始印尼的回教徒开始了为期一个月的斋月。

《天天日报》报道

在礼拜二，美国揭发了美国有史以来最严重、最大规模的一次考试作弊案，有纽约州的32个中小学的52个老师涉嫌和这个作弊案有关，他们是教唆自己的学生在考试的时候作弊，为了是能够提高自己学校的声誉。有关教育当局也说，目前考试的难度比较大，所以给老师造成了很大的压力。美国教育当局是花了17个月的时间对纽约的1100个公立学校做了调查之后，查出有问题的32所学校。

古巴儿童监护权变外交风波

另外，美国和古巴之间因为小男孩冈萨雷斯的监护权之战愈演愈烈，美国国务院已经拒绝了古巴总统卡斯特罗的要求，就是要求送回冈萨雷斯，而且表示小男孩的命运应该是以人道考虑为主。

(配音：美国驻古巴的非官方的代表处前，星期三则由数千名示威者抗议，要求归还6岁的冈萨雷斯。同时，美国国务院并且敦促古巴应该保证美国驻当地外交官的安全。

古巴总统卡斯特罗向美国提出男童必须在三天之内返回古巴的要求。

卡斯特罗指控美国政府绑架冈萨雷斯。上个月25日，冈萨雷斯随着母亲和继父搭船意图偷渡美国，不料船只在古巴和佛罗里达州之间的海上翻覆，冈萨雷斯抱着轮胎内胎漂流海上，在佛罗里达州外海被美国渔人救起，全船14个人仅三人生还，冈萨雷斯的母亲和继父均一同罹难。

美国政府将男童安置于他在麦阿密（音）的姨婆家，但是冈萨雷斯的生父要求美国归还他的儿子。为了要回冈萨雷斯，古巴政府在哈瓦那多次发起抗议活动，城里的学生以及工人聚集美国代表处前唱歌，挥舞旗帜，要求立刻放回冈萨雷斯。

在这件事导致美国和古巴之间的争议越趋白热化之际，冈萨雷斯在卡斯特罗的宣传活动中已经成为古巴的民间英雄。卡斯特罗更是盛赞冈萨雷斯是古巴的小英雄，总有一天会回到家乡。）

《成报》报道

一名苏格兰法官在礼拜三做出裁定，对两名洛克比空难的疑犯的审讯工作会压后到明年的5月份才进行。之所以把时间压后，是为了给辩方更多的准备时间，这两人被控犯了谋杀罪，他们涉嫌在泛美103班机上放了炸弹。所谓洛克比（音）空难是因为泛美103班机是当年在苏格兰洛克比上空发生爆炸的，时间是在1988年的12月21日，当时机上一共270人全部罹难。因为在苏格兰并没有死刑，所以这两个人即便最后罪名成立的话，最多只会被判终身监禁。

《明报》报道

世界银行发表了全球经济展望的报告，报告里面指出，由于金融风暴的影响，全球贫穷人数本来已经是呈下降趋势了，现在又有所回升，目前全球极贫人数为12亿人，所谓极贫人口就是每天的生活费不超过港币8元钱，这个报告也指出看来全球的“灭贫”计划可能不能够按期完成，全球“灭贫”计划是在公元2015年，把贫穷人数减少一半，而这份报告里还指出，极贫人数12亿当中有2亿是来自中国大陆。

《天天日报》报道

泰国度假胜地普及岛的警方目前已经加强了对于普及岛的机场的监管还有保安工作，原因就是有一个男子在普及岛的沙滩上听到另外两个人在谈话，商议要在奥地利的维也纳航空公司的一个班机上放上炸弹。另外在礼拜二菲律宾北部发生了一起飞机坠毁的事故，当时是一架菲律宾的双引擎小型飞机在菲律宾北部发生坠毁的事件，机上17个人全部死亡。

摩洛哥塌楼死11人

摩洛哥发生了一起塌楼意外，有一座4层高的住宅突然倒塌，结果八十多名正在熟睡的居民被困在里面，救援人员经过长时间不停的搜索之后，到目前为止已经救出48个伤者，但是其中11个人伤重死亡。

（配音：意外发生之后，大批救援人员赶到现场，从瓦砾中搜索被困的居民。部分被救出的伤者已经陷入昏迷状态。医院发言人透露，至少有48个人送院救治，其中11个人伤重不治，部分伤者情况危殆。

由于这座大楼是在凌晨时分倒塌，八十多名居民正在酣睡，根本无法躲避，估计仍然有30人被困，预料死亡人数还会继续上升。

这一座有15年楼龄的楼宇位于摩洛哥首都拉巴特以东200公里，一个叫菲斯〈音〉的古城。

当地传媒报道，早在一年之前墙壁已经出现裂痕，市政府翻查资料之后，证实这座楼宇原本是非法建筑，事前没有得到批准，经过工程人员的检查，当局以安全为理由，多次要求居民离开，但是居民并没有理会政府的劝告。

菲斯市有居民80万，两年之前曾经发生塌楼意外，导致17人丧生。）

《东方日报》报道

我们曾经报道过美国有一个调查报告指出，在美国每年有大概四万四千至九万八千人死于医生或是医务人员的医疗事故，因此美国总统克林顿已经表示政府要花二千五百万美元来调查这件事，因为这是人命关天的大事，另外也关系到美国老百姓对于国家医疗系统的信心问题，他也要求有关部门要在60天之内提交一份建议，如何提高美国的国家医疗系统的水平。

《文汇报》报道

英国前首相撒切尔夫人在纽约发表演说的时候抨击了欧盟要建立军队的计划。她说，欧盟建立军队的话，会威胁到北约，同时也表明了欧洲国家的野心就是要建立一个欧洲强国来和美国发生抗衡。英国媒体说，“铁娘子”在海外公开地抨击英国政府还有欧盟是一个很不寻常的事件。她在讲话里面指出，目前英国的工党政府显然是野心勃勃，而对欧盟的态度目前可以说是反英国常态的。

荷兰首次发生校园枪击案

荷兰第一次发生了校园枪击案，警方说17岁的少年学生在礼拜二的中午在校园里胡乱的开枪扫射，结果击伤了4个学生还有一名老师，事件的起因可能是涉及到感情的纠纷。

（配音：荷兰警方说，就读爱尹合文市〈音〉附近维各合〈音〉一所中学的这一名少年是因为发生感情纠纷而情绪失控，他在校内礼堂和电脑室犯案之后就立刻向警方自首。

在枪击事件中，背部、手部和胸部受伤的一名46岁教师以及4名学生都被送往医院救治，其中4个人伤势严重，但是没有生命危险，另一名学生只是受了轻伤。

荷兰当局表示，这是一宗恐怖的枪击事件，荷兰从来没有发生过这一类的事件，虽然国内出现越来越多的年轻人随身携带枪支的趋势。荷兰一向严格管制枪械，荷兰校园少见暴力事件，上一次谋杀事件在1995年，乌特勒克一名17岁的学生刺死了另外一名19岁的青年。持枪伤人的上述少年患有相思病，有关枪击事件显然早有预谋。

过去没有犯事记录的17岁少年正被警方扣留，他将被控以企图谋杀，荷兰政府上个月宣布调查越来越多的校园暴力事件，司法部说，枪击事件的发生可能导致当局在校内装置武器勘察器。）

两岸三地

中英联络小组结束历史任务

中英联合联络小组在昨天上午开完了最后一轮会议，不过小组的工作要到明年的1月1日才会正式结束。在会议之后，双方也召开了一个联合记者会，大家都表示，对于继续贯彻落实中英联合声明感到很乐观，而且相信香港人有能力管理好香港。

（配音：联络小组最后一次会议今天上午在香港礼宾府结束，会后中英双方首席代表举行联合记者会，回顾小组成立14年来所经历的风风雨雨。

中英联合联络小组中方首席代表吴红波：我们奏的乐曲是落实中英联合声明的乐曲，我们中方认为，落实中英联合声明是一项史无前例的工作，也是一项极富挑战性的工作。大家知道，我们处理了很多问题，在国际法中、在国际惯例中是没有先例的，但是通过合作，我们成功地解决了这些问题。

中英联合联络小组英方首席代表包雅伦：就算中英之间在政治上经历困

难时刻，联络小组仍以低调方式工作，以便达成香港所需要的协议，以便香港可以顺利交接，所以我们努力克服困难，给我个人很大的成就感。

双方代表认为，联络小组的工作是否成功要由历史来判定，要由香港是否能够保持稳定和繁荣来判定，而对于香港回归之后出现的诸如终审法院判决，香港人基本权利和义务等等具有争议性的问题，双方有此共识：

吴红波：我相信香港特区政府和香港居民有智慧、有能力解决他们所面临的种种困难。

至于双方在谈判桌上交锋14年，在被问到如何评论谈判对手时，两位首席代表再次默契地发挥外交官的本色。

吴红波：我个人的一点感觉是，我认为英国外交官的谈判水平和工作能力是值得赞赏的，我对他们深表敬意。

包雅伦：让我选出一个事件，或是双方的一名代表〈来评论〉都很难，因为这是集体努力的结果。

中英联合联络小组的工作是落实中英联合声明，而在明年1月1日小组解散之后，中英双方怎样就香港事务进行沟通呢？吴红波大使表示，两国会从外交途径来做这个工作。）

立法会指责政府令市民多付电费

香港立法会帐目委员会对于中华电力有限公司高估了用电量的事情不点名地批评了当时任职经济司的陈方安生，说她当年没有能够提供足够的资料，而且没有审慎的审核数据。

（配音：立法会政府帐目委员会今天向立法会提交因中华电力有限公司1992年以来过度投资，而检讨政府对电力供应公司监察不力的报告，报告批评当时的经济司陈方安生领导的有关部门没有审慎严谨地审核中电做出的用电量需求预测，使当时的行政机构通过了中电的扩大投资发展计划。

计划实施中，香港经济结构转型，工业北移，使中电的发电量严重过剩，由于当时的政府与电力供应商签定协议，规定增加发电量的成本会通过电费由消费者负担，所以市民会因为中电过度投资发电而多付电费，帐目委员会用深表诧异来形容当时政府部门的错误判断，用感到震惊来形容当局在这样重要的工作上没有存备一套完整的记录，不点名的对当时的经济司没有向行政局提供充分资料深表不满。

政府帐目委员会主席李家祥表示，这些都是仅次于谴责的字眼。李家祥还表示，应该有官员为此负责。

立法会政府帐目委员会主席李家祥：这是一个非常重要的决定，在90年代，我想中电这个投资等于差不多最近机场的投资，或者迪士尼的投资，是一个相当重要的投资，政务司司长也就是以前的经济司，她讲明，提交行政局的那份文件是她审批的。

陈方安生在会后表示，会仔细地研究帐目委员会报告的内容，三个月内做出正式回应。

她又强调：但是我们也要时常记住就是我们的政策，就是确保市民能够有一个可靠的电力供应，特别是高峰期的需求，我们一定要达到的。)

《文汇报》报道

香港警方在昨天早晨拘捕了3名男子，这3名男子涉嫌和上个礼拜五发生在政府总部外面的暴力冲突事件有关，他们当时是用一批内地狱区拘留人士和他们的支持者上个礼拜五在香港政府总部的外面来举行示威，结果有几个示威者和警方发生了冲突，警方昨天上午就拘捕了3名涉嫌的男子，这3个人被认为违反了公安条例，在公共场合行为不检。另外，根据香港有关部门做的一个民意调查显示，有将近九成的香港人都反对用暴力冲突来表达自己的意愿。

董建华出访韩国

香港特首董建华昨天和韩国总统金大中在汉城见面。董建华说，香港和韩国的经济都已经出现了复苏，而两地将会加强商贸联系及合作，他也相信，中国加入世贸以后会给韩国带来更大的商机。

（配音：正在韩国进行访问的董建华今天和韩国总统金大中会面，香港和韩国都是金融风暴之后经济出现显著复苏的地方，双方讨论如何加强相互合作，董建华最后出席各企业家研讨会，在被问到中国开放市场香港的金融中心地位是否会遭到诸如上海等内地城市的威胁时指出，香港的优势难以被人取代。

董建华：我们的普通法对大部分国际投资者十分熟悉，我们的股票市场中的公司具高透明度和很好的监管，我们作为独特的金融中心的地位，在很长的时间内不会改变。

董建华昨天抵达韩国之后在出席韩国外交通商部部长的晚宴时也特别指出，中国加入世贸对于和中国贸易关系密切的韩国将会带来商机。

董建华：我们期待中国在明年初加入WTO，相信会为亚洲和世界带来巨大的机会。

董建华这次访问韩国还和香港旅游协会一起推广香港的旅游业。他指出，香港目前正致力于发展高新科技、高增值产业，而在旅游业方面刚刚落实的迪士尼的主题公园相信会使香港成为亚洲区的旅游中心。)

《星岛日报》报道

杨振宁教授是第一位获得诺贝尔奖的华人物理学家，昨天香港的中文大学举行了成立仪式，正式成立了杨振宁档案室。在成立仪式上，杨振宁教授也把两份很珍贵的他的物理学的手稿赠给了香港中文大学。这两份物理学手稿在世界物理学界具有举足轻重的地位。在杨振宁档案室里面包括杨振宁教授这些年来捐赠给香港中文大学一批很珍贵的手稿、文章、书摘，还有奖章，奖章里面自然也包括诺贝尔奖。

《星岛日报》报道

香港的输入专才计划会在下个礼拜就开始接受申请，第一批的输入专才渴望在明年的1月底2月初就来到香港，有关的遴选委员会在今天上午召开第一次会议，这个遴选委员会负责向香港的入境处处长提供有关的意见，整个的申请过程手续很简便，不会超过半个月的时间，第一年的计划会有大概2000个专才来到香港，而香港的专才计划包括从中国内地还有澳门，另外还有蒙古、保加利亚和罗马尼亚输入专才，整个计划还有一个“三不”的规定，所谓的三不就是：不设限额、不设专业的限制、不设最低的工资收入。

杨振宁对港科技发展抱希望

刚才我们讲到的杨教授是第一个获得诺贝尔奖的华人物理学家，他说当年他的获奖不但是一个个人荣誉问题，更重要的是他让华人改变了自卑的心理，他已经多次到过香港讲学，他认为香港的科研水平今后会有世界级的先进水平。

（配音：已经退休的杨振宁教授选择将他学术生涯中最为重要的两份手稿交给香港中文大学杨振宁档案室保管。他表示，做出这样的决定是因为他作为中大的科研教授多次来港授课，对于中大的科研环境极为欣赏。

杨振宁：香港有很聪明的年轻人，也有很好的学习传统，所以我想香港能够变成非常重要的科研的地方，只是一个时间的问题。

至于前一段时间考茨〈音〉报告对美国华裔科学家造成的影响，杨振宁表示，目前美国国立研究所和大学在招收华裔、研究生和博士后的程序方面确实变得复杂，但他相信这种情况不会持续太长时间。

杨振宁：这个我想很快各个地方主管的人都知道这对于科研的工作是不利的，而且现在很显然证明出考茨的报告很多是无稽之谈。

作为首位获得诺贝尔奖的华人科学家，杨振宁一直是很多华人学子的榜样，随着两岸三地经济的发展，杨振宁认为年轻人可有更多的机会学习，因此中华民族在发展科研技术方面具有希望。）

澳门内地联手破获犯罪集团

广东省公安厅和澳门司警在昨天联手破获了一起跨境有组织犯罪集团，双方都表示会进一步加强合作，确保澳门治安。

（配音：澳门司警和内地公安部门联手合作，破获一个涉嫌三宗打劫澳门地下钱庄〈音〉犯罪团伙，抓获了两男一女疑犯，并且擒获一批枪支和弹药，其中一宗打劫案中受害人被劫持600万港元，并被枪打伤。

澳门司警发言人徐一午：这次打击有组织犯罪的联合行动，获得的成果有赖于两地警方之间一直以来良好的合作，其实澳门司法警察司和广东省公安厅的合作一向良好，并将会承前启后，加强合作，以及及时交换情报，联手联合打击犯罪，确保澳门治安稳定。

而在澳门司警发布新闻的同时，广东省公安厅也在珠海同时召开记者会，宣布一名澳门男子已经被捕，不过没有透露关押地点。）

选前100天国民党压力大

现在距离台湾明年的大选还有不到一百天的时间，国民党目前面对选举的压力昨天举行了决战100天的实施大会，李登辉要求党内全面动员，而且不点名的批评了宋楚瑜，说他推行的是纳粹思想，宋楚瑜也是反对国民党中

央腐败陈旧，不顾名声，但是台湾的民调显示，宋楚瑜的支持率目前还是高居榜首。

（配音：国民党今天举行决战100天的选举实施大会，党主席李登辉要求全体党员动员起来，为党提名的候选人连战和肖万常〈音〉复选。

李登辉更批评脱离国民党的参选的宋楚瑜倡导的超党派政治是纳粹思想，而党中央今天也确认开除拥护宋楚瑜的党员。

另一方面，行政院长肖万常在实施大会之后，以邀请参加行政院的活动为由，亲自造访大老级〈音〉人物，前行政院长郝波森〈音〉。

肖万常声称会见中并没有谈到选举的事，郝波森也拒绝了邀请。台湾媒体认为，肖万常这时造访在上次选举时已被撤销党籍，并与国民党现实政见不合的郝波森明显是国民党面对选战压力，希望整合拉拢党内资源，而国民党近日的连串动作都显示国民党忧虑选举的情况。

另外，正在地方展开清明活动的独立候选人宋楚瑜对国民党的猛烈抨击也予以回应。

宋楚瑜：国民党最近一连串的弊端让人民丧失信心，为我们党服务这么多年的基层党工未来的退休金到底是不是已经被他们卖得差不多了，而所有这些事情我们将来会让社会大众了解，那就是以快进取的方向掌握未来，好好的为台湾的人民来打拼。

据目前台湾不同机构的多项民意调查显示，宋楚瑜的支持度仍然高居首位，领先其他候选人十几个百分点，而国民党的连战和民进党的陈水扁就交替排在第二位和第三位，各位候选人还有100天做最后的努力。）

网络传真

西雅图世贸会议之后，美国的官员从7日开始和国会议员开始进行商讨，希望争取国会支持中国加入世贸组织，这次会议是在美国国会休会期间举行的，也显示了克林顿政府对于中国贸易协议的重视。这项协议会使中国内地的广大市场对美国商品和劳务开放。白宫发言人说，这项协议在美国创造了新的机会，同时将促进中国的改革，所以早点展开行动是很重要的。

另外，中国外经贸部副部长龙永图6日在旧金山出席了投资中国研讨会，他指出，西雅图世贸部长级会议虽然失败了，不过中国入世贸的意愿并没有任何的改变，北京方面会尽快的和欧盟达成协议，他还预期中国可能会

在明年的5月份或是6月份正式加入世贸，但是外界也注意到他已经把中国入会的时间表从明年初压后到明年的五、六月份，而且还表示不排除有变数。

对于台湾入世贸的问题，龙永图说，不反对台湾入世贸，只要在中国大陆加入世贸之后。

中国人大常委会委员长李鹏7日在人民大会堂会见了日本读卖（音）新闻的代表团，他表示香港和澳门的回归“一国两制”对台湾有重大的影响，而21世纪的来临台湾和平统一的时期也将接近，对于日本朝鲜恢复建交谈判之前也就是会前协商将在本月内展开，李鹏表示积极支持两国准备建交，而且说最重要的是美国和朝鲜以及日本和朝鲜的关系，日本能够率先朝建交迈出一大步，是很英明的措施。

有消息说，国际著名的恐怖大亨本·拉登（音）已经潜入进了东南亚的森林里面，而且准备进入泰国，但是昨天泰国和柬埔寨官员都对这个消息予以了否认，泰国国家安全理事会的一位高级官员就表示，不知道消息是从哪儿传来的。

另外，泰国外交部长在礼拜二表示已经寻求国际情报部门的合作来研究这个消息的可靠程度，这个消息也并非是空穴来风，因为上个月联合国已经开始向阿富汗塔利班政府实施经济制裁，迫使他们交出本·拉登。

这幅漫画画的是一个很大的垃圾场，说得好听一点可能是一个废品收购站，这个废品回收站里面堆满了各种各样的废品，而所有的废品上面都注有美国宇航局的标志，这幅漫画讽刺的是美国宇航局最近接连两次火星探测器发射失败，因为按原定计划美国火星基地登陆者号探测器应该在香港时间上个礼拜六的早晨在火星的基地登陆，但到目前为止音讯皆无，美国太空总署已经表示这个计划看来是失败了，探测器有可能已经坠毁。一直以来美国传媒对于美国宇航局最近实施的多、快、好、省的计划感到很值得提出探讨，因为像这样一个计划如果你不愿意花很多钱的话，显然是进行不好的，美国太空总署已经表示，因为这个探测器发射失败，所以整个的火星计划可能要被迫压后。

千禧之旅

我们的摄制组在巴基斯坦首都伊斯兰堡附近去采访了一个难民营，那儿住了很多阿富汗难民，很多人已经有了下一代，目前他们的生活主要是靠国际援助。

（配音：我想对于生活在太平盛世的我们，“难民营”这三个字已经很少出现在我们的脑海里，但是在巴基斯坦不但是真有其地，而且今天我们还要带您到白沙瓦第四号难民营，这个难民营也可以说是这儿两大难民营其中之一。

难民营造成的原因是因为在20年前，80年代初期的时候苏联军队入侵了阿富汗，那时候就造成了大量的逃难人民。他们除了往伊朗逃难之外，由于巴基斯坦的语言比较相通，所以就造成大量的人涌进巴基斯坦，据说在最高峰的时候高达三百万人，20年过去之后，仍然将近有二百万难民停留在巴基斯坦。

也许是因为当地的生活气氛，在20年来可以说是居无定所，颠沛流离的感觉，所以整个空气里就弥漫着很不安定的气氛。

由于太多难民的涌入，如今依靠国际组织的援助已经是杯水车薪，他们现在更多的是得到一些国际社会人道主义的援助之外，中国政府每年也会向他们提供适当的物质帮助。

但是由于巴基斯坦本身的经济也处于萧条状态，不能向他们提供更多的就业机会，有的难民就靠出卖劳动力，甚至靠走私贩毒以求谋生。

难民：我们现在根本不叫什么生活，根本就没有什么就业机会，也不是自己的国家，所以就在这儿没法谈生活。

虽然他们离开家园，但是由于这里的气候宜人，语言又可以相通，谋生环境又比较容易，最重要的是这里有一个和平的环境，所以他们不由得在这里落地生根，但是令人辛酸的是他们的第二代、第三代出生之后可能连阿富汗都没有看过。

他们在这个几乎与外界隔绝的难民营里出生长大，在这里的学校上学，他们说他们不喜欢这里，但是他们喜欢这里的学校，因为他们渴望得到教育。）

美战俘向日公司提出诉讼赔偿

昨天我们曾经报道美国一个犹太人组织要求几家德国公司赔偿二战时候

受劳役的苦工，而两名美国退伍军人日前也向日本两家大公司提出了类似的诉讼。

（配音：58 年前的星期二，日本偷袭驻守珍珠港的美军，美国随即向日本宣战。

这两名退伍美军表示，他们在菲律宾被日军俘虏，其后被送到日本当劳工，他们的代表律师向洛杉矶高级法院提出一项共同起诉，指控三洋商社和日本钢铁从被奴役的不幸中谋利，另外一个代表澳洲、加拿大、中国、荷兰、英格兰和苏格兰的平民律师团也向多家日本公司提出诉讼，为寻求特定的公平赔偿和损害赔偿。

虽然公司包括三洋商社、日本钢铁、三井商社、三井矿业及数家银行等，但是日本驻洛杉矶领事馆的一名发言人表示，日本政府认为，1951 年旧金山和约已经解决了这些问题，而那些被索赔偿的公司部分对诉讼不予置评，有些则表示不解。）

财经速递

世界银行发表报告指出今年世界经济的增长率要达到 2.6%，比 3 月份的预期大大提高了，和去年同期的增长率相比则上升了 0.7%。另外预计明年的增长预测也将由 2.4% 提高到 2.9%。

国际能源组织预测，12 月份全球的石油供应将会每天短缺 500 万桶，这个组织在报告中也指出了先进国家的商业石油库存自从 9 月份开始已经每天减少 150 万桶，另外，10 月份每天在减少 44 万桶，令石油供应显得更加紧张。

美国全国商业经济学家协会提高了对明年美国经济增长率的预测，从原先估计的 2.7% 上调到 3.2%，理由是生产力加速增长，消费物价指数也分别调高到今年升至 2.2%，明年是 2.5%。

美国 Yahoo 在昨天晚上正式被纳入了标准普尔（音）500 指数成分股，让 Yahoo 成为投资者追捧的对象，结果股价上涨了 24%，创下了历史的新高。

目前 Yahoo 的市赢利为 669 倍，这个数字就高于标准普尔 500 的 31 倍市赢利。

流动电话生产商爱立信已经宣布和电脑软件生产商微软组成一个策略性的联盟来共同发展和销售有关的产品，方便用户今后可以用流动电话来上网。分析家指出，这一项联盟将会对整个流动通讯行业带来深远的影响。

德国公布了10月份的工业生产上升了1.7%，比去年同期上升1.4%，是因为德国的经济增长动力还是有比较强的态势。

另外，经合（音）组织也发表了预测，德国明年的经济可以为2.3%的增长。

美国股市早段受微软和爱立信合作发展互联网产品的影响，股价上扬，但是尾段出现获利回吐，工业指数跌了38点，收市报11068点，欧洲股市受回吐的压力也是全面的下跌。

香港股市受每股回跌的拖累，恒生指数跌了83点，收市报15989点。

比卡超卡通掀起热潮

日本的卡通比卡超在世界各地都掀起了一股热潮，相关的电视片集、电子游戏、玩具都是很受欢迎，有些人感觉明年好像不是龙年，而是比卡超年，但是这股比卡超热也引起了很多人的批评。

(配音：比卡超担当主角的首部卡通电影上个月24日在美国上映，第一天的票房收入超过一千万美元，打破美国票房开映记录。

最新的一部比卡超卡通明年在日本上映，预料将会掀起另一波的热潮。

但是比卡超卡通在美国大受欢迎也引起了很多的问题，本来随电影辅送的卡片被收藏家大肆收购，囤积居奇，使得价格暴涨到每张40至50美元，有些孩子因为换不到卡片而哭闹不休，引起家长们愤怒。

洛杉矶发生为交换卡片而发生校园偷窃等案件，因此加州以及纽约州的学生家长团体集体提出控告拥有比卡超版权的任天堂〈音〉以及代理版权的爱迪生公司，这两家公司故意造成卡片稀有价值，使原本应该成为游戏玩具的卡片变成赌博工具，煽动儿童的侥幸心理。

美国心理学专家警告，收集比卡超卡片有可能养成爱和别人攀比的危险。

看来短期之内美国对比卡超的批判还将持续，不过任天堂则是有信心，认为比卡超商品有力量，文化上也肯定有价值，不至于急剧退潮。）

例稿二

广东经济电视台新闻部 1998 年 10 月 11 日《一周新闻回顾》串联稿件

各位好，欢迎收看《一周新闻回顾》。

1. 广州市的拆迁安置问题一直是政府和市民关注的问题，本周广州市重点建设项目“内环路建设工程”正式动工。此次工程中，将会有 5000 户居民面临拆迁，如何才能在保证工程进度的同时，保证众多拆迁户的利益，成为近期广州市民关注话题。据了解，此次拆迁安置将全部采用电脑管理，以避免不公平现象出现。

新闻：内环路拆迁在即

电脑分配安置房

拆迁安置房准备就绪

2. 上周末，发生在广州市永福路的火灾，导致 4 人死亡，在经过详细调查后，有关部门在本周公布了调查结果。

另据记者调查，今年以来广州市各类火灾中死亡的人数比去年同期增加了四成，防火形势十分严峻。

新闻：永福路火灾原因查明

火险隐患身边现　数千居民心慌慌

今年火灾死亡人数猛增四成

3. 俗话说“火患猛于虎”，众多火灾的惨痛教训提醒我们，用火用电，千万不可大意。

好的，让我们回顾一下本周来自法庭的报道。

自从广州市中级人民法院发布一号公告，公布 100 名拒不执行法院判决、赖帐不还的赖帐者名单后，在社会上引起极大震动，群众拍手称快，赖帐者无处遁形。

本周五，广州中院再次公布168名赖帐者名单。

新闻：法院一号公告执行有方　赖帐者无处遁形

“大家乐”被强制执行

法院再次公布168名赖帐者名单

4. 欠债还钱，天经地义，希望这些欠债不还、拒不执行法律判决的人或单位悬崖勒马，早日到法院办理还债手续。

接下来，关注一下深圳方面的消息。

本周四，深圳市罗湖区法院开庭审理千名消费者状告粤民百货案，此案集中如此之多的原告，实属罕见。

新闻：千名消费者状告粤民百货

5. 这桩案件目前未有终审判决，本台将追踪报道案件审理的进展情况。

今年7月21日，发生在香港的风水大师毒杀5名妇女案件，本周宣告破获，汕头籍杀人疑犯于本周由湖北押回广州。

新闻：7.21毒杀案告破

6. 好的，《一周新闻回顾》到此结束，下周《新闻45′》会有更多贴近百姓、时效特快的新闻为您送上。

周末愉快，再见。

四、综合练习稿

《北京新闻》两组（每组20分钟）：

第一组

听众朋友早上好！今天是6月24日，星期三，农历闰五月初一。这次《北京新闻》的主要内容有：

国土资源部部长周永康考察北京市土地资源利用情况；

共青团中央新的领导机构产生；

首钢一“招”省下225万元；

北京农业产业链延伸到第三产业；

录音新闻：圆了30年的梦（本教材省略未用）。

下面请听详细内容。

本台记者陆健报道：

在6月25号全国第八个土地日到来前夕，国土资源部部长周永康、副部长李元在副市长汪光涛的陪同下，今天下午到北京市考察了土地资源利用情况。

周部长一行先来到北京无线电厂考察盘活土地资源情况。北京无线电厂是老企业，80年代末，企业经济下滑，亏损1.1亿。90年代，厂子利用其位于西三环、毗邻香格里拉饭店的优越位置，将二万多平米土地资产盘活，与外商合资搞高档物业，获得土地收益4亿元。利用这些资金，厂里调整产业结构、开发高科技产品，兴办合作项目，去年盈利1.6亿，企业经济进入良性循环。周部长参观了厂里建高档公寓楼和先进的生产车间。他指出，现在国有企业资产中有很大一块是土地，在老企业改造中，充分盘活土地，走集约化经营之路，是企业获得新生的一条途径。

随后，周部长一行到大兴县考察了沙荒地改造的情况。大兴县是北京五大风沙危害区之一。县土地局从1991年起出台优惠政策，并每年拿出100万元进行沙荒地改造，使6.6万亩昔日寸草不生的废弃土地变成了良田。有些复垦耕土成为年收入万元的高效农田。8年间，大兴通过土地改造复垦，扣除建设占地外，还新增耕地2.7万亩。这在耕地连年减少的北京是极为可贵的。

据了解，北京市今年年计划投资1000万，将全市2万亩废弃地恢复成良田。

周部长指出，在人多地少的大城市，要解决好“吃饭与建设”的矛盾，要珍惜每一寸可以利用的土地。

本台消息：共青团十四届一中全会第一次会议昨天在北京举行，选举产生了新的团中央领导机构。

全会选举周强为团十四届中央委员会书记处第一书记，巴音朝鲁（蒙古族)、孙金龙、胡春华、黄丹华（女)、崔波、赵勇为书记处书记。经差额选举，巴音朝鲁等23人当选为团十四届中央委员会常委。

另据报道:共青团十四大第二次全体会议昨天在人民大会堂举行。1440名代表以无记名投票方式选举产生了中国共产主义青年团第十四届中央委员会。

新一届团中央委员会由177名委员、118名候补委员组成。其中，女委员75名，占委员总数的25.7%；少数民族委员47名，占委员总数的15.9%；大专以上文化程度的委员260名，占委员总数的88.1%；平均年龄33.2岁，委员会成员中年龄最小的为14岁。

本台消息：古城街道水屯村居民区党支部，在发挥领导核心作用中，坚持为居民群众服务，办实事、做好事，治污、通电、搬垃圾山，使村容村貌大为改观。

水屯村在石景山区南。1995年以前，村里群众最烦恼的有三件事：一是横穿全村的污水沟；二是居民用电得不到保证；三是四座垃圾山困扰居民生活。

群众的难处就是党组织的任务。在党支部的带领下，委员们起早贪黑，东奔西走筹集资金。居民党员带头出钱，群众积极响应。大家都有一个共同的信念，为了治理污水沟，有钱出钱，有力出力。在党员、居民组长带领下，广大群众积极参与，修沟五百多米，村民们露出了满意的笑容。

水屯村线路老化，用电设施无人维修、保养，加之用电炉、电暖气、乱接电线造成电路超负荷运载，仅1996年1至6月份全村就烧毁11台冰箱、17台电视机。党支部重点研究讨论了居民用电问题，支部委员深入居民户走访做工作，全村居民完全同意入户电线及电表自行解决。首钢、古城街道及居委会三方达成“关于水屯民用线路改造问题的协议”。经过二十多天的紧张施工，8月9号，正式合闸送电，水屯村终于亮起来了。

接着，村党支部发动群众动手搬走村里的四座“垃圾山”，清理垃圾四百多吨。

村民们兴奋地说，党员们以无私的汗水和心血，带领群众大干苦干，才换来了水屯的一方平安和绿树成荫、鲜花盛开、人们安居乐业的美好环境。

本台消息：受中共北京市委的委托，市委统战部昨天向市各民主党派、工商联和有关人民团体负责人通报了中央对台工作会议精神。

市政协副主席、市委统战部部长沈仁道主持会议。市台办主任邓培德在会上传达了中央对台工作会议和江泽民总书记、钱其琛副总理等领导同志的讲话精神以及贾庆林同志在市对台工作会议上的讲话精神，介绍了近年来北京市对台工作的基本情况和本市贯彻中央对台工作会议精神的措施和打算。

沈仁道在讲话中说：各民主党派、人民团体都与对台工作有着直接联系，是开展对台工作的重要力量。过去我们做了许多工作，取得了很大成绩。目前对台工作的任务还很重，还需要做许多艰苦细致的工作。希望各民主党派、各人民团体发挥各自的优势和力量，为推进两岸关系全面发展，为本市的对台工作上水平见实效作出贡献。

市政协副主席李荻生、韩汝琦出席了会议。

本台消息：拍卖会上常见的招标投标、公开竞价方式，如今被首钢人引入钢铁原料的采购中。日前结束的首钢第三季度地方矿粉招标订货会上，首钢通过招标就省下了225万元的采购费用。

这次招标订购的51万吨地方矿粉，是首钢今年第三季度炼铁的重要原料。为了搞好公开招标，原料处用一个月的时间摸清了市场行情，定出了招标底价，向供货厂家发出了标书，于6月17号至19号在河北省遵化市举行了公开招标订货会，来自河北、辽宁的51家企业在招标中取胜。公开招标不仅使首钢在经济上受益，而且为供货厂家提供了公开、公平、公正的竞争机遇。

本台记者陈建兴报道：将于1999年6月23号在北京举行的国际建协第20届世界建筑师大会，今天进入倒计时。大会执行主席叶如棠在今天召开的新闻发布会上介绍了筹备情况。

本届大会的主题确定为“21世纪的建筑学”。既总结过去，又展望未来，为人类下个世纪的可持续发展而设计构思。届时将有国内外7000名建筑师汇集北京，大会还将通过《北京宣言》。除了大会专题报告和近百场专业交流外，还将以“21世纪的城市住区”为题，举办国际建筑专业学生设计竞赛，以及一系列展览。

俞正声、李荣融、汪光焘、吴良镛、万嗣铨等出席发布会。

新华社消息：更多的北京城市居民近两年切身感受到，闲暇时观光旅游玩的去处多了：除旧有的旅游景点外，还可到农村去旅游，“吃农家饭、干农家活、住农家屋、享农家乐”。

旅游农业是北京在推进实行农业产业化过程中，由以种养业为主体的农业产业链延伸出来的，它以观光休闲为主要内容，既属于农业，也是京郊第三产业的重要组成部分。

北京一千多万人的巨大市场为旅游农业的发展创造了条件。在这些人中，相当一部分是青少年。他们对农村有着浓厚的兴趣。

本台记者刘利报道：'98九江旅游促销推介会今天（6月23日）在梅地亚中心举行，国旅总社、中旅总社等四十多家旅行社及国外旅行机构驻华办事处的代表参加会议并交流了旅游业务。会后，九江三十多家旅行社的代表参观了北京旅游街并与北京旅游街的各家旅行社进行了对口业务洽谈。

位于江西省北端、京九铁路与长江水道交点上的九江市，旅游资源丰富，其中“世界文化景观”庐山誉满天下。近年来，九江旅游业取得了长足发展，每年旅游接待近400万人次，旅游收入高于全国平均水平。

本台记者林俐报道：21世纪的大学该是什么样子？北京工业大学211重点科研项目之一“北工大校园文化设计”力图回答这一问题。今天（6月23日）该科研组以展览的形式将科研成果公诸于众，这是在北京乃至全国高校范围内第一次对校园整体形象进行的设计。

北工大所倡导的校园文化设计，借助一套统一的、视觉冲击力强的传达中介，诸如学校的标志、标识、旗帜、礼品、校园海报、学生校服等，将学校的精神内核有效地表现在校园生活的各个方面，从而使学校以一个整体的面貌面对社会，并潜移默化地作用于学校中每个人的心理。它提供的是未来中国大学的理想化外在模式。

这次校园文化设计展同时也是北工大实验学院工业艺术设计第一批毕业生的毕业设计成果展，该专业是留日归国学者黄书东创办的试点性专业。

本台记者关晓松报道：从今天开始，《燃烧的港湾》、《花季雨季》等一批优秀国产影片将陆续与北京广大观众见面。

1997年全国共生产88部故事片，其中《大进军·席卷大西南》、《燃烧的港湾》、《挺立潮头》、《灯塔世家》、《非常爱情》等8部优秀影片尤为引人注目。它们的共同特点是关注现实生活，反映真切感受。经过电影工作者多年不懈努力，国产影片已呈现出良好的发展态势，优秀国产影片的票房收入大幅度增加。影片《花季雨季》在故事背景地深圳上演仅10天就获得了80万票房收入。

第五届北京国际汽车展昨天在中国国际展览中心拉开帷幕，二十多个国家和地区的八百多家厂商参展，使这一展事成为国内规模最大、在世界车坛具有广泛影响的大型国际汽车展。

在昨天召开的清华大学建设“绿色大学”研讨会上，清华大学校长王大中宣布：清华大学创建绿色大学示范工程已正式启动。这项工程将从人才培养、科学研究、产业开发、继续教育、校园和社区建设等多方面展开，分两个阶段进行。

京都商业中心二期工程日前动工。

这项工程是市政府总体规划兴建的本市五大市级商业中心之一。建筑面积4万平方米，地下3层为大型停车场、银行及超市，地上18层为商住和娱乐场所。这项工程预计2000年竣工交付使用。

下面请听简讯：

截止到5月底，海淀区累计完成财政收入七亿七千零八十四万元，比去年同期增长25.6%，已完成1998年度财政收入预算的50.9%，提前一个月实现完成任务过半。

由农业部和联合国亚太经社理事会共同主办，中国绿色食品发展中心承办的“亚太地区绿色食品与可持续发展研讨会”昨天在北京举行。来自亚太地区15个国家的代表将就绿色食品、环境保护、食物安全和可持续发展等问题在大会上进行为期4天的研讨。

本台消息：今天（6月23日）市公费医疗办公室、市医疗保险事务管理中心向老专家、老干部及本市各离退休老干部活动站赠送五万多册有关心血管系统疾病和糖尿病知识的健康教育丛书，以期通过科普宣传，更好地落实“预防为主”的方针。

据了解，本市老龄人口占本市人口总数的17%，已进入老龄化城市的行列。在众多危及老年人健康的疾病当中，心脑血管疾病及糖尿病占有相当大的比重。因此，把健康的钥匙交给群众是当务之急。

撰写这套丛书的医学专家们表示，今后还将编辑、出版其他一些常见病防治的书籍。出版这套丛书得到了“默沙东”、“施维雅”两家药厂的支持。

天坛公园日前着手对古建“南神厨”进行大修，主要进行木架巩固，更换瓦件，油漆彩画，并修路铺草，恢复历史原貌，不久将对游人开放。

《'98法国世界杯——永恒的精彩》大型纪念邮册将由中国集邮总公司推出。邮册共64页，记录比赛全部实况，而且每页都贴有比赛场馆的纪念邮票，并加盖法国邮政局为现场比赛制作的日戳。这本纪念邮册限量发售5000册。

经过东城区园林局绿化队连续昼夜奋战，王府井商业街道路两旁二百多棵国槐日前全部迁移完毕，为即将开始的王府井市政改造奠定基础。为保证王府井市政改造工程的顺利实施，东城区园林局绿化队精心安排，合理调配车辆、人员和作业面，仅用6天时间就将人行道两旁四十多年树龄的国槐安全迁移到了地坛公园和柳荫公园。

《北京新闻》第二组（提要省略）

本台记者陈建勋报道：

由市委宣传部、首都文明办、市城建工委联合召开的学习“利康精神”创建文明行业座谈会昨天上午举行。

市委常委、宣传部长龙新民、副市长刘敬民、市政协副主席万嗣铨等领导和创建文明行业活动首批示范单位的负责同志出席。首都文明办主任王笑儒主持。

座谈会上，利康搬家公司于清洲副经理介绍了利康坚持为民服务宗旨、促进健康发展的经验，首都创建文明行业示范单位的市出租汽车公司、市东四邮电局、蓝岛大厦、海淀妇幼保健院的代表畅谈了学习利康精神，广泛开展规范化服务、创建文明行业的体会。市天然气公司北航维修站等40个文明示范单位向全市窗口行业发出倡议，牢固树立首都意识、服务意识、责任意识、创优意识，建首善，创一流，为首都两个文明建设作出新的贡献。

市委常委、宣传部长龙新民，副市长刘敬民，市长助理兼北奥集团董事长万嗣铨等出席座谈会，首都精神文明建设委员会办公室主任王笑儒主持座谈会。

副市长刘敬民要求，“窗口”行业要更好地学习“利康精神”，推广行业规范化服务，重点抓好第一批示范点，带动全市的创建文明行业活动再起新高潮。

本台记者赵介岐报道：经市政府批准，《北京市企业城镇劳动者养老保险规定》从今年7月1号起施行。

这个《规定》是在1996年养老保险规定的基础上修改制定的。新的养老保险规定，被保险人以本人上一年月平均工资的5%缴纳基本保险费，1999年提高到6%，以后每两年提高一个百分点，到2003年提高到8%。企业缴纳的部分按6%的比例划入，1999年按5%划入，以后每两年降低一个百分点，到2003年降低到3%。

在这个规定实施后参加工作的被保险人，个人缴费年限累计满15年的，退休后按月领取基本养老金。个人缴费不满15年的，退休后不享受按月领取基本养老金待遇，其个人帐户储存额一次支付给本人。新的养老保险还规定，实行企业管理的事业单位，原则上按照这个规定执行。非公有制企业和职工也将参加养老保险统筹。

据了解，为减轻企业养老保险事务性负担，本市将实行社会养老保险基金缴纳属地化管理。

本台消息：本市将从7月1号起调整城镇居民最低生活保障相关待遇标准。1998年本市城市居民最低生活保障线标准家庭月人均收入从190元提高到200元，职工最低工资标准从每月290元提高到每月310元；失业救济金标准从每人每月203到247元提高到217到264元；下岗待工人员基本生活费标准从每人每月200元提高到210元。

本台记者王宝玲报道：

昨天北京《支部生活》杂志社召开“党的建设前沿问题座谈会”。中宣部副部长白克明、中宣部理论局局长胡振民以及北京市领导于均波、龙新民、李炳华等出席了座谈会。

《支部生活》杂志创办于1958年。40年来，它及时宣传党的路线方针政策、讴歌优秀党员的高尚情操、回答党务工作者提出的问题，为促进本市基层党的建设作出了积极贡献。来自中央党校、中宣部、中共中央政策研究室以及北京社科院等单位的专家学者围绕当前党建工作中一些重要的、引人关注的问题进行了研讨。

本台记者关晓松报道：

社会主义文化市场理论座谈会昨天（6月18日）召开，《社会主义文化市场概论》一书同时在会上首发。与会专家学者认为，党的十五大提出建设有中国特色的社会主义文化的基本目标，对文化市场的发展提出了进一步的要求。座谈会就文化市场作为社会主义大市场的一个组成部分如何在新形势下培育、发展和完善，文化产品的生产者、经营者、消费者的权益如何得到保护，文化市场如何加强自身的行业管理等问题进行了研讨。

本台记者范援生报道：

中宣部、公安部、黑龙江省委昨天（6月18日）在人民大会堂小礼堂举行东莱派出所先进事迹报告会。报告会上，东莱派出所所长孙富民等5位同志从不同侧面介绍了东莱派出所的先进事迹。他们的报告感人肺腑、令人深思、催人奋进，赢得了与会人士的阵阵掌声。

本台消息：部分市人大代表昨天视察了本市少数民族饮副食工作。

代表们听取了市民委、朝阳区负责人就全市和朝阳区少数民族饮副食工作情况的汇报，并先后察看了京客隆关东店副食商场、东大桥市场的清真食品供应情况以及穆斯林饭庄菜肴的制做情况。据了解，本市少数民族共有48万人，其中回、维吾尔等信仰伊斯兰教的10个民族人口约24万人。目前，本市有“中华老字号”清真食品企业24家，全市清真饮副食商业网点约二千家，在便利少数民族群众生活方面起到了积极作用。

代表们在视察中对本市少数民族饮副食工作给予肯定。同时，他们在建议中指出，少数民族饮副食行业关系到少数民族利益，对这个特殊行业要给予优惠政策扶持。要加强品牌意识，充分利用多种渠道，发展少数民族饮副食行业。代表们还就少数民族饮副食品的宣传、包装、发展等提出了建议。

市人大常委会副主任张燕丽参加了视察。

本台记者王鸿南报道：本市化工行业首家大型合资企业贺柏兹·阿克苏·红狮汽车涂料有限公司（6月18日）成立。这标志着北京国有化工企业资产重组取得突破性进展。

近几年来，北京红狮涂料公司和阿克苏诺贝尔公司创办的合资公司生产的汽车涂料在国内市场占有一定的份额。为了使合资公司获得长足发展，早在1996年公司就着眼进一步拓宽中外合作渠道，并从世界上生产著名的OEM汽车漆的众多公司中进行选择，最终与德国的贺柏兹公司达成合作协议。新成立的贺柏兹·阿克苏·红狮汽车涂料有限公司将以全新的经营方式运作，主要生产世界领先的电泳漆、底漆、面漆等。

本台记者李彦平报道：为解决广大老年人特别是高龄老年人在生活、医疗等方面的诸多困难，本市敬老助老社会服务网络昨天正式建立。

由北京秀通助老服务中心组织，全市百家商贸、饮食、医院、老年服务等企事业单位组成的服务网络，采取社会共同负担的方式向广大离退休职工特别是生活困难的社会老年人提供生活照顾、家政服务、养（托）老入住、医院生活护理等一系列优惠优先服务。秀通助老服务中心已开始通过各级涉老机构、街道向老年人发放“秀通助老卡”。

本台消息：绿色密幕网罩和色调明快的挡墙，使遍布京城的二百多个工地听不见噪声，看不见作业的扬尘，场无垃圾，路无遗洒。这是北京城建集团通过施工现场环保管理示范工程，带来的可喜变化。

为有效根治建筑施工给城市环境带来的污染，从去年开始，北京城建集团实施了全员参与的施工现场环保管理示范工程活动。集团公司制定和完善了各种技术规范、管理制度，并确定以根治扬尘、噪声、遗洒为重点。经过一年的努力 集团所属在城区的二百多个工地全都实现了现场有围挡、不扬尘、无遗洒，施工噪音不超标，并创出了一批“花园式”的施工现场和“绿色文明工地”，大大改善了工地周边生态环境，有41个工地被评为市级文明工地，城建集团公司被评为北京市环保工作先进单位。

本台消息：昨天（6月18日）下午，市卫生局向社会公布了首批社区卫生服务站及相关医师资格的检查验收情况。8个城近郊区的76个社区卫生服务站和111名医师，被确定为首批纳入公费医疗、劳保医疗报销范围的社区卫生服务站及资格认定医师。从昨天开始，这76家社区卫生服务站将挂上卫生局、财政局、劳动局联合颁发的标牌，群众在这里看病，可按有关规定报销。

《天津新闻》导播稿

(报时后广告：)

男：长城彩电新品连台，画龙家族又添新秀。

女：仁立天马呢绒被全国纺织服装检测中心授予消费者信得过产品。

男：拥有夏利，吉祥如意。

女：倾情一刻，钟爱一生。大维西装，新婚首选。

天津人民广播电台新闻频道，现在报告《天津新闻》：

听众朋友，早上好，今天是10月26号，星期一，农历九月初七。

下面把今天的天气情况向您介绍一下……

这次《天津新闻》的主要内容有：

本市万名环卫职工上街清整环境，用辛勤的劳动和优质的服务庆祝第二届环卫工人节；

本市各级政府办好事办实事，环卫工人作业生活条件明显改善；

天津日报评论员文章：向环卫工人祝贺节日；

本市农村外向型经济发展步伐加快；

尔王庄泵站更新改造工程通过验收。

下面请听详细内容：

记者高凤双、通讯员马鸣报道：

在本市第二届环卫工人节之际，昨天上午，全市环卫系统万余名干部职工开展了大规模的“为民服务奉献宣传日”活动，用辛勤的劳动、优质的服务及优秀的工作水平，回报社会各界对环卫事业的关怀，展示环卫行业和环卫工人的成果、风采。

市人大常委会副主任李振东、副市长王德惠、市政协副主席张德铨带领市建委、市容办等有关部门负责同志先后到市内各区参加活动并慰问环卫工人。

昨天，全市环卫系统各单位组织干部职工走上街头，在一些繁华地区设立了宣传站，向行人散发宣传品，解答行人提出的有关环卫法规等方面的问题，义务为群众理发、修发、裁剪服装，同时组织168支小分队，深入各居民区突击清整卫生死角。本市塘沽、汉沽、大港及环城区县的环卫部门也在各自区县举行了形式多样的宣传奉献活动。社会各界也纷纷组织各种活动，掀起向环卫工人献爱心热潮。各区县组织干部、中小学生、居民群众和环卫工人一起上街宣传。

本台消息：

在本市第二届环卫工人节前夕，本市各区、县政府及社会各界开展了一系列为环卫工人办好事、办实事活动，使广大环卫职工作业生活条件明显改善。

去年，市政府决定分三年将环卫工人危陋班点改造完毕。今年投资600万元，已改造完毕16处，共计14527平方米，解决了一线环卫工人班点必需的浴室、厕所、更衣室、夜班宿舍、食堂及活动室等设施。由于世俗偏见，一些环卫工人在市内择偶困难，只好在农村娶妻，妻儿无城市户口，造成孩子入学、就业等一系列困难。为此，各区政府均拿出一些农转非指标解决这一问题，目前已为43户环卫工人家属办理了农转非。此外，各区政府还投资340万元，添置大型机扫车7台，小型机扫车38台，使环卫工人作业条件有了明显改善。

今天《天津日报》发表评论员文章，题目是：向环卫工人祝贺节日。

文章说，今天是天津市第二届环卫工人节。我们衷心地向全市环卫职工致以节日的祝贺！

去年，市第十二届人大常委会第35次会议决定，把10月26号设立为本市的环卫工人节。这不仅体现了党和政府对环卫工作的重视和对环卫职工的关怀，而且对推进城市两个文明建设将产生深远的影响。

城市环境卫生是城市文明的窗口，也是城市现代化的重要标志之一。改革开放以来，本市的环卫事业在党和政府的重视下发展很快，广大环卫职工发扬“宁可一人脏，换来万人洁”的精神，为创造良好的城市生态环境、投资环境和生活环境，在艰苦的工作条件下勤奋工作，默默奉献，为促进本市的两个文明建设做出了重大贡献，赢得了社会的广泛赞誉。

设立“环卫工人节”，就是要通过一系列庆祝活动，加大环境卫生宣传力度，营造一个让全社会都尊重、理解和支持环卫工作，讲究公共卫生的社会氛围。因此庆祝环卫工人节就不仅是环卫部门的事，也是全社会的事。各部门、各单位都要以庆祝环卫工人节为契机，大力开展环卫法规的教育，促使人人都能自觉爱护环境卫生、保护环境卫生、摒弃随地吐痰、乱扔垃圾的陋习，同时，向随意污染环境、故意损坏环卫设施的行为做斗争，使我们的城市更加干净，更加文明。

记者陈鹰、通讯员李胜利报道：

天津外经贸系统充分利用流通领域跨国公司的营销优势，大力发展与国际连锁集团的合作，把出口商品直接进入跨国公司采购系统取得良好开端。今年1到9月份，天津外贸直接对国际连锁企业集团供货已达2800万美元，其中95%销往世界市场。

长期以来，外贸企业多拘泥于跟国外的代理商、进口商、批发商打交道，有时甚至是五手、六手的中间商。这种陈旧落后的经营方式造成中间环节多、成本高、信息反馈慢、外汇风险大。今年以来，为了化解金融危机的负面影响，天津市外经贸委要求把出口商品打入国际连锁集团采购系统，大力推动外贸与跨国公司合作，作为改变营销方式，提高营销水平的一项重要战略。今年头9个月，全系统有12家企业与35个国际连锁集团建立了联系，直接打入其采购系统商品六十多种，为天津外贸企业深度开发国际市场开了好头。天津外总集团公司把食品、羊绒制品和文教用品直接打入美国超市，成为公司出口创利最好的商品。他们还与日本大荣合作开办连锁超市，不但带动了公司商品出口，而且也带动了商品的内销。天津外贸食品公司与香港华润公司在津合作开办的华润超市连锁店已达20家，有力地促进了外贸食品公司与香港的出口业务。天津亿利达集团与6个国家13个国际连锁集团建立联系，1到9月份，成交金额751万美元，共22个品种。与国际连锁企业集团合作，不但促进了出口，建立了比较稳固的外销渠道，而且极大地促进了国有外贸企业的营销水平。

记者韩杉报道：

被列为本市重点工程之一的引滦入津尔王庄暗渠泵站更新改造工程日前通过总体验收，工程质量达到优良标准。昨天，副市长孙海麟察看了这项工程。

尔王庄暗渠泵站是引滦入津工程中向市区供水的"心脏"。自从1983年9月建成通水以来，已安全向市区输水五十四亿多立方米，为工农业发展和人民生活需要发挥了巨大作用。但由于泵站长年不间断运行，设备陈旧老化，存在多种隐患。

1996年，市政府决定投资2490万元对尔王庄暗渠泵站进行更新改造。工程于1997年12月22号完工，此后，经过9个多月试运行，证明工程质量优良，各项改造设备和设施达到安全输水标准。

记者刘秋红报道：

记者日前从市妇联了解到，本市第九次妇女代表大会以来的五年中，本市妇女在经济建设、精神文明建设等各个方面都做出了突出贡献。

在城镇，广大妇女已成为促进经济发展和科技进步的重要力量。全市现有女职工118万8千人，占职工总数的42.2%。广大女职工爱岗敬业，发奋图强，为企业的改革和发展献计出力。在农村，妇女已成为发展农村经济的主力军。目前从事农业劳动的人口中妇女占60%以上，乡镇企业女性从业人员已占40%以上，有近五千名农家女分别获全国、市和区县女能手称号。

广大妇女在家庭美德及社区文化建设中，为倡导和发扬社会新风、维护社会稳定发挥了特殊作用。在群众性的精神文明创建活动中，涌现出一批又一批的先进妇女典型，集中体现了妇女自尊、自信、自立、自强的时代精神，带动广大妇女全面参与社会发展，促进了全社会的文明进步。

请听全国及本市传媒对天津的报道：

国际商报报道：面对亚洲金融危机的冲击，天津乡镇自营进出口企业，强化国际营销意识，加大工贸联合力度，优化商品结构，开拓国际市场，今年头9个月完成出口7546万美元，比去年同期增长50.8%，完成年计划的94.8%，创历史最好水平。

新华社消息：美国霍尼韦尔公司最近与天津大学续签了合作协议，将继续为天津大学提供有关楼宇自动化培训的系统和产品，对学业突出的学生颁发奖学金，双方还将在有关领域进行科技研究开发。

据了解，目前在天津大学，由美国摩托罗拉、霍尼韦尔、加德士，英国BOC集团、德国西门子、韩国三星、日本武田药品等集团公司设立的奖学金有十多种。

经济界人士认为，跨国公司直接投资我国大多数额巨大，并多数立足于长远发展。高等院校人才、信息、技术密集，对于公司吸纳人才，加强信息技术交流等具有独特作用。如摩托罗拉公司现已从天津大学毕业生中招聘了一百多名各种人才。

教育界人士认为，尽管大公司的捐助有自己的目的，但这种合作对缺少经费的高校来说是有利的，对于加强高校与社会的联系、促进教学科研水平的提高也能起到一定作用。

工人日报报道：金秋时节，遍布天津市繁华地区的家具商场出现新的景象：一件件家具贴上了造型多样、标新立异的多彩商标。厂商意在告诉消费者，生产出售的家具讲求信誉、质量可靠、品牌化，已成为家具市场的新趋势。

据对家具商厦、百货大楼家具城、长虹公园家具大世界等家具专业商场的粗略调查，已有商标的家具生产厂家达一百二十个，这是历年没有过的情况。

广大消费者对家具商标的问世表现出极大兴趣，标志津城家具质量趋向规范化、标准化，是一种可喜市景。

本台消息：

为庆祝10月28号天津市老年节，市委、市政府日前转发了市老龄委

《关于庆祝1998年天津市老年节活动的安排意见》。

今年活动的主题是：迎接和庆祝1999国际老人年，建立不分年龄人人共享的社会。围绕这一主题，将大力开展宣传活动，增强全社会对人口老龄化问题的重视和关注，引导社会各界积极做好老年人工作。

记者石彩茹报道：

记者昨天从华联商厦消管会第七届理事会二次会获悉：经过一年零七个月的施工，华联商厦改扩建工程已经竣收，商厦将于10月28号正式营业。据了解，这次新商厦开业，不搞庆典，不搞剪彩仪式，节约的12万元费用将回报社会。其中10万元作为华联再就业基金捐给市总工会，支援市再就业工程，剩下的两万元捐给10个局用于为特困户解决生活困难。

本台消息：

由天津人民广播电台文艺频道、音乐频道主办，中国大塚制药有限公司协办的中国交响乐团天津交响音乐会将于11月4号在天津礼堂大剧场举行，这是中国交响乐团首次来津演出。这次在天津的演出是欧洲巡演前的关键性预演。中国交响乐团派出了上百人的强大演出阵容，由著名指挥、中国交响乐团艺术总监陈佐湟博士担任指挥，著名小提琴演奏家刘云智任首席小提琴。

最后播送一组简讯：

由市总工会、市退管会、市财政局和市劳动社会保障局联合组织的“庆祝老年节”社区敬老一条龙服务活动昨天在河西区拉开帷幕。

疏港公路富民立交桥道路配套工程经过道桥一所的昼夜施工，昨天竣工交付使用。

由市路灯处承建的京津公路（引河桥路段）路灯改造工程已于近期竣工亮灯。这一亮灯工程的实施，极大改善了京津公路的照明条件。

作为商品大流通桥梁之一的天津北方生猪批发交易市场，正式成立一年多来，吸引了国内十几个省市的客户进场交易，总交易量达到70万头。目前，该市场成为北方地区最大的供应放心肉的“活猪库”。

昨天，河东区七纬路的居民联名反映，七纬路一带各种违章棚亭和摊贩占道严重，影响市容卫生及交通安全，希望有关部门出面管一管。

公休日的两天里，河北区宜白路张兴庄大道铁路桥附近成了一个建筑工地，垒墙的、抹灰的，上房梁的忙得热朝天。一间间板房、砖房平地而起。当地群众不明白，这些房子是经过哪个部门批准建设的？如果未经批准，难道就任违章建筑随意而起了吗？今天，天津日报刊登了记者的调查，公休两天，违章一片。

（注意：新闻主要内容回报一下）

天津新闻播报完了。责任编辑崔永清、邢小军，是由＿＿＿＿＿、＿＿＿＿＿播报的。

中央人民广播电台整点新闻四组

第一组

中央人民广播电台，现在播报新闻：

活跃于全国城乡基层的一百多万计划生育基层协会，发挥与千家万户联系密切的优势，广泛宣传计划生育政策，传播避孕节育和优生优育知识，帮助群众发展生产、建设文明幸福家庭，成为广大育龄群众“贴心人”。据介绍，中国计生协将在1998年新建包括生殖健康、计生保险互助等内容的项目示范点17个，以便协会在扶贫帮困、城市社区文明建设、为群众提供婚孕育一条龙服务等方面发挥更大作用。

我国价格事务工作近几年来逐渐成为协助企业进行价格决策的参谋，成为司法、行政执法部门办案的得力助手。到目前，全国已建立县以上价格事务所二千五百多个，遍及所有省、自治区、直辖市的省会城市和80%以上的地、县，全国物价系统从事价格事务工作的专业人员已达15000人。

随着元旦、春节的来临，内蒙古节前扶困送温暖工作再掀高潮。自治区总工会组织的9个慰问团将分赴全区各地慰问困难职工，各地政府、工会组织也开始了节前慰问活动，与困难职工结成对子的党政干部也开始送钱送物送情意，使内蒙古送温暖工程的社会效果扎实而显著。全区共筹集慰问款 3814 万元，走访困难职工家庭十一万多户。

北京市每位市级和正局级领导干部如今都有了乘车档案，处级以上干部还建立了住房申报档案。全市党政机关已清理出超标准小汽车 246 辆，通过公开拍卖、内部调换等方式，作了处理，清理领导干部在住房、建房、购房、装修住房等方面以权谋私问题也取得进展，共清退违规住房 167 套，补交房款三百一十多万元。

广东省治理向企业乱收费、减轻企业负担工作取得阶段性成效。今年以来，全省共取消不符合规定的行政事业性收费 1434 项，预计一年可减轻企业负担 7.2 亿元。广东省日前召开治乱减负工作电视电话会议提出，各级领导必须充分认识治乱减负工作的重要性和紧迫性，务必在春节前取得明显成效。对治乱减负工作敷衍了事，应付过关，甚至弄虚作假的，都要追究主要领导人的党纪、政纪责任。

河南省坚持实行人事代理制，使人事管理工作进一步科学化。曾令不少单位头疼的人才招聘、档案管理，以及人事规划、统筹保险费交纳等繁杂事务，如今可以交给人才交流机构去办了。

目前，河南省人才交流中心已与八十多家单位签订了人事代理合同，为委托单位办理了六百多项包括申请毕业生计划、接转档案、转正定级在内的综合性服务工作。全省市地的人事代理工作也在逐步推行。

湖南省 1991 年从日本引进水稻旱育秧技术 7 年以来，已累计使粮食增产达 15 亿公斤以上。目前，旱育秧面积已达 1800 万亩，7 年累计推广面积近四千万亩。

内蒙古电力系统面对电量增长缓慢的不利情况，抓好安全生产和电力营销两个环节，促进发售电量和经济效益双增长。截至 11 月底，发电量累计完成 305.09 亿千瓦时，其中送华北电网量电 58.84 亿千瓦时，比去年同期增长3.72%。平均每天实际送电量比计划平均多送41万千瓦时。

国家重点技改项目——贵州轮胎厂年产3万条出口无内胎工程轮胎技改项目日前正式投入生产。这个项目采用当今世界先进软件生产技术和引进关键生产设备，以开发和生产高水平的无内胎工程轮胎产品。工程投产后，年销售收入可达两亿四千多万元，新增税利7800万元。

新上海图书批销大楼耸立在上海北区延长路沪太路口。它是上海市1997年市政府十大实事工程之一。全楼设有批销中心、书刊交易市场、精品图书展示馆等等。

联合国安理会昨天发表主席声明，再次呼吁伊拉克政府遵守联合国有关决议，全面、积极地同负责核查和销毁伊拉克大规模杀伤性武器的联合国特委会合作。

安理会是在听取了联合国特委会主席巴特勒关于他上周伊拉克之行的报告后发表上述声明的。巴特勒向安理会报告说，他与伊拉克政府在武器核查场所问题上的谈判没有取得任何进展。

美国总统克林顿昨天在萨拉热窝人民剧院发表讲话时表示，美国将坚持帮助波黑成为一个“由3个平等民族组成的完整的共同体”，促成实现代顿和平协议，美国军队将继续留在波黑执行使命。

克林顿在讲话中要求，波黑三方领导人彻底履行他们在签署代顿和平协议时所承担的义务，呼吁他们在建立波黑和平与和解中迈出真正的一步。他还呼吁波黑3个民族支持他们的领导人为建立波黑持久和平所做的努力。他说，只有这样波黑才能得到国际社会和美国的全力支持。

乌克兰紧急情况事务部宣布，乌克兰派出的紧急救援人员前天在希腊的出事地点找到了4天前失事的乌克兰客机的“黑匣子”。

据报道，遇难的乘客和机组人员尸体也已全部找到。

这架雅克－42型客机17号晚从乌克兰南方城市敖得萨飞往希腊的萨洛尼卡市。在飞临萨洛尼卡市上空时，飞机因大雾两次降落均未成功，之后失踪。飞机上有 62 名乘客和 8 名机组人员。

在埃及的斡旋下，索马里交战派别领导人昨天签署一项原则宣言，就结束索马里战乱和组成统一的过渡政府达成一致。

根据这项协议，交战各派呼吁实现索马里的独立统一和地区安全，在国家建立联邦形式的统一过渡政府。各派同意近期在索马里中部城市拜多阿召开民族和解大会，并由与会的 465 名各派代表选出一个 13 人的总统委员会，进而选出总统和总理。

为期 3 天的海湾合作委员会（海合会）第十八届首脑会议，昨天落下帷幕。会议就进一步加强地区安全和经济一体化、海合会同伊朗、伊拉克的关系和中东和平进程等问题达成了一致。

关于地区安全，会议发表的最后公报宣布，6 国领导人决定投资 1 亿美元，用两年时间在海合会成员国间建成联合雷达和空中预警“防卫合作带”系统，并铺设光纤电缆用来协调军事机构间的指挥、通讯和情报交换等，从而为创建一个能够有效应付外来威胁和入侵的联合作战室铺平道路。

日本东北部地区和北海道今天凌晨相继发生 5 级以上地震。

据日本气象厅观测，东北部地区地震震级约为里氏 5.4 级，震中在岩手县海域，震源在海底深处约四十公里处。北海道地震震级约为里氏 5.2 级，震中在十胜支厅中部，震源在海底深处约一百一十公里处。

目前还没有人员伤亡、财产损失和公共交通受影响的报道。

莫斯科时间 22 号 13 点 22 分，“进步－M37”号货运飞船与“和平”号轨道站上的“量子”舱顺利对接。

20 号升空的“进步”号飞船为“和平”号送了重 2.5 吨的物资，包括水、食品、燃料、科研仪器、橡胶密封条等。

这次新闻是________、________编辑________、________播送的，欢迎接着收听中央台________节目。

第二组

中央人民广播电台，现在报告新闻：

中央台记者李涛从吉隆坡报道：

东盟与中国、日本、韩国首脑非正式会晤今天在马来西亚首都吉隆坡举行。江泽民主席出席并发表了题为《携手合作，共创未来》的重要讲话。

江泽民说，在东盟成立三十周年之际，东盟各国和中日韩三国的领导人会聚一堂，共同探讨面向21世纪的东亚经济合作，展望东亚未来发展的前景，是一个重大创举。

江泽民提出，为了保障东亚各国人民的根本利益，促进人类和平与发展的崇高事业，必须进一步加强东亚合作，加强东亚合作要遵循相互尊重，平等参与，互惠互利，共同发展的原则；要加强经济技术特别是高新技术领域的合作，建立合理的地区经济结构，形成取长补短、优势互补、利益平衡、非排他性和非歧视性的经济合作模式；要通过友好对话与协商，增强信任，扩大共识，求同存异，妥善解决分歧，确保地区的和平与稳定。

江泽民指出，在充分看到东亚经济发展取得成就的同时，也要正视前进中存在的困难和障碍。目前有必要进一步加强东亚地区的金融合作。中国对此持积极态度，愿意参与有关问题的讨论。

关于中国与东盟关系，江泽民表示，与周边国家保持睦邻友好，扩大互利合作，是中国对外政策的重要组成部分，中国将完善全方位、多层次、宽领域的对外开放格局，发展开放型经济，积极参与区域经济合作和全球多边贸易体系。他强调，中国经济的发展，可以为本地区提供众多的贸易投资合作机遇和广阔的市场，对保持东亚经济的繁荣稳定是有利的，东亚经济的繁荣稳定，对中国经济的发展也是有利的。

出席会议的东亚领导人还有：日本首相桥本龙太郎，韩国总理高健和马来西亚总理马哈蒂尔等。

全国人大常委会委员长乔石今天下午在人民大会堂会见了由主席卡尔海因茨·霍恩胡斯率领的德国联邦议院外交委员会代表团。

国家主席江泽民和夫人王冶坪今天上午在吉隆坡会见了马来西亚最高元首端古·贾阿法和最高元首后端古后·纳吉哈，双方进行了亲切友好的谈话。

中央台记者刘振英从墨尔本报道：

正在墨尔本进行正式友好访问的全国政协主席李瑞环今天下午应邀出席维多利亚州和墨尔本市为他举行的欢迎招待会。

山东省棉花单产今年一举走出低谷，实现历史性突破，单产达到60公斤，创1988年以来的最高纪录。

针对一些群众遇到停电断水等应急求助也往往拨打“110”报警电话的情况，最近，江苏无锡市政府授权市公安局110报警服务中心组成110社会联动体系，以切实解决群众的实际困难，居民家庭无论发生刑事报警还是发生水、电、气异常等情况，都可拨打110得到及时救助。

环境监测结果表明，今年上海总体环境质量基本处于稳定状态，局部环境质量有所改善，环境污染继续处于受控状态。

第二届东盟首脑非正式会议今天上午在马来西亚首都吉隆坡举行，马哈蒂尔总理在会议结束后举行的新闻发布会上说，各国在成立东盟基金和确认东盟2020年蓝图等框架文件的问题上取得了一致。东盟欢迎来自包括美国在内的一切外部援助，但条件是这种援助应当有利于，而不是有损于东盟各国的长远经济利益。

以色列内阁昨天对从约旦河西岸第二阶段撤军方案以及与巴基斯坦和谈方针的方案首次审议，但没有得出结果。

土耳其总理耶尔马兹昨天宣布，土耳其将停止与欧盟的政治对话，以抗议欧盟将其排除在欧盟扩大进程之外。

伊朗总统哈塔米昨天表示，他希望同美国人民进行“富有哲理的、历史性的”对话，并称这种对话“将会给世界带来和平”。

美国昨天对伊朗总统哈塔米当天表示希望同美国人民对话的呼吁作出反应，重申了美国同伊朗对话的条件。

白宫发言人说，美国感兴趣的“是行动，而不是言词”。他说，美国要求伊朗停止“大规模杀伤性武器的开发，对恐怖主义的支持和中东和平进程的阻挠。”

这次新闻是×××编辑，××播送的。欢迎接着收听中央台××节目。

第三组

中央人民广播电台，现在报告新闻：

如今，一些饭店纷纷推出各种药膳补汤，可是，如果找来厨师问其配方，根本谈不出所以然来。按规定，能称药膳的汤肴，必然是饭店聘请药膳师或营养师，按一定的配方配制而成的。不少店家虽然在堂内张贴五颜六色的广告，菜谱上标有多种药膳汤名，但多为名不副实，还有一家酒楼竟将酸辣汤也称为药膳，令人哭笑不得。

提起药膳又让人联想起时下随处可见的各种名厨料理的招牌。最近，北京市东城区工商局对辖区二十多家张贴“名厨料理”、“名厨主灶”的餐馆进行检查，发现绝大多数“名厨”根本名不副实。当检查人员要求他们提供合法真实的有效证件时，大多数名厨都回答说没有或是找不到了。假冒名厨实质也是一种欺诈行为，侵害了消费者的利益。同时也扰乱了餐饮业的正常经营秩序，助长了不公平竞争，因此“名厨”打假势在必行。

目前，游览景点门票价格过高的现象很是普遍。几十元一张的票价，不仅吓跑了许许多多的属于工薪阶层的游客，还使不少景点在普通游客的“望景兴叹”中门庭冷落。日前，北京鳄鱼湖公园主动将门票价格降了下来，受到各界好评和游客的欢迎。广大游客是景点的“衣食父母”，把过高的价格降下一点，是一种积极的做法，这样做，名声好，游客多，收入也增加了，与社会与游客与自己都有利，景点的经营者何乐而不为呢？

濒危动物猎隼正在成为一些不法老外的生财之路。1993年至今，北京海关共查获猎隼走私案29起，共计399只。这些猎隼的主要走私去向是中东地区。由于猎隼灵活，容易驯化，飞行速度快，这些地区的王室、贵族把它用作狩猎工具。走私者为牟取暴利不惜一次次冒险闯关。走私者走私猎隼大多采取旅客携带行李方式，作案中，一见行李出事，人不登机就跑了。所以海关经常是截获猎隼，却抓不到嫌疑犯。据了解，猎隼走私者主要是外籍旅客。

日前，日本各地至少有六百五十多名儿童在观看卡通电视节目《迷你怪兽》以后被救护车送进医院，其中一百三十多人需要住院治疗。这些儿童的共同症状是目眩、恶心、头痛，严重的还出现痉挛、呼吸困难、意识丧失等。医学专家认为，出现这种症状很可能是由于视觉神经受到卡通片过度刺激所引起的“光过敏反应”，此外也不排除看电视时间过长、注意力过度集中而引起的反应。据报道，类似的事件在美国也发生过，有关专家提醒家长和儿童保护工作者要注意电视及电子游戏机给儿童身心健康带来的不利影响。

这次新闻是×××、×××编辑××、×××播送的。欢迎接着收听中央台××节目。

第四组

中央人民广播电台现在报告新闻

中央台记者王华报道：

国家经贸委会同科技部等部门正在积极推进工业商贸科研院所改革，力争经过三年时间，实现科技资源的优化配置，初步建立符合社会主义市场经济体制和科技自身发展规律的工业技术创新体系，促进科技与经济的有机结合。

建国以来，国家在工业商贸领域建了一大批科研院所，为我国的经济建设和科学技术发展作出了重要贡献。但是近年来，随着经济体制改革和经济发展的不断深化，这些科研院所和经济建设结合难、科技成果转化难的矛盾日益显现。独立于企业之外的研究开发力量过大，而企业研究开发能力明显不足。

为促进科研院所和企业生产、市场相结合，国家决定通过5种途径对煤炭、冶金等十个国家工业部门290个直属工业商贸科研院所进行重组和分流。一是推动大多数科研院所以多种形式进入企业或与企业结合，增强企业的技术创新能力；二是鼓励一大批科研院所整体转成新型科技企业或企业集团；三是引导一批科研院所转化成为提供技术服务的社会中介机构；四是形成一批按企业化运行的、专业或区域性的技术开发中心，主要为众多中小企业服务；五是保留一批大型综合性科研院所，面向全行业，主要承担行业关键性、前沿性研究开发课题。

近日，我国最大的综合性石油化工科研单位——北京化工研究院已经整体进入中国石油化工集团公司，在国家经贸委10个委管国家局所属科研院所体制改革中迈出了可喜的第一步。

中央台记者和烟台记者报道：

位于渤海湾南岸的烟台市目前正在加紧建馆，修公路，扩街道，筹备第二届亚太综合组织小企业技术交流暨展览会，这是烟台继去年成功举办第二届亚太经合组织国际贸易博览会后代表我国承办的又一次重大经贸盛会，也是我国首次以中小企业为主题举办大型国际经贸会谈。

据了解，现在，烟台市的综合实力已排名全国大中城市前50名，全球计大约300家跨国公司有三十多家在烟台投资办厂。亚太经合组织21个成员国在烟台投资4748个项目，合同外资额达53亿美元，实际投资二十八亿五千万美元，进出口贸易总额达三十亿美元。

烟台的改革开放走过了20年的历程。

烟台市委书记任海深认为："烟台的发展，得益于对外开放。"

正是强烈的开放意识、宽广的胸襟和使中小企业尽快加入企业国际化经营行列的渴望，促使烟台市又一次举起了标牌，取得了第二届亚太经合组织中小企业技术交流暨展览会的举办权。

全市人民动员起来了，交展会展馆是人们注目的热点，有专家说，工期再短也要一年，投资再省也得5个亿，然而，烟台市在确保质量的前提下，仅用了6个月的时间就建起了展馆，整个工程仅花费了9000万元。以交展会为契机，烟台进行了大面积的城市综合整治，烟台城市面貌焕然一新，路更宽了，建筑更美了，城市更文明了。烟台，一个崭新的沿海开放城市正在悄然崛起。

中央台记者王凯报道：

今年以来，中国农业发展银行对国有粮食收储企业发放简易建仓贷款，积极支持扩大粮食仓容，已经收到明显效果。

到8月底已有29个省区市落实项目，库点759个，实际发放贷款3.4亿多元。这批贷款项目投入使用，可增加粮食仓容四十八亿多斤。

据了解，农发行7月底已下达第二批8.84亿元简易建仓贷款计划，优先用于遭受洪涝灾害地区修复水毁粮仓的资金需要，用于投资少、工期短、功能大的粮食收储简易设施建设。这些设施可望在今年秋粮收购中发挥作用。

中央台记者王凯报道：

农业银行日前在江西、湖北等七省区全面启动灾后农户建房贷款，解决灾后农民建房的资金困难。

据了解，这次开办的灾后农户建房贷款是有偿使用的商业性贷款，农民在自愿的基础上可以向农业银行申请贷款。贷款实行“谁承贷、谁使用、谁承还”的办法。这次贷款只限于解决江西、湖南、湖北、黑龙江、内蒙古、吉林和安徽7省区的行蓄洪区、低洼地带被洪水冲毁淹没的住房重建和危房修复的资金需要，重点支持平垸行洪、退田还湖等区域的移民建镇。

现在介绍地方台播出的部分内容：

为减轻长江水系水患，国家准备投资215亿元在岷江、涪江、嘉陵江上游兴建大型调蓄水库，总库容57亿立方米，防洪库容20亿立方米，工程建成后可新增灌溉面积754万亩，改善灌溉面积205万亩。

黑龙江台消息：

黑龙江省已为216万受灾群众备足了一年的粮食共6亿公斤，同时，限定救灾粮供应价格，对没有购买能力的群众，由民政部门开借据，群众凭借据可以直接领到粮食。

青海台消息：

青海省加快野生动物保护区建设步伐，将新建国家级、省级自然保护区13处，受保护的面积达65.8万公顷。

西安台消息：

黄河中上游地区利用沙棘治理水土流失，沙棘资源面积已由1985年的七百六十多万亩上升到1730万亩，沙棘资源开发已成为一些山区贫困县脱贫致富奔小康的主导产业。

现在播送简讯：

在改革开放的20年间，我国9亿农民收入迅速提高，与1978年相比，我国农民人均纯收入增长了近十五倍。

由北京裕兴电脑公司研制开发的电脑VCD日前投入市场。电脑VCD以普通VCD的价位，实现了原来近万元电脑才能完成的上网、学习和游戏等实用功能。

长江中下游对外开放口岸的外轮代理，从10月起率先实行区域化管理改革。以上海为龙头，包括南通、大仓、常熟等14家外轮代理公司的区域性公司日前已组建，业务交叉、重复投资状况将得到改变。

全国第一座集行车、停车和排洪功能于一体的现代化三层立体高架路——济南顺河高架路目前建成通车。

顺河高架路工程总投资6.3亿元，全长5.2公里。

针对建筑市场上压标压价、无证或超级承包偷工减料等混乱现象，全国建筑系统一百五十多家单位近日共同发出《实施“中华人民共和国建筑法”联合倡议书》。

1988年以来，河北省检察机关共立案查处经济犯罪案件四万一千多件，追回赃款和赃物折价共计人民币十二亿四千万元。

美国和朝鲜官员就朝鲜导弹开发计划的会谈在中断了一年多之后，前天在纽约开始恢复举行。

南斯拉夫联盟外交部前天就一批武装分子从阿尔巴尼亚进入南联盟境内

打死五名南边防军事件，向阿尔巴尼亚驻南大使馆提出强烈抗议。

联合国安理会前天发表声明，对近日在南联盟科索沃地区出现的屠杀平民事件表示强烈谴责，同时呼吁南联盟政府严惩“那些对此事负有责任的人”。

以色列军方昨天宣布，以色列国防军队从2号到6号对约旦河西岸和加沙地带再度实施全面封锁，因为以色列情报部门获悉，巴基斯坦伊斯兰抵抗运动（哈马斯）计划在近期对以色列境内目标实施打击。

新闻报告完了！是由×××、××报告的。

《全国新闻联播》是中央台晚间播出的最主要也是最重要的新闻节目，其节目定位及所承担的宣传职能与《新闻和报纸摘要》节目一致。该节目近年来改革力度较大，所播稿件基本上是世界各地当天发生的新闻，许多重大新闻在这次节目中首播。目前节目格局为：国内要闻、国际要闻、地方新闻荟萃、听众信箱、新闻专稿、国际聚焦。

《全国新闻联播》稿件一套：

《全国新闻联播》节目前奏

女：各位听众，晚上好。欢迎收听《全国新闻联播》，这次节目的主要内容有：

男：东盟与中国、日本、韩国首脑非正式会晤在吉隆坡举行，江泽民出席并发表题为《携手合作，共创未来》的重要讲话；

女：江泽民会见马来西亚最高元首端古·贾阿法；

男：国务院有关部门对规范会计工作秩序提出具体要求；

女：甘肃定西地区贫困面由78%下降到24%；

男：山东实施农业产业化龙头带动战略；

女：三北防护林体系工程成为我国北方地区可持续发展的生态屏障；

男：《安徽日报》报道：合肥挖出一批贪占、挪用公款的“蛀虫”；

女：《河北日报》披露：河北一些单位作假帐、假报表现象严重；

男：联合国特委会同伊拉克的谈判取得进展；

女：伊朗希望同美国进行对话，美国重申对话条件；

男：海地发生海难，40人死亡；

女：[国际聚焦]：欧盟将土耳其排除在扩大进程之外，导致与土耳其关系出现重大波折；

男：下面请听详细内容：

东盟与中国、日本、韩国首脑非正式会晤今天在马来西亚首都吉隆坡举行。江泽民主席出席并发表了题为《携手合作，共创未来》的重要讲话。

江泽民说，在东盟成立30周年之际，东盟各国和中日韩三国的领导人会聚一堂，共同探讨面向21世纪的东亚经济合作，展望东亚未来发展的前景，是一个重大创举。

关于中国与东盟关系，江泽民表示，与周边国家保持睦邻友好，扩大互利合作，是中国对外政策的重要组成部分。中国将完善全方位、多层次、宽领域的对外开放格局，发展开放型经济，积极参与区域经济合作和全球多边贸易体系。他强调，中国经济的发展，可以为本地区提供众多的贸易投资合作机遇和广阔的市场，对保持东亚经济的繁荣稳定是有利的；东亚经济的繁荣稳定，对中国经济的发展也是有利的。

中央台记者从吉隆坡报道：

国家主席江泽民和夫人王冶坪今天上午在吉隆坡会见了马来西亚最高元首端古·贾阿法和元首后端古·纳吉哈。

江泽民表示很高兴在东盟成立30周年之际来到马来西亚出席东盟与中日韩首脑非正式会晤和中国与东盟首脑非正式会晤。他说，东盟经济在过去几年中发展很快，尽管现在遇到了一些困难，但只要有关各方加强协调与合作，就一定能克服这些困难，亚洲经济将会继续保持活力，向前发展。

今天晚上，江泽民主席在吉隆坡还会见了缅甸国家和平与发展委员会主席、总理丹瑞大将。

国务院副总理兼外长钱其琛今天在吉隆坡应邀出席了东盟私营机构庆祝东盟成立30周年的活动，并发表了题为《发展合作才能获得和平与繁荣》的演讲。

钱其琛指出：事实表明，中国与东盟是要和平、求发展、谋稳定、促合作的重要力量。中国与东盟保持友好合作关系，利在双方，惠及亚太。

马来西亚外长巴达维主持了东盟私营机构庆祝东盟成立30周年活动。

新华社消息：

应日本政府的邀请，中共中央政治局委员、书记处书记丁关根将对日本的新闻出版、广播电视和音像事业进行考察，并会见日本政府领导人。

中央台记者刘浩三报道：

国务院有关部门对规范会计工作秩序问题提出具体要求，要求各单位严格按照《会计法》和《会计基础工作规范》的要求进行检查整改，认真做好记帐、算帐、报帐工作，建立健全原始记录、资金管理、财产清查、内部控制等基础管理制度。

各地区、各部门还必须结合税收财务物价大检查、清理预算外资金、清查“小金库”等专项检查，有重点地选择部分行业和单位进行抽查和复查；争取用3到5年时间，基础会计工作基本达到规范化要求。

中央台记者廖永亮报道：

近年来，甘肃定西地区三百六十多名地县领导和地直属部门的一把手各抓一个贫困村，地县直属部门各联系一个贫困村，全地区选派850名优秀中青年干部到贫困村挂职帮扶。

现在，定西农民的贫困面已由1983年的78%下降到现在的24%。绝大多数农户长期吃粮紧张的状况得到缓解，半数以上农户有存粮，人均粮食达到300公斤。

定西地区已进入生态恢复、经济充实的新阶段。

中央台记者徐方明报道：

最近，山东省选定一批重点企业，明确目标，强化措施，加快实施农业产业化龙头带动战略。

山东省实施农业产业化龙头带动战略的重点包括：良种繁育，粮食加工，果品加工，畜禽加工，水产养殖加工，蔬菜加工、保鲜等。在九五期间主要目标是：重点培植50家省级和500家区域性龙头企业来加快农业产业化进程，50家省级企业，经济技术水平和生产规模将达到国内同行业领先水平，出口创汇总额达到20亿美元。

同时，山东省还确定将对这批龙头企业实施动态管理，不合格者按市场法则予以淘汰。

中国国际广播电台消息：

以色列内阁昨天对从约旦河西岸第二阶段撤军方案以及与巴基斯坦和谈方针的方案首次审议。

部长们审议了由国防部长莫迪凯和国家基础部长沙龙提出的两种方案，但没有作出决定。

新华社消息：

正在中东地区进行访问的美国助理国务卿因迪克昨天说，即将在巴黎举行的美国、以色列和巴基斯坦三方高级会谈作用有限，不会促使巴以之间达成一项旨在启动巴基斯坦最终地位谈判的全面协议。

新华社消息：

克罗地亚和南斯拉夫根据双方签署的有关协议，昨天正式开放两国之间的边界。

中国国际广播电台消息：

伊拉克昨天表示，将不会中断对约旦的石油供应。

几天前，伊拉克处决了4名走私汽车零件的约旦学生。为此，约旦召回了驻巴格达的临时代办，并驱逐了伊拉克驻安曼的一些外交官。两国关系处于紧张状态。

中国国际广播电台消息：

美联社根据一项最新的调查结果认为，尽管美国法律禁止儿童从事重体力劳动，但仍有许多企业以低工资雇用童工，让他们从事繁重而且具有危险性的工作。

这项历时5个月的抽样调查表明，在美国16个州的165名被非法雇用的童工中，最小的儿童仅4岁。

新华社消息：

联合国儿童基金会昨天发表《世界儿童状况》报告指出，营养不良是每年七百多万5岁以下儿童死亡和几百万儿童致残、弱智的重要原因。

新华社消息：

一股南下的北美寒流近日横扫墨西哥的北部和中部18个州。其中奇瓦瓦等州的气温创一百一十多年来的气温最低纪录。116年来从没有下过雪的哈利斯科州普降大雪。据了解，目前，已有37人冻死。

新华社消息：

英国天文学家最近在皇家天文学会的一次会议上宣布，他们使用一种新式的照相分析仪对距离太阳系最近的四颗恒星进行观测后发现，这些恒星很可能都有围绕其运动的行星。

科学家们说，这一发现表明，银河系之中很可能大量存在与太阳系类似的恒星系统。

中央台记者潘梦阳报道：

三北防护林体系工程经过近二十年的建设，累计造林近3亿亩，建设区的森林覆盖率由5%提高到9%以上。风沙危害区20%的沙漠化土地和黄土高原40%的水土流失面积得到治理。松辽平原变成了稳产高产田。河西走廊恢复耕地78万亩，粮食产量提高5亿公斤。

中央台记者宋永川报道：

山东省把节水灌溉作为农田水利基本建设的重点，节水面积每年增加200万亩，节水灌溉总面积已达到5000多万亩。目前，全省已形成了从渠系到田间、从井灌区向库区、河区、黄灌区延伸的多层次、多样化的节水灌溉新格局。

中央台记者罗占祥报道：

青海省海东地区变冬闲为冬忙，掀起备耕生产热潮。

目前，这一地区生产资料已准备充分，土壤处理、打土保墒等常规生产也好于往年。

中央台记者高泽诚报道：

河北省实施“安居工程”三年来，有两万五千户中低收入家庭喜迁新居，使河北省成为在全国贯彻落实“安居工程”最好的省份之一。

中央台记者崔世杰报道：

到十一月末，吉林省征收入库个人所得税两亿九千多万元，比去年同期增长近40%，提前一个月超额完成全年征收任务。

《湖北日报》日前刊载署名文章指出：

近一段时间，一些企业实行股份制改造，规定每个职工都要购股，不入股就下岗，一部分无力购股的职工因此被迫下岗。文章认为，这种做法，有违搞股份制的初衷，不仅达不到调动职工积极性的目的，还会影响社会稳定。

安徽台消息：

安徽省纪委根据群众举报，近日对巢湖地区外经贸公司和合肥市蜀山工商所违反厉行节约八项规定的问题进行了严肃查处。

今年8月8号，巢湖地区外经贸委利用办公楼竣工之际，大搞剪彩庆典，收受礼金和物品。安徽省纪委责成批准本次活动的领导写出书面检查，对所接受的礼金、礼品全部上缴财政。

今年7月，安徽省合肥市蜀山工商所借办公室迁址的机会，违反规定大搞“办公室迁址典礼”。合肥市有关部门已决定：免去蜀山工商所所长康家友的职务，如数清退所收受的钱、物。

大连台消息：

大连市日前聘请来自全市各个行业的28名专家参与大连市的劳动安全卫生管理工作，改变了过去单一依靠行政管理的局面。

《解放日报》报道：

广州市现有职业介绍机构不少于500家，其中有不少是无照经营，或是骗人骗钱，今年以来，广州市已先后查封了二十多家非法职业介绍所。

天津台消息：

天津市今年破获了一批有影响、危害大的经济案件，共追缴赃款4亿3千万元，经济案件破案率比去年同期提高了42.7%。

中央台记者赵勇报道：

华东铁路警方在铁路沿线大、中型客站和重要旅客列车上布网查毒。

今年八月以来，上海铁路公安局共查破贩运毒品案件一百零八起，摧毁贩毒团伙五个，缴获海洛因九千五百多克。

云南台消息：

云南省西双版纳傣族自治州人民检察院近日依法对杀害傣族女中学生的瑞士籍游客曼夫里德·爱里格提起公诉。今年4月，爱里格在景洪市郊旅游途中与傣族女学生玉某相遇，将玉某挟持路边草丛施暴。为阻止玉某呼救，他用双手扼住玉某颈部，致使这位傣族女学生当场窒息死亡。

《解放日报》报道：

以招聘公司员工为幌子，诈骗下岗职工钱财的犯罪分子方倚东日前被逮捕。方倚东是上海无业人员，今年9月，他利用一些下岗人员求职心切的心理，在报上刊登沪港合资企业招聘下岗职工的虚假广告，骗取钱财。

中央台记者姜惠林报道：

江西日前在全省开展联合行动，打击赌博歪风，这次联合行动的头五天共查处赌博案件155起，处理赌博人员585人。

《宁夏日报》报道：

银川市近日发生一起招工诈骗案，顺平县农民米秋菊、邹洪川以一家儿童玩具厂委托加工的名义在报纸上刊登广告，共骗前来应聘人员各种款项

11万多元，其中大部分受骗人员是当地下岗人员。目前，公安部门已经立案查处。

黑龙江台消息：

一个私买公章行骗的假中校，最近被哈尔滨市公安部门抓获。这个名叫周宁德的假中校，通过伪造公章、钢印、驾驶证等手段，骗取他人钱物十六万多元。

《江西日报》报道：

南昌市环保监理所近日的一项突击检查发现近三成的企业污水处理没有达标排放，造成这一状况的原因是有些企业无视国家法律，擅自闲置污水处理设施，个别小型企业甚至没有污水处理设施。

《河北日报》报道：

河北省会计执法检查组，发现全省会计信息失真、会计监督不力问题十分严重，一些单位负责人甚至指使会计做假帐、假报表，造成成本不实、虚盈实亏。报纸指出：会计信息是决策机关决策的依据，必须维护数字的严肃性，严防负责人玩数字游戏。

《安徽日报》报道：

合肥市通过对农村集体财务的清理，解决了过去一些地方帐目不清的问题，还挖出一批贪占、挪用公款的“蛀虫”，立案查处了582名违法违纪的乡镇村干部，为农村集体经济挽回大量损失。

《新疆日报》报道：

博湖县一名县级干部因借儿子婚礼大摆宴席、铺张浪费，日前受到党内严重警告处分。这名干部为儿子婚礼订了50桌酒席，他还借机收受礼金一万七千多元。报纸就此提醒各地干部年末岁首，要加强自律，制止铺张浪费行为。

中央台记者叶飞报道：

历时近一年的江西省首届中小学生、幼儿艺术节，日前在南昌降下帷幕。这届艺术节集声乐、器乐、舞蹈、合唱、美术、书法于一体，受到学生和家长的欢迎。

海南台消息：

今年春节前后，海南省旅游总人数预计将达到25万人，为历年人数最多的一年。为此，海南省政府日前召开协调会，布置春节期间旅游接待工作事宜。

福建台报道：

福建省莆田市成厢区畅林初级中学从实际出发，组织学生种植、栽培优质果苗。十年来共培育各种优质果苗九百多万株。学生们用出售果苗的报酬交纳自己的学习费用，减轻了家长的负担。

（男）现在播送中国国际广播电台记者徐欢采写的新闻综述：

（女）日前在卢森堡召开的欧盟首脑会议决定不将土耳其列入扩展进程，使土耳其与欧盟的关系出现重大波折。

（男）早在欧盟的前身——欧洲经济共同体成立后的第三年，即1959年土耳其就提出了要成为共同体伙伴的申请。1963年土耳其成为这个组织的“联系成员国”，并获得了“有成为欧共体正式成员前景”的承诺。1987年，土耳其又正式提出加入欧盟的申请，从此就一直将此作为自己外交的主要目标。

（女）但是，在苏联解体、冷战结束、世界格局发生变化之后，土耳其想早日成为欧盟正式成员的要求却越来越遭到冷遇，尤其是欧盟在制定发展10个中东欧国家和塞浦路斯入盟计划时，没有把土耳其列入这一行列。卢森堡会议之前，土耳其领导人通过各种方式力图说服欧盟国家领导人改变态度，但没有取得明显的成效。

（男）欧盟之所以不愿将土耳其纳入东扩进程的理由，一是土耳其在“政治民主”方面离欧盟标准甚远，而且坚持用军事手段来解决民族问题；二是土耳其与欧盟成员国希腊的关系十分紧张，但又不愿将两国间的争端提交国际法庭仲裁；三是在对待塞浦路斯希腊族和土耳其族之间的争端问题上，土耳其支持和谈统一。

（女）但土耳其认为这些理由是借口，真正的原因在于欧盟某些主要国家怕经济与它们有差距的土耳其入盟会给它们带来沉重的负担。但是，欧盟在拒绝土耳其纳入扩展进程的同时，又不敢将其排除在欧洲之外，给它留了一条后路，让它参加欧盟与候选国之间的一个政治磋商性机构——“欧洲大会”，同时为土耳其确定一个使它与欧盟“接近”的战略，以便为它有朝一日加入欧盟作准备，这是因为有6000万人口的土耳其对欧盟来说是个不可放弃的大市场，目前它是欧盟的第四大贸易伙伴。当然，还有一个重要原因就是来自美国的压力。但欧盟对土耳其入盟提出了附加条件，即要土耳其同意将与希腊的争端提交海牙国际法庭，并放弃对塞浦路斯入盟的威胁。

（男）欧盟这次首脑会议的决定使土耳其感到十分恼火。土耳其总理耶尔马兹宣称：土耳其拒绝参加“欧洲大会”，今后也不会和欧盟进行任何政治对话，这意味着土耳其在塞浦路斯和土耳其希腊争端等问题上的态度将会变得更加强硬，从而对地区形势产生难以预测的影响。

这次《全国新闻联播》节目是由＿＿＿＿、＿＿＿＿编辑＿＿＿＿、＿＿＿＿播送的，欢迎接着收听中央台《新闻纵横》节目。

北京人民广播电台《新闻，1998》是由主持人直播的晚间新闻大板块节目，它创办于1996年，大信息量、快节奏、时效强、有深度是其重要特色。记者型主持人在一小时的节目中既播报新闻又独立承担深度报道，这种崭新的运作方式为全国广播界首创，被专家和听众誉为“广播改革的一次质的飞跃”。该节目每晚18点至19点在828千赫播出。

北京台《新闻，1998》稿件两套：（老师可酌情将该板块节目拆开使用）

北京台《新闻，1998》第一套（6.21）

（前奏曲）

听众朋友你好！我是××，今天《要闻快报》的主要内容有：

新的土地管理法可望于年内出台；

董建华重申，中央政府落实“一国两制”有目共睹；

今年公路建设投资将增加到1600亿元；

今年海关税收形势严峻；

北约将领表示应在科索沃采取行动；

印巴两国总理将举行会晤；

以色列称扩大耶路撒冷是出于经济原因，而不是要吞并巴勒斯坦领土。

本周的《公众评说》是无主题评说，虽然大家各说其事，各表其决，但目的都是希望社会稳定，生活美好。

《传媒热点》的内容有：

1. 吃“皇粮”者戒“杂粮”；

2. 专家指出，目前我国失业问题仍在可容忍范围。

最新一期《瞭望》周刊报道，为了遏制我国耕地锐减的势头，国家对已实施 12 年的《土地管理法》正着手进行修订，修改草案已公布全民讨论。新的土地管理法可望于年内出台。

报道还说，今年是全国“闲置土地，消化利用年”，“消化闲置”提醒人们：在立法的同时，需要从根本上着手，从认识到行动，转变粗放经营的观念，走集约用地，内涵发展的道路。

香港特别行政区行政长官董建华 19 号结束对澳大利亚、新西兰为期 5 天的访问返回香港。在机场接受记者采访时，董建华强调，在过去的一年中，中央政府非常有决心落实“一国两制”，这是大家可以看到的。在“一国两制”，高度自治的原则下，特区事务不受任何干预。

董建华说，在访问期间，他感到澳大利亚，新西兰政经界人士十分欣赏港人的创业精神。他强调，香港正处于经济调整期，香港人不应失去信心。既然世人对香港抱有信心，港人更应自强不息，克服困难。

北约欧洲盟军最高司令克拉克昨天表示，科索沃危机有可能在巴尔干地区引发新的战争，北约应该在科索沃采取行动。他是在北约第 15 次研讨会议上发表讲话时，作上述表示的。

北约军事委员会主席、德国将军瑙曼当天也表示，北约国家虽然还在争取和平解决科索沃危机，但必要时北约有决心进行军事干预。

巴基斯坦外交部发言人昨天宣布：在今年 7 月底在斯里兰卡首都科伦坡举行的南亚区域合作联盟首脑会议期间，巴基斯坦总理谢里夫和印度总理瓦杰帕伊将举行双边会晤。

这位发言人还说："印度必须认识到其霸权主义政策在南亚是行不通的。巴印两国如果不就克什米尔这个核心问题举行会谈，两国间的任何会谈都不会取得进展。"

伊拉克外交部发言人昨天宣布，按照安理会1996年5月通过的"石油换食品"谅解备忘录和联合国秘书长安南今年5月批准的食品分配方案的精神，伊拉克接受联合国安理会日前通过的1175号决议。这项决议允许伊拉克进口价值3亿美元的油井设备和零部件，来提高其石油出口能力，以实现石油出口新限额。

但这位发言人强调，根据伊拉克同联合国先前达成的共识，关于"石油换食品"协议，是临时性的措施，如果决议中含有与此相违背的措辞，伊拉克方面则将拒绝接受决议。

以色列总理内塔尼亚胡的发言人昨天表示，以色列扩大耶路撒冷的计划，其目的是为了增加耶城的税收基础，这纯粹是出于经济方面的考虑，这样做不会改变约旦河西岸巴勒斯坦领土的地位。

据报道，根据以色列的计划，耶路撒冷西岸的几个镇将并入耶城，从而形成一个"大耶路撒冷"，使犹太人口增加大约3万。

计划宣布后不久便遭到有关各方的批评。

东盟昨天表示，支持柬埔寨于7月26日如期举行大选。

另据报道，柬国内一些党派对大选仍心存疑虑，柬埔寨高棉民族党主席、前财政大臣桑兰西威胁说，除非政府同意大选延期，并保护大选的自由、公正，否则反对党联盟将进行联合抵制。

欧盟5个成员国驻白俄罗斯大使决定在22号回国，以同各自的政府商讨白俄罗斯政府试图将他们从使馆住宅区内赶走事宜。

据报道，白俄罗斯总统卢卡申科的一处府邸同明斯克郊区的使馆住宅相邻，他称使馆住宅区是他的财产，并准备请水暖工对他居住的住宅区进行修缮。19号，白俄罗斯政府切断了对住宅区的水电供给，工人们随即在住宅区各个大门前挖沟，以阻止外交官的车辆进出。

昨天在福州召开的全国加快公路建设工作会议透露，国务院将采取增加国家拨款等措施加快公路建设。据了解，今年新增公路通车里程将达24万公里，公路总里程达到125万公里。全年全社会公路建设投资由原定1200亿元增至1600亿元，增幅为33.33%。

近日召开的海关总署税收征管会议传出信息，针对今年上半年税收大量流失的现状，海关总署已紧急部署加强海关征税工作的措施。

据了解，今年海关税收面临形势十分严峻。一方面免税和加工贸易保税进口货物增加，应税商品在进口总值中所占的比重有较大幅度的下降。另一方面商业瞒骗走私违法活动猖獗，造成国家大量税收流失。今年1至5月，全国海关征收税款人民币306.3亿元，比去年同期下降16.8%。针对这一情况海关总署已派出工作组开展检查和调研，并提出了相应的紧急措施。

国有企业青年工人下岗再就业问题，是正在召开的共青团十四大代表们关心的热点。请听北京台记者陆健的报道：(放录音　50″)。

近年来，我国商标抢注事件屡有发生，有的还产生了很大的社会影响，这已引起了有关部门的关注。国家工商局副局长兼商标局局长白大华近日宣布，将起草《制止商标抢注暂行规定》，并在不久发布。

北京市文物局局长梅宁华昨天宣布：1999年9月9号，已出土40余年的8000块辽、金时代刊刻着《契丹大藏经》的石板，将被重新回归到地下珍藏。

据悉，将已出土的珍贵文物重新回归地下加以保护，这在我国尚属首例。

专家们认为是防止石经风化的最佳方案。

曾经影响了几代人的著名科普读物《十万个为什么》即将推出新版，专门为21世纪青少年撰写的《十万个为什么》(新世纪版)，将由少年儿童出版社明年十月前正式出版。

据悉，《十万个为什么》（新世纪版）编委由包括约20位两院士在内的一流科学家组成。

昨天，电大注册视听生报名工作在全市20个招生点全面展开。为让更多的人了解“注册视听生”的有关情况，电大今天开通了咨询电话：661603727。

贵阳市昨天召开禁毒斗争公判大会，依法处决曹崇祥等15名贩卖毒品罪犯。

这些贩毒罪犯目无国法，大肆进行走私、运输、贩卖毒品活动，给人民群众的身心健康和社会治安造成严重威胁。其中，曹崇祥、阮应祥、马绍恒等3名罪犯长期以来组成贩毒团伙，多次从云南边境偷运毒品到贵州等地贩卖，总计数量达5400余克。

广东省有关部门对省内9城市女工劳动保护现状进行检查发现，国有企业和大多数日商、欧美商投资企业较重视女工劳动保护；而乡镇、私营、港资、台资企业危及女工身体健康的现象十分突出。

这些企业的生产车间，有害因素合格率只有67%，有的甚至超过国际标准的80倍。

深圳妇儿医院发生一起罕见的分枝杆菌大规模感染。但由于政府重视，请来国内最权威的专家合力控制住感染，避免了事态进一步扩大。

据悉，第一例患者发现于今年4月22日，至今共发现108例，病人主要是伤口感染，且愈合慢，一般广谱抗菌药物治疗效果差。

据初步调查分析，引起感染的主要原因可能是手术室的手术刀、手术剪等器械的浸泡消毒不彻底。同时，也不排除外源性致病菌侵入手术室引起室内污染的可能。

广东省卫生厅要求除对感染者作彻底治疗外，对在此做过手术的病人要逐一追踪随访。医疗机构要从中认真吸取教训，杜绝此类医疗安全事故再次发生。

由于天气逐渐转热，夜间到铁路上乘凉散步的人明显增多，为图一时凉快而酿成惨祸的事件，已屡屡发生。来自上海的消息表明，仅五六两个月内，上海铁路分局管内因盲目在线路上行走和抢越轨道而造成路外伤亡事故为31起，其中死亡23人，受伤9人，严重影响了正常的铁路运输生产。

有关人士提醒：乘凉散步千万莫忘“安全”二字。

前天，110国道53公里处因一重型拖车坏在山路上，致使进出北京至张家口各路口全部封闭，经北京建工集团机械公司抢险队连夜奋战，到昨天清晨4点10分，这一路段全部畅通放行。

由于受罢工影响，美国通用汽车公司在北美洲的生产几乎瘫痪。

本月19号由联合汽车工人协会组织，大约9200人参加的罢工，使密歇根州的两家关键汽车部件厂停产，切断了通用汽车公司关键部件的供应，造成该公司在美国、加拿大和墨西哥29家装配厂中的22家停产。

由于劳资双方谈判没有取得进展，将近11.5万名通用汽车公司员工可能在最近几周内得不到薪水。

美国总统克林顿呼吁劳资双方尽快解决分歧。

正在法国进行的’98世界杯高潮迭起，而法国的警察们虽是近水楼台，却无法一睹为快。因为他们必须对足球流氓保持高度警惕，采取预防措施保证“重点”比赛安全进行。

据法国司法部19号发表的公报说，自世界杯赛开始以来，法院共审判了26名足球流氓，其中10人被判刑。

在南非开普敦附近，有一些被称作“夏娃脚印”的化石，科学家估计它们有11.7万年的历史，是迄今为止人类所发现的最古老的脚印。为了使它们免受人们破坏和自然界的侵蚀，南非地球科学学会昨天宣布，将于下周把这些脚印化石空运到开普敦的博物馆保护起来。

安安静静地吃一顿早餐胜过服用助消化药。这是德国“促进健康饮食协会”近日开展“健康饮食、健康消息”的宣传运动时提出的观点。

专家们认为，目前一些人长期服用药物以助消化，其实这是一种十分错误的作法，药物不仅会破坏食物中的液体及矿物质成分，甚至会损伤肠胃；长此以往还会对药物产生依赖性。

专家们还指出，其实乳糖就是一种既有效而又安全的助消化“药”。它大量地存在于人们在早餐中习惯食用的各类甜品中。

下面我们把近一周来国内外发生的要闻简单回顾一下。

6月17号，中国国家主席江泽民在北京接受了美国《华盛顿邮报》专栏作家兼《新闻周刊》特约编辑韦茅斯的采访，就中美关系、台湾问题，中国加入世界贸易组织、中国在亚洲金融危机中的作用以及南亚地区局势等问题，回答了对方的提问。

6月15号至17号，全国城镇住房制度改革与住宅建设工作会议在北京召开，国务院副总理温家宝出席会议并作重要讲话。

6月16号，九届全国人大常委会在北京举办第一次法制讲座。李鹏委员长主持会议，并发表了讲话。

6月19号，中国共产主义青年团第十四次全国代表大会在北京隆重开幕。党和国家领导人江泽民、李鹏、朱镕基、李瑞环、胡锦涛、尉健行、李岚清等到会祝贺。中共中央政治局常委、国家副主席胡锦涛代表党中央发表了题为《迈向新世纪，创造新业绩》的祝词。开幕式前，江泽民等党和国家领导人亲切会见了出席共青团十四大的全体代表和工作人员。

以下是世界其它地区一周来的局势发展。

6月15日，联合国负责销毁伊拉克化学、生物和核武器特别委员会主席巴特勒宣布，他已经同伊拉克方面就今后两个月的武器核查安排，达成协议，双方同意在两个月内完成伊拉克武器核查工作。然后再次举行会晤，以制定下一步的计划。

联合国国际刑事法院外交全权代表会议，本月15号开始在意大利首都罗马举行，近160个国家的官员以及200多个非政府组织的代表将在为期5周的会议上拟定并通过《国际刑事法院规约》，然后交各国政府签字。

历时两天的欧盟首脑会议6月16号在英国威尔士首府加的夫闭幕，欧盟15国领导人在对欧洲的内部建设和未来、当前的一些国际热点问题进行探讨后，发表一份主席国声明，敦促各成员国切实做好最后准备工作，以保障欧元在明年1月1日成功启动。

一周来，国际社会仍在为解决科索沃危机而进行各种努力。

6月16号，南联盟总统米洛舍维奇访问俄罗斯，与俄总统叶利钦就近来日益恶化的科索沃局势举行会谈，双方在会谈结束后发表联合声明，南联盟承诺要通过政治叙述解决科索沃危机。

次日，俄外长普里马科夫发表谈话，认为必须切实努力实施俄南总统的这个联合声明。

6月18号北约和俄罗斯发表一份声明，重申双方决心为国际社会寻找和平解决科索沃危机的办法作出努力，维护巴尔干地区的稳定。与此同时，以美国为首的西方国家不断向南联盟领导人施加压力，扬言要使用武力解决科索沃危机，从而使科索沃地区的局势更加紧张。

武力威胁，甚至使用武力直接干涉似乎已成为近几年西方国家解决地区冲突所热衷的方案，但此间观察家认为，这不仅无助于科索沃危机的和平解决，相反只能是火上浇油，使科索沃局势更加扑朔迷离。

以上消息来自：新华社、北京人民广播电台、《经济日报》、《新闻报》、《文汇报》、《北京晚报》、《羊城晚报》、《新民晚报》

责任编辑：伊明

广告和天气预报之后，请您收听《新闻，1998》节目的《公众评说》。

天气预报

(6月21日)

听众朋友，现在是北京时间：×点×分。

下面播送北京市气象台今天下午五点发出的北京地区天气预报：

今天夜间：阴间多云，部分地区有阵雨

降水概率40%

偏南风，1～2级

最低气温22摄氏度

相对湿度90%

明天白天：多云转阴，有阵雨

降水概率60%

偏南风，2～3级

最高气温31摄氏度

相对湿度60%

欢迎继续收听《新闻，1998》。

这一周，我们对《公众评说》的主题并没有设定，凡是打来电话的听众纯粹是按照自己对新闻事件或社会现象的敏感而发现问题、发表感想的。虽然今天我们选播的几位听众评说的内容或角度各不相同，但让人能感到他们因为爱国家、爱北京而流露出的普通人的情愫以及对社会的责任感。

(《公众评说》栏目曲)

在我们播出了对军博现正展出的“珍爱生命，拒绝毒品”大型禁毒展的时事报道后，参观了这个展览的谭建考、李云霞两位听众分别谈了他们的感受：

(放录音)

在对是非、美丑的认识上，一位住在天安门附近的市民通过对北京市限制人力三轮车在天安门附近地带运行的赞同，表示了自己明确的态度：

(放录音)

人的行为确实应该受到道德规范，而在工作的范围内，职业道德就是规范，最基本的要求是遵循上下班的作息时间，而对于这一点有些人都无法做到，有一种情况是幼儿园和小学低年级学生的家长，他们常常为接孩子放学而困扰。为此，张秀英听众提出了一个建议：

(放录音)

北京市很多医院都推出了整体化病房管理模式，一位听众说应该切切实实地落实，这是每个家庭的需要，也是社会发展的需要：

(放录音)

这位听众给我们留下了一个话题，我们也想给大家留下一个话题，不知您是否注意到，后面三个电话内容中提到的：天安门附近的人力三轮车类的旅游服务；照顾放学后的儿童、小学生；病人或老年人的护理工作，都很需要人去做，北京人能不能把无业或下岗再就业的目光转向诸如此类的方面呢？

以上是今天的《公众评说》，稍后请收听《新闻，1998》的《传媒热点》和《每日快评》。

今天的《传媒热点》有以下内容：

1. 吃“皇粮”者戒“杂粮”；

2. 全国城镇房改会确定房改四重点；

3. 目前我国失业问题仍在可容忍范围；

4. 再就业签约，谨防上当。

近年来，一些司法机关和行政执法机关中的利己主义者为谋私利，五花八门搞“创收”，自收自支设“金库”，吃了“皇粮”又吃“杂粮”。

为了从源头上防止和杜绝这种腐败现象，公安部、最高人民检察院、最高人民法院、国家工商行政管理局、监察部、财政部六部门，不久前联合制定了《关于加强公安、检察院、法院和工商行政管理部门行政性收费和罚没收入收支两条线管理工作的规定》。近日，中央办公厅、国务院办公厅又转发了这一《规定》。

据《法制日报》今天报道，公安部提出，严禁违反规定，擅自设立和提高收费与罚款的项目和标准，严禁越权执法、越权办案，坚持杜绝乱收滥罚现象，坚决执行罚款规定与罚款收缴分离的规定；并再次明确，凡办理刑事案件，一律不准收取或变相收取办案费，办理经济犯罪案件，一律不准提成或变相提成。

最高人民检察院宣布，要坚决制止超管辖范围办案，绝不允许为利益驱动办涉税、走私、侵占、假冒注册商标等案件，更不允许插手经济纠纷。

最高人民法院重申，要严格界定“其他诉讼费用”的范围，除按规定收取的诉讼费外，一律不得向当事人收取其他任何费用。

为保证“收支两条线”规定的执行，监察部将与财政部一起会同公安、检察、法院和工商行政管理等部门对现有收费项目进行一次专项清理整顿，对清理整顿后的收费项目，要向社会公布，接受群众监督。

对少数弄虚作假，欺上瞒下，拒不执行《规定》，继续坐收、坐支的单位，要坚决进地查处，切实保证“收支两条线”规定不折不扣地贯彻执行。

以上是《法制日报》的报道：《吃“皇粮”者戒“杂粮”》。

6月15日至17日，全国城镇住房制度改革与住宅建设工作会议召开，会议确定了今后房改的四个重点。《北京经济报》报道，国务院副总理温家宝在会议上指出，深化城镇住房制度改革的指导思想是：稳步推进住房商品化、社会化，逐步建立适应社会主义市场经济体制和我国国情的城镇住房新制度；加快住房建设，促使住宅企业成为新的经济增长点，不断满足城镇居民日益增长的住房需求。

会议指出，深化城镇住房制度改革和加快住房建设要把握好四个重点：

一是改革城镇住房分配体制，实行住房分配货币化；

二是建立以经济适用住房为主体的多层次的新的住房供应体系，满足不同收入群众对住房的需求；

三是扩大金融服务，促进住房商品化；

四是有步骤地培育和规范住房交易市场。

以上是《北京经济报》的报道：《全国城镇房改会确定房改四重点》。

福利分房政策的行将取消，全国住房制度的进一步深化，购买住房已是大势所趋。然而，对于那些特困老百姓来说，购买住房依旧是能力有限，这也是全国各城市中普遍存在的一个问题，那么，如何为这些特困老百姓寻求一条出路，真正使他们安居有其屋呢？天津市政府在房改的同时，及时推出了“廉租屋”，以解决特困老百姓的住房问题。

《北京经济报》今天报道说，天津市房改办、房管局在位于天津市区和北夏区结合部，首期建设了6万平方米的“廉租屋”，占地一百亩，共19栋1271套。

规划设计本着以“人为中心”，造价不高水平高、面积不大功能全和

“廉租屋”不是低标准住房为指导思想，从安全、舒适、美观、经济、适用等诸多因素考虑进行规划设计，力求建设成布局合理、构思完整、配套齐全、交通便捷的整体居住环境。住宅套型的设计以一室户为主，建筑面积控制在每套40－45平方米左右，住宅单位设计采用“三大一小一多”的布局，提高使用功能和改善居住环境，满足老百姓的使用需求。北斗村住宅小区建设的“廉租屋”所解决的对象，是已缴纳住房公积金，人均居住面积4平方米以下的生活、住房双困难的职工。该项目用房改增值资金支付土地费、大配套费，建成后采取出售，出租并举的办法，向特困老百姓出售或出租，出售是以低于成本的优惠价格，出租按成本价格三项因素计租，房屋租售采取计划的办法，由市房改办组织实施。购买“廉租屋”不允许上市，待职工生活条件好转以后，市房管部门按届时市场价格收回。

以上是《北京经济报》的报道：《天津推出“廉租屋”工程》。

因受国企改革影响而产生的大量下岗工人的问题，是否造成社会的动荡不安？

《亚太经济时报》报道说，上海社会科学院经济专家认为，我国对于失业的容忍度范围内，还不至于引发社会动乱。

专家指出，消费市场的不振和国有企业效益不好，加剧下岗工人失业的严重性。专家强调，下岗工人待业的情况不可避免，这是市场经济下的产物。以目前我国的社会问题不能以西方的经济角度来观察，不是看失业率的高低，而是要看社会的容忍度。

专家认为，我国目前的大量下岗工人，是伴随着国企改革的发展而下岗，大多数下岗工人对于政府的作法是持正面看法与支持的。自我调整下仍可适应，因此还是在其可容忍的限度内。

其次政府正千方百计保障下岗人员的基本生活、吃饭不成问题；另外，随着服务业的增长，部分待业的人可在第三产业找到临时性的工作，提供基本生活的来源。总体上说，失业对社会形成的压力还未超出容忍度。

以上是《亚太经济时报》的报道：《专家认为，目前我国的失业问题仍在社会可承受范围内》。

虽然目前失业问题仍在可容忍范围内，但一些人利用下岗工人再就业之机乘人之危，却是不可容忍的。

近年来，许多下岗职工急于找到工作，在签订再就业合同时委曲求全，没有按照劳动法规的要求签约，任人摆布，结果吃亏上当。

《中国石油报》提醒下岗职工：再就业签约，谨防上当。报道说，那些使下岗职工吃亏上当的合同，一般有以下几种表现形式：

一是君子协议。凭熟人介绍只在口头上就劳动中的权利义务关系达成协议，没有签订书面合同。一旦产生纠纷，再就业者因无书面依据，有理说不清。

二是合同内容过于简单。有的再就业在签订协议时，只就劳动内容、报酬等事项作个约定，至于其他问题，则不去考虑，在发生纠纷时，有理也难以打赢官司。

三是“生死合同”。在一些生产经营具有一定危险性的行业，特别是个体私营企业，用工者为了逃避责任，常常在用工协议中加上“伤亡自理”一条。虽然这一明显违反劳动法的规定，在法律上没有效力，但是，在问题出现以前，用工者因为有了这一约定，往往会不注意抓住安全管理，极有可能引起劳动者伤亡。

四是一边倒合同。在合同中违反权利义务一致性原则，只约定劳动者哪些义务，要承担什么责任。而关于劳动者的权利，除了报酬之外，几乎一无所有。

五是两层皮合同。有的用工者慑于劳动主管部门的监督，为逃避查处，与劳动者签订两份合同。一份合同是规范合同，只掌握在用工者手中，主要是用来应付有关部门的检查。另外，再和劳动者签一份双方真正履行的合同，但这份合同属于不平等合同。

六是担保合同。有的用工者在合同中规定，再就业者须交一定数额的保证金或抵押一定物品，违反约定，保证金没收，抵押物品不退。

以上是《中国石油报》的报道：《再就业签约谨防上当》。

由中央电视台主办的第八届全国青年歌手电视大奖赛业余组的比赛，经过激烈的角逐，最近在北京降下帷幕。参赛歌手暴露出的文化素质问题，引起了传媒的关注和思考，《北京青年报》透露，这届大奖赛增加了以语文基础知识、音乐常识、基础乐理和视唱练耳、表演气质为内容的“综合素质”

考评，促进歌手重视自身文化素质的提高。但比赛结果显示，不少歌手文化素质太差，令人始料不及。在本届大赛的综合素质考评过程中，不少拥有一副“金嗓子”的歌手明显表现出“底气不足”：有的歌手弄不清楚中国古代四大发明究竟是什么，有的歌手不知道“五四运动”发生在哪一年，还有的歌手唱了几年歌下来，居然连国歌的词曲作者姓甚名谁都一头雾水、张冠李戴。如果说文化考核对于一个歌手来说有点勉为其难的话，那么乐理知识的测评对他们来说应该是“小菜一碟”了吧？可事实并非如此，在简谱视唱时，不少歌手照样“中枪落马”，有人作了统计，现场跑调的约占10%，根本不识谱而瞎唱或不唱的约占30%。

其实，青年歌手文化素质很早就不是什么新闻了。记得前两年，全国许多报刊争相登载了一则趣闻：省某电视台举行了一次文艺晚会，安排了一出游戏抢答的节目，主持人要求几名嘉宾歌手在现场一块小黑板上写出宋代大文豪苏东坡的千古名篇《念奴娇·赤壁怀古》的首句“大江东去”之后的其余文字，结果一位颇有名气的男歌手竟把这句脍炙人口的“大江东去，浪淘尽千古风流人物”写成了“大江东去，狼逃尽”，引起观众大笑。

再联想到有的歌手把戊戌变法的领导人说成是达式常，有些歌手不知舒伯特、莫扎特为“何方神圣”，这就不难理解本届电视大赛怎么会有这么多歌手“露怯”了。

对此，一些教育界人士指出，本次大赛，与其说是一场单纯的歌唱比赛，不如说是对歌手整体文化素质的一次综合检验。它从中反映出了基础教育对一个人成长的重要性。如果没有良好的教育再有天分的歌手也很难获得真正意义上的成功，因此抓好教育，尤其是年轻一代的教育刻不容缓。

以上是《北京青年报》的报道：《青年歌手的文化素质暴露出什么问题?》。

《每日快评》：国际专门日效果何在。

6月17日是“世界防治荒漠化与干旱日”，在此之前，我们已度过了太多的国际“专门日”，3月22日是“国际水日”，3月23日是“世界气象日”；4月7日是“世界卫生日”；5月份，15日是“国际家庭日”，17日是“国际电信日”，31日是“世界铲除殖民主义十年”，等等，粗算一下，一年之中，这样的国际性专门日总计有44个之多。

《北京经济报》刊登署名姚中秋的点评指出，有外国人评论说，每年一轮的国际专门日已演变成了官僚们觥筹交错的社交礼仪。这话刻薄了点，但不无道理。前半年我们已过了多少节日，可相应的环境、社会问题又有多少改善呢？有关部门只顾教育公众要老百姓做这不做那，倒忘了其实最应该受教育的恰恰是某些主管部门的头头脑脑们，不是说干一件事成败关键是领导是否重视吗？

以上是《北京经济报》刊登的署名点评：《国际专门日效果何在》。

北京台《新闻，1998》第二套（6.22）

（前奏曲）

听众朋友，你好！我是××，今天《要闻快报》的主要内容有：

国务院提请全国人大常委会修订村民委员会组织法；

中组部、人事部决定：全面检查公务员法规执行情况；

安徽查处一起严重的任用假干部事件；

在北京举行的禁毒展将延期到7月底；

克林顿表示要给中国永久性最惠国待遇；

叶利钦要求美国取消对古巴封锁；

日本表示将积极推进经济改革。

美国总统克林顿近十年来首次访华即将成行，国人及国际社会对此都表现出较大的热情和关注。是什么原因促使中美关系走出低谷进入迅速发展阶段？中美关系向前发展还要克服哪些障碍？请听今天《时事对白》：如何看待克林顿总统访华。

《传媒热点》的主要内容有：

1. 国务院机构改革三定方案全部完成，人员分流即将开始；

2. 赵怀志浴血斗歹徒，引来各界强烈反响。

《每日快评》：

请多关照普通消费者。

九届全国人大常委会第三次会议今天召开，朱镕基总理向会议提交议案，提请审议村民委员会组织法修订草案。受国务院委托，民政部部长多吉才让就这部法律修订草案作了说明，多吉才让指出，由于我国有几千年的封建传统，农村经济、文化发展水平还比较落后，农民的民主意识还有待增强，加上一些农村干部没有充分重视和认真贯彻试行法，试行法执行的情况差别很大。在一些地方，基层干部欺压群众、腐化堕落、损害广大农民利益情况时有发生，有的甚至相当严重。修订草案根据党的十五大精神，坚持试行法确定的村民自治、基层群众直接行使民主权利的原则，针对实际存在的问题，主要在选人、议事、监督三个关键环节上对试行法作了补充、完善。

美国总统克林顿上周五在白宫表示，他希望给予中国永久性最惠国待遇。美国的有关人士认为，这是克林顿首次提出要给予中国永久性最惠国待遇。克林顿说："我认为，如果我们不必每年在国会就给予中国的贸易好处进行辩论的话，那将是一件好事。"克林顿有可能在结束对中国的访问回国后向国会提出有关议案。昨天，克林顿在《新闻周刊》发表文章，全面阐述了他的对华政策，提出同中国进行接触而不是孤立中国的政策是正确的选择。克林顿说，美国同中国在诸如人权、民主和宗教自由等问题上存在分歧，但是在过去几年中，中国在这些方面已经取得了切实的进步。

俄罗斯总统叶利钦昨天在阿根廷《号角报》发表的讲话中要求美国取消对古巴的封锁，实现两国关系正常化。他说，美国长期以来对古巴卡斯特罗政府怀有敌意，这是冷战遗留下来的残余。现在是华盛顿、哈瓦那实现两国关系正常化的时候了。

昨天，美国和伊朗足球队即将在巴黎世界杯足球赛上进行比赛之前几个小时，美国国务卿奥尔布赖特发表谈话，重申美国愿意同伊朗改善关系的立场。

奥尔布赖特说，有些伊朗人士对美国的伊朗政策表示不满，美国政府对这种不满表示理解，但她又说，美国不会向伊朗表示道歉。

伊朗议会昨天通过了关于弹劾内政部长努里的议案，指控他在国内制造紧张局势，发表煽动性讲话，公开支持正在受审的德黑兰市长卡尔巴希，在这之后，哈塔米总统立即任命努里为副总统，哈塔米总统表示支持努里，他警告说，内阁中没有努里将是政府和国家的损失。

以色列内阁昨天批准了耶路撒冷扩建计划。对此，巴勒斯坦方面指出，以色列通过这一计划将吞并约旦河西岸百分之十八的土地。埃及谴责这个计划，欧盟和美国也认为，以色列这样做无益于中东和平进程。

最近，塞浦路斯的紧张局势有所升级，希腊、土耳其先后向塞岛派遣战斗机，今天，美国新任驻联合国大使，塞浦路斯特使霍尔布鲁克将访问希腊，与希腊高级官员讨论日益紧张的希土关系。

德国外长金克尔昨天透露，北约正考虑向南联盟邻国阿尔巴尼亚和马其顿派遣地面部队。北约不排除对科索沃进行军事干预的可能性。在这之前，马其顿总理指出，他们比美国等西方国家更关心科索沃局势，马其顿各族人民希望通过政治对话解决科索沃冲突。昨天，俄罗斯外长普里马科夫表示，要求南斯拉夫联盟塞尔维亚共和国从科索沃地区撤军是“危险的”。他说：“不能撤军，因为撤军会导致塞族难民大潮。在科索沃地区有15万塞族人，他们会把撤军看作是逃离的明确信号。”

中组部、人事部最近决定，对各地实施公务员制度，执行公务员法规的情况进行一次全面检查。鉴于国务院机构改革正在进行，这次执法检查的范围是地方各级国家行政机关，结束的时间是今年12月底。

国家经贸委透露，自去年7月以来，全国各地区、各部门一共取消向企业的不合理收费两万多项，涉及金额四百九十多亿元，企业普遍反映交费负担有所减轻，治乱减负取得初步成效。

我国实施非农建设项目占有耕地的措施已经一年有余，国土资源部提供的最新数字显示，这个措施实行的第一年，全国就利用存量土地近三十八万亩，比上一年增加九倍多。

最新统计显示，随着全国供电形势逐步缓和以及电力企业管理水平的提高，去年全国主要城市的停电时间进一步减少。和1996年相比，每一个电力用户减少停电时间近四十个小时，专家预测，今年，特别是今年夏天城市居民用电情况可望继续好转。

我国最近拟定了一项庞大的环保计划，打算用几十年时间，有效地控制面积巨大的黄土高原的水土流失和荒漠化现象，使之成为21世纪中国最重要的能源、原材料基地和重点建设西移的前沿，专家认为：黄土高原水土保持堪称是当今中国最大的环境保护工程。

在当前国内煤炭市场饱和、库存积压严重的情况下，业内人士最近建议，应当扩大煤炭出口规模，缓解国内煤炭的供求矛盾。去年，我国的煤炭产量占全球总量的三分之一，但是出口量仅占世界煤炭贸易量的百分之六左右，所以说，扩大煤炭出口不仅是必要的，同时也是可能的。

国家粮食体制改革政策初见成效，北京市场粮价回升，可望进入良性循环，请听本台记者肖朝阳的报道：(放录音)。

北京证券登记有限公司的统计显示，上个月，本市居民开户平稳增加，预计今年上半年北京居民自然入帐户的开户数量可能突破135万户。业内人士认为，基金发行倾向于照顾中小资金量的散户股民，以及基金上市后的上佳表现都是吸引投资者入市的原因。

有关部门昨天宣布，原定7月2号结束的全国禁毒展览将延期到7月底，广大观众尽可以从容前往参观，为了方便个人参观，展览办公室在军博专设了发票窗口，发票时间是，周一到周五上午10点到下午1点，周六、周日上午8点半到下午3点。

为方便旅客购票，新近挂牌的北京铁路分局客票销售中心开辟了1606166订票热线电话。旅客随时可以预订第四、第五天内北京地区4个车站始发列车的车票，销售中心根据旅客需求，安排最便利的发票点取票。

《国家公务员暂行条例》第七十九条规定近日已在北京开始执行：公务

员可能提前退休，北京市人事局发出通知，男同志年满55周岁，女同志年满50周岁的，或者“工作年限满三十年的”国家公务员，本人要求退休，向单位提交书面申请，按干部管理权限，经批准后，可以退休。

中共安徽省纪委日前公布了一起任用“五假干部”受到严肃查处的案件。几年前，安徽淮南市农业银行城市信用社的工作人员吴军、农民蒋玉祥和以拉小板车为生的高磊用送礼、行贿等手段，拉拢腐蚀一些职能部门的党员干部，弄虚作假，先后为自己办理了招工、学历、党籍、职称、聘用制干部的假手续，伪造了完整的档案材料，成为名副其实的“五假干部”。然后，被当作所谓的开发人才正式调进省社科院，并担任了副处级职务或享受副处级待遇。事发之后，包括安徽省委宣传部一名副部长在内的3名厅级干部，9名处级干部和8名基层干部受到撤职和留党察看等处理。

安徽省淮北市乡镇企业局为了骗取省委、省政府的表彰奖励，竟然大造假帐，一夜之间将全市乡镇企业的净利润上调了两亿多元，这个局计财科分管统计工作的副科长李春洁面对局长的压力，拒绝造假，并向省里反映问题，结果，去年3月，在局里推行公务员制度的时候，具有高级职称的李春洁被排挤下岗。一直赋闲在家，成为淮北市唯一一个下岗的国家公务员。最近，当地政府查处了此事，对李春洁的做法给予充分肯定和支持，对她的工作做出妥善安排。

日本大藏相松永光昨天向外界宣称，日本将积极推进经济改革。目前，他们正在研究解决坏帐问题的措施。但他同时指出，稳步实施改革是“至关重要的”。

意大利军事法庭上周五对德国纳粹分子泽韦克进行了缺席审判。他涉嫌在1944年下令处决了15名意大利抵抗运动战士，目的是通过屠杀来恐吓意大利人民，令人不解的是，泽韦克在战后一直逍遥法外，他不但是美国中央情报局的特工，而且在西德警界官运亨通，甚至当上了西德反间谍机构的第二把手，1971年安然退休。

参加世界杯足球赛的德国队和南斯拉夫队昨天下午比赛前后，德国足球流氓不断寻衅滋事，他们呼喊新的纳粹口号，将一名法国宪兵打成重伤，并打伤巴西电视台一名记者，这批流氓受到了法国宪兵和警察的严厉打击。法国官员强调，“体育决不能导致犯罪”。

法国世界杯组委会昨天上午宣布，韩国足球队主教练车范根被本国足协撤职，这是世界杯开赛以来，继沙特球队教练佩雷拉之后第二位被撤职的教练。前天，韩国队以 0 比 5 败给了荷兰队，创下了本届世界杯赛一场比赛比分相差最悬殊的纪录。

国际红十字和红新月联合会今天发表的报告指出，汽车问世一个世纪以来，公路交通事故在全球夺走了三千万人的生命，报告预测，随着公路交通的发展，汽车流量增加，从现在到 2020 年，世界公路交通事故造成的死亡人数将高于呼吸道感染、结核病和癌症造成的死亡人数。

下面介绍西方报纸近两天的主要内容：

还没有从金融危机的大病中痊愈的亚洲经济，一时难以承受大的颠簸，日元前一段的滑落对于化解危机的信心来说，无疑是又一次严峻考验，全球经济一体化的日益加深，使勇于承担国际义务的大局意识变得格外重要，经济大国更要负责任。《朝日新闻》、《读卖新闻》昨天透露，西方七国集团和亚洲的财政官员敦促日本恢复金融体系的健康。《纽约时报》同时透露，日本保证将改革金融体系、重振经济，但没有提到具体的措施。《华盛顿邮报》援引一些财政官员的话说，日本能否迅速采取行动是关系到全球经济的重大问题。《星期日独立报》认为，日本正在受到巨大的国际压力。

印度制造核威胁，触犯了众怒、拖累了自己。借助核武器称霸南亚的南柯一梦还没有醒来，金融形势在制裁中趋于恶化的梦魇便悄然降临，算不清政治帐，反过来也摆不平经济帐。《华盛顿邮报》前天透露，自从印度进行核试验以来，印度主要的贸易伙伴包括美国和日本都对它实施了制裁，结果，孟买的股市价格下跌了 20%，国际评判机构对印度金融市场前景的预测十分悲观。

以上消息来自：新华社、中国国际广播电台、北京人民广播电台、《光明日报》、《经济日报》、《经济参考报》、《北京青年报》、《北京经济报》、《组织人事报》

责任编辑：立新

广告和天气预报之后，请您收听《新闻，1998》节目的《时事对白》。

天气预报

(6月22日)

听众朋友，下面播送北京市气象台今天下午五点发出的北京地区天气预报：

今天夜间：阴有阵雨

降水概率70%

偏东风，1～2级

最低气温19摄氏度

明天白天：阴间多云，有小雨，部分地区有中雨

降水概率70%

偏东风，2～3级

最高气温25摄氏度

听众朋友，再过两天，也就是25号，我们将有位贵宾来访，他就是美国总统克林顿。美国总统亲自踏上中国的土地，走到中国人民中间访问、坐客，近十年来，这还是第一次。从最近媒体连篇累牍的报道中我们可以看到，美国总统克林顿的来访，很受中国人民的欢迎和国际社会的关注。原因何在呢？请听有关专家的分析。

(《时事对白》栏目曲)

今天应邀来到我们《新闻，1998》节目的是，现代国际关系研究所研究员楚树龙。欢迎您。

楚先生，您怎样看待目前人们对克林顿访华一事的关注之情？

(楚树龙录音)

我们知道，中美两国关系的发展充满了艰辛和曲折。有过冰封雪飘的时

期，也有春暖花开的季节。您怎样评价目前的中美关系状况？

(楚树龙录音)

您认为什么原因促使中美关系走入了迅速发展阶段？

(楚树龙录音)

您怎样评价这次克林顿总统访华对中美关系的影响？

(楚树龙录音)

中美两国建立建设性战略伙伴关系是中美关系发展的新框架。您认为它会对整个世界的和平与发展产生什么影响？

(楚树龙录音)

我们知道，还有很多美国人民，不能像克林顿总统那样来到中国人民中间，直接进行交流。两国像隔着太平洋一样存在着一定的隔阂。您认为中美两国人民之间怎样才能真正加深了解？

(楚树龙录音)

以上是今天的《时事对白》，再次感谢楚树龙研究员来到我们直播室，稍后请收听《新闻，1998》节目的《传媒热点》和《每日快评》。

今天的《传媒热点》有以下内容：

国务院机构改革三定方案全部完成，人员分流即将开始；

赵怀志浴血斗歹徒，引来各界强烈反响；

“亚洲飞人”柯受良将驾车飞越长江西陵峡；

有线电视八月份全国联网。

《每日快评》：请多关注普通消费者。

国务院第二次全体会议19号在北京召开，国务院总理朱镕基主持会议。今天首都各报都在头版头条位置刊登了新华社的这一报道。

朱镕基指出，各部门的“三定”方案已全部经国务院批准，机构改革进入了实施“三定”的攻坚阶段，必须加强领导，精心组织，周密部署，以改革的精神和高度的政治责任感，做好人员定岗和分流工作。

朱镕基说，党的十五届二中全会和九届全国人大一次会议审议批准《国务院机构改革方案》以后，在江泽民同志关于机构改革“既要积极，又要稳妥”的方针指导下，按照国务院第一次全体会议的部署，各部门抓紧研究制定“三定”（定职能，定机构，定编制）方案，现已全部经总理办公会议讨论批准并陆续下达。这标志着国务院机构改革迈出了成功的重要一步。国务院各部门转交给企业，社会中介组织和地方的职能有二百多项；在部门之间调整转移的职能有一百多项；部门内设的司局级机构减少二百多个，精简了四分之一；人员编制总数减少47.5%。如果减去新的国防科工委、纺织、轻工、有色金属工业局和知识产权局这五个单位新增的编制数，则人员编制总数基本达到了精简一半的预期目标。

朱镕基强调，做好人员定岗和分流工作，要着眼于优化结构，改善素质，从严治政，提高效率，注意做到“四个结合”。一是把人员定岗和分流与优化结构、全面提高干部队伍素质结合起来。二是把人员定岗和分流与改革干部人事制度结合起来。三是把人员定岗和分流与从严治政、加强机关建设结合起来。四是把人员定岗和分流与加强法制建设结合起来。逐步实现政府机构、编制和工作程序的法定化，完善各项规章制度，规范行政行为，提高政府机关依法治国、依法行政的能力和水平。

朱镕基要求，人员定岗和分流工作要抓紧进行，年底以前务必完成。分流人员确定后，要离开现在的岗位，转岗的转岗，培训的培训，不能混岗。完成全部人员分流安排工作要准备三年时间，有条件的部门和单位要尽可能提前完成。留在机关的人员更要严格要求自己，全面提高素质，以适应新形势、新任务的需要。

以上是新华社的报道：《国务院机构改革三定方案全部完成，人员分流即将开始》。

赵怀志是铁十五局五处质检科科长。不久前，他浴血只身勇斗歹徒的事迹，引来社会与各界的强烈反响。今天《检察日报》就此作了报道，令人深思。

4月30号下午，赵怀志从河南洛阳乘坐一辆依维柯中巴前往郑州，准备回家过“五一”节。

晚上7点40分，汽车行至荥阳境内，突然，一歹徒手持砍刀扑向驾驶台，把砍刀架在司机脖子上，责令灭灯减速。司机被控制住，车灯熄灭，车速骤减。这时，另两个歹徒从车厢后部窜到前边，来回挥舞着砍刀，一边向乘客搜身，一边嚎叫道：“快！把钱和东西统统掏出来。”

此刻，车上20来位乘客却被吓呆了，一些乘客被迫交出了随身钱物。

赵怀志意识到事态严重，他一声断喝："放下凶器！"歹徒转身挥刀向赵怀志头上连砍。赵怀志只觉头一阵剧痛，鲜血立即糊住了双眼，他顾不得头上的疼痛，眯着双眼扑向歹徒，赤手空拳与歹徒展开了搏斗。遗憾的是此时车上一片沉默。

孤身作战的赵怀志迎着歹徒的砍刀左抓右挡，他的手掌、手腕、鼻梁、前胸接连受到重创，血流如注。

这时，车已临近荥阳高速公路收费站，三名歹徒挣脱赵怀志，砸开车门，很快消失在夜色中。

20点10分，荥阳市急救中心接到求助电话，才赶到现场，将倒在血泊中，已经昏迷的赵怀志送到医院抢救。

在赵怀志的诊断书上赫然写着：身上刀伤共7处，头上两刀至颅骨……鼻腔被劈开……左胸刀口在心脏位置……刀口最长达15厘米……

赵怀志各处伤口共缝合60多针，赵怀志挺身而出，赤手空拳与三名持刀歹徒殊死搏斗受伤住院的消息传出后，迅速引起社会各界的强烈反响，拨动了千万人的心弦。短短十几天，前往医院探望的人就达上千人次。人们义愤填膺，强烈要求公安部门尽快将歹徒捉拿归案，严惩凶手。

同时也有人愤愤不平，责问："车上的乘客都是干什么吃的？"针对这一现象，记者专程找到几个同车乘客。

郑州乘客刘某直摆手："别提啦，别找我，我什么也不知道……"

采访洛阳乘客黄某、耿某他们都不说。

而洛阳乘客张女士竟然说："在这种场合下，他根本不该出手，因为他出手后会让歹徒变本加厉，不仅他本人会受伤，连我和我的孩子也会受到伤害。"

乘客王某说："他的血溅了我一身，把我的衣服都搞脏了。"

这些回答和当时车上的情景，实在让人感到是非不辨、善恶错位、自尊和良知的泯灭。也许，正是这些，助长了歹徒的恶行与气焰。想到这些，不能不让人变得心情沉重起来。

以上是今天《检察日报》的报道：《赵怀志浴血斗歹徒，引来各界强烈反响》。

"亚洲第一飞人"柯受良，日前结束了在长江西陵峡的考察，正式答应今年11月8号驾车飞越长江西陵峡。

《服务导报》报道说，柯受良曾两番派弟子秘密考察过秭归县归州镇长江石门河段飞车的地形、条件、安全性等。从6月16号至20号，柯受良被波澜壮阔的长江和壮丽的西陵峡风光吸引，决定改变初衷，收回了他去年6月1号在黄河壶口飞车时金盆洗手，告别飞车冒险生涯的"戒命"，答应在长江再起飞车风云，为自己的飞车生涯画上一个圆满的句号。"亚洲第一飞人"表示，此生征服了长城、黄河，即将驾车飞越中国的第一大河流——长江，应该是死而无憾了。

据透露，柯受良飞越西陵峡跨径仍为60米，长江石门河段同期江面宽度在一百米以上！

以上是《服务导报》的报道：《柯受良将驾车飞越西陵峡》。

从国家广播电影电视总局获悉，今年8月底，除个别省市外，我国有线电视将实现全国联网。届时，一个拥有8000万用户的世界第一大有线电视网络将在中国诞生，全国有线电视联网还有一个最迷人的前景：传输因特网信息。目前上因特网多通过普通电话线，信道拥挤，价格昂贵，通过有线电视网进入信息高速公路，信道比电话线宽625倍，不存在堵塞问题，而费用只是每月交纳6至14元有线电视网费。

以上是《服务导报》报道：《有线电视8月全国联网》。

今天的《每日快评》，题目是：《请多关注普通消费者》。

最近看到两则消息：一是杭州一家房地产公司建造一种5万元一套的"一居室"商品房，很适合当地工薪阶层的家庭需要，推向市场后十分抢手；另一则是沈阳出现了一批票价低廉的平民浴室，适合大多数干部职工的消费水平，因而顾客盈门，群众口碑甚好。

与此对比鲜明的是，现在一些经营者，仿佛专为"大款"开设的高消费服务。提供的产品，经营的项目，不断向"高、精、尖"攀升，价格让一般人高不可攀。许多工薪阶层的人都已感到洗不起澡，理不起头，穿不起衣，住不起店……出现了生活中新的这难那难。

也许有经营者认为，多为有钱的"大款"服务，会产生"一只西瓜能抵多少芝麻”的经营效果。其实，中国再大，“大款”又有多少人？普通群众单个消费额也许不高，但他们又是多大的消费群体？请多关注“平民消费”，已成为广大中低层次消费者的共同愿望与强烈心声。

以上是《瞭望（新闻周刊）》第24期的短评：《请多关注普通消费者》。

体育新闻两组

第一组

听众朋友好：欢迎大家收听《体育节目》。

先向大家报告几条体育信息：

新华社消息：集中了全部羽坛精英的1997年世界羽毛球大奖赛总决赛昨天在雅加达结束。中国选手勇夺男、女单打和女双、混双4项冠军，再次证明中国羽毛球运动又回到了世界羽坛的领先地位。

男单决赛在两位中国选手间展开，世界亚军孙俊和董炯一开场比分就咬得很紧，1平后，孙俊逐步把比分拉开，以15:9先胜一局。第二局双方一度打成6平，其后董炯失球较多，而孙俊打得顺手，最后又以15:6取胜。这也是孙俊继今年夺得世界杯赛冠军后取得的又一重大赛事冠军。

女单决赛在中国选手叶钊颖和印尼选手王莲香这两位羽坛老对手间进行。叶钊颖采取守球为主、伺机进攻的战术，取得了主动权，王莲香无力反击，叶钊颖以11:4先胜一局。第二局，叶钊颖打得更稳健、冷静，比分曾打成10:0，王莲香虽连追4分，但最后叶钊颖还是以11:4取胜。

在两对中国选手参加的女双决赛中，葛菲/顾俊以15:1和15:8战胜秦艺源/唐永淑，夺得冠军。

在混双决赛中，中国选手刘永/葛菲以2:0战胜印尼选手获得冠军。

印尼选手陈甲亮/西吉特获得男子双打冠军。

世界排名前十六名的男单和排名前十二名的女单选手及男双、女双和混双世界排名前八位的选手参加了这次比赛。

本台记者张四清报道：

大连万达队的骄人战绩及大有潜力的中国足球市场正在引起世界关注，一些有影响的体育公司和著名的足球俱乐部近来相继与大连万达俱乐部进行洽商，有意进行合作。

据大连万达俱乐部董事长王建林介绍，目前已经有三家体育管理公司与大连万达俱乐部有了正式接触。

王建林说，大连万达俱乐部正在报请有关部门批准，一旦获得通过，合资事宜马上就会付诸实施，这将有利于迅速提高大连万达俱乐部的经营水平和球队的训练水平。

大连万达队目前已经在甲A联赛中保持了54场不败的战绩，四年职业联赛中三夺冠军，今年则是提前五轮夺冠。有关人士透露，目前还有不少著名球队有意与大连万达队进行比赛。

新华社消息：

在日本福冈进行的国际女子柔道锦标赛，昨天决出无差别、57公斤、52公斤和48公斤4个级别的优胜者后落下帷幕，中国名将、亚特兰大奥运会72公斤以上级金牌得主孙福明，夺得无差别级冠军。这是她连续两年获得福冈锦标赛该级别的优胜。

冠军争夺战是在孙福明同韩国的李贤景之间进行的。结果，孙福明用2分39秒的时间以“合招”胜了对手；李贤景名列亚军。古巴的贝尔托兰、中国的袁华并列第三。

57公斤级的金牌被古巴冈萨雷斯夺去。这是她第一次赢得这个级别的冠军，日本的中桥获得亚军，并列第三名的是法国的曼宁和中国的沈君。

52公斤级和48公斤级的冠、亚军都是日本运动员。

中国运动员在两天8个级别的比赛中摘取了3个级别的金牌，还获得3个级别的铜牌，成绩喜人。

本台记者龚志伟报道：

昨天晚上，四川全兴足球队在主场以4:0战胜天津三星队，终于迎来了一场渴望已久的胜利。

今年，四川全兴队虽然拥有魏群、姚夏、黎兵、邹侑根等数员大将，号称“豪华阵容”，但实际战果并不理想，特别是前不久两名巴西外援马麦罗、法比亚奴合同期满回国，更使全兴队实力大受影响，连续数场没有赢球，上一轮已跌至第七名，出现了降级的危险，而天津三星队的降级已经快要成为现实。因此，比赛一开始，双方都列出442阵形，加快节奏、拼抢积极，都有破门机会，但全兴队借主场之利，打得更凶猛和主动，战至第22分钟，全兴队邹侑根带球突进三星队禁区，被对方后卫绊倒，获得点球，全兴队队长3号魏群主罚命中，首开纪录。

下半场，全兴队得势不饶人，又加强了进攻，开场仅三分钟就获得了两个前场任意球，第二个任意球马明宇一拨、魏群起脚怒射，三星队门将施连志在球门线附近扑球脱手，又立即回手一捞将球压在身下，但边裁已示意此球进球有效，虽然三星队提出异议也没能改变主裁判的判决，5分钟后，魏群的一记补射中的，使他完成了此役的"帽子戏法"，此后，三星队斗志大减，全兴队却越战越勇，终于在81分钟时由黎兵劲射又下一城，以4∶0结束了这场比赛。

赛后，天津三星队主教练陈金刚说：因为这场比赛对双方都很关键，所以队员压力太大，没能打好，而且队中有多名伤病号影响了实力，对全兴队中前场的凶狠拼抢也准备不足。全兴队教练余东风说：我们队目前的压力很大，因此大家都紧张起来，并在比赛中发挥出了正常水平。

第二组

各位听众，上午好！欢迎收听亚运专题节目，这次节目的主要内容有：

亚运会全天综合消息；

亚运会乒乓球比赛全部结束，本台特派记者对主教练蔡振华进行了专访；

编辑随笔：还是实力不济，经验不足。

下面请听详细内容。

听众朋友：亚运会乒乓球比赛昨天决出女子双打和男子单打冠军之后全部结束。我国的王楠和李菊以2比0战胜香港地区队的陈丹蕾和桑娅婵，获得金牌，我国的刘国梁以1比2输给韩国选手金泽洙，金泽洙夺得金牌。这样，中国乒乓球队在本届亚运会乒乓球七个项目的比赛中获得六块金牌，和四年前亚运会一样。上届亚运会没能获得金牌的是女子单打，本届是男子单打。

对于中国球员在本届亚运会的表现如何评价？主教练蔡振华对本台记者杨青说：

（出录音）

现在播送本台编辑梁悦的随笔，题目是《还是实力不济，经验不足》。

中国男子足球队昨天以0:1很可惜地败给亚洲足坛的无冕之王伊朗队，没能进入决赛。综观全场比赛，中国队输球固然有偶然因素，但实力不如对手，是失利的根本原因。

去年的世界杯亚洲十强赛前后，中国队三次输给伊朗队，其中一个重要原因是整体战术组合不利。在身体条件不如对方的情况下，整体配合不好，比分落后又拿不出有效办法，没有办法扭转局势。昨天同伊朗队半决赛，暴露出这方面不足，中国队失利就很自然了。

目前的中国亚运队，在霍顿教练的调教下，整体攻防已大有改观。特别是后防线的防守组织有了一定章法，三条线的距离和衔接也保持得不错。昨天同伊朗队上半场的比赛，中国队的防守基本上没有出现什么漏洞，使强大的伊朗队也无技可施。

但是，后防大将范志毅和守门员江津的一次失误，破坏了坐在看台上通过两位翻译遥控指挥的霍顿教练的布署，中国队不得不压出去进攻。尽管中国队占据场上主动，也有多次射门，但是，在伊朗队的凶狠防守面前，中国队的进攻组织特别是中场显得办法不多，拿不出敲开对方大门的办法。这就是中伊双方的实力差距。

如果中国队的中场实力再强一些，就不致于给后防带来如此大的压力；如果中国球员的技术再精一些，也不至于在展开攻势时屡屡出现失误或只有雷声不能下雨。当然，实力的增长不是一朝一夕就能解决的，需要中国队包括我国各足球俱乐部队乃至全体足球界的共同努力。

中国队虽然输了，但年轻队员经受了锻炼，李铁、李金羽、黄勇、肇俊哲等一批新生力量在迅速成长。正如主教练霍顿所说：参加本届亚运会的日本、韩国队都是由年轻队员组成，早已被淘汰出四强，而中国队大多以年轻队员出战，并打入四强，已达目的。通过比赛，对这批年轻队员是很好的磨炼，对于参加今后比赛大有收获。除此之外，也使我们看到中国队的整体攻防也在逐步形成，特别是表现出的进取精神，是本届亚运会足球赛给我们带来的希望。

中国国际广播电台记者报道：

亚运会女子篮球半决赛昨天进行。结果，在小组赛中输给日本队被逼入“绝境”的中国队以80比73战胜老对手韩国队。

中韩女篮之战无论对处于艰难中的中国队，还是目前处于困境中的韩国队都是非常重要。缺少郑海霞等老队员的中国女篮正处在新老交替的阶段，并在今年的世界锦标赛上表现不佳；在本届亚运会小组赛上，又以77:85输给了日本队，急需一场重要比赛的胜利来增强全队的自信心。而目前处于困境中的韩国女篮也需要在国际比赛上的好成绩来鼓舞士气。据了解，目前韩国国内女子篮球的状况非常糟糕，全国仅剩下三支女子俱乐部篮球队，联赛能否继续搞下去成了问题，球员们正面临生计的难题。

中国队主教练马跃南赛后对记者说：“这场比赛双方的机会是均等的，谁卸下包袱谁就能获得胜利。以往中国队与韩国队比赛时，往往是我方处于落后和被动的局面，而今天的比赛，我们一直压着韩国队打，这说明中国女篮正在进步。”

韩国队主教练金在雄对记者说：“由于韩国队的主力中锋因伤没有前来曼谷参赛，所以中国队员的高度给韩国队带来了很大的麻烦。体育比赛中的变数很多，而今天裁判判罚有欠公允也是我队失败的原因之一”。他还认为，中国队以前拥有很多优秀球员，现在可能正处于新老交替阶段，实力不是很强。

中国自行车选手王艳和姜翠华昨天包揽了女子个人争先赛的冠、亚军；由杨绍琦、梁琴和沈巍巍组成的中国队在击剑女子重剑团体决赛中战胜韩国队，登上冠军宝座。但是，从羽毛球场地传来的消息就不那么乐观了。男单好手孙俊输给印度尼西亚的叶诚万，使得董炯在今天的决赛中只剩下华山一条路。世界亚军秦艺源/唐鹤恬没能实现在决赛中与葛菲/顾俊胜利会师的愿望，也从一个侧面表明，中国选手在技术和心理上需要“修理”的地方还不少。

中国女篮昨天在半决赛中以80:73击败卫冕冠军韩国队，4年来第一次战胜这个老对手，让人又高兴又辛酸。中国女篮将在18号举行的决赛中，迎战曾在小组赛中击败过自己的日本女篮。

夺得卡巴迪的铜牌，使得孟加拉国成为第二十八个登上奖牌榜的国家和地区。昨天同样感到兴奋的还有中国台北队，他们的选手詹明树夺得武术比赛的第一块金牌——男子太极拳金牌。

(综合新闻)

(每日综述) 女垒登顶男乒滑坡　中国足球不上不下

听众朋友：本届亚运会昨天产生15块金牌，获得4项冠军的中国代表团除了有好消息外，也有令人遗憾的事。

中国足球队昨天半决赛以1:0输给伊朗队。19号，中国队将与昨天输给科威特队的泰国队争夺第三名。亚运会分量最重的男子足球金牌将成为西亚兄弟之争。

昨天最为中国代表团争气的是中国女子垒球队，中国女垒在与日本队的决赛中，没给对手任何机会，干净利索地以5:0获胜，取得了这块比较有分量的金牌。

世界排名第一、三位的刘国梁、孔令辉没有挡住韩国选手金泽洙的夺冠势头，丢掉了男子单打金牌。

听众朋友：第十三届亚运会的赛程过了三分之二，中国体育代表团团部召集会议，副秘书长何慧娴昨天向记者介绍了代表团3位主要领导的发言；

袁伟民说：现在中国队金牌已经领先，但领先还不够，我们要金牌，不唯金牌。每项、每人都应该在原有的成绩上有突破，有收获，有提高。

应该明确一点：我们有的优势项目失败，必须作深刻总结，找出问题。

聪明的教练员、运动员，要善于发现问题。像女子花剑团体，有拿金牌的实力却没有拿到，自己要输个明白，输了之后有收获，下次就不会输。

中国运动队中有些人存在盲目性，代表团金牌数超百问题不大，但不要“大树底下好乘凉”，要找问题。

叶钊颖是否认为“天下无敌手”？输给不知名的对手，输了还不能“买”个明白，教练员要帮助她好好总结。

要敢于“碰硬”，越是尖子越敢碰。李菊一开始对较弱的对手不重视，队里没有迁就。

足球队还没踢到最后就犯错误，问题的根子在娇惯。有的人还感到委屈，这不是英雄好汉。要教育，否则以后还会出问题。

徐寅生说：中国男排和女排一鼓作气，都夺得冠军。这对于今后继续提高水平，攀登高峰打下了基础。男排的二传手周建安，头部受伤到医院缝了5针，鲜血洒在场地上，仍然坚持打到底。可以说，这枚金牌是大家的汗水和他的鲜血换来的。

李雪梅发高烧到39摄氏度，几天来从宿舍到医务室再到赛场，然后从赛场到医务室，这样往返，带伤作战，值得表扬。

女子网球选手李芳感冒发烧，比赛时还止不住咳嗽。她共参加4项比赛，现在已获得3枚金牌，还有一项仍带病打。

女子足球队员差不多病了一半，打进了前四名。

李富荣说：亚运会的比赛要认真对待，同时要注意发扬良好体育道德，表现出中国运动员良好的精神风貌。

男子足球队对土库曼斯坦队，球是赢了，运动员和教练员却被罚下场。

裁判的判决，即使判错了，你讲理也不管用。凡交手的项目，裁判判错了，也不该受到影响。世界杯足球赛上，很多运动员在裁判错判时都不受影响，我们也应做到。

今后不管出了什么问题，都要过好裁判关。不能过好裁判关的运动员，成不了好运动员。

应该做到，即使要整我，也能沉得住气。

如果说参加亚运会是一次锻炼，这就是锻炼，对运动员的成长很有好处。这次"中考"，除了成绩之外，过好"裁判关"也是重要内容。过好这一关，才能在以后通过"大考"。

各位听众：

参加曼谷亚运会的中国台北队到昨天为止在游泳、跆拳道、保龄球、台球和高尔夫等项目共获18枚金牌，13枚银牌，33枚铜牌，暂列金牌榜的第四位。

为了备战亚运会，中国台北队的游泳、篮球等项目曾到祖国大陆训练，这对她们取得优异成绩具有很大的帮助。中国台北队代表团总领队、台北奥委会秘书长汤铭新先生接受本台记者采访时，谈到台北选手获得金牌时说：(出录音)。

中国台北代表团总领队汤铭新先生在分析台北队本次夺到十八块金牌时表示，我们所得的金牌中台球、保龄球、高尔夫球等占了许多，这与东道主设项有关，如果下届亚运会，人家不设这些项目，我们的金牌也就没了。他还说中国队的目标是冲出亚洲走向世界，而中国台北队目前只能是重点着眼于亚洲。

昨天下午，亚运会男子足球半决赛在曼谷华目体育场举行。在中国队和伊朗队的比赛中，经验老道的伊朗队面对主要由年轻球员组成的中国队，下半场以一个任意球得分，以1比0小胜中国队。在另一场比赛中，尽管东道主泰国队拥有6万球迷狂热支持，还是以0比3败给今年“海湾杯”冠军科威特队。赛后，各队主教练及足协官员对两场比赛进行了评说。中国队主教练霍顿对中伊之战对本台记者乔伟说：(出录音)。

伊朗队主教练波赫达里认为，伊朗队的经验起到了关键的作用，赛前，全队上下都决心拿下这场比赛。不过波赫达里认为，现在这支中国队和去年“十强赛”时相比，整体配合要强一些。

科威特队主教练捷克马卡拉在本队顺利进入决赛后认为，科威特队胜利的主要原因是抓住了对方的几次漏洞，开赛后的第一次有效进攻就攻入一球，为胜利奠定了良好的开端。科威特队领队阿尔巴希说，科威特队并不是本届亚运会最强的队伍，而伊朗队拥有几名大牌球星，因此，科威特队将在决赛中面临一场恶战。

泰国主教练、英国人威特谈到泰国队失败原因时说，泰国队有两名主力队员因红牌不能上场而使实力受到影响，加上在开场不久就被攻入一球，使本队的打法起了变化。他承认，科威特队实力比泰国队强，但泰国队队员的表现也很令人满意。泰国足协秘书长马古帝说，泰国队在本届亚运会上的目标已经实现，球员们已经为国家作出了巨大的贡献。

现在请听本台编辑李苑的随笔，题目是：《中考不是没对手》。

第13届亚运会已过三分之二赛程，中国代表团金牌第一的位置基本稳固。从完成任务的角度讲，无可挑剔。然而，从高标准来说，细看每一块金牌的含金量，及在比赛中的争夺，并不是块块拿得那么轻松，更不是块块金牌含金量那么高。

但是从泰国赛场传来消息说，有些运动员对此并不以为然，认为拿到金牌就行了。甚至有些选手对亚运会的重视程度还不如全运会，换句话说就是轻视对手，认为一些国家和地区选手的实力不行。而事实却并非如此。

亚运会比赛开始，预计能拿数块金牌的射击队折戟沉沙。这里虽然有轻敌的因素，但对手的实力增强，不能不说是导致失利的又一原因。中日游泳大战，早在亚运会开赛前，已被炒得沸沸扬扬。当结果出来的时候，中国队有人兴奋地认为，仅两块金牌之差，中国队没有输嘛！但是有人指出，日本人明显不在状态，即使如此还多拿了两块。若状态好，又会怎样？在百姓中名气不大的皮划艇队，虽然已感到了来自实力不俗的哈萨克斯坦队的威胁，但还是没有想到情况会是那么严重，使预计的金牌旁落。举重、击剑、田径选手也都有“意外”失手的情况发生。这些情况看上去好像是“半路杀出个程咬金”，其实是那个“程咬金”具有足够的争夺金牌的实力。像田径女子标枪，女子400米，女子1500米就是典型。球类项目也是如此。中国乒乓球可以说是在世界上争金牌的队，但在本届亚运会的比赛中，虽也获得6枚金牌，却给人颇有艰难之感：团体赛有些场次出现不仅大比分打成3比1，甚至3比2，小比分也多次出现1比1平，决胜局一直落后最后才险胜的紧张局面。男子单打更是让韩国选手连闯两关夺走金牌。男女排球的半决赛和决赛竞争之激烈，也令人透不过气来。羽毛球我们的世界冠军竟在四分之一决赛中不敌日本的无名小辈而被淘汰！

这许多赛例都在说明一个问题。虽然亚运会是中考，但中国运动员不是没有强劲对手，比赛中的表现也不是那么让人满意，我们没有理由掉以轻心，更没有理由看不上这个中考。

中国体操队的口号“对手是自己”，应该在中国体育界推而广之。运动员只有在平时从难从严要求自己，在重要时刻才能尽显英雄本色。

(明日热点)

明天，曼谷亚运会将产生金牌41枚，是本届亚运会赛出金牌较多的一天。

田径在休战一天后明天重新开赛。6块金牌中中国队关英楠、虞轶群在女子跳远选手中较有优势，夺金有望。此外，男女400米栏比赛是竞争激烈的项目，值得一看。中国选手李蕊是今年亚洲锦标赛冠军，有一定实力。不过，参加亚洲锦标赛的强手不多，这次将是对她的真正考验。在男子400米栏项目上，中国队没有派选手参赛。只好看别人表演。

由于斯里兰卡的世界亚军贾亚辛格已经退出比赛，回了家，明天李雪梅在200米预赛、半决赛以至后天的决赛中，将会发现自己很寂寞。

羽毛球5个单项的金牌明天全部产生。孙俊今天半决赛中失手，使得董炯明天与印尼选手叶诚万的决赛只占了50%的胜率。至于女单和女双，由于有龚智超和葛菲/顾俊扼守关隘，问题应该不大。

中国女足明天决赛的对手是朝鲜队。熟悉内情的人士说，中国队至少赢对手一个球。

明天将产生金牌的项目还有，射箭（2枚）、台球（1枚）、拳击（6枚）、自行车（2枚）、马术（1枚）、击剑（1枚）、羽毛球（5枚）、空手道（4枚）、藤球（2枚）、水球（1枚）、网球（3枚）、摔跤（4枚）、武术（2枚）。

（金牌榜）

听众朋友，到目前为止，第十三届亚运会赛程过了三分之二，已经有22个国家和地区金榜有名，其中中国队的金牌数已经上升到96块，韩国队49块，日本队44块，中国台北队获得17块，哈萨克斯坦队是16块，泰国队13块，朝鲜队和伊朗队都是5块，科威特队4块，马来西亚队和中国香港队各三块，印度、巴基斯坦、新加坡、蒙古、斯里兰卡和印度尼西亚队各两块，乌兹别克斯坦、菲律宾、越南、卡塔尔、土库曼斯坦队各获得了一枚金牌。

第二章　评论播音

一、理论概要

评论属于议论文的范畴。

广播、电视宣传中的评论性稿件大多属于新闻评论。本训练材料就是供广播新闻评论有稿播音教学使用。

新闻评论是一种政论性的新闻体裁。一方面它具有政治论文的鲜明的特点，即从政治、思想的角度，以说理为主要手段，对一些重大事件和问题进行分析论述。另一方面，它又具有强烈的新闻性。它所评论的对象是当今社会生活中发生的重要的新闻事件、问题或倾向。及时发表新闻评论，会对社会生活产生相应的影响，失去时机，新闻评论也就失去了战斗力。新闻评论是广播宣传的有力武器之一。

新闻（消息）的特点是用事实说话，不直接表述作者的观点。评论则正好相反，它的任务是通过对新闻事件或新近出现的问题、动向的分析直接地、明确地发表作者的观点，表明态度，提出解决问题的办法，起到影响舆论、引导舆论、指导社会生活的作用。

稿件是进行播音再创作的依据（指有稿播音）。但播音创作又不能拘泥于稿件，必须充分发挥有声语言的优势，同样，评论播音也应该在体现评论稿件特点的基础上突出有声语言表达的特色。评论播音的特点是：观点鲜明，逻辑严密，以理服人。

评论文章的中心论点集中体现了作者的看法、主张，它是贯穿全篇的一条红线，是评论文章的灵魂。评论播音首先要清清楚楚地把握住论点——论点是什么？在文章的什么地方？并通过层层分析、步步论证，使其在受众中留下清楚而又深刻的印象，然而从有声语言表达的角度讲，这只是完成了评论播音任务的第一步——清楚地表述观点。为了充分发挥评论的社会作用，更重要的是必须将鲜明的态度贯穿于一篇评论播音的始终，使受众毫不费力地明白评论在支持什么、反对什么。这时才达到了评论播音“观点鲜明”的要求。那种“把评论文章客观地念给受众，让受众自己去思考、判断”的主张，忽视了新闻评论“通过说理，直抒己见”的根本特点，忽视了新闻评论直接针对现实生活的战斗作用，显然是不合适的。

为此，播音员或主持人必须在总揽播出背景的前提下，搞清楚这篇评论针对的是什么样的事或问题，针对的是什么样的人，发表这些看法对社会生活有什么现实意义，应取得什么样的社会效果。由此可以看到，播音员或主持人是否能主动地关心社会的前进，是否能自觉地用党的政策去引导社会生活，是否有强烈的社会责任感是评论播音做到观点鲜明的动力。

评论播音的观点和态度是通过严密的推理和科学的论证表现出来的。否则，光是观点正确，讲起话来却前言不搭后语，一片混乱，也不能发挥评论的力量。从这个意义上讲，评论的力量就是逻辑的力量。

评论播音要做到逻辑严密，主要应该解决好两个问题，即：条理清楚，重点突出。

要使评论播音做到条理清楚，就要清楚地把握评论的严密的推理和论证的过程。并充分运用内、外部技巧通过有声语言体现出这个过程，从对稿件进行分析理解的角度讲，推理和论证的过程体现在层次的归并和划分上，体现在如何组织好语句上。从评论播音语言表达的角度讲，推理和论证的过程体现在语气的停连组合和语气的启承转换上。

重点突出包括重点和语句重音两方面的问题。对于评论来讲，重点就是论点和播讲目的得以集中体现的地方。在评论播音中重点位置的确定要很准确。要从中心论点和播讲目的的角度纵观全文地去衡量孰轻孰重，不能把自己觉得难懂的地方当作重点去处理。确定了重点的位置，还要用恰当的方法把它们表达出来。不能把非重点处播得和重点部分差不多，也不能一律用加重、放慢的办法强调重点，而是要根据文章的具体情况和需要而定。

在评论播音中，语句重音位置的确定性也很强。语句重音是指那些最能体现语句目的而在播音中需要着意强调的词或词组。在评论稿件里，语句重音是构成全文逻辑链条的具体环节——从第一句推出第二句，从第一层推出第二层，环环相扣，才构成了评论文章严密的逻辑推理过程。一处语句重音播错了，下一句就无从承接。语句重音位置准确、强调方法得当，还影响到分寸分量的问题。比如："这个方法我们应该大力提倡"、"这个方法我们应该大力提倡"、"这个方法我们应该大力提倡"，同样的句子，但这三种不同的强调方式，其表达的分寸和分量就大不相同。

在评论播音中还有一点必须贯穿于播音的始终，就是"以理服人"。

以理服人，首先就区别于以势压人或虚声嗲气地取悦于人。而是依凭正确的观点、严密的逻辑，大方而又宽广的气度，令人听后心悦诚服。其次，总的说评论播音是比较严肃、比较郑重的。但这决不是说一播评论就要板起面孔。通俗地讲，评论就是发表意见。为什么发表意见？就因为这个事物或问题关系到党和国家的大事，关系到人民群众的切身利益。而我们是坚定地站在党的立场，和人民群众心连心，关系到人民群众切身利益的事都会牵动着我们的心。因此好的评论播音都应注意处理好事、情、理的关系，做到寓情于理，情理交融，道理论述得透彻，感情表露得真切。

做到以上各个方面，才最终地体现了评论播音的特点——观点鲜明，逻辑严密，以理服人。

教学目的与教学要求

通过本单元有稿播音的训练，使同学们基本掌握广播有声语言传播的一种基本语体——议论语体，为他们今后播出议论性的文章或主持议论性的节目打下初步基础。

本单元训练材料的选编做了以下的考虑。

广播评论稿件的分类，从不同的角度有着多种不同的分法。根据评论的职能，可以分为"立论性评论"、"驳论性评论"、"提示性评论"、"阐述性评论"等等。依据内容分，可以分为：（一）关于党和政府内外政策、路线的解释评论；（二）对各项实际问题和部门问题的评论；（三）属于一般政治宣传的评论；（四）思想评论。

还有一种，就是联系所论问题的重要程度来确定评论形式的分法。这也就是广播宣传工作沿用至今的分法：（一）本台评论；（二）本台评论员的评论；（三）本台短评；（四）广播谈话；（五）记者述评；（六）编后话；（七）广播评论员谈话。由于在广播宣传的日常工作中就是这样分的，记者、编辑和播音员都熟悉并使用这种分法，所以我们的训练材料也按此分类。其中的第七种，即“广播评论员谈话”，当前尚不多见。所以我们只收入了前六种，另外我们加上一种带有论战色彩的国际评论。

说这种分法是就所论问题的重要程度分的，是就一般情况而言，并不是绝对的。比如，编后话虽然只是寥寥数语，但当它传达或体现了新精神时，其重要性就不亚于本台评论。只有联系播出背景认真领会宣传精神，才谈得上真正进入评论播音的再创造天地。如果把这种分类方法变成束缚人们创造性的条条框框就不对了。老师在指导同学训练时，应该让同学们深深地领会这一点。

还要说明一点。前面提到的按职能分类法和按内容分类法，也应在我们教学的考虑范围之内。因为评论稿件的职能、内容都会作用于我们的播音再创造活动。而且还不止于此。比如，按篇幅的长短分，还可以分为长篇评论、中型评论和小评论；按播音语语体分，还可以分为宣读式、播讲式和谈话式，等等。所以老师们应在全面考虑评论稿件的内容和形式的基础上，针对同学们的实际情况制定教案，不必囿于本材料的编排顺序。

限于条件，这份材料基本上是从报纸上选来的，我们做了必要的修改，以力求使之接近于广播评论的特点。

为了初步掌握议论语体的特点，必须要同学们明确以下几点：

一、必须联系稿件的播出背景，切实地明确播出的针对性和目的性。

二、议论文的有声语言表达必须做到观点鲜明、态度鲜明。

三、从具体的说理过程到整体的说理过程都要做到心中有数。

四、要处理好“憎爱分明”与“传受双方关系平等”这一对矛盾。

五、要把握并体现稿件的文采或节目的特点。

二、示例：《使命与发明》及示例分析

（一）示例：短评《使命与发明》

我们这些住在北京的人，目睹了京城街巷环卫工人收集垃圾方式的种种

变化。就在这垃圾桶的变革中，渗透着张永江和他的同伴们的多少汗水啊！

张永江原来的文化水平并不高，可他为什么能够有那么多项技术革新和发明呢？

有人说，是因为他热爱环卫工作。

有人说，是因为他虚心好学。

有人说，是因为他不怕困难。

这当然都有一定的道理，但还没有讲到根上。我们以为其根本原因就在于：张永江把根深深扎在了环卫事业上，他有一种为改善环卫工人艰苦工作条件而不懈奋斗的使命感。

人总是要有一点精神的。这种精神会表现在许多方面，但其根本点之一就是立足于推动时代前进的使命感。/张永江把环卫科技进步当作自己的追求，乐于为环卫工人的工作和生活幸福而奉献。/这种神圣的使命感，就使他总是能够看到工作中的差距，技术革新不停步，步步迈向新的目标；就使他有了学习科技知识的高度自觉性，不惜自费买书，努力充实自己，为革新和发明打下坚实基础；就使他增添了面对挫折不气馁的勇气，废寝忘食地钻研苦干，把难题一个个踩在脚下；就使他在商品经济大潮冲击下，仍能不为高薪所动，一心一意献身环卫事业。

我们的时代需要更多的张永江。建设有中国特色的社会主义是历史赋予我们的神圣使命，我们应当具有时代的使命感。有这种使命感的人愈多，我们的事业就愈有希望。

（二）示例分析

1. 中心论点：以时代的使命感做为动力，张永江在极为平凡的、甚至是被一些人看不起的岗位上做出了不平凡的业绩。他的那种无私奉献、刻苦钻研、潜心创造的精神不能不令人敬佩！

2. 针对性：党中央一贯教育年轻人要有理想、有道德、有文化、有纪律，做一个合格的社会主义事业的接班人。这是上情。

我国大多数青年热爱我们的党和祖国，满怀热情地投身于建设有中国特色的社会主义事业的火热生活中。张永江等就是他们的代表。这是下情中的主流。

可是也有不少青年人忽视了人生观、世界观的问题。他们没有什么理想，没有什么明确的生活目的。高兴了就干上一阵，高兴劲儿过了就混一混。这就是下情中的支流。本文及同类稿件就是针对这部分青年而发的。

3. 目的性：对这部分青年不能强制他们怎样做，更不能不闻不问任其自流，而是要做耐心细致的、点点滴滴渗入心田的思想工作。本文的目的，就是作为对他们进行思想政治工作的细雨中的点滴，力求对他们有所影响。

4. 逻辑问题，就是备稿六步中"层次"与"重点"在议论文中的具体运用。

要把握整体的推理过程：全文共八个自然段可归并为四层意思：第一层为第1自然段，第二层为第2至6自然段，第三层为第7自然段，第四层为第8自然段。这四个层次就构成了全文整体的推理过程：

张永江做出了很大的贡献 —(内在语：为什么能这样?)→ 因为他有一种使命感 —(内在语：这有什么作用?)→ 使命感成为他生活的动力〈重点〉→ 我们的社会需要更多的张永江。

要把握具体的推理过程，这也就是划分小层次，组织好句子。比如第三层意思就应划分为三个小层次，构成这具体推理过程的三步（划分位置见示例原文）：要有使命感→张永江把它落实到具体的工作实践上→于是就发挥出使命感的巨大威力〈重点〉

5. 基调：敬佩，歌颂，恳切。

三、训练材料及训练提示

（一）报刊社论（相当于本台评论）

〈训练提示〉：报刊社论（本台评论）代表编辑部对带有全局性的问题进行评论。对中央（或省、市、自治区党委）带有事关全局的新部署、新精神、新政策进行传达和阐述。同时，重大政治活动、重要节日也应发本台评论。这一类评论有以下几点在播音时应予注意：（一）分量较重，政策性很强。（二）针对性鲜明，指导性很强。（三）篇幅一般都较长。播这一类评论既应突出严肃端庄的特点，又忌端架子教训人，且因篇幅长，所以播讲的难度较大。下面两篇均属配合重大政治事件而发的社论。香港回归和十五大闭幕是各有特点的两个重大事件，因此，所发社论的特点也不相同。这对评论播音的语言表达提出了不同的要求，应该注意体会。

1.《人民日报》社论

中华民族的百年盛事

——热烈庆祝香港回归祖国

1997年7月1日零点，全世界都在谛听从东方响起的庄严钟声。它响彻环宇，向五洲四海郑重宣告：中华人民共和国政府恢复对香港行使主权的时刻到来了！中华民族洗雪百年耻辱、扬眉吐气的时刻到来了！

以中英两国政府完成交接仪式，香港特别行政区宣布成立为标志，圆了中华民族期盼了一个多世纪的香港回归梦，实现了几代人的夙愿。这一天，举世瞩目，永载史册。

香港回归，百年盛事，普天同庆，举国欢腾。在九百六十万平方公里国土上，热血沸腾的中国人民，以千歌万曲、千言万语表达着自己欢乐、自豪、振奋的感情。

在欢庆香港回归的时候，我们决不能忘记，为了这一天，中国人民走过的不平凡的道路：

——为了这一天，无数中华民族的英雄儿女御外侮、争主权，前赴后继，同殖民统治进行不屈不挠的斗争，充分显示了维护民族尊严和国家主权不可动摇的信念，表现出崇高的爱国主义情怀。但是，由于当时的祖国积弱积贫，由于当时的政府腐败无能，斗争是壮烈的，结局是悲哀的。一代又一代仁人志士壮志难酬。

——为了这一天，新中国成立后，我国政府多次庄严申明，香港自古以来是中国领土不可分割的一部分，不承认英帝国主义强加给中国的三个不平等条约；对于这一历史遗留问题，将在条件成熟的时候通过和平谈判解决；未解决之前维持现状。新中国第一代领导人毛泽东、周恩来等，十分关心香港的前途，关怀香港同胞。在新中国建立前后，毛泽东同志先后提出了“暂不收回香港”、“长期打算、充分利用”和“1997年平稳交接”等一系列解决香港问题的战略决策，为保持和促进香港的繁荣稳定，为香港回归祖国奠定了坚实的基础。党的十一届三中全会以后，我国进入改革开放和社会主义现代化建设新的历史时期，社会生产力蓬勃发展，综合国力显著增强，国际地位日益提高。中国作为一个最具发展活力的国家，巍然屹立在世界的东方，为香港的顺利回归创造了决定性条件。

——为了这一天，中国政府以统一祖国的大局为重，以保持香港繁荣稳定的大局为重，按照“一国两制”的构想，为解决香港、澳门、台湾问题，最终实现祖国的完全统一，提供了一条现实可行的途径。实践表明，“一国两制”、“港人治港”、高度自治的基本方针，符合香港的利益，符合全民族的根本利益，得到了广大香港同胞和全国各族人民的拥护，也得到了国际社会的赞同。这是一个高瞻远瞩的伟大创造，是人类文明进步史上的一个创举。

在欢庆香港回归的时候，我们深切怀念敬爱的邓小平同志。他作为一个伟大的革命者、爱国者和中国改革开放的总设计师，毕生以祖国的解放、振兴、统一为己任。他作为第二代中央领导集体的核心，以罕见的政治勇气、恢宏气度、高超智慧，创造性地提出了“一国两制”的伟大构想，为香港顺利回归祖国起到了巨大作用。“一国两制”构想将作为他对中华民族的伟大贡献而功垂青史、光照中华。

在欢庆香港回归的时候，我们更加深刻地体会到，没有中国共产党的领导，没有祖国的日益强盛，没有改革开放的伟大成就，没有新中国三代领导人的不懈努力，特别是没有邓小平建设有中国特色社会主义理论的指引，就不可能有今天的香港回归。这就是一百多年历史写下的庄重结论。

香港回归，是落实“一国两制”方针的第一步。更重要的，是确保香港长期繁荣和稳定。《中华人民共和国香港特别行政区基本法》是根据“一国两制”的构想而制定的一部全国性法律，是今后香港特别行政区一切运作的法制基础，更是香港长期繁荣稳定的根本保证。香港回归祖国以后，《基本法》即开始实施，从中央到地方，广大干部和群众都要认真学习、严格遵守《基本法》。香港特区政府和广大港人也会认真贯彻、执行《基本法》，以主人翁的责任感，肩负起“港人治港”的重任，把香港管理好、建设好。

现在，在党的基本理论和基本路线指引下，在以江泽民同志为核心的党中央的坚强领导下，我们国家政治稳定，经济发展，民族团结，社会进步。世界将看到，中国的明天会更好，具有五千年文明史的中华民族在新世纪的征途上，将向着现代化的宏伟目标昂首阔步前进，中国的完全统一、中华民族的全面振兴，将成为辉煌灿烂的现实。

2.《人民日报》社论：

高举邓小平理论伟大旗帜阔步前进

——热烈庆贺党的十五大胜利闭幕

具有划时代意义的中国共产党第十五次全国代表大会于9月18日在北京胜利闭幕。我们表示热烈的祝贺！这次大会开得很成功，全党高兴，全国人民高兴。

党的十五大，是在我国改革开放和社会主义现代化建设发展的关键时刻召开的一次承前启后、继往开来的大会；是高举邓小平理论伟大旗帜，坚定不移地沿着十一届三中全会以来正确路线胜利前进的大会；是动员全党和全国各族人民团结奋斗，把建设有中国特色社会主义事业全面推向21世纪的大会。大会的最大贡献，是把邓小平理论确立为全党的指导思想。这对于我们胜利实现本世纪末的奋斗目标，进而在下一世纪开创更加壮丽、更加辉煌的前程将产生极其重大而深远的影响。十五大作为一座重要的里程碑，在我们党和国家的发展史上将永放光辉！

江泽民同志代表第十四届中央委员会所作的报告，高瞻远瞩，气势恢宏，总揽全局，振奋人心，得到大会代表的一致赞同和高度评价，得到全党和全国各族人民的热烈拥护。报告深刻论述了邓小平理论的历史地位和指导意义，提出高举邓小平理论的伟大旗帜，充分反映了时代的要求、人民的心愿。报告根据邓小平理论和党的基本路线，认真总结改革开放近二十年特别是十四大以来的丰富经验，第一次系统地、完整地提出并论述了党在社会主义初级阶段的基本纲领，对跨世纪的伟大事业作出了战略部署。江泽民同志的报告是具有重大理论和实践意义的马克思主义的光辉文献，是中国共产党领导人民迈向新世纪的政治宣言，是全党和全国各族人民为实现现代化建设宏伟目标而奋斗的行动纲领。报告充分显示，以江泽民同志为核心的党的第三代领导集体，是邓小平理论和邓小平同志所开创的伟大事业忠实可靠的继承者，完全能够在任何复杂的形势下驾驭全局，团结人民，开拓进取，胜利前进。

党的十五大选举产生了中央委员会和中央纪律检查委员会。十五届中央委员会有一批经历过革命斗争考验、有丰富领导经验、保持党的优良传统和作风的老同志，也有一批建国后成长起来的、经过长期党内生活锻炼、忠诚党的事业的中年干部，还有一批德才兼备、年富力强的年轻干部，充分显示了我们党新老交替与合作正在有序进行，我们党的事业兴旺发达，后继有人。新一届中央委员会是一个值得全党和全国各族人民信赖的坚强领导集体，是我们党保持生机和活力，国家保持团结稳定，各项事业蓬勃发展的强有力的组织保证。

十五大的光辉文献，凝聚着全党的智慧；把十五大制定的宏伟蓝图化为亿万人民的实践，需要全党同志的共同努力。现在，摆在党的各级组织和全党同志面前的头等大事，就是认真学习和贯彻大会精神，提高认识，统一思想，励精图治，尽心尽责，为实现大会提出的宏伟目标而奋斗。

贯彻十五大精神，首要的是高举邓小平理论的伟大旗帜，进一步用邓小平理论武装全党，教育干部和人民。党的十五大修改的党章明确规定：中国共产党以马克思列宁主义、毛泽东思想、邓小平理论作为自己的行动指南。把邓小平理论正式写在党的旗帜上，这是我们党经过近二十年改革开放和社会主义现代化建设的成功实践作出的历史性决策。邓小平理论是毛泽东思想的继承和发展，是当代中国的马克思主义，是马克思主义在中国发展的新阶段，是振兴中华民族的强大精神支柱。历史已经证明并将继续证明，只有把马克思主义同当代中国实践和时代特征结合起来的邓小平理论，才能够正确解决我国社会主义的前途和命运问题。江泽民同志的报告，高举邓小平理论的伟大旗帜，对当前改革开放和社会主义现代化建设中的许多重大问题进行了精辟的分析，作出了新的概括、新的结论，坚持和丰富了邓小平理论，为全党同志学习和运用邓小平理论树立了光辉的典范。我们要积极响应大会的号召，把学习邓小平理论的活动深入、持久地开展下去。各级领导干部要做学习的模范，完整、准确地把握这一理论的科学体系，深刻领会、牢牢掌握精神实质。要发扬理论联系实际的优良学风，用邓小平理论指导我们的整个事业和各项工作。我们相信，随着十五大精神的深入贯彻，一个学习邓小平理论的新高潮必将出现。

贯彻十五大精神，就要进一步坚持解放思想、实事求是的思想路线，抓住机遇，开拓进取，全面落实十五大提出的各项任务。解放思想、实事求是是邓小平理论的精髓，是中国共产党人的传家宝，是万古长青的马克思主义真理。党的十五大的一个显著特点，就是坚持解放思想、实事求是，从历史发展的高度认真考察和分析当代中国的国情，进一步强调中国现在处于并将长期处于社会主义初级阶段的科学论断，提出了党在社会主义初级阶段的基本纲领，制定了有中国特色的社会主义经济、政治、文化的基本目标和基本政策。江泽民同志的报告，自始至终贯穿着解放思想、实事求是的红线，充分体现革命热情和科学精神。应当看到，摆在我们面前的任务是非常光荣的也是十分艰巨的。全党同志要进一步解放思想，实事求是，从社会主义初级阶段的实际出发，以“三个有利于”为根本判断标准，深化改革，扩大开放，促进国民经济持续快速健康发展，实现社会全面进步。党的各级领导干部要加强调查研究，把锐意进取和脚踏实地、远大目标和实干精神更好地结合起来，不搞一哄而起，不做表面文章，兢兢业业，务求实效。

贯彻十五大精神，就要进一步加强党的建设，增强党的凝聚力和战斗力，提高党的领导水平和执政水平。中国共产党是我们国家的执政党，是全国各族人民的领导核心，党对国家、对民族承担着极其重大的历史责任。国家的兴旺发达，民族的繁荣昌盛，人民的富裕幸福，同我们的党息息相关。现在，我们党肩负着新的伟大历史使命，新的考验、新的挑战，要求我们把党的建设提高到一个新水平。我们要按照十五大的要求，继续推进党的建设这一新的伟大工程，从思想上、组织上、作风上全面加强党的建设。我们党之所以有力量，之所以不可战胜，就在于党同人民群众有密切的联系，得到人民群众的支持和拥护。加强党的建设，就要牢记全心全意为人民服务的根本宗旨，一切为了人民，一切相信人民，一切依靠人民。腐败现象，是党的大敌，人民的大敌，社会主义事业的大敌。我们一定要从严治党，同腐败现象进行坚决有效的斗争。各级领导干部要讲学习、讲政治、讲正气，不断增强拒腐防变的能力，做廉洁奉公、勤政为民的表率。

处在世纪之交的中国共产党和中国人民，面临着难得的历史机遇。党的十五大为我们抓住机遇，在下个世纪实现中华民族的伟大振兴，指明了方向，规划了蓝图，吹响了号角。前程似锦，任重道远。五千八百万共产党员，十二亿各族人民，在党的十五大精神指引下，在十五届中央委员会领导下，高举邓小平理论伟大旗帜，坚持党的基本路线不动摇，团结起来，同心同德，不屈不挠，艰苦奋斗，把建设有中国特色社会主义伟大事业全面推向21世纪！

〈训练提示〉：党的十五大闭幕以后，《人民日报》发表了一系列阐述十五大会议新精神的社论，下面选了其中两篇。这一类社论（或本台评论）的任务是传达和阐述中央或省、市、自治区党委的新部署、新政策、新精神的。这类稿件在广播新闻宣传中会较为经常出现。

3.《人民日报》社论

从社会主义初级阶段的实际出发

江泽民同志在十五大报告中重申社会主义初级阶段的理论，全面系统地阐述了社会主义初级阶段的基本特征和主要任务，指出："我们讲一切从实际出发，最大的实际就是中国现在处于并将长时期处于社会主义初级阶段。"这是学习和贯彻十五大精神要深刻领会并牢牢把握的一个重要的指导思想。

社会主义初级阶段理论，是邓小平理论的一个重要组成部分。要高举邓小平理论旗帜不动摇，就必须坚持初级阶段理论不动摇。所谓社会主义初级阶段，包括两层含义：第一，就社会性质而言，我国已进入社会主义社会；第二，就发展程度而言，我国还处在初级阶段，即不发达的阶段。这就要求我们：第一，必须坚持社会主义而不能离开社会主义；第二，必须从初级阶段出发而不能超越初级阶段。这个理论，坚持了唯物辩证法，既同否定社会主义的右的思潮划清了界限，也同超越阶段的"左"的思潮划清了界限。只有真正掌握了初级阶段理论，才能真正理解我们党为什么只能实行现在这样的路线方针政策而不能实现别样的路线方针政策，才能更加自觉地坚持和贯彻党的基本路线、基本纲领。

社会主义初级阶段理论，是邓小平同志和我们党深刻总结我国社会主义建设正反两方面经验，对当代中国的基本国情作出的科学判断。十一届三中全会以前，我们在建设社会主义的过程中，为什么会几经曲折，出现严重失误？根本原因之一，就在于提出的一些任务和政策超越了社会主义初级阶段的实际。而近二十年来，我们的改革开放和现代化建设事业，为什么能够顺利推进，取得辉煌成就？根本原因之一，就是因为克服了那些超越阶段的错误观念和政策，又抵制了抛弃社会主义基本制度的错误主张，坚持一切从社会主义初级阶段的实际出发。历史经验证明，真正做到从社会主义初级阶段的实际出发，社会主义事业就能够胜利发展；反之，离开社会主义初级阶段的实际，社会主义事业就会走弯路、遭挫折。历史是最好的老师。我们应当把学习社会主义初级阶段理论同认真总结历史经验、牢记历史教训紧密结合起来，这样才能对初级阶段的理论理解得更深，掌握得更牢。

一切从社会主义初级阶段的实际出发，就要坚定不移地全面贯彻党在社会主义初级阶段的基本路线和基本纲领。初级阶段，就是不发达的阶段。这种不发达不是只表现在一两个方面，而是如同十五大报告所阐明的初级阶段的九个特征那样，表现在经济、政治、文化生活的各个方面。其中，居于第一位的并且具有决定性意义的是，人民日益增长的物质文化需要同落后的社会生产之间的矛盾非常突出，这个主要矛盾贯穿于我国社会主义初级阶段的整个过程，影响着社会生活的一切方面。因此，我们在社会主义初级阶段必须始终坚持把经济建设作为全党和全国工作的中心，各项工作都要服从和服务于这个中心。围绕发展社会生产力这个根本任务，要深化改革、扩大开放、保持稳定，正确处理改革、发展、稳定的关系，要按照党的“一个中心、两个基本点”的基本路线的要求，把以经济建设为中心同四项基本原则、改革开放两个基本点统一于建设有中国特色社会主义的伟大实践。要坚持一个中心，而不能搞两个中心；要坚持两个基本点，而不能只有一个基本点，这样才能把有中国特色社会主义的经济、政治、文化各项事业推向前进，实现社会的全面进步。我们要通过学习十五大精神，进一步领会社会主义初级阶段的理论，增强贯彻执行党的基本路线和基本纲领的自觉性和坚定性。

一切从社会主义初级阶段的实际出发，就要坚持解放思想、实事求是的思想路线，历史地、客观地、全面地分析我国国情，运用社会主义初级阶段的理论去观察、分析、解决改革开放和现代化建设中的各种问题。“中国现在处于并将长期处于社会主义初级阶段”的科学论断，揭示了社会主义事业的长期性和艰巨性。只有坚持解放思想、实事求是，才能对这种长期性、艰巨性有深刻的理解，才能对本地区、本部门、本单位的实际有准确的把握，对取得的成绩有清醒的估价，对存在的问题有冷静的认识，对战胜困难有必胜的信心，对未来的奋斗目标有积极而恰当的筹划。发展是硬道理。我们一定要抓住机遇，开拓进取，保持国民经济持续快速健康发展。同时，也要防止脱离实际地想问题、订计划、办事情。特别是在发展顺利，取得较大成绩时，要注意防止头脑发热，做出一些脱离社会主义初级阶段实际，脱离本地区、本部门、本单位实际的决策，造成不应有的损失。各级领导干部尤其要保持清醒的头脑，坚持实事求是，一切从实际出发，加强调查研究，把握基本国情。这样，我们在为实现跨世纪的宏伟目标而奋斗的新征程上，才能高屋建瓴，始终掌握主动权，迎接挑战，战胜风险，不断开拓建设有中国特色社会主义事业的新局面。

4.《人民日报》社论

大力推进依法治国进程

江泽民同志在十五大报告中指出："依法治国，是党领导人民治理国家的基本方略。"认真学习和领会这一重要论断，大力推进依法治国进程，发展社会主义民主政治，建设社会主义法治国家，对于建设有中国特色社会主义政治、对于建设有中国特色社会主义事业全局，具有重大而深远的意义。

什么叫依法治国？江泽民同志指出："依法治国，就是广大人民群众在党的领导下，依照宪法和法律规定，通过各种途径和形式管理国家事务，管理经济文化事业，管理社会事务，保证国家各项工作都依法进行，逐步实现社会主义民主的制度化、法律化，使这种制度和法律不因领导人的改变而改变，不因领导人看法和注意力的改变而改变。"

这段论述，明确了依法治国的三个基本问题：第一，"依法治国"的主体是谁？是党领导下的广大人民群众。第二，"依法"依的是什么法？是维护人民民主专政的国体和人民代表大会制度的政体的宪法和法律，是把社会主义民主制度化、法律化的宪法和法律，是具有最高权威性和极大稳定性的宪法和法律。第三，"治国"的内涵是什么？就是通过各种途径和形式管理国家事务、经济文化事业和社会事务，保证国家各项工作都依法进行。这样，依法治国就把坚持党的领导、实现人民民主和严格依法办事有机地统一起来，既同过去那种重人治不重法治的状况划清了界限，也同西方资本主义国家的法治划清了界限。因此，这是把我国建设成为社会主义法治国家的重要指导思想。

党的十五大提出的"依法治国，建设社会主义法治国家"的任务，是运用邓小平理论对历史经验进行科学总结得出的郑重结论。发展社会主义民主，健全社会主义法制，依法治国，是邓小平理论的重要内容，也是十一届三中全会以来我们党坚定不移的基本方针。邓小平同志在改革开放初期曾经指出："民主和法制，这两个方面都应该加强，过去我们都不足。要加强民主就要加强法制。没有广泛的民主是不行的，没有健全的法制也是不行的。"近二十年来，特别是党的十四大以来，我国社会主义民主法制建设取得很大进展，一个以宪法为基础、包括一系列重要法律在内的社会主义法律体系加速构建，初步改变了过去那种无法可依的局面，在依法处理国家和社会事务方面取得显著成绩，为进一步扩大社会主义民主、健全社会主义法制奠定了良好基础。党的十五大提出的“建设社会主义法治国家”和过去所说的“建设社会主义法制国家”，虽是一字之差，却反映了我们党对建设有中国特色社会主义政治认识的深化，是对发展社会主义民主、健全社会主义法制提出的新的更高的要求，标志着我国社会主义民主法制建设将进入更加注重法律实施、真正实现依法治国的新阶段。

大力推进依法治国的进程，首先要深入学习邓小平理论中关于民主法制的重要论述，深入学习江泽民同志十五大报告的有关论述，全面准确地掌握关于政治体制改革和民主法制建设的基本观点，从理论上搞清依法治国的基本含义、基本要求。通过认真学习，要深刻理解依法治国是发展社会主义市场经济的客观需要，是社会文明进步的重要标志，是国家长治久安的重要保障；通过认真学习，要深刻认识宪法和法律是党领导人民制定的，依法治国同坚持、加强和改善党的领导是完全一致的，有利于从制度和法律上保证党的基本路线和基本方针的贯彻实施，保证党始终发挥总揽全局、协调各方的领导核心作用；通过认真学习，要深刻认识依法治国才能保持和发挥社会主义制度的特点和优势，保证人民充分行使当家作主的权利，进一步调动和发挥人民群众的积极性，促进生产力发展和社会全面进步。总之，通过认真学习，要增强依法治国的自觉性和坚定性。

大力推进依法治国的进程，就要进一步健全民主制度，要坚持和完善人民代表大会制度，保证人民代表大会及其常委会依法履行国家权力机关的职能，加强立法和监督工作。要提高立法质量，把改革和发展的重大决策同立法结合起来，到2010年形成有中国特色社会主义的法律体系。要加强对宪法和法律实施的监督，维护国家法制统一，建立健全依法行使权力的制约机制。要坚持和完善共产党领导的多党合作和政治协商制度，继续推进人民政协政治协商、民主监督、参政议政的规范化、制度化，巩固和发展广泛的爱国统一战线。

大力推进依法治国的进程，就要坚决维护宪法和法律的尊严，做到有法必依，执法必严，违法必究，法律面前人人平等，任何人、任何组织都没有超越法律的特权。一切政府机关都必须依法行政，切实保障公民权利。要以公正司法、严格执法为基点推进司法体制的改革，从制度上保证司法机关依法独立公正地行使审判权和检察权，逐渐形成一套适应建设社会主义法治国家要求的司法、执法体制。

大力推进依法治国的进程，就要在全社会继续深入开展普法教育，增强全民的法律意识，形成人人知法、懂法、守法、护法的良好风尚，为依法治国奠定广泛而坚实的群众基础。各级领导干部要率先垂范，不断提高自己的法制观念和依法办事的能力。做遵守法纪、依法办事的模范。要加强司法和执法队伍的思想建设、组织建设和作风建设，不断提高秉公执法、依法办案的水平。

“法令行则国治国兴”。大力推进依法治国的进程，并且长期坚持下去，社会主义民主和法制建设就一定能够不断发展，建设社会主义法治国家的目标就一定能够实现！

〈训练提示〉：下面两篇是因重大节日而发的社论。每年的重大节日在我国基本都是固定的。但因社会情况年年不同，播音的语言表达也应随之变化，以反映出社会的发展和时代精神。比如，同是庆祝国庆节和建军节的，但下面这两篇是在 1997 年这一极具特点的一年发表的，且又恰逢建军的 70 年大庆，这些就应在播音员表露的态度和情绪中表现出来。总之，由于重大节日基本是固定的，所以相应的评论播音极易流于形式化、表面化。这是一定要加以注意的。

5.《人民日报》社论

满怀信心　开拓前进

——国庆献辞

具有划时代意义的中国共产党第十五次全国代表大会刚刚胜利闭幕，我们又迎来了中华人民共和国成立 48 周年的节日。双喜临门，举国欢庆。我们向全国各族人民致以亲切的节日祝贺！

在人民共和国的发展史上，今年是具有重要意义的一年。我国政府对香港恢复行使主权，党的十五大胜利召开，这两件大事都取得了巨大成功。放眼大江南北、长城内外，伟大祖国充满生机与活力：国民经济持续快速健康发展，改革不断深化，开放日益扩大，社会主义精神文明建设和民主法制建设迈出新的步伐，科技、教育、文化、卫生、体育等各条战线捷报频传，军队建设进一步加强，外交工作成绩显著，人民生活水平稳步提高，一派欣欣向荣的喜人景象。我们相信，在党的十五大精神的鼓舞和指引下，我国的改革开放和社会主义现代化建设事业必将掀开更加绚丽辉煌的一页。

中国将以怎样的面貌迈入21世纪，这是亿万人民共同关注的大事。中国共产党人不负时代重托和人民期望，在党的十五大和十五届一中全会上完成了承前启后、继往开来的壮举。这就是，做出高举邓小平理论伟大旗帜，把建设有中国特色社会主义事业全面推向21世纪的伟大战略部署；同时，选举产生了以江泽民同志为核心的坚强有力、深孚众望的跨世纪领导集体。有邓小平理论伟大旗帜的指引，有以江泽民同志为核心的党中央的领导，全国各族人民群情振奋，对实现宏伟建设目标充满信心，对伟大祖国的美好前程充满信心。

建设有中国特色社会主义的事业是12亿中国人民的伟大事业。没有广大人民群众的热情支持和积极参与，我们的事业就不能成功。现在摆在我们面前的首要任务，就是学习、宣传和贯彻落实党的十五大精神，把广大干部群众的思想统一到十五大精神上来，把全国各族人民的力量凝聚到实现十五大确定的各项工作任务上来。要使人们都了解，党的十五大对中国的未来意味着什么，对中国老百姓的前途又意味着什么。人民群众知道了真理，就会自觉地、齐心地去为真理而奋斗。党的各级组织和广大党员要时刻牢记，我们的事业一刻也离不开群众。要把党的路线、方针、政策化为群众的实际行动，必须相信群众、依靠群众，尊重群众的首创精神，同时要注意倾听群众的呼声，关心群众的疾苦，帮助群众排忧解难，把群众中日益高涨的热情引导好、保护好、发挥好。

党的十五大提出的各项任务是光荣的也是艰巨的。我们既面临着大好机遇，也面对着困难和挑战。这就要求我们要继续发扬艰苦奋斗的作风，脚踏实地，不怕困难，埋头苦干。要在深刻领会党的十五大精神的基础上，联系实际，创造性地开展工作，扎扎实实完成好当前的各项任务。要提倡真抓实干，注重工作实效，不做表面文章，不搞形式主义，把党的十五大确定的各项方针、政策、任务落实到每一个地区、每一个部门、每一个单位。

新中国创建和发展的历史经验表明，我们国家的前途命运同我们的党息息相关。只要党的路线、方针、政策是正确的，我们的国家就兴旺发达，蒸蒸日上。党的十五大表明，我们的旗帜是如此光辉，我们的目标是如此明确，我们的党是如此坚强有力，我们的社会主义祖国的明天一定会更加美好。让我们高举邓小平理论伟大旗帜，更加紧密地团结在以江泽民同志为核心的党中央周围，不屈不挠，艰苦奋斗，开拓前进，不断夺取建设有中国特色社会主义伟大事业的新胜利！

6.《人民日报》社论

走有中国特色的精兵之路

——庆祝中国人民解放军建军70周年

中国人民解放军走过了70年的光辉历程。在隆重庆祝建军节之际，我们谨向英雄的、功勋卓著的人民解放军和武警部队全体指战员，向民兵、预备役人员致以亲切的问候和节日的祝贺！

中国人民解放军是中国共产党领导的、执行革命的政治任务的武装集团，是人民民主专政的坚强柱石，是国家安全、社会稳定和祖国统一的重要保障。70年来，在以毛泽东同志、邓小平同志、江泽民同志为核心的三代中央领导集体的领导下，人民解放军始终以党的纲领为纲领，以党的路线为路线，以党的宗旨为宗旨，以党的任务为任务，为推翻三座大山，建立新中国，为保卫祖国的神圣领土，保卫社会主义现代化建设和改革开放事业，促进祖国和平统一，实现香港顺利回归，发挥了重要作用。人民解放军在各个历史时期建立的丰功伟绩与日月同辉，与山河同在。

中国人民解放军是两个文明建设的忠实保卫者，也是两个文明建设的积极参加者。在国防军工生产中，在攻克科技尖端中，在工厂矿山建设中，在屯垦戍边工作中，在支援贫困地区的任务中，特别是在历次抗震救灾、抗洪抢险等抗击自然灾害的斗争中，人民军队所展现的英雄气概和牺牲精神，都足以惊天地、泣鬼神，都将彪炳千秋。可以说，哪里有危难，哪里有艰险，哪里就有解放军，哪里就有胜利。在社会主义精神文明建设中，人民解放军作出了突出贡献，他们当中涌现的大批英雄模范人物，成为全国人民学习的光辉榜样。与此同时，军队自身的革命化、现代化、正规化建设也取得了巨大成就。在风云变幻的国际环境中，我们之所以能站稳脚跟，打开局面，坚持改革开放，开创了建设有中国特色社会主义的新局面，巍然屹立在世界东方，一个重要原因，就是我们拥有一支忠于党、忠于人民、忠于社会主义的强大武装力量。

中国人民解放军发展壮大的历史证明，坚持党指挥枪的原则，坚持全心全意为人民服务的宗旨，坚持实事求是的思想路线，坚持思想政治工作的光荣传统，是我军建设的基本经验，是我军的政治优势，也是我军同其他军队相区别的特点。在新的历史时期，我们一定要继承和发扬我军的光荣传统，走出一条有中国特色的精兵之路。

走有中国特色的精兵之路，就一定要高举邓小平建设有中国特色社会主义理论的伟大旗帜。邓小平同志关于新时期人民军队建设的理论和一整套方针原则，为军队和国防建设指明了方向和道路，是对毛泽东军事思想的继承和发展，是建设有中国特色社会主义理论的重要组成部分。我们一定要认真学习邓小平同志的建军思想，全面贯彻落实江泽民同志提出的“政治合格、军事过硬、作风优良、纪律严明、保障有力”的要求，全面提高部队的战斗力。

走有中国特色的精兵之路，就一定要坚持党指挥枪的原则。要不断教育全军指战员认识坚持党对军队绝对领导的重大意义，坚决反对西方敌对势力关于军队“非党化”、“非政治化”意识的渗透，保证枪杆子永远掌握在忠于党的人手里，保证人民军队在任何时候、任何情况下都同以江泽民同志为核心的党中央在政治上保持高度一致，服从党中央、中央军委的指挥。

走有中国特色的精兵之路，就必须加强军队的质量建设、现代化建设。我们一定要适应现代科学技术在军事领域广泛应用的发展趋势，努力提高部队的现代科学技术水平，特别是在高技术条件下的防卫作战能力，尽快实现我军由数量规模型向质量效能型的转变，由人力密集型向科技密集型的转变。

走有中国特色的精兵之路，就要进一步加强军政军民团结。没有一个人民的军队，就没有人民的一切。没有人民群众的拥护和支持，就没有人民军队的生存和发展。战争年代是这样，和平建设时期也是这样。我们一定要更加珍惜鱼水情深的军民关系，进一步发展这种军民关系，真正做到“同呼吸，共命运，心连心”。同时，要认真抓好国防教育，增强全民的国防意识。

走有中国特色的精兵之路，就必须正确处理经济建设和国防建设的关系。我们国家的安全，归根到底要靠增强我们的综合国力。国防建设和军队建设必须以经济建设为依托，同国家经济实力相适应。我们一定要始终坚持以经济建设为中心。军队一定要积极参加经济建设，军队建设一定要服从和服务于经济建设这个大局。

现在，和平与发展是世界的主流。我们国家政治稳定、经济发展、民族团结、社会进步。但国际上霸权主义和强权政治依然存在。我们要居安思危，进一步加强我军的革命化、现代化、正规化建设，加强我们的国防建设，为保卫祖国的主权和安全，为促进建设有中国特色的社会主义的伟大事业，维护世界和平，作出更大的贡献！

（二）评论员文章（本台评论员文章）

〈训练提示〉：本台特约评论员文章也属于这一类。这类评论内容的重要性和所论范围仅次于报纸社论（本台评论），是就当前工作的某一方面、某个问题进行评论。其议论既带有专门性、部门性的特点，又具有普遍的意义。从播音语言表达的角度讲，它与社论（本台评论）的区别是，社论（本台评论）的有声语言表达应体现面向全局、指导全局的高度，评论员文章（本台评论员文章）则应着重体现所评事件的个性特征。

1.《人民日报》评论员文章

气壮山河的伟大实践

训练提示：1997年11月8日长江三峡即将截流，此文发表于11月6日《人民日报》第一版。《人民日报》第一版头条刊登了来自三峡工地的报告之一，通栏醒目的大字标题是："三峡工程：一部民族史诗"。报告的下面用醒目的标题刊登了这篇评论员文章，可见其分量之重，应结合当时的背景把握好基调。

10月28日，黄河小浪底工程建设者刚刚实现大河截流，打了一个漂亮仗。

11月8日，长江三峡工程建设者又将实现难度更大的大江截流。据前方传来的消息，各项准备工作充分可靠，大江截流胜利在望。

一北一南，两项特大型水利水电工程联袂而进，比翼齐飞，引人瞩目，振奋人心。两大工程是中国水利史上的壮举，展现了中国人民征服自然、改造自然的雄心壮志，反映了中华民族无坚不摧的大无畏英雄气概，是12亿中华儿女意气风发开创新生活精神风貌的生动写照。

“黄河之水天上来，奔流到海不复回”；“登高壮观天地间，大江茫茫去不还”。黄河、长江，是我们中华民族的母亲河，哺育了千千万万的华夏儿女，孕育了光辉灿烂的中华文明。但是自古以来，由于它们的桀骜不羁，也给我们带来了一次又一次深重的灾难。兴大江大河之利，除大江大河之害，是中国人世世代代的梦想。这种梦想只是在共产党领导下的社会主义新中国，才一步一步变成现实。改革开放近20年来，在邓小平理论和党的基本路线的光辉指引下，我国的社会生产力迅猛发展，综合国力显著增强，彻底治理大江大河已经不再是梦想和神话，而是当代中国人气壮山河的伟大实践。

奋战在两大江河上的两支建设大军的辉煌成就彪炳史册，他们在进行大规模现代化建设中所展示的气质和风采更令人赞佩。不畏艰险、不怕困难、敢打硬仗、勇于胜利的革命精神；尊重客观规律、充分调查研究、反复论证试验、决不蛮干瞎拼的科学态度；扑下身子、扎扎实实、夜以继日、坚韧顽强的实干作风；放眼世界、赶超一流、学人之长、为我所用的广阔胸怀——正是这一切的综合，使他们能够拿下举世罕见的大工程，成就造福子孙后代的大业绩。

伟大的时代兴办伟大的工程，伟大的工程推动伟大的时代。邓小平同志曾经高瞻远瞩地预言：“下个世纪中国是很有希望的。”根据何在？除了其他原因之外，很重要的一条就是，在改革开放和社会主义现代化建设的历史新时期，一大批具有我们的前人所不可能具有的高素质的建设者已经成长起来，两大工程的建设者就是突出的代表。这是我们的事业必将不断取得更大成功的希望所在，把握所在。

热烈祝贺大河截流成功！

衷心祝愿大江截流成功！

2.《人民日报》评论员文章

党纪建设的重大举措

训练提示：1997年4月11日《人民日报》在头版头条位置刊登了发布《中国共产党纪律处分条例（试行）》的消息（附在评论后面），并发表了这篇评论员文章。同时在第二、三版全文刊登了《条例》，在第四版头条位置发表了中纪委负责人就《条例》的发布实施答记者问。可见此事的重要。应当结合背景，切实把握其针对性和目的性。

《中国共产党纪律处分条例（试行）》（以下简称《条例》）的制定和实施，是党内法规建设的一件大事，是在新的历史条件下加强党纪党风建设的重要举措。

党纪处分是党的组织、纪检部门同党内违纪行为和腐败现象作斗争的重要手段。查处违纪行为，给予违纪党员必要的纪律处分，一个十分重要的问题是正确掌握政策，明确定性量纪的标准，防止党纪处理中的畸轻畸重，维护党纪的严肃性。在我们党的历史上，曾发布过一些单项的党纪处分政策性规定，尚未制定过比较全面的党纪处分规定。人们期盼党内有一部比较系统、全面的关于党纪处分的法规，以便在工作中有所遵循。中纪委于 1988 年 3 月开始起草《条例》，党中央于 1997 年 2 月 27 日审定发布，中间经过长达 9 年的反复征求意见和研究修改。《条例》的制定和实施，标志着党的纪律规范和纪律处分进入了科学化、规范化的阶段。

《条例》是以马克思列宁主义、毛泽东思想和邓小平建设有中国特色社会主义理论为指导思想，依据党章和宪法、法律，结合党的建设的实践制定的，是开展反腐败斗争、维护党的纪律的有力武器，是处理违反党纪案件工作的基本依据，也是对广大党员进行纪律教育的重要教材。它以党内法规的形式明确地、集中地告诫全党，哪些行为是禁止的，如有违反，必将受到纪律追究，直至开除党籍。贯彻实施《条例》，不仅是纪检机关和纪检干部的事，而且是全党的事。各级党的组织应当把加强党纪教育作为一项重要的战略任务来抓，以《条例》为进行纪律教育的好教材，让广大党员和各级党组织广为知晓，增强纪律观念，提高遵守纪律的自觉性，与违反党纪的行为作坚决斗争。

近几年来，遵照邓小平同志关于“两手抓，两手都要硬”和关于“对干部和共产党员来说，廉政建设要作为大事来抓”的教导，从中央到地方加大了反腐倡廉的力度，党风廉政建设取得了新的进展。但是，当前反腐败斗争的形势依然严峻，端正党风的任务依然繁重，某些消极腐败现象经过整治还有反复，有的仍在蔓延。在一些地方和部门，不同程度地存在执纪不严、查处不力的现象。这种状况如不坚决扭转，势必对党的事业造成极大的危害。党的各级领导干部必须坚决抛弃经验主义、主观主义以及小团体主义、地方保护主义等错误认识，增强党纪意识，切实贯彻《条例》，努力做到在党的纪律面前人人平等，达到邓小平同志要求的“谁也不能违反党章党纪，不管谁违反，都要受到纪律处分，也不许任何人干扰党纪的执行，不许任何违反党纪的人逍遥于纪律制裁之外。”

实施《条例》是一件非常严肃的大事，各级党组织和纪检机关在进行党纪处分时，务必采取慎重态度，严格地依照处分条例办事，既要坚持从严治党、严肃执纪，又要坚持实事求是，注意保障党员的合法权益，努力把维护党纪的工作提高到一个新水平。

[附] 消息

据《人民日报》报道　中共中央2月27日发布的《中国共产党纪律处分条例（试行）》，4月10日由新华通讯社全文播发（见今日本报第二版、第三版）。

这个条例，以马克思列宁主义、毛泽东思想和邓小平建设有中国特色社会主义理论为指导思想，依据党章和宪法、法律，结合党的建设的实践制定；它的任务，是维护党的章程，严肃党的纪律，纯洁党的组织，发扬党的优良作风，保护党员民主权利，教育党员遵纪守法，维护全党在政治上、思想上、行动上的高度统一，保证党的基本路线、方针、政策、决议和国家法律、法规的贯彻执行；中国共产党的各级组织和党员，凡违反党的纪律应当给予党的纪律处分的，都适用本条例。

这个条例全文2.4万字，包括第一编总则、第二编分则、第三编附则，共13章、172条，自发布之日起试行。条例由中共中央纪律检查委员会负责解释。

3.《人民日报》评论员文章

重在落实，抓出成效

训练提示：1993年10月26日《人民日报》在第一版全文刊登了中共中央办公厅、国务院办公厅关于严禁公费变相出国（境）旅游的通知，同时发表了这篇评论员文章。其针对性非常鲜明具体，有很强的现实性，对此要很好地把握。

党中央、国务院作出关于反腐败斗争近期抓好几项工作的决定，要求着重抓好党政机关领导干部带头廉洁自律、查办一批大案要案和狠刹几股群众反映强烈的不正之风，并要求在近期内取得明显成效。中央有关部门为了明确政策界限，加强对反腐败斗争的具体指导，也制订了关于严禁公费变相出国（境）旅游、治理乱收费、党政机关与所办经济实体脱钩等几个文件。

这表明，中央的决心是坚定的，措施是得力的。反腐败，绝不会“只打雷，不下雨”，不会“虎头蛇尾”。最近惩治腐败的许多事实，以及出现的许多新气象，特别是中央的三令五申和有力措施，使人民群众看到反腐败的气候正在形成，增强了信心，看到了前景。现在摆在各级党委和政府面前的任务是，贯彻文件，重在落实，务求抓出成效。

要把中央几个文件贯彻落实好，首先得解决认识问题，充分认识这场斗争的重要意义。反腐败斗争是加强党的建设和政权建设，密切党和政府同人民群众的联系，保持社会稳定，保证改革开放和经济建设顺利进行的一项重要工作。在这个问题上，任何犹豫、观望、敷衍，都是对党对人民不负责任的表现，有的同志总是左顾右盼，瞻前顾后，不愿走在反腐败斗争的前头。他们担心反腐败会影响改革开放，干扰经济建设这个中心。怕“吃亏”，怕引起干部思想波动。这是糊涂观念，是影响反腐败斗争的一个重要思想障碍。江泽民同志在中央纪委第二次全体会议上的讲话中，把反腐败同经济建设、改革开放的关系论述得很清楚。他指出：“把反腐败同经济建设对立起来、同改革开放对立起来，认为反腐败会影响经济建设和改革开放，是不对的；在反腐败过程中，不牢牢把握经济建设这个中心，不注意更好地为经济建设和改革开放服务，也是不对的。”

中央的文件、中央领导同志的讲话，对开展反腐败斗争的意义、重点、原则，都作了明确的阐述，又在一系列文件中明确了具体政策界限。关键在于落实。再好的精神、再好的文件，不落实，就是空的，就没有成效。现在，反腐倡廉的气候已在全国初步形成，具体要求和政策界限也十分明确。各级党政组织应当坚决按照中央文件的要求，一件一件抓落实，一项一项进行督促、检查，发现问题及时处理，下大决心抓出阶段性成果，让人民群众增强信心。人民群众看反腐败，不是看发了多少文件、领导同志作了多少讲话，而主要是看落实，看成效。

反腐败斗争既是长期的、艰巨的任务，又具有现实的紧迫性；既要坚决地、持久地进行下去，又要重视阶段性成果。中央发布的几个文件，对目前群众反映强烈的几个突出问题作出具体规定，只要各级领导以身作则，严格执行，就一定能取信于民，一步一步地把反腐倡廉的斗争引向深入。

4.《人民日报》评论员文章

加强新闻职业道德建设

训练提示：1993年8月5日《人民日报》在第一版刊登了《关于加强新闻队伍职业道德建设、禁止“有偿新闻”的通知》和这篇评论员文章，并同时发表了8月4日中宣部召开的加强新闻职业道德建设座谈会的消息，中央政治局委员、书记处书记、中宣部部长丁关根在座谈会上做了重要讲话，8月6日《人民日报》在第三版刊登了新闻界人士在这个座谈会上的发言。这是我们这个行业的职业道德问题，训练时应着重抓住这一点。

中共中央宣传部和国家新闻出版署发出《关于加强新闻队伍职业道德建设，禁止“有偿新闻”的通知》。这是在新形势下，针对新闻队伍中出现的新情况、新问题而制定的一个非常重要的文件。每个新闻单位、每个新闻工作者都应当认真学习，坚决贯彻。

当前，全国各族人民紧密团结在以江泽民同志为核心的党中央周围，积极贯彻加强和改善宏观调控的一系列政策、措施，深化改革，促进国民经济持续、快速、健康地发展，国内政治、经济形势很好。广大新闻工作者深入实际，深入群众，写出了大量反映时代风貌、推动社会进步的好作品。我们新闻队伍总的素质是好的。但是，近年来也出现了一些违反职业道德准则的不正之风，有些还相当严重。例如：参加新闻发布会、开业典礼、周年庆典等会议、活动，要“出场费”、收“红包”；给企业、企业家或其他一些单位、个人写稿后，接受或索取金钱财物，搞“有偿新闻”；利用新闻工作者身份的特点和便利条件，参与企业的经营活动，收取“好处费”，接受企业提供的种种优厚待遇，等等。

这些做法，背离了新闻工作为人民服务、为社会主义服务的方针，背离了新闻职业道德，是社会上出现的拜金主义思潮在新闻队伍内部的反映，严重损害了我们新闻工作者应有的崇高形象。社会各界干部、群众对此反映强烈，新闻界内部许多同志也痛心疾首，呼吁坚决克服这些不正之风，特别是要坚决禁止“有偿新闻”。

我们党的新闻工作有着光荣的传统。几十年来，广大新闻工作者始终站在时代的前列，无私无畏，廉洁奉公，为祖国的繁荣昌盛、为人民的富裕幸福而辛勤劳作。新闻工作成为崇高的、受人尊敬的职业。在发展社会主义市场经济的新形势下，的确出现了很多新情况、新问题，社会在变，人们的思想观念也在变。但是千变万变，新闻工作坚持为人民服务、为社会主义服务的方向不能变，廉洁自持、艰苦奋斗的优良作风不能变，勇于坚持真理、忠于事实的高尚品格不能变，遵守《中国新闻工作者职业道德准则》的自觉性不能变，否则，就会有负党和人民的重托。

发展社会主义市场经济，新闻媒介必然要更多地反映经济、反映市场，而市场上的各种经济成分、经济实体也必然要更多地借助新闻媒介、利用新闻媒介，这是很自然的。新闻媒介反映市场经济的主要手段一是新闻，二是广告。广告是企业的自我宣传，新闻是新闻媒介的客观报道，二者有原则的区别和明显的界限，不容混淆。新闻的起码要求是客观、真实、公正，其生命力和信誉也在于客观、真实、公正。如果新闻也像广告那样收费，还怎么能保证其客观性、真实性、公正性呢？还怎么能取信于民呢？新闻工作者是社会主义精神文明的建设者和宣传者，如果自身不正，还怎么去推动社会主义精神文明建设呢？“有偿新闻”、拜金主义，是新闻工作之大忌。我们在发展社会主义市场经济的起始阶段，更要注意从认识到实践严格划清广告与新闻的界限，这不但是坚持新闻工作的党性原则的必然要求，而且是保证社会主义市场经济健康有序发展的必要条件之一。一切真心实意拥护改革、愿意为推进改革作出贡献的新闻工作者，都应当旗帜鲜明地抵制和反对形形色色拜金主义思想的侵蚀。

在新闻界加强职业道德建设、反腐倡廉，新闻工作者人人有责，领导干部更要严以律己，以身作则。同时，要加强思想政治工作，加强廉洁奉公教育，严格要求、严格管理，对做得好的同志要支持、要表彰，对违反纪律者，要秉公执纪，严肃处理。这样才能带出一支政治强、作风正、业务精的队伍来。

本报编委会已经作出关于加强廉政建设的规定，表明了我们的态度和决心。我们愿同新闻界的朋友们一道，为加强新闻队伍的职业道德建设，禁止“有偿新闻”做切实的努力。我们衷心欢迎全国广大干部群众和新闻界同行的批评监督。

我国的改革开放和社会主义现代化建设的发展正处在一个关键时刻，要克服种种艰难险阻，实现我们民族宏伟的奋斗目标，需要各行各业励精图治，加倍努力。新闻界肩负着特殊重要的使命。切实抓好自身队伍的思想建设、组织建设、作风建设、职业道德建设，我们才能无愧于伟大的时代，才能更好地为建设有中国特色社会主义的伟大事业建功立业。

5.《人民日报》评论员文章

决战在市场

训练提示：此文发表于1997年12月10日《人民日报》头版。1997年，尤其是十五大闭幕以后，国有企业改革加大了步伐。《人民日报》和各地方报纸均报导了一系列国企改革成就的典型经验和有关评论。这一篇发表于岁末，对这一系列报导和评论来讲，它带有总结和展望的色彩，应深入体会。

部分国有大中型企业长期处于亏损境地，固然有着各种各样的原因，但有一个原因是共同的，即对市场经济的普遍不适应，缺乏参与市场竞争的能力，因而在这几年的市场竞争中未能站稳脚跟。

此次本报报道的十家企业，之所以能较快地扭亏为盈、摆脱困境，从根本上来说，就在于他们比较早地调整自己，义无反顾地走向市场，因而对市场竞争已由不适应变为比较适应。这也进一步证明，未来三年左右绝大多数亏损企业摆脱困境的过程，必然是从计划经济体制转到市场经济轨道的过程，是他们决战决胜在市场的过程。市场是企业的生存空间，是企业一切生产经营活动的出发点和落脚点，是检验企业经营状况的试金石。

企业决战在市场，最要紧的是尽快转变思想观念。综观亏损企业的种种落后，莫不首先表现为思想观念的陈旧。他们往往留恋计划经济体制下政府把企业“包”起来那一套做法，以“等、靠、要”的态度来对待今天碰到的困难，缺乏投身市场的勇气和信心。其实，国有企业走向市场，首先不是资金的问题，不是产品的问题，而是如何转变思想观念的问题。思想解放了，市场观念、竞争观念、效益观念树立起来了，没有资金可以想法筹集，没有产品可以自行开发，没有市场可以加紧拓展。

企业决战在市场，就要抓紧转换经营机制。国有企业内部的机构设置、人员编制、管理模式、分配制度、奖励政策等等，都带有着计划经济的深深烙印。近几年强调实行“两个根本性转变”以后，许多企业在消除“烙印”方面做了大量工作。凡是机制改革自觉性强的企业，效果就好；凡是犹犹豫豫、畏首畏尾的企业，往往是“大锅饭”照吃，“铁交椅”照坐，“铁饭碗”照端，亏损的困境难变。转换企业经营机制，其实质就是以市场为导向对企业内部的方方面面进行调整，实现组织机构与市场对接，科技开发与市场对接，生产经营与市场对接，企业管理与市场对接。亏损企业同“四个对接”的距离越近，摆脱困境的内在动力就越强。

企业决战在市场，就必须拿出适销对路的好产品。因为，企业竞争归根结底是技术、产品的竞争，是技术开发与产品创新能力的竞争。谁有好产品，谁就有市场，谁就掌握竞争的主动权。新产品开发慢慢吞吞，以致产品多年“一贯制”，而且不注重实施“精品战略”、“名牌战略”，其结果只能是市场份额的逐步萎缩，甚至被彻底挤出市场。要开发新产品就要下力气培养一批能够适应市场竞争要求的科技人才，充分发挥他们的积极性和创造性。

企业决战在市场，要坚定地依靠全体职工的热情参与。国有企业要想提高驾驭市场的能力，除了领导班子坚强有力，思想解放，事业心强，决策和管理水平较高之外，还离不开广大职工群众的齐心协力。因此，除了要做到“四个坚持”——坚持民主决策，坚持民主管理，坚持民主监督，坚持民主评议干部之外，还要采取积极措施提高职工的思想和业务素质，大张旗鼓地表彰先进典型，无微不至地关心职工的生活福利，让他们深切感受到自己在企业的地位。这样，职工就会和企业结成“命运共同体”，就会为企业适应市场、开拓市场、驾驭市场，进而扭亏为盈、摆脱困境而不遗余力。

“雄关漫道真如铁，而今迈步从头越”，亏损企业要下决心投身市场，决战市场。

6.《人民日报》评论员文章

献身农业　大有作为

训练提示：1997年11月4日晚，共青团中央、农业部、林业部、水利部、财政部、全国青联在北京举行了“第二届全国杰出青年农民颁奖文艺晚会”，中共中央政治局委员、国务院副总理姜春云会见了获奖代表并参加了颁奖晚会，此文即为此而发。应引导同学深入探讨此文的播出背景，切实明确其针对性，引发出强烈的播讲愿望。

共青团中央等六部门作出决定：授予王平等10名同志第二届“中国杰出青年农民”称号，向于中伟等12名同志颁发第二届“中国杰出青年农民”提名奖。我们向受到表彰的同志致以热烈祝贺！

农村、农业和农民的问题，始终关系着社会主义现代化建设全局。这不仅是因为我国的农村、农业和农民仍处于相对落后状态，更因为如果农村、农业和农民没有走上现代化之途，就不可能有整个国家的现代化。农村需要人才，农业需要科技，农民需要文化和文明，这个问题异常突出地摆在我们面前。王平等杰出青年农民热爱农村，献身农业，为两个文明建设作出了突出的贡献，成为改变我国农村落后面貌的骨干力量。这些杰出青年农民是农村先进生产力的代表，反映了中国农民的未来。

他们是科学文化知识的传播者。这些杰出青年农民，多数是土生土长的农民，也有的是从高等学府走向农村的大学生。奋斗的路径有所不同，但共同的特点就是对科学文化知识孜孜以求，苦学不倦，在非常艰苦的条件下学有所成。和传统意义上的农民不同，他们是一批具有相当专业知识的新农民，其示范作用，给广袤的农村大地播撒下知识的种子。

他们是推动社会主义市场经济的弄潮儿。这些杰出青年农民，善于把科学文化知识转化为生产力。他们脚踏实地、埋头苦干，其中的不少人已经营造起规模很大的企业。面对市场的激烈竞争，他们有胆有识，表现出杰出的经营管理才能。和传统意义上的农民不同，他们是一批眼界开阔、思维敏捷的新农民，其带头作用，给相对封闭落后的农村引入了强劲的现代化信息。

他们是社会主义精神文明的实践者。这些杰出青年农民，都已带头致富，有的甚至很富有。但是，他们始终把带领乡亲共同致富作为自己的奋斗目标，自觉地担当起改变农村落后面貌的重任，表现出很高的精神境界。他们这种不慕繁华、不求享受、艰苦奋斗的精神，给广大的农村带来了新的文明和新的时尚。

毛泽东同志曾经说过，农村是一个广阔的天地，在那里是可以大有作为的。在我国传统农业向现代化农业转变的过程中，这句话又获得了新的涵义。从“中国杰出青年农民”身上，我们欣喜地看到，一代面向新世纪的中国农民正在茁壮成长。他们在农村的广阔天地里必将大有作为。

7.《人民日报》评论员文章

岁尾年头抓安全

训练提示：此文发表于 1997 年 12 月 11 日头版，是较典型的提示性新闻评论，是在特定的时间就某方面重大问题发表的，针对性很强，对现实生活有着很强的指导性。

元旦、春节即将来临，这一时期既是企业生产的关键阶段，又是民航、铁路、公路、水路交通客运繁忙季节，往往是事故多发期。各地和有关部门要对冬防及“两节”安全工作及早部署，及早准备，制定有力措施，确保安全。

今年全国安全生产的形势总体上说是平稳的。以往那种重大、特大事故集中出现、反复出现的情况有所缓解。主要原因有三条：一是各级领导对搞好安全生产工作的重要性的认识进一步提高，广大职工安全生产的意识有所增强，在贯彻落实江泽民总书记有关安全生产的三条指示方面，主动有力。二是在事故隐患整改和事故查处方面有新的进展，从中央到地方，从部门到企业，组织了多种形式的巡检、抽检和专项安全检查，实现了安全工作由事后查处向事先预防的转变，事故结案工作也比以往有所好转。第三，有关部门先后制定了多项安全法规，促进安全生产工作逐步迈向法制化。

在充分肯定成绩的同时，我们也要清醒地认识到，一些行业和企业安全生产的形势还相当严峻。11 月份以来，各类重大特大事故的发生呈上升势头，主要原因是，一些企业重生产轻安全，职工素质参差不齐，“三违”现象经常可见，设施老化缺乏安全投入，管理方式落后，“三资”、个体企业的隐患还很多。

总结正反两方面的经验，针对存在的问题，各级领导要进一步从讲政治的高度，以对党对人民高度负责的态度，把安全生产摆到更重要的位置上。要认真贯彻落实国务院办公厅最近转发的劳动部《关于认真落实安全生产责任制的意见》，把有效预防和控制重大特大事故，作为考核各级领导落实安全生产责任制的主要内容，并作为考核其政绩的重要依据。无论何种经济成分，不管公有制实现形式如何变化，安全生产都是企业经营者的责任，决不能因为经营机制的转变而放松对安全生产的管理。各级安全生产管理和监察人员都要深入基层，及时发现和解决企业安全生产中出现的问题，对发生的重大特大事故一定要尽快查明原因，对造成事故的责任人必须严肃处理，决不姑息迁就。

8.《人民日报》评论员文章

深入开展扫黄打非工作

训练提示：1997年12月26日，中宣部、中央政法委、全国扫黄工作小组、公安部、文化部、广电部、新闻出版署、国家版权局联合召开第十次全国扫黄工作电视电话会议，部署1997年冬季扫黄打非的集中行动。12月27日，《人民日报》在第一版刊登了会议消息，同时发了这篇评论。它也是在年末这个特定时间就某方面重大问题而发的。它不仅针对性很强，而且是三年来情况的总结并指出今后的方向，因此有着很现实的指导意义。

在党中央的高度重视下，以整顿清理书报刊和音像市场为主要内容的扫黄打非工作已连续进行了八年，取得了显著成效。特别是1994年7月18日江泽民总书记作出《追根究底，穷追猛打》的重要批示后，各地、各部门进一步加强了扫黄打非工作。通过连续三年开展的集中行动和加强日常管理工作，取得了重大成果，共收缴五十二条非法光盘生产线，摧毁一批制售黄色、非法出版物窝点，打掉一批非法出版犯罪团伙，取缔一批长期危害全国的非法出版物集散地等。对此，社会各界反响强烈，广大人民群众比较满意，在国际上也进一步树立了我国保护知识产权的良好形象。

但是，也必须清醒地认识到，扫黄打非是一项长期的、艰巨的、复杂的斗争。当前出版物市场仍然存在着一些突出问题，如大规模走私淫秽、反动、盗版数码激光视盘的活动急剧上升；境内仍有部分非法光盘生产线未被挖出；境外敌对势力利用出版渠道对我进行思想文化渗透进一步加剧，一批有严重政治问题的出版物流入内地，在一些地区被不法分子翻印出售，社会影响极为恶劣；盗印辞书、工具书、中小学教学用书及其它畅销书的活动猖獗。这些问题的存在，严重危害青少年身心健康，扰乱文化市场秩序，影响社会安定，损害国家形象。对此，各级党委和政府必须引起高度重视。党的十五大报告指出："营造良好的文化环境，是提高社会文明程度，推进改革开放和现代化建设的重要条件"，强调要"一手抓繁荣，一手抓管理，促进文化市场健康发展”，要“坚决抵制各种腐朽思想文化的侵蚀”。坚持不懈地开展扫黄打非斗争，净化文化市场环境，是关系社会主义精神文明建设，关系跨世纪战略目标的实现，关系培养和造就下一代“四有”新人，关系国家前途命运的大事。各级党政领导务必从贯彻党的十五大精神，从全面推进社会主义现代化建设，从社会主义事业兴旺发达和民族振兴的高度认识扫黄打非斗争的重要意义，防止和纠正在这个问题上的错误和糊涂认识，始终坚持两手抓，两手都要硬，以高度的政治意识、责任意识、大局意识搞好扫黄打非工作。

今年冬季扫黄打非集中行动已经开始。各地、各部门主要负责同志要高度重视这次集中行动，精心组织，周密部署，坚持守土有责。各有关行政部门要充分发挥职能作用，在各级党委和政府领导下，既要明确责任，分兵把守，又要密切配合，拧成一股绳，形成一股劲。要把集中行动与日常管理结合起来，加强制度建设，充分运用法律法规惩治出版领域的违法犯罪活动。要进一步建立健全举报制度，充分发动人民群众广泛参与扫黄打非斗争，发挥新闻舆论的监督作用，使扫黄打非成为全社会的共同行动，将制黄贩黄和从事非法出版活动的违法犯罪分子置于“老鼠过街，人人喊打”的境地。

扫黄打非的根本目的是促进文化市场的健康有序和繁荣发展，丰富人民群众的精神文化生活。如果我们的繁荣工作跟不上，人民群众买不到价廉物美、适合需要的精神产品，非法出版物就会死灰复燃，卷土重来。文化出版部门要精心组织生产更多健康向上、群众欢迎的优秀出版物，并努力建设好流通渠道，把优秀的精神食粮奉献给人民群众。

（三）报纸短评（本台短评）

训练提示：短评是针对某个具体事情而发的。它可以直接对这个问题、这件事情进行评议，也可以将其中的道理引申，使其具有新的高度和广度。与社论和报纸评论员文章相比，短评的论题更单一、分析更扼要，一般地说篇幅也更短些、数字也少些。

短评很少单独发表，一般都配合新闻播出（有时也配合通讯等），因此要与相应的新闻播音配合好，播音语言宜体现简捷明快的特点。

1.《人民日报》短评

新举措出台，要及时向群众宣讲

训练提示：1993年12月10日前后，报纸、电台等新闻单位公布了国务院发布的5个新税收条例，它们将于1994年1月1日起施行。此事刚刚公布，就出现了粮食供应紧张、多种商品物价上涨的现象，并谣传1994年物价将要全面大幅度上涨，一些百姓开始抢购。针对这种情况财政部长刘仲藜于12月16日在电视台向记者发表了谈话，12月17日《人民日报》刊登了刘的谈话，12月19日发了这篇短评。经过一系列工作和新闻宣传的作用，局面很快稳定下来，五个条例正常实施，老百姓也在安定祥和的气氛中过了新年和春节。从这件事可以体会到新闻评论的时效性，宣传策略，以及短评对现实生活鲜明的针对性。

近日，国务院发布了增值税暂行条例，消费税暂行条例等5个新税收条例，将从明年1月1日起施行。我国税制改革的这一重要举措，引起人们的关注。

物价会不会上涨？企业的税负会不会加重？这是大家最关心的。联想到前些年对彩电等加征特别消费税因而物价上涨，许多人一见“消费税”三字就心有余悸，以为又要那么来一下，于是心中七上八下。有些地方已出现高档消费品热销，商业部门惜售的情况。

针对这种情况，财政部长刘仲藜12月16日及时向记者发表谈话，为群众释疑解惑。他说，新税制纯属税制的结构性调整，即用普遍实行的增值税和对少数产品开征的消费税来取代现行的产品税。消费税根本不同于过去对彩电征收的特别消费税，仍然是价内税，而不是在售价之外征收。原来红塔山香烟12元左右一包，税制改革后仍然是12元左右一包。总的来讲，既不会加重企业负担，也不会导致物价上涨。（见12月17日本报一版）这个谈话在报纸刊登、广播和电视播出后，解除了一些群众的误解和疑虑。

当前，在一些重要的改革措施将陆续出台的时候，群众的思想非常活跃，有各种各样的猜测和议论，迫切需要各部门、各地方的领导同志随时掌握群众的思想脉搏，为群众释疑解惑。这是最及时最有力的思想政治工作。不要以为自己已经了解和掌握的东西，群众也都了解、掌握了。要使党和政府的政策为广大群众所了解和掌握，必须做好宣传解释工作，当前尤其是如此。各地、各部门主要领导同志，都应当充分利用各种宣传媒介，带头宣传重大改革的内容和意义，使广大干部群众增强对改革的理解和支持，消除不必要的误解和担心，以保证社会安定，为下一步深化改革创造良好的环境。

当然，群众是最看重实际的，所以在加强宣传解释工作的同时，还要切实加强和改善宏观调控，对那些乱涨价、危害群众利益的行为必须及时采取措施，坚决予以制止，就像北京市等地已开始做的那样。

2.《人民日报》短评

真正的觉醒

训练提示：1997年中央下定治理淮河污染的决心，并下达了限期达标的硬任务，限定1997年12月31日前淮河周边工厂排污和淮河水质必须达到规定标准。不能达标的停产治理，排污严重的中小厂一律关闭，决不手软。这个决定意义重大，它是为我国今后的经济发展探索健康的路子，对淮河两岸人民的健康和生存真正负起了责任，并为今后对黄河、长江等流域污染的治理积累经验。1997年11月下旬以来，报纸、广播、电视连续不断地报导治理进展情况，揭露在治理工作中弄虚作假者，同时也报道在治理工作中取得成就的先进事迹。此文发表于12月11日。

来自淮河之滨——河南莲花味精集团的笑声，深深地感染了编者，相信也会深深地感染读者。

这笑声，是胜利的笑声，然而并不是轻松的笑声。它深藏着一个企业领导人对国家、对民族、对社会、对未来的高度责任心。在发出这笑声之前，这个企业的领导人曾经为企业造成的环境污染痛心得寝食不安："若论发展经济，我是功臣；若论污染环境，我又是罪人"——正是这种沉重的负疚感和责任感，促使整个企业不惜代价、不遗余力地治理污染，取得了今天这样的成功。他们路子对头，做成了大文章。

这就告诉我们：治理污染最重要的是唤起各级领导面对环境恶化现状的负疚感和责任感，从而激发起治理污染的痛切感和紧迫感。没有这种真正的觉醒，一切承诺都不可能实现。

［注］1997年12月11日，《人民日报》在第一版头条发表了记者采写

的河南莲花味精集团治理污水纪实。特大号黑体字的标题是："淮河的笑声"。现将这篇纪实的开头附在后面，供参考。

3年前，河南莲花味精集团曾因污染严重而被新闻媒介曝光，当天，李怀清总经理一夜未眠。今天，他终于笑了，这是他3年来第一次畅怀的笑。

12月5日，国家环保局郑重宣布：莲花集团工业废水实现达标排放！在淮河流域19家重点治理企业中，莲花集团率先甩掉了"污染大户"的帽子。在工厂的4个排污口，记者看到清清的水正流向不远的沙颍河……农民敲锣打鼓送匾，感谢他们用污水提取的有机肥免费送农村。

味精，从它诞生的那天起就伴随着严重的污染；今天，这个历史在"莲花"人手中结束了，终于使它实现了"出淤泥而不染"。

3. 短评

要培养高技能的工人队伍

训练提示：从经济体制改革、从对管理水平和科技研究力量的重视，发展到对技术工人队伍的重视，清楚地反映了改革开放所必经的几个阶段，反映了事物发展的必然。应从这个角度领会这篇短评和下一篇短评：（让"技术明星"升起来）的新闻价值。

首届中国青年奥林匹克技能竞赛胜利闭幕，这是对我国职工队伍劳动技术水平的一次检阅，是促进提高职工队伍素质的重大举措。我们向在这次活动中评选出的全国新长征突击手、全国技术能手表示热烈祝贺和深深的敬意。

我国目前有一亿两千万城镇企业职工，近一亿乡镇企业职工，他们是直接创造社会物质财富的主力军。随着经济建设的发展和科技教育水平的不断提高，我国职工队伍的政治素质和技术业务水平普遍得到提高，这次技能竞赛活动评出的技术能手，就是他们的优秀代表，是各个行业中的新"状元"。科学技术是第一生产力，但再好的科技发明、工艺设计也要通过工人特别是技术工人的辛勤劳动才能转换成直接、现实的生产力。

目前，就总体来说，我国职工队伍的技术水平还不高，离经济持续、快速、健康发展和加快改革开放的要求，还有差距。有一些职工的文化素质特别是青年工人的文化素质普遍较低，缺乏岗位所需的文化知识和技能。在职工队伍中还存在着不愿学文化、学技术的倾向，也直接影响到技术素质的提高。

有些青年工人觉得学技术无用、甚至吃亏，既有长期形成的“大锅饭”体制没有彻底打破的原因，也有近年出现的拜金主义的影响。

外界环境没有对他们学习、提高劳动技能形成更大的动力和压力。提高工人劳动技能的根本出路，在于深化经济体制改革。只有在加快企业转换经营机制的过程中，深入推进内部三项制度的改革，形成一个充分调动广大职工生产积极性，促进人人奋勇争先学习技术的良好机制，才能不断提高职工的劳动技能。

现代科学技术日新月异，对广大职工提出的要求越来越高，随着企业逐渐进入市场，激烈的竞争最终表现为职工队伍素质的竞争。要培养一支高技能的工人队伍，最重要的是采取得力的措施，为职工的学习、提高、深造创造良好条件。要大力宣传各行各业的技术能手，弘扬他们的奉献精神、敬业精神、钻研精神，使他们受到全社会的尊重。要实行激励机制，鼓励优秀人才脱颖而出，对发明创造、技术革新、技术操作等方面为企业技术进步作出贡献的职工，给予必要的奖励。使职工真正感到学技术有用，有技术光荣，靠技术能致富。同时，还要建立健全职工培训考核制度，在教育经费、师资力量、教学设施、教学管理等方面，从人力、物力、财力上给予必要的保障，帮助广大职工把科学文化知识和劳动技能不断地提高到新的水平。

[注] 三项制度指的是人事制度、劳动制度、分配制度。

4. **短评**

“让技术明星”升起来

全国奥林匹克技能大奖赛推出百名技术明星，工人神采奕奕地登上了领奖台，光耀夺目。在笑星、影星、歌星之后，终于升起了这些“技术明星”。

优秀的技术工人，是生产建设的骨干力量。遗憾的是在一些企业工人中，比、学、赶、帮，学技术、钻业务的风气不浓。工人中不但操作技能下降，而且人心浮动，人心思走。有个车间，一台机器螺丝松动了，领导让一名维修工去把螺丝拧紧，这个维修工问：“拧哪个螺丝?”把领导气得只好说：“见螺丝就拧!”这不是笑话。企业缺乏优秀的技工，已经直接影响了企业的经济效益。

技术明星为什么升不起来呢？一是大锅饭还在作怪。工矿企业增工资长级，是按年头“分拨”的。技术上冒尖的工人技术再高、贡献再大，也需“赶拨儿”。偶尔在技术比赛中得了名次，分到的只是一张证书，就算得点奖金，还不够请客的。

二是受拜金主义的影响。近年来一部分人先富了起来，社会上出现了高消费热潮，讲能挣会花及时行乐。靠工薪吃饭的工人要想“潇洒”，只好去“赶海”搞“第二职业”，谁还顾得上学技术钻业务！

三是领导不重视。据报道，某市举办技术比赛，取得名次的选手才奖励30元人民币，后来迫于舆论的压力才把奖金提高到100元。更为严重的是一些条条框框泛着“学而优则仕”的陈规陋习，使一部分一线工人并不把心思放在本职岗位上，而是拼命捞文凭，这与结合本职工作提高文化和科技知识水平决不是一回事。

我国全民、乡镇企业有3亿工人，在他们中间有千百万优秀的技术人才。企业、社会应烧旺火，多加柴，放香油，添佐料，给优秀的技术工人“明星”升起来创造条件，让他们成为“先富起来的一部分”。这才有利于提高人们的认识，使他们意识到在“第一职业”上也能致富。到那时，就不怕也会出它一个“追星族”来。

5. **短评**

脚下就有“金山”

训练提示：《人民日报》于1993年11月24日发表了一组关于我国工业产品废品率较高的报道，这是这组报道后面的短评。为什么以这样大的版面做这样的报道？为什么在年末做这样的宣传？认真加以思考，以从中领会新闻评论的指导性。

生产企业降低工序废品、次品、返修品损失，提高工序一次合格率，犹如开采一座座脚下的“金山”，不必远途跋涉，就可以发大财。

据有关部门的初步调查，我国企业关键工序产品的一次合格率仅为60%左右，这实在是个引人深思的数字。据此估算，我国每年因此造成的损失就达2000亿元。我们经常听到这样的评价：“经济效益低下状况没有明显好转。”效益低在哪里？产品一次合格率太低，就是一条重要原因！

从一些“降损”活动开展较早的企业的实践看，提高一次合格率并不是“难于上青天”的事情，主要就是靠加强管理，这大约要起80%的作用，技术性措施仅占20%左右。也就是说，即使设备、技术条件不变，单靠“软件”，“降损”活动也是能取得巨大成效的。

目前，工业发达国家可以接受的产品不合格指标一般在千分之二三，高新技术产品已按百万分之一、甚至十亿分之一和“一次合格”的目标进行管理。我国大部分企业的不良品损失大大高于工业发达国家的企业，这既是质量管理水平上的差距，也是提高管理水平的潜力。面对着这样令人难堪的现实，我们的企业领导者们还能坐得住吗?!

6. 短评

再接再厉夺丰收

训练提示：第6至第9这4篇短评都是从不同角度做的有关农业的评论。每篇短评的后面都附上与其匹配的消息。训练时可注意以下两点：(1)短评如何与相关的消息互相配合。(2)体会消息的播报与新闻评论两者语言表达特点的异同。

在今年这样的大旱之年，全国秋冬播种能取得良好的成绩，实属不易。这是党和政府高度重视、广大干部群众共同努力的结果。

但是我们没有理由盲目乐观，旱情仍然很严重，老天并没有给我们喘息之机。现在地虽然种上了，但不一定能出苗、出全苗；苗出来了，不一定能安全越冬；种植面积不一定等于收获面积。我们不能有丝毫的懈怠。

夏粮是全年农业生产的头一季，产量占全年粮食总产量的近1/4。千方百计把夏粮的丰收拿到手，就为夺取明年农业丰收赢得了主动。明年是党的十五大召开后的第一年，夺取明年夏粮丰收，对于确保全年农业持续稳定增长，确保有效供给增加、市场物价稳定和国民经济的健康发展，具有重大意义。因此，各地要把抗旱保苗、加强冬季田间管理，力夺明年夏粮丰收，作为当前农村工作的重中之重来抓，做到领导到位，思想发动到位，劳动力到位，各项措施到位。

农业是基础，粮食生产在农业发展中是重中之重。这个指导思想我们要时刻牢记，丝毫不能懈怠。各有关部门要通力合作，主动服务。大家要全力以赴，再接再厉，再打一场抗旱夺丰收的漂亮仗。

[注] 下面附上两条有关新闻，这两条新闻和上面的短评发表于1997年11月15日《人民日报》第一版。

北京消息：自11月9日以来，我国河南、山东、陕西、皖北、苏北等冬麦主产区普遍降雨，这对于增加表墒、缓解旱情、促进小麦生产及安全越冬十分有利。但是，记者从农业部获悉，由于今年夏秋持续干旱，这场雨并没有改变土壤底墒严重不足的局面，抗旱保苗的任务仍然很艰巨。

今年我国遇到了罕见的旱灾。根据水利部提供的数据，截至10月上旬，北方地区河川径流量较去年同期减少近20%；大中型水库蓄水量减少33%；平原地区地下水位较去年同期下降0.5米—2.5米，地下水储量减少240亿立方米，对秋冬播种造成了严重威胁。

党中央、国务院对此高度重视，各地部署抗旱行动快，工作扎实，措施得力，广大干部群众积极抗旱，抢墒、造墒播种，大部分地区在最佳播期内完成了秋冬播种。

据介绍，今年秋冬种的一个重要特点是，播种基础好，科技含量有新的增长。与此同时，农机作业面积扩大，保证了秋种进度和播种质量。

由于旱情影响，今年小麦苗情比较复杂，生长发育极不平衡。农业部的专家提醒各地，克服盲目乐观、麻痹松劲情绪，抓紧有利时机，加大工作力度，一手抓抗旱，一手抓冬管，把各项田间管理措施落到实处，为夺取明年夏粮丰收打好基础。

兰州消息：入冬以来，干旱严重的甘肃省积极动员组织各方面力量，加强田间管理、农田水利建设、雨水节灌等工作，全力以赴开展抗旱。

甘肃今年春夏秋三季连续干旱，天水、定西、平凉、庆阳、武威等地出现了60多年不遇的大旱，造成严重损失。为保证冬小麦安全越冬和春播作物生长，甘肃省委、省政府通过各种渠道筹资3800万元，地县投资4200多万元，群众集资1.2亿元，使抗大旱、夺丰收有了资金保证。

甘肃省还组织农民下力抓好以抗旱保苗为中心的麦田管理工作。他们发动农民保墒，全省保墒面积可达652万亩。

7.《人民日报》短评

变废地为耕地

坑中建窑住人，不是长久之计。告别旧窑洞，另寻居住点，值得庆贺。但是，废弃了的坑地，不要忘了还有利用价值。平凉人把坑地整治成耕地，让废地长出了绿油油的庄稼，值得称道。

事情是无名百姓干起来的。可贵的是，土地管理局的干部敏锐地抓住了农民的创造性举动，把它变成了群众广泛参加的土地复垦活动。中国老百姓一向有爱地惜土传统，农民把耕种的土地更视为命根子，重土重农风尚浓重。为了在全民族形成保护耕地的新风尚，我们要在帮助农民克服小生产者意识的同时，发扬光大我们这个民族的爱地惜土传统，并把它升华为科学用地、文明用地的现代意识。

广大群众是保护耕地的主力军。只有培养全社会的节地意识，才能形成全社会节地的共同行动，转化为合理用地和护卫耕地的强大社会力量。

[注]《人民日报》于1997年4月14日发表了一篇通讯，题目是："旧坑宅，出新田"，后面配发了上面这篇短评，现将通讯附于下面。

通讯：旧坑宅，出新田

甘肃陇东平凉人过去喜欢住窑洞，在平展展的塬上挖个几丈深、几丈方的四方大坑，在坑壁向四周挖几眼窑，一户或几户人家就住上了。一个坑占地一二亩，几个坑聚到一起，要占十几亩，甚至几十亩的地。

说不清谁先走出坑式窑洞，到平地盖起了房，也说不清谁先想起把这坑填上土就可以变成良田。平凉地区泾川县有人把搬空的坑宅填上土种上了庄稼，庄稼绿油油，长得茁壮喜人。平凉地区土地处的副处长王渔珊到泾川县调查时发现了这个做法，看出这是一条增加耕地的路子，立刻多方宣传、推广。

根据1989年的调查情况，泾川县有废弃坑式旧宅基地5400多处，面积7000多亩，加上坑式废旧宅基地之间的闲散地，共有3万多亩。1994年，泾川县人民政府把废旧宅基地复垦开发利用规划，列入国民经济发展十年规划和利用总体规划。根据规划，到2000年全县将把3万亩坑式住宅全部复垦成耕地。到1996年年底时，泾川已经完成了二万零七百多亩。

平凉全地区有9万亩这样的坑式住宅，全区推广泾川的经验，从1989年到1996年，已复垦坑式旧宅基地36789亩。

1993年，泾川县坑式废旧宅基地复垦规划获得了国家土地管理局土地利用优秀成果三等奖。

8.《人民日报》短评

多些“1200万”

1200万，对于动辄“投资数亿元上大项目”的经济发达地区来说，实在算不得什么大数。但对还很贫困的河北承德市来说，的确又不是个小数。

在财政困难的情况下，4年挤出1200万元来培训农民，表明了当地领导对农业的重视，真心实意的重视；也表明他们的长远眼光，因为农业最终是要靠科技解决问题的。而科技发挥作用的前提是广大农民能够掌握它。因此可以说，培训农民，促进农民素质的提高，是增强农业乃至农村经济发展后劲的一项重要基础性建设。

有的地方，财力远比承德充裕，往别处花钱也绝不小气，可一遇到“农”字就叫“穷”。别说1200万，连120万也难拿出来，他们是口头重视农业，而心底里却忽视农业。还有的地方，对农业的“硬件”建设比较重视，也舍得花钱，但对“软件”建设就不很在意，财力方面的支持也相应较少。孰不知，如果“软件”不行，再好的“硬件”也是难以发挥作用的。

但愿各地能从承德的实践得到启示，在作投资计划时，多安排些用于农业的“1200万”，特别是用于建设农村“软件”的“1200万”。

[注] 这是《人民日报》1994年1月20日刊登的一则消息。上面的短评就是配合这则消息而发的。

据《人民日报》记者报导：6700名获得“绿色证书”的农民成为河北承德农村脱贫致富的“领头雁”，他们利用所学技术，4年累计创造经济效益4680万元。

承德属经济欠发达地区，农业基础薄弱，科技人才匮乏，科技成果转化慢。为此，承德市委、市政府把在农村开展“绿色证书”培训作为振兴农业、繁荣农村经济的希望工程常抓不懈，在财政十分困难的情况下，4年中先后注入培训资金1200万元，开办农学、林果、水利、畜牧、兽医、育种、蔬菜、农机8个专业培训班428期，共培训科技村主任、科技示范户等乡村急需人才1.2万余人。

4年来，经过“绿证”培训的农民在全市农业科技推广中，参与落实推广技术26项，推广面积898万亩，创造了巨大的经济效益和社会效益。

9.《人民日报》短评

找准扶贫切入点

成功，有一时的，也有长久、永远的，我们当然不能满足于前者，而应该追求后者。没有脱贫的地方要有这种认识，就是已经脱贫的地方也一样。少数地方出现的返贫现象，已经向我们敲起了警钟。

我们任何时候都不能过高估计扶贫的成绩。因为脱贫的标准在不同时期、不同地方并不一样。我们平常说某地方脱贫了。可能这个地方人均生活消费水平也就是一天达到了三五元。无论怎样说，当前我国多数地方的脱贫，还是低水平的，有的仅仅解决了温饱，生活相对过去有了一些提高，所以脱贫后千万不能松劲。

同是贫困地区，有的缺粮食，有的少水利，有的交通不便……我们要通过仔细调查，周密论证，把扶贫的切入点找准，首先为当地群众创造生存发展的条件。如今，大家都知道在扶贫工作中“造血”远远优于“输血”，但也存在只顾眼前的片面认识，例如有人说，“给钱给物不如给个项目”。把扶贫简单理解为上“赚钱项目”，结果由于扶贫基础不牢，赚钱成了空中楼阁，狼没有套住却赔了孩子，这是应该吸取的教训。

我国扶贫已经进入攻坚阶段，像打仗一样，遇到了最难攻克的碉堡。比较容易脱贫的地方面貌都多少发生了一些可喜的变化，剩下的是条件很不好，甚至是最难脱贫的。这些地方的群众往往穷得连水都没的喝，基本生活没有保证，仅仅靠抓几年扶贫、上两个项目是很难从根本上解决问题的。山东粮援项目一气干了10年，当事者仍认识到只是“一时的成功”，这是符合实际的。

[注] 现将与此短评配发的新闻附在下面

据《人民日报》报道：在沂蒙山区的扶贫开发工作中，山东粮援项目给群众送来的是水而不是粮，通过治水逐步达到治穷的目的。项目实施10年来，已在11个县修建一千余处饮水工程，受益人口达95万，7500公顷耕地得以灌溉，641平方公里的水土流失面积得到治理。

山东粮援项目是中德两国政府间无偿援助项目中最大的一个，先后共投入技术合作和粮援资金约1.4亿马克，由中德双方合作实施。1988年春，当外国朋友带着一袋袋无偿援助的小麦来到沂蒙山区时，发现实际情况比他们想象的更为严重：这里植被稀少，土地瘠薄，群众饮水困难。11个县九百多万人口，有半数不得不耗费大量人力和时间远距离取水饮用，平均一个家庭每天要有一个劳动力挑半天水。缺水直接影响农业种养水平的提高，群众以地瓜干为主食，人均收入二百元左右。扶贫可以有两个方法：一是把粮援小麦直接发到群众手中，吃完拉倒；一是群众暂时仍吃地瓜干，把小麦卖了换成材料、机械等兴修水利，再种玉米、麦子，最终解决吃地瓜干的问题。大家接受了第二种方法。

项目很快铺开，有劳动能力的农民以义务工的形式积极参加项目工程建设。他们通过建设符合当地条件的水井、泵房、水池和水窖等，为居民供应干净的饮用水，部分解决耕地、果园灌溉问题；他们还通过造林、修梯田、栽植果树和整治河道等，使土壤、水资源和植被得到保护。平邑县张里乡麻窝村1991年上项目，打了一口直径3米的井，水送到新开发的果园，农民在果树下套种花生，当年人均就增收200元。

今年沂蒙山区遭到百年不遇的大旱，记者日前随"扶贫及营养保障国际研讨会"的专家走访沂蒙山区，当地干部群众反映"大旱没有造成大灾"，过去常见的组织送水下乡上山的现象没有了，农民安居乐业。外国朋友认为，"治水挖了穷根"，援助变成了当地群众的"自我援助"，不过他们也提醒我们注意："成功往往是一时的。"

10. 短评

关键要有一个好班子

训练提示：这是1997年《人民日报》配合国企改革这一大事发表的一系列报道和评论中的一篇短评。同是国企改革，但因每一个国营企业都有着各自不同的情况，所以改革的成功经验也就有着不同的个性特征。要让同学们善于抓住事件的个性特征，从而使评论播音具有更加鲜明和具体的针对性。

贵阳车辆工厂是一个三线企业，地处偏僻山沟，条件艰苦，也没有特殊的优惠政策。但他们却依靠自己的努力，经过十年奋斗，终于扭转了连年亏损的局面，并在市场竞争中不断发展壮大。他们的实践证明，只要有一个好班子，带领职工勇闯市场，国有企业是完全可以搞好的。

贵阳车辆工厂的领导班子，最可贵的是具有一种强烈的使命感和责任感，有一定能把国有企业搞活搞好的信心和决心；面对外部环境的变化，他们能够解放思想，转变观念，开创出一条切合自己实际的解困振兴之路；他们政治强，业务精，勤奋敬业，清正廉洁，艰苦奋斗，乐于奉献。

当前，搞好国有企业领导班子考核建设工作，是摆在各地区各部门面前的一项紧迫而繁重的任务。我们必须充分认识这项工作的重要性，扎实工作，通过搞好领导班子建设，加强企业党的工作，为推动国有企业的改革和发展提供思想保证和组织保证。

[注] 这篇短评发表在1997年11月10日《人民日报》第一版，报纸同时发表了长篇报导《来自山坳的启示——铁道部贵阳车辆工厂扭亏增盈纪实》，现将这篇报道的开头附于后面，以供参考。

在国有大中型企业迈向市场经济的艰难转轨中，一些当年适应战备而建的三线企业出现亏损甚至严重亏损，而地处贵州偏僻山坳里的一家三线工厂却冲出了国门，相继兴办起14家中外合资、合营企业，总投资3100万美元，产品远销世界十多个国家和地区。这个工厂就是铁道部贵阳车辆工厂。

是什么吸引着一批又一批外商不远万里来到这里投资兴业，在短短几年里形成了“山坳里的合资企业群?”

地处西部地区的贵阳车辆工厂为什么能够率先冲破思想障碍，抓住一个个机遇解困振兴?

这个厂的广大职工回答说：“我们工厂能有今天，全靠有一个开拓进取的好班子。”

（四）思想评论（广播谈话）

训练提示：这一类评论的任务是对现实生活中带有倾向性的思想领域的问题，对新人、新事、新风尚、新经验发表议论，当然，也可以就典型事例来解释某些政策。报纸上的思想评论（相当于广播里的广播谈话）属于谈话体的评论。选题大多偏重于思想、作风、道德方面，多采取一事一议的方式。播音一定要抓住“谈”这个特点，用我们日常的话讲，播音员应该像和对方谈心、做思想工作一样。对象感要很强、很具体，语言应该亲切些、自然些、朴实些、顺畅些。

播这类评论有两点应注意：一是这类评论对事有褒有贬，所以对“亲切”不能片面地理解成“笑眯眯”。二是，“谈”这个特点也不能简单地理解成自己熟悉的日常说的大白话才叫“谈”。其实，不同的人，比如文化修养不同的人，说话的习惯也不尽相同，所论的事情不同，“谈”的方式也不会相同。我们选的文章的语言特点就不相同，播音员应该适应这种情况。

思想评论（广播谈话）是这一类评论的总称。报纸上的“一事一议”、“人民论坛”，广播里的“广播杂谈”、“广播漫谈”等都属于思想评论的范畴。这类稿件在广播播音与主持人节目中会经常遇到，所以选入量也较大。

1. 杂谈

刘文术：多引导，少强制

目前，有些地方的政府部门，大力倡导“逼农致富”，即：政府职能部门利用行政权力，逼迫农民从事某一市场预期较好的种植、养殖项目，或强制他们应用某一种科技成果，或强制他们接受某一指定“龙头”的服务、带动等等。

正确引导农民致富，发展农村经济，天经地义，但“逼农致富”还需慎重。

“逼农致富”，有时不综合考虑当地的自然条件、市场、农民素质、科技文化水平等诸多因素，不发挥群众的主观能动性，而以“长官意志”行事，“剃头挑子一头热”。比如强制性地推广农业项目，片面追求“集中连片”、“快上规模”，结果项目是得到了“推广”，但由于群众的积极性不高，往往收效甚微，甚至赔本。

某乡发现反季蔬菜日益走俏，乡政府致富心切，一不研究当地市场需求，二不教给农民种植技术，只给各村下达任务，要求短期内发展日光温室大棚100个。结果，任务是完成了，农民却因为不懂栽培技术和市场风险太大而不愿承包，不到半年，只好拆掉大棚再种常规蔬菜。

其实，农民脱贫致富的积极性是客观存在的，用不着“逼”就有，他们只是对经济杠杆的作用认识不足，市场信息不灵、不准、不快。政府职能部门在帮助农民致富问题上，应少在“逼”字上下功夫，多在“引”字上想办法。

一方面，因势利导引导农民闯市场；另一方面要因地制宜搞好市场建设。因为种养也好，加工也好，最终都依赖于建立一个货畅其流的商品流通“桥梁”，只有“桥”通了，农副产品有销路，农民才能增收。一句话，要做好服务农村经济这篇大文章，搞好农副产品与市场的对接，只有架起农副产品流向大市场的“立交桥”，农民致富奔小康的步伐才会迈得更快。

2. **漫谈**

李音：摒弃庸俗习气

据报载：前不久在一次广州市领导干部学习会上，广州市委书记高祀仁尖锐地批评了有些单位存在的一种庸俗习气，这就是：上级对下级哄着护着，下级对上级捧着抬着，同级间互相包着让着。这种庸俗风气，使单位里思想混乱，组织涣散，执纪不严，对当前的反腐败斗争十分不利。

高祀仁的批评，可谓一针见血，发人深思。

现在，我们的许多国家机关和事业单位，迎着改革大潮奋力前进，生气勃勃，令人欣喜。但也确实有那样一些单位，民主生活不健全，批评与自我批评空气稀薄，相互间缺乏有效的监督。从表面上看，这些单位似乎也太太平平，并没有出什么大乱子。但实则掩盖着重重矛盾，不同程度的腐败现象畅行无阻，得不到遏止。表面上的平静，只不过是一种假象。

滋生这种庸俗习气固然有种种原因，但根子在于单位的主要领导，即第一把手。正如高祀仁同志所指出的，目前普遍存在着对第一把手上级监督不到、同级监督不了、下级不敢监督的状况。一个单位的主要领导人，本来应当严于律己，严格遵守各项党纪国法，自觉地主动地接受来自上下级和同级的监督，在这方面作出表率。可是有些同志却不然，他们原则性差，喜听恭维话，喜欢下级捧着，抬着，甚至对一些拍马溜须者给予重用和提拔，而对敢于直言提意见的干部，则以冷眼相待。主要领导人的作风不端正，上梁不正下梁歪，各种庸俗习气自然就盛行起来，使正气不能伸张。

唐朝著名学者元结曾说，他为官时有个信条：“谠言则听，谄言不听”。

就是说，他只听取正直中肯的批评建议，不听那些巴结奉承的“谄言”。这是很有见地的。凡是热衷于给领导“抬轿子”的人，大多是为了自己日后也能“坐轿子”。这种市侩式的庸俗作风，如果任其泛滥，对一个单位的工作和风气，都是十分有害的。

我们每个国家机关，或者事业单位，上下级之间都应当平等相待，相互尊重，相互监督，秉公办事，不徇私情。如此，这个单位就能成为反腐倡廉的坚固堡垒。

3. 思想漫谈

汤宏：凭什么干工作？

改革年代有人不适应，许多顺理成章的“铁定”规则也在市场经济大潮的冲刷下有所动摇。“凭什么干工作”这本来不是问题的问题也使一些人不知怎么回答。

凭什么干工作？凭党性、良心、责任和义务？还是关系、感情、金钱和地位？一部分党员干部，甚至一些领导干部对此作出了不同的回答。有的党员干部对于党和国家方针政策明确要求贯彻落实的工作，从小团体利益和个人好恶出发，或拒不执行，或搞上有政策，下有对策，使方针政策变调走味；有的党员干部对待上级交办的任务，凭着他和领导私交的深浅好坏来干，感情好就乐于完成，关系不好，就采取拖、搪、蒙、唬，敷衍塞责甚至拒绝执行；有些单位和部门领导，对于应当配合协作或自己份内的工作，讲关系，论感情，要报酬；有的领导干部对群众呼声高、要求强烈、迫切需要解决的热点、难点问题，先看是否棘手难办、有无轰动效应，或者以能否使自己显山露水、沽名钓誉为取舍标准。

“凭什么干工作”之所以成为问题，有新旧体制转轨带来的观念碰撞所导致的思想迷惘，但根本原因则是一些党员干部信念的动摇，崇高理想的泯灭和高尚追求的失落。可以说，对这一问题的不同回答，宛如一面镜子，反映出一个党员干部的党性原则和权利义务观，折射出不同的世界观、人生观和价值观。

人是要有点精神的。崇高的理想信念是一个人攀登事业高峰的恒久动力，也是衡量一个人事业成就的“标尺”。不说成就宏图伟业，单就要在本职岗位上踏踏实实地干实事，没有一定的精神境界也是难以做到的。因此，必须大力加强对党员干部尤其是领导干部的党性教育，帮助他们树立正确的权利义务观，不断提高职业道德素养，最终使“凭什么干工作”成为每个党员干部的自觉意识，并不再成为问题。

4. 今日谈

李德民：出国和纳税

昨天《人民日报》登了一条题为《有钱出国，无钱纳税》的新闻，说的是欲赴美国考察的辽宁精密仪器厂王厂长买了机票，办了护照，就在飞机起飞前一小时，被当地税务稽查人员截住了。因为该厂欠税846万元。

没有理由怀疑王厂长赴美考察的正当目的，一般欠税也不是不能出国。那么，税务局在起飞前来这一手，是不是存心跟他过不去呢？不是的。人家持有税务和公安机关联合签发的《边控对象通知书》，这是执行公务，为国家收税。他出去了，叫人不放心。试想，如果平时照章纳税，税务局是不会找麻烦的，即使一时困难，也好通融。欠着巨额税款，又没积极态度，税务局只有对不起了。机场阻截，很起作用。据报道，被阻出境的王厂长，第二天就到税务局递交了归还欠税的计划。

这种机场截人的事应该少发生一些，对谁都不好看，都是损失。企业难办，厂长难当，人们是知道的，上上下下都在想办法。但确实存在“穷庙富方丈”的现象，一边是企业亏损，一边是厂长挥霍。有的企业，国家税款不缴、国家贷款不还，甚至欠着职工工资不发，厂长却还东考察西考察，今日吃明日喝，这就不仅是个欠税不缴的问题，也不仅是个让不让出国的问题了。

5. 人民论坛

秦海：给后来人留下个好家底

某单位的“一把手”再有两年就要退休了。在他主持工作的五六年时间里，这个单位的各项工作都有明显的进展，特别是经济实力有很大的提高。据说即便两年没有一分钱的收益，这个单位一千多号职工的生活还能保持现有的水平。大家当然都很高兴。但是，随着这位“一把手”退休的临近，人们也不无担心：他会不会在自己退休之前，把单位的家底“折腾”光呢？听说有人曾对他说，反正再有两年你就退休了，趁还有权力时，能花的钱就大胆花。后来才知道这种担心完全是多余的。这位“一把手”仍然同原来一样勤俭办事，而且明确表示：自己两年后退休，单位的事业却要继续发展；自己的工作两年后画句号，单位的事业却永远不能休止，一定要在退休时给单位留下一个好家底，保持发展的后劲。在他主持下，单位陆续出台了几项建设举措，其收益和回报都将在他退休以后。

现在，社会上有一种所谓“五九现象”，即五十九岁现象。有少数领导干部在临近退休的时候，生怕“有权不用，过期作废”，抓紧时间，谋取私利，有的甚至为此跌进犯罪的深渊。与此相比，类似这个单位“一把手”那样的领导干部要为单位留下个好家底的想法和做法，不能不让人肃然起敬。

我们中国人很讲究给后一代留下一个好家底。所谓“前人种树，后人乘凉”就是这个意思。当然，这都是从“小家”出发的。我们共产党人，既然讲为人民服务，留下一个好家底，就不能只是从“小家”出发，而应当从“大家”出发。我们最大的家就是国家。这个最大的家之下还有许多“家”，如一个地区，一个单位，一个部门。在这些地区、单位、部门当家的人，在他们退休的时候，也应当给后来者留下一个好家底。

在现实生活中，我们看到不少可钦可敬的当家人，但也确实有一些不为以后着想的败家子。他们在自己退休以前把单位的家底分光吃尽，给后来者留下一张“白纸”，似乎不把单位的家底在自己退休之前捣腾光，就好像自己亏了。有的则是退休之前给自己搞所谓“树碑工程”，也不管有无条件，有无必要，不惜贷款借债，也要“大干快上”几个项目。结果是他退休之后，给后来者留下一屁股债，甚至留下一个破摊子，几年都翻不过身来。

我们的事业，无论是国家的事业，还是一个单位、一个地区的事业，都像体育比赛中的接力赛一样，要靠一代又一代人的接力去完成。前一个人一定要交一个好的“棒”，如果交来的是一个落后很远的“棒”，特别是本来可以不落后却因人为因素而落后很远的“棒”，那后面的人要赶上去可就非常不容易了。作为一个领导，在自己退休之前给后来者留下一个好家底，就是交给后来者一个好“棒”。

有一句口号叫“为官一任，造福一方”。我想是不是再加上“为官一任，造福后人”一句。留下一个好家底，就是造福后人。要说“树碑”，这才是最好的“碑”。

6. 人民论坛

季音：珍视晚节

今年，从报上先后看到两起高级领导干部因贪污受贿而落入法网的报道。一起是原海南省人大常委会副主任韦泽芳，他在任海南省委常委、省政法委书记期间，接受贿赂，包庇罪犯，严重触犯刑律，被判处有期徒刑五年。另一起是原湖南省国际信托投资公司董事长兼总经理、正厅级干部张德元，因收受巨额贿赂，罪行极其严重，被判处死刑。

这两起案件有一个共同点，即罪犯都是参加革命工作几十年、身居高位而又年逾花甲的人。韦泽芳有 39 年的党龄和 47 年的工作经历。张德元也是一个参加工作几十年的老干部，判刑时年已 63 岁。他们都从事革命工作大半辈子，到暮年却晚节不保，落得个可耻下场。这两起案件让人震惊，令人扼腕，也发人深思。

为什么两个从事革命工作几十年的老干部，竟沦为人民的罪人？一般地说，当然是由于他们放松了世界观的改造，背弃了为人民服务的宗旨，在新的历史条件下，经不起物欲的诱惑，以致成了“糖弹”下的牺牲品。具体一点说，这和他们未能正确过好“权力关”大有关系。

如何正确对待手上的权力，是当今每个领导干部面临的一个严峻课题。对身居高位，即将退下来的老同志，则是个同保持晚节有关的实际考验。古人早就告诫我们：“君子不患位之不尊，而患德之不崇”。为人地位高不可怕，可怕的是道德的堕落。这是对为“官”者的忠告。在我们社会主义国家，干部的权力是人民给的，本来它只意味着全心全意为人民服务的责任，不意味着任何特权。从领导岗位退下来，为的是让年轻一代从自己手上接过革命的接力棒。可是有些人却把权力当作一种捞取金钱、享受的手段。社会上不是有一个“有权不用，过期作废”的错误说法吗？韦泽芳等人信奉的就是这一条，他们把退下来看成是自己权力的丧失，于是抓紧在临下来前利用权势大捞一把作为“补偿”，企图在晚年挥霍享受，结果却在法律面前碰得头破血流。

一个参加革命几十年的老干部，过去长期辛辛苦苦做了大量工作，人民是感谢他们的。但作为革命干部和共产党员本人，应该把它看成是自己的本分。有些人则不然，他们把所有工作成绩统统记在自己的“功劳簿”上，在即将退下来的时候，向组织上伸手，要这要那，把所谓“功劳”变为进行此种交换的筹码。这种居功自傲情绪，如果任其恶性发展，很可能滑到违法乱纪的道路上去。韦泽芳等人的犯罪，不能说与这种错误思想毫无关系。

现在，每年都有许多干部因为年龄到了“线”，从领导岗位上退休，或者退居二线。他们都有个珍视晚节的问题，即在退休前严守党纪国法，站好最后一班岗，向党和人民交出一份于心无愧的答卷。唐朝王勃所作《藤王阁序》里有两句有名的话：“老当益壮，宁移白首之心；穷且益坚，不坠青云之志”。这两句话很值得今人借鉴。确实，虽然我们的头发白了，行将退休，但当年参加革命的初衷不能丢，面对当今既繁荣昌盛，又充满诱惑的世界，我们应当头脑清醒，革命意志更加坚定，决不能失去建设社会主义社会的青云之志。

7. 漫谈

秦海：茶热茶凉

离退休制度施行以来，常常听到“茶热”、“茶凉”的话题。一般都是说老同志离退休以后，“茶”很快就凉了。于是就有人写文，要新上任的领导干部多关心离退休的老同志，不要让他们有“茶凉”的感觉；另也有人写文，要离退休的老同志想得开一点，不要计较“茶”凉不凉，说这有利于他们的健康。我想这都是好心，对于离退休的老同志保持心理平衡、安度晚年都有益处。

但是，只要大家稍稍留意一下，就会发现这样一个有趣的现象：这种“热”、“凉”一般都发生在离退休的领导干部身上，非领导身份的普通离退休人员就很少有所谓“茶热”、“茶凉”的问题，对后者来说，他们离退休前“茶”是什么温度，离退休后“茶”也差不多就是那个温度，所以很少听他们抱怨“茶凉”。那么，为什么离退休的“前领导”们会有“茶凉”的感觉呢？

诚然，有一些势利之人见他们如今不再是官了，对他们的态度立即来了个180度的大转弯，使他们感到了世态的炎凉、人情的冷暖，这很令那些退下来的干部寒心。但是，也应该看到，有些人所以产生“茶凉”的感觉，主要是由于过去的“茶”太热了。

一些人在台上时，听惯了奉承话，看惯了陪笑脸，你来请客，他来送礼，张三请示，李四汇报，前呼后拥，好不气派。可是离退休之后，一夜之间，这一切都不复存在了。虽然是从800度降到了400度，比之一般的老百姓还要热出好多度，可对他们来说，仍然判若两个世界，明显地感觉到“茶凉”了。

有个问题，那些抱怨“茶凉”的离退休领导应该想清楚，那就是过去“茶热”，人家并不是“热”你这个人，而是“热”你的官，“热”你的权，担心不这么热就办不成事。现在你离退休了，官没了，权没了，人家自然不再“热”你了。

这就提醒人们，要想离退休后减轻“茶凉”的心理落差，在任时，就要自觉控制“茶”的温度，不要摆官架子，不要听不得不同意见，不要一听到不顺耳的话就发牛脾气，不要近小人，远君子，更不要以权谋私。这样，你的“茶”和群众的“茶”温度就不会差得太大，卸任时，也就不会有太大的“茶凉”之感。而另一方面，在任时，能够让大家“热”你这个人——“热”你的正直，“热”你的公道，“热”你的廉洁，这样，离退休后，大家过去怎么“热”你，现在也还会怎么“热”你。

中国百姓是有良心的，不会使那些为百姓办过实事好事的人感到“茶凉”。如果你感到“茶凉”了，就该先问一问，是哪些人使你有这种感觉，由此反观自己与群众的距离。如果把自己当作群众一员了，也就不会对“茶凉”那么敏感了——因为，老百姓喝的也是这壶茶。

8. 群言堂

建达：清洁工与社会文明

这是两条截然不同的消息。

一条是：陕西省西安市解放路女子清扫班班长史翠荣，由于以苦为荣，18年如一日默默地做好环卫工作，因而作为清洁工人的优秀代表，光荣地出席了党的十五大。

另一条刊登在《北京晚报》上。北京东城环卫局二队职工韩学东在清扫垃圾时，竟遭一青年殴打。据报道，这已是北京今年第43起无故殴打环卫工人事件。

清洁工被人们称为“城市美容师”。他们天天起早贪黑、风雨无阻，给城市带来了清洁和美丽，给居民带来了欢愉和温馨。他们确实是一群非常值得尊重的人。随着经济的发展和社会的进步，环境保护越来越受到人们的重视。人们把环境的清洁和优美，当作生活质量高低的一个标志。环境保护被列入我们的基本国策之一。在城市环境保护工作中，清洁工人起着举足轻重的作用。

党和政府历来尊重环卫工人。刘少奇同志当年曾亲切接见北京市环卫工人的优秀代表时传祥，高度评价环卫工人的贡献，留下了一段历史佳话。以江泽民为核心的党中央提出，在新的历史时期必须坚持全心全意依靠工人阶级的方针。作为工人阶级的一部分，环卫工人以他们的辛苦劳作和默默无闻，更加受到社会的关注。不久前，广州市专门制定了环卫工人的节日。许多城市大力改善了环卫工人的工作条件和生活条件。当一些地方出现有人殴打、侮辱环卫工人的劣行时，人们义愤填膺，一致予以谴责。这充分反映了环卫工人在人们心目中的地位，同时也反映了社会文明程度的日益提高。

一个进步的社会，应有一种文明的风气和健康的心态。尊重劳动、尊重劳动者，特别尊重在艰苦岗位上的劳动者，这本身就是一种文明素质。不尊重别人的人，他自己就不会得到他人的尊重。不知那些动手殴打环卫工人的人是否想过：当他举起手的时候，他已经亵渎了文明、抛弃了道德，把自己置身于心灵不健康的一类人之间。这种人如果不醒悟、不悔改，必将被越来越文明的社会所淘汰。

讲文明树新风需要逐步养成、不断深入，最终形成社会风气。当一个地方的环卫工人不再被侮辱，当环卫这个职业真正得到每一个人的尊重时，这个地方的文明程度从某种意义上说已经提高到一个新的档次。

9. 三言两语

邹文珠：文明无法“速成”

某市搞了一个“向不文明行为告别万人签名仪式”，声势浩大，参加者十分踊跃。可是我看见有一个人刚刚签完姓名走出人群，就在地上吐了一口痰；一个人在红布条上很认真签了名，走开不远，却把喝空的矿泉水瓶子顺手扔在草地上。

面对此情此景，不知你会做何感想？看来，签个名并不意味着向不文明行为“拜拜”。

文明行为是一种良好的素养，而不文明行为在一些人身上已是根深蒂固的习惯，“速成”的愿望显然不切实际。

我以为，一个人良好的素养不可能两三天就培养起来，而必须日积月累，长期地自愿地接受熏陶、接受约束、接受教育，从小事做起，从点滴做起，从自己做起，方可使自己成为一个有素养的人。

笔者并非反对搞“签名仪式”，其实这也是一种熏陶。但是仅仅有此是不够的，不能幻想“姓名一签，文明达成矣!”

10. 人民论坛

季音：溺爱害子

9月间，南京市中级人民法院判处了一起刑事案件，罪犯陆骏因严重贪污与挪用巨额公款罪，被判处无期徒刑。据报道：今年才27岁的陆骏，本来有个美好的家庭，父亲是某部门的领导，母亲也是个国家干部。

陆骏大学毕业参加工作不久，就因表现不好被单位解聘。父母通过关系，把儿子送到另一个金融部门。陆骏利用工作之便，先后侵吞公款四万余元，挪用公款一百九十多万元。为了防止“东窗事发”，父母四处借钱，帮他补“漏洞”；在案情即将暴露时，父母又陪儿子南下福建追款……父母千方百计的“保护”，并没有促使儿子悔悟，而是愈陷愈深。陆骏被正式拘捕时，他对母亲说的最后一句话是：“妈妈，这回你再救不了我了。”

陆骏的犯罪，主要是他经不起钱财的诱惑，责任全在他自己。但也可以看出，其中父母的溺爱，无疑起了很不好的作用。天下父母，谁不爱自己的子女？谁愿子女沦为罪人？但是爱子女，绝不能溺爱。陆骏的父母爱子女成了无原则的溺爱，实际上成了迁就纵容，使儿子有恃无恐，以至在犯罪道路上越走越远。

这起家庭悲剧，实在值得人们深思。

严格教育子女原是我国的一个优良传统，历史上此类古训可谓多矣。有句著名的话：“爱子不以道，适所以害之也。”意思是说，如果不以正确的道德准则爱儿女，那恰恰是害了他们。清朝一位姓申的学者说得更尖锐：“爱子不教，犹饥而食之以毒，适所以害之也。”疼爱自己的子女却不教育，就好像他饿了给他吃毒品一样，坑害了儿女。这是何等可怕！这些话，显然都是古人治家的经验之谈。我国的革命前辈，历来也十分注意严格教育子女，不搞无原则的溺爱。在这方面，不少老革命家堪称模范。革命老人吴玉章就是其中的一个。他曾说：“正确教育子女的方法，我以为最主要的应该是爱和严相结合。在生活上既要给子女适当的父母之爱，在政治上又要严格要求他们，特别是要舍得让他们到艰苦环境中去锻炼，在风雨中成长。这才是真正的爱。”吴老所说的政治上的严格要求，当然包括为人道德的一些基本要求在内。

如今，在我们不少家庭里，对子女的爱，往往只做到了吴老所说的前一点，而忽略了更为重要的后一点，只是一味地溺爱子女。更有甚者，有些干部为了子女甚至大搞不正之风，为给子女找一个“肥缺”而拉关系，“走后门”，通过不正当途径出国，等等。他们这样做，既在群众中造成很坏的影响，实则也是害了子女。有些干部的子女以后走上违法乱纪以至犯罪的道路，往往由此而起。

当然，一个青年的犯罪，原因是多方面的，并不都是由于家长教育无方，在这方面，社会的负面影响不可低估。也有些子女背着父母在外胡来，以至沦为罪犯，可见主要还是本人没有树立正确的人生观，不能抵御外来的诱惑。因此，家长要注意帮助子女消除在与社会接触中受到的不良影响，同时要严以自律，作出榜样，这是最重要的。身教重于言教，家长本人的日常言行，对子女是最有效的活教育。每一个家长，特别是国家干部，都应当遵纪守法，清正廉洁，有良好的社会主义道德，以此影响和引导子女走上正路。

11. 人民论坛

陈飞：赞美“孝星”

如今在我们丰富多彩的生活中，这样那样的“星”可谓多矣。最近在天津开展的评选孝敬父母、孝敬老人的“孝星”活动，独具一格，值得称道。

正式为“孝星”命名的是天津市汉沽区。经过层层推荐，最后从20名候选人中投票选出的“十大孝星”，个个事迹感人。

“孝星”，顾名思义，突出的特点就是一个“孝”字。如被评为“十大孝星”之首的汉沽盐场职工韩士和，二十多年如一日，尽心尽力侍候家中的奶奶、岳父母和孤寡姑母四位老人，吃苦受累，无怨无悔。在岳父病重住院的半年中，他白天上班，晚上陪床，常常衣不解带，从不嫌脏怕累。周围的人们感叹：“这个女婿比亲儿子还强!”其他的“孝星”也各有一部动人的故事，都离不开“尊老、爱老、孝敬老人”的共同特点，为人们交口称赞。

近日，一则“孝女绳”的故事广为传颂。这个孝女叫李根，长春市铁路二小五年级学生，年仅12岁，但她自觉挑起照顾身患重病、生活无法自理的父亲的重担。为了夜里照顾父亲吃药、打针，李根把一根尼龙绳一头系在自己脚腕，另一头系在父亲床前，父亲拉动绳子，李根就立马睁眼起床……这根被称为“孝女绳”的尼龙绳，紧连着父女两颗心，也牵动着社会各界。现在，捐助李根父女的活动已经掀开了帷幕。短短一个多月，包括省领导人在内的吉林省各界，已为他们捐款六万多元，参加捐款的达千余人。这充分说明“孝”的广泛群众基础。

尽管像李家这般困难的是个别的，像李根这样行孝的也是个别的，但对“孝”的认同，对行孝者的认同，则无疑是人心所向。尽管社会上也有拒绝赡养父母的忤逆者，但这毕竟不是社会的主流；更重要的是，这些忤逆者的心态、行为，为人们所不齿，一旦被揭露出来，便遭到众人的齐声谴责，为社会所唾弃。

孝，本是天经地义的事情。正如父母有抚养未成年子女的义务一样，成年子女也有赡养老人的义务。我国社会养老保险事业尚不成熟，养老仍以家庭为主，所以子女的孝心也就更显得格外重要了。

孝的重要性、合理性，本是一目了然的，但有人却以“孝是已经过时的封建道德”为由，推卸自己的社会义务，这是错误的。掺杂在孝中的封建愚昧的糟粕无疑必须坚决剔除，但是作为人类的美德则必须继承。只要人类继续代代相传、繁衍生息，抚养子女和赡养父母的社会义务就同时存在，永远不会消失。“老吾老以及人之老，幼吾幼以及人之幼”，这样的美德应当世世代代传下去。如果一个人连自己的父母都不爱，还可能心甘情愿当人民的儿子、全心全意为人民服务吗？

孝，是做人的基本准则之一，它没有过时，也不会过时。“孝星”，永远光芒四射，照人心扉。

12. 群言堂

吴天弼：德育不容忽视

由“应试教育”向素质教育转变是我国教育改革的大方向。然而，广大农村学校对“应试教育”的改革远未提上议事日程。

对农村学校而言，“应试教育”的负面影响表现得最为突出。它的升学率低，因而效率就低，人力物力的浪费就大，未能升学的学生损失就大。因此，广大学生家长参与义务教育的积极性受到严重影响。

一个健全的教育体制应该起到这样的作用：对学生而言，使他们具有健康的身心，丰富的知识，高尚的理想和情操，精神饱满地面对社会生活；对社会而言，则是敦风化俗，提高全民的科学文化知识水平和道德水平。应试教育在这些方面显得无能为力，德、体、美、劳几个方面找不到应有的地位。特别是一直放在突出地位的德育工作显得极为尴尬，因为它无法在单纯的考试指标中体现出来。

对德育工作的忽视往往与对德育的片面理解相伴随。在应试体制中，德育被简单地等同于“政治课”，将之还原为分数指标，从而丧失了德育的真正功能。其实德育是一个系统工程，它应该体现在智育、体育、美育和劳动等各个方面。对九年义务教育而言，德育工作应渗透到历史、地理、法律和自然各门功课中，渗透到课外活动中，渗透到校园生活中，渗透到教师的行为规范中。

大力提倡德育，有着十分迫切的现实意义。在商品经济冲击下的农村，面临着艰巨的道德建设工作。学校应该首先通过其坚持不懈的德育工作，成为精神文明建设的坚强堡垒和无穷的力量源泉。

农村教育应该为农村输送新一代有理想、有道德、有文化、懂法律的公民，而不只是选拔几个大学生。因此，在农村九年义务教育过程中加强德育工作刻不容缓。

13. 群言堂

张成群：何必都做大学梦

一年一度的高考结束后，一位同事谈起他落榜的女儿，无限感慨地说：“高考是考孩子，但考后更多的是考我们这些家长。”

这话说得实在，颇耐人寻味。

高考的确是每一位考生的大事。问题在于，一旦孩子跳不过“龙门”，从“独木桥”上摔下来，每一个家庭应该怎样正确地对待他们。

高考落榜，有其偶然，更有其必然。偶然的是受考试环境、竞技状态与临场发挥等许多因素的影响，难免有失误；必然的是限于国力、物力，不要说现在的中小学生不可能人人都圆大学梦，就是在下个世纪很长一段时期内，也难家家如愿。当孩子榜上无名，“有志者事不成”时，作为家长能否明智点，引导孩子来个“聪明的撤退”呢？

孩子们热桌子、冷板凳的十几年，大学梦破灭了，可想而知他们有多难受。这就需要全社会，特别是每个家庭帮助他们客观地、全面地分析失败的各种原因，正确地认识自我，制订出下一步切实可行的人生目标，放下包袱，朝气蓬勃地走向社会，走向新生活。其实，在我们的社会里，成才与上大学没有必然的联系，许多大学梦也只是父母的梦，孩子们是各有打算的。能上大学自然更好，进不了大学照样有出息，只要孩子不甘平庸，不做“混世大王”，只要他的理想符合社会需要，就应支持他，做三百六十行中的状元。

行文至此，忽想起鲁迅先生的一条遗嘱：“孩子长大，倘无才能，可寻点小事情过活，万不可去做空头的文学家或美术家。”这就是一位伟大的文学家、一位伟大的哲人在这个最具体、最平常，然而又谁也躲不过的人生问题上，向我们昭示的一个通俗的、实际的而又谁也不能不遵循的道理。

14. 漫谈

朱铁志：明星的脾气是谁惯的?

俗话说，官升脾气长。说的是那种小人得志，得意忘形的主儿。明星不是官，但脾气丝毫不比这类官人差。尽管某些明星的头衔原本十分可疑，但发起脾气来一点也不含糊。

想必明星的童年不是“性本恶”的。唱了几首小曲，演了个把角色，多少有了点“知名度”，于是乎脾气见长，飘飘然不知云里雾里了。逢人便要发问：“知道我是谁吗?”答不知道，就要遭到“老冒儿”的奚落，连那个“土”字，人家都懒得说。有那么几个“明星”，是颇有几次前科的，开车撞了人还要嚎称“老子有的是钱!”跑到招待所侮辱女服务员，破口大骂不说，还要出言不逊，说什么“连你，老子也能买!”

这么嚣张的气焰，这么猖狂的举动，是谁惯出来的?

我看首先是执法部门和文化管理部门。我们不是有宪法、刑法、民法、治安管理条例吗！难道就没有一种法律和法规可以约束一下明星的恶行？就没有人敢于出来主持正义，该抓的抓，该罚的罚！有些人不是财大气粗、恃“财”傲物，动辄说什么“老子有的是钱”、“连你也能买”吗？那好，就从巨额财产的来源查起，看看是不是来路都那么干净。不是以为“有钱可以买一切”吗？那也很好，我们不妨借鉴新加坡的经验，骂人一句罚款若干，打人一下罚款几许，不是象征性的小打大帮忙，而是伤筋动骨，不罚他倾家荡产，也罚他伤了元气。同时辅以刑事处分，该抓的抓，该判的判，真正做到法律面前人人平等。那些放肆的“明星”们还敢那么肆无忌惮、目中无人吗？

新闻界也有不可推卸的责任。对某些刚出现的演员，称什么“崭露头角”、“耀眼新星”。这种不负责任的廉价吹捧，往往吹昏了青年演员的头脑，迷惑了广大观众的视线。

观众的好奇和无知是培育明星脾气的最佳土壤。随便一个什么末流演员来到地方，都有“热情观众”包围、追随、请求签名。不管演出票价多么离谱，总有人慷慨解囊、无私奉献。

有的时候，明星有点像被惯坏的孩子。大人不惯的时候，就自己娇自己。好好的北京话，一转眼就不会说了。非得捏着鼻子哼出些港味，嗲声嗲气的，把肉麻当有趣。明明是刚演了一两个谁也不知道的小角色，便四处曝光，大谈“我的明星之路”。张口闭口“作为明星”如何如何，貌似谦卑，实则骄狂，不知天下有“自知之明”一说。

演员与观众本来是互相依附的，相互尊重是不言自明的道理。在我看来，没有观众的演员比没有演员的观众更可悲。谁狂妄到心中没有观众、自愿放弃观众的地步，那也必定是他结束艺术生命的时候。老百姓说得好：你不待见老百姓，谁还死乞白赖求着你不成？

15. 杂谈

智闻：王霸何其多？

近几年来，在一些产品的广告宣传中，王霸二字屡见不鲜。如，空调称“凉霸”，彩电称“彩霸”，梯子称“升霸”。称王的更是不胜枚举，连饺子、栗子、春饼、涮肉等都称起“王”来。这样称“王”称“霸”，无非是想耸人听闻，招徕顾客，但是一泛滥，其效果只能是贻笑大方。

在北京，仅笔者目睹即有五六家挂有“饺子王”招牌的饭馆，其中一家餐馆的广告最富奇特色彩。广告曰：“家乡饺子，皮薄馅大，品质超群，王者风范。”饺子就是饺子，说破天也不过味道鲜美，它与王何干？从古至今就没听说过饺子还要分“公侯伯子男”几等的，何况称王。广告又说：“东北家乡饺子王”。“饺子王”是何人所封？何时评比？有哪些权威组织参加？有无获奖证书？该餐馆均未作交待。下面的广告词更犯大忌：“京城唯一著名的饺子馆，新美食主义的象征”。在人口一千二百万的京华，饺子馆几乎可用“比比皆是”来形容。这家餐馆自封“唯一著名”，这分明是贬低他人，抬高自己。广告中的“新美食主义”更是莫名其妙。吃几两“皮薄馅大”的饺子，就能扯上什么主义，这简直是风马牛不相及！这样的广告实在有哗众取宠之嫌。

类似这样的广告，并非绝无仅有。

广告在市场经济大潮中占据重要地位，它与企业和消费者的利益息息相关。有关部门应对它依法整治，使之更加纯洁、规范、有序。凡违反相关法规的广告，应一律取缔。商家做广告时也应实事求是，在遵守有关法规的前提下，多多推出符合国情、民情的好广告。

16. 小议论

王善顺：莫做“茶”先生

训练提示：下面两篇“小议论”也属于思想评论的范畴。这两篇都是针对领导素质而发的，体现了小型思想评论简单明了、小中见大的特点。它们或是从一个小故事谈起，或是从一件普通的小事谈起。娓娓道来，却揭示了较为重大的主题。

一个白字先生，想到一个员外家当教师，员外顺手写了一个“如火如荼”的“荼”字，让先生念。先生脱口而出：“茶”。员外摇摇头：“还是请先生另寻高就吧。”这是个民间故事。在现实生活中也有类似的事情发生。

近一个时期，我们同一些地方的领导干部交谈，问他们是怎样发展社会主义市场经济的。有的面带得意之色，脱口而出：“我们建立了×××个大市场和专业市场。”除此再无别的可谈。这样理解社会主义市场经济，颇有点“茶”先生的味道。因为他们还没弄懂什么叫市场，什么叫市场经济。市场是指商品在社会上现实的和潜在的需求总和，市场经济则是一种经济体制，有着更为丰富的内涵。如果把发展社会主义市场经济简单地理解为建立几个买卖场所，就说明太缺乏经济方面的知识了。

不懂不要紧，只要有甘当小学生的精神，老老实实虚心地学习，那还不晚。如果一个人浅尝辄止，不懂装懂，还自我感觉良好，那就不但会闹笑话，还可能误大事。

白字先生“荼”、“茶”不分，误人子弟。如果肩负一方之责的领导干部，不懂什么叫社会主义市场经济，不知道怎样引导企业走向市场，不能有效地领导一方人民搞社会主义市场经济建设，那就会有负党和人民的重托。

17. 小议论

燮阳：从小保姆到企业家

安徽无为县姑娘李晓凤，1987 年到北京当保姆，结识了著名中医王贵银，她利用业余时间刻苦学习中医，逐步入门。

1990 年，她回到家乡，利用当地丰富的中草药资源，办起了保健用品材料厂。她还把中医保健药品和服装结合起来，生产出一系列的保健服装，不少产品多次在全国获奖，有些还远销海外，为国家赚取了大量外汇。

别小看那些普普通通的小人物，他们了解实际，了解群众，勤恳好学，奋发向上，往往比那些高高在上、脱离实际、满足现状、自命不凡者，更富有进取心。

高尔基没有进过大学，生活在社会的最底层，但他有丰富的生活积累，写出了震撼人心的文学作品。居里夫人在简陋的实验室内，反复钻研，发现了稀有的镭，成为世界著名的科学家。

职位不分高低，工作不分贵贱。要想取得事业的成功，重要的是主观的努力。社会是一所最好的大学，处处有良师，处处有学问，只要有强烈的事业心，勤奋好学，不耻下问，刻苦钻研，终有成功之日。这就是无为姑娘从小保姆到企业家给我们的启示。

（五）述评

训练提示：这一类稿件的特点是对新闻事实作夹叙夹议的评述，既具有对事实报道的特点，又具有评论的说理性特点，事实和道理紧密结合。但从播音再创作的角度讲，述评类播音的语言表达必须集中表现“讲道理”这个特点。也就是说，对新闻事实的“叙”，是服从和服务于对新闻事实的“议”，与新闻播音中“用事实说话”这一特点不同。述评的播音，属于评论播音的范畴。

1.《人民日报》述评

赖才芹：一个中国含义简析

在谈到中国时，国名前本不应当有数量限制词，缘由一些外国势力从50年代起便开始玩弄“两个中国”的伎俩，妄图把台湾从中国分离出去，中国政府为反对“两个中国”，谋求国家统一，才针锋相对地提出并坚持“一个中国”的原则，这是中国统一最根本的认识基础，并日益取得台湾爱国同胞的理解和认同，也得到广大海外华人和绝大多数国家人民的坚决支持。一个中国的含义，在国内外是无可争辩的。

台湾不同政治集团的社会背景和政治需求各不相同，有少数个人和社团违背了国家和人民的意志，把一些错误的国家观念奉为至宝，给两岸关系的发展、国家的统一设置了人为的障碍。

一为上帝意志说，把国家定义为上帝意志的特殊体现。台湾基督教长老会牧师黄彰辉鼓吹“自决不仅是人权问题，也是主权在上帝的问题，自决权是上帝所赋予的，若否定自决权就是否定上帝的恩赐，也就是否定上帝的主权。”李登辉以摩西自居，杜撰冥冥中受上帝之托的幻象欺世惑众。但是台湾信奉基督教者毕竟数量有限，“台独”便推出“生命共同体”说。这不过是将公元前四世纪亚里斯多德提出的“社会联盟说”即“共同体说”，同19世纪中叶的“有机体说”牵强附会地拼凑在一起。尽管不伦不类，却颇受李登辉的青睐，被他改为“台湾命运共同体”，其实这与“台湾独立”的论调无异。

另一种在台湾影响较广的“法统说”，虽为台湾当局所创，亦可寻其师承脉络。中国有专制制度以来，国家统治者的传承皆以嫡系为正统。专制制度虽为辛亥革命所破，但其观念在台湾领导人中仍根深蒂固，将其统治集团冠为“正统”，以“老子”自居，而视其它异己为“庶出”。为避免封建意识之嫌，如今改为“法统之说”。其“一个中国是中华民国”的表述即由此而来。这一观念在西方称为“世袭说”，本质上是把国家视为私有财产，于是根据其“自古就有”的特权，认为法定永久继承国家主权。显见这些观念已经何等陈腐而落伍，要世人承认其“法统”者，实乃不知今日为何年。

台湾当局迄今仍然声称“一个中国是中华民国”，以“法统”的主权代表自慰。请问：台湾当局能否行使中国主权之职？可曾善尽主权代表之责？

台湾当局诡称："中华人民共和国主权不及于台湾"。果真如此，那损害中国主权的外国军队及其众多军事设施，何以能自动从台湾撤走？被外人称为"卖身契"的美蒋"共同防御条约"又怎能得以废除？列强强加给中国的"台湾地位未定"之论何以能被否决而几近销声匿迹？为维护台湾是中国领土不可分割的一部分，四十多年来，针对外国染指台湾的苗头，或者打"台湾牌"遏制中国企图，中国政府一再郑重向世界宣告：台湾是中国的一部分，并且在外交上、军事上予以反击，以确保台湾安全与中国领土完整的神圣职责。由是观之，洞察"一个中国"之含义，不能不尊重客观实际，以科学标准辨真伪。

综上所述，"一个中国"就是中华人民共和国，在理论上依据充分，在现实上客观存在，在法理上亦毋容置辩。对此，李登辉亦不能不承认："讲一个中国，人家就认为是中华人民共和国。"眼下海峡两岸这种裂痕，只是中国内部的问题，完全可以通过政治谈判，选择最佳方式与途径予以妥善解决。

[注] 摩西：犹太教、基督教圣经故事中犹太人的古代领袖，上帝意志的体现者和执行者。

2.《人民日报》述评

张国成：何为"周边有事"？

——写在新《日美防卫合作方针》敲定之时

经过日美两国历时一年半的磋商，为世人所瞩目的新《日美防卫合作方针》终于露出了它的全貌。日本时间今天凌晨，日美两国外长和国防部长在纽约举行的"2+2"会谈中确认了这项新方针的最终报告。

日美两国领导人声称，修改这项订于19年前的方针，目的是为了适应"冷战"结束后的世界新格局。然而，在世人公认的世界局势趋向缓和、军事集团化越来越不得人心的今天，日美却认为有必要修改这项方针，并扩大原定的适用范围。读一读新方针，又是公海扫雷，又是拦截"可疑船只"，又是武器弹药补给，又是使用日本的民用机场、港口。给人的感觉是，日本面临的威胁似乎迫在眉睫。人们不明白，他们作出这种判断的根据究竟何在？

新方针的主要内容是具体规定了在三种情况下，日美实施军事合作的内容和方法："平时"、"日本受到攻击时"和"日本周边地区出现紧急事态时。"根据当前的地区态势，前两种情况可以说是一种"陪衬"，关键是第三种情况，这是日美这次修改防卫合作方针的主要着眼点，也是与旧方针相比最大的不同。按旧方针，只有日本受到攻击时，日本才可出动自卫队，配合、支援美国的军事行动；而按新方针，“日本周边地区出现紧急事态时”，日本自卫队也可采取行动。这样就扩大了日本自卫队的行动范围。由此可见，所谓新《日美防卫合作方针》的要害是“周边有事”。

在亚洲各国的警惕和关注下，新方针对“日本周边地区”这一概念没有作出明确解释，只是说，“周边不是一个地理概念，而是要着眼于事态的性质而决定。”日本舆论却指出所谓“周边”本身就是一个地理概念。现在为了某种需要故意加以含混，事实上为将来任意扩大“防卫范围”留下了可能性和余地，难怪这种含糊的解释，难以解除日本周边国家的担心。

日美防卫合作新方针中规定，日美两国将尽快为实施新方针“完成基础工作”。对日本来说，就是要修改有关法律。按日本法律的现行规定，日本自卫队将难以参加“周边地区”的军事行动；民用机场、港口也不能随意征为军用；更不允许日本行使所谓的“集团防卫权”。日本政府已决定本月29日召开内阁会议，开始修改法律的工作，并将于明年春季在通常国会上拿出有关修改草案。日本公众和舆论已表示担心修改法律对日本民主政治、人权等各方面的影响。舆论认为，围绕修改法律问题，日本政界、民间会出现激烈的争论。

人们也注意到，新方针中写入了日本在实施新方针的所有行动中“将在日本宪法范围内行事，并遵循专守防卫和无核三原则等基本方针”等内容。日本还计划派遣高级官员向中国、韩国和东南亚国家就新方针问题作出说明，目的是“取得亚洲各国的理解”。在这个问题上，还是那句老话：日美修改方针是它们自己的事，限定在日美双方，别人不管。但是，如果以“周边有事”为借口而涉及其他国家或地区，则是绝对不能允许的。

3. 述评

李建兴：为什么要保持经济的适度增长？

训练提示：较长的述评可以由两个播音员合作播出，这篇述评即可做这种练习。两个人合作必须注意做到观点、态度要一致，逻辑问题要互相协调，使受众从听觉上不仅感到声音的变换，而且感到是一个严密的整体，至于稿件的分法，老师可依情况而定，不必拘泥于此。

（甲）今年上半年，经济、财政、金融、内贸、外贸运行平稳，经济保持了在低通胀下的适度快速增长。这是近几年来宏观调控比较理想的结果。但是，在经济供求总量趋于平衡的同时，结构性矛盾突出，就业压力加大，特别是国有企业下岗职工的就业问题，不可忽视。

在这种总的经济状况喜人、个别方面有忧的形势下，一些同志觉得现在的增长速度还不“解渴”。那么我们应当如何看待速度问题呢？

（乙）接近百分之十，已经不低。

今年上半年，国内生产总值（GDP）比去年同期增长9.5%。如果联想到1996年GDP的增长速度为9.7%，可以说，与世界各国同一时期GDP增长速度相比，中国的增长速度已经居世界最前列，比发展中国家平均增长速度高3倍多，接近日本、韩国高速增长时期的增长率，比西方发达国家的增长速度高上好几倍。

接近10%的发展速度慢不慢？经济学家刘国光在今年的人代会期间接受记者采访时就说，其实，这样的速度已经不低，再“起飞”又能飞到哪去？这倒使记者想起了1986年我国的经济状况，1986年我国也曾实现“软着陆”，但出现了“稳中求进”与“双加快”两种观点，可惜前者没有引起足够重视，求快心切导致了经济“过热”，最终不得不实行连续3年的“治理整顿”。

考察1949年以来新中国经济运行状况，可以发现我国的经济大体经历了9个发展周期。每一个周期都有过热的教训，每一次过热都需要几年的调控才能缓过劲来。就说最近的一次周期波动吧，我们用了3年多的时间，行政的、经济的、法律的等手段多管齐下，才有了被国内外叫好的“软着陆”，才有了“一高一低”，即高增长、低通胀的良好局面。

这种良好局面，已被今年上半年经济运行状况所证实。据最新消息表明，上半年，全国乡及乡以上工业企业完成增加值9849亿元，增长11.6%。全社会固定资产投资7417亿元，比去年同期增长13.5%。社会消费品零售总额13006亿元，扣除价格因素，增长12.1%。出口总额808亿美元，增长26.2%，进口总额630亿美元，进出口相抵，顺差178亿美元。夏粮又获丰收，预计全国夏粮总产量达到12395万吨，比去年增产1075万吨。

由此，我们认为，要保持“一高一低”良好的发展局面，就不能一味追求过高的速度。应该说，百分之十，已经不低，可谓是适度快速。

当然，一个国家在一定时期的经济发展速度是可以更快一点的，比如说一定时期内连续维持在两位数的增幅上。但这里有一个前提条件，即国民经济各方面的状况能支撑两位数的高速度，且高速度能产生高效益。发展是硬道理。我们并不怕有良好经济效益的高速度，我们怕的是没有效益的高速度。

当前，我国经济增长面临的主要问题是结构调整缓慢，这导致了目前一部分企业生产下降，开工不足，下岗职工增多。因此，如果不顾基础是否稳固，人为加快经济增长速度，短期内对部分企业解困会有所帮助，但从长期来看，无疑会重蹈“过热——高通胀——调整”这种周期波动的覆辙。这无益于宏观经济的健康发展。“一高一低”来之不易，我们不能“好了伤疤忘了疼”。

（甲）低通胀会影响高增长吗？

7月22日国家统计局发布的最新信息显示，今年上半年，商品零售价格上涨1.8%，比去年的6.1%回落4.3个百分点，达到了5年来的最低水平。面对这种物价水平，老百姓皆大欢喜，政府也颇为满意。

但也有一些人士开始担心，如此低的通胀率，持续下去的话，会影响经济的增长速度，影响企业的效益，影响下岗职工的再就业，甚至会导致经济增长幅度的下滑。这倒应了一位著名经济评论人士说的一句话：物价涨幅高了令人忧虑，低了也让人担心。

从前几年两位数的高通胀到近年来的低通胀，是一个了不起的成就。但是也要看到，目前，确保物价稳定的基础并不十分牢固，仍潜伏着一些物价上涨的因素，特别是粗放型增长方式目前没有多大改变，重复建设仍然存在，结构调整尚未到位，用通货膨胀来刺激经济发展无疑是饮鸩止渴。

就业问题目前成为经济生活中的热点问题。在这方面，呼声高的是增加就业岗位。然而增加就业岗位就要增加投资，按老办法、老套路增加投资又会导致物价上涨，物价上涨可能会导致新的经济过热。所以，解决就业问题，就要正确处理投资与通胀的关系，正确处理投资、通胀、增长三者之间的关系。从今年上半年的实际情况看，1—5月全国累计新开工项目达15840个，同比增加2557个，是近几年增加最多的。应该说，增加了投资，又保持了低通胀、高增长，一定程度上缓解了就业压力。这是难能可贵的。我们要继续广开渠道，增加就业岗位，大力实施再就业工程。

上半年“高增长，低通胀”格局的形成是与中央提出的稳中求进方针相一致的。稳中求进，是指导今年经济工作的一个重要方针，也是在总结新中国历次经济周期波动经验教训的基础上作出的正确选择。

当然，历史上，我们曾有过低通胀、低增长的教训。但这次不同的是，我们更多的是以市场的手段来治理通胀的。再说，我们所处的体制已不是当年的计划经济体制。

从去年至今，通胀率逐步下降，但经济增长速度一直保持在10%左右，可以说，低通胀并没有影响高增长。

宏观调控是一门科学也是一门艺术。在调控经济进程快慢方面，要把握一个平衡点，经济发展太快不好，太慢也不好。因此，稳中求进，试探着向平衡点靠近，不失为一种好的选择。

（六）编后话

训练提示：编后话也是在新闻节目中常见的一种形式。它以短短的几句话对前面报道的新闻表明编辑部的态度，可以有说明、评介、建议、提示、表态、辩驳等多种样式。播音时要注意和前面有关新闻报道的配合，发挥言简意赅、引人注目的特点。

1. 兰州消息：在党的十四大以来的5年中，甘肃省坚持把农业放在经济工作的首位，全省“发展最快的是农业，变化最大的是农村，得实惠最多的是农民”，这一点得到干部群众的普遍认同。

甘肃是农业大省，共有耕地五千二百多万亩，其中山、旱地占70%以上。长期以来，干旱制约着经济发展，曾经是有名的缺粮省。

省委、省政府始终把兴水、改土、种草种树、改善生产环境，作为发展农业的主攻方向。在国家扶持下，甘肃先后建成引大入秦等四十多项骨干水利工程，新增水地三百四十多万亩，水地累计达到1690万亩。各地还大力发展小水利灌溉，灌溉面积已占全省总灌溉面积的40%以上。

从去年开始，全省农村开展了科技推广服务年活动，大面积推广地膜覆盖、良种、节水灌溉、集雨节灌、间复套带、大棚蔬菜等10项农业适用技术。1996年全省种植地膜粮食七百五十多万亩，今年达到874万亩；已建成“双千田”149万亩，吨粮田124万亩。一个“优质、高产、高效”的新农业格局正在形成。

[编后话] 甘肃在汉唐时代曾以河西走廊的开发和丝绸之路的兴盛而繁荣一时。到了近代，开始萧条。那里经济凋敝、人民贫困。今天，改革开放给那里带来了生机。特别是针对干旱而采取的措施，集雨与引水并重，滴灌与渗灌结合，使那里的传统农业开始使用现代技术，并有政策、投入等作保证，因而出现了“发展最快的是农业，变化最大的是农村，得实惠最多的是农民”的局面。应当说，这是一个历史性的转变，这是甘肃人民的一个了不起的贡献。

2. 乌鲁木齐消息：新疆联合机械集团有限责任公司生产的联合收割机“新疆—2”，1997年销售1万台，占全国四大同类厂家产量的70%，创销售收入7亿元的新纪录。此举在中国机械制造行业引起了强烈反响。

同行们很清楚“新联”的底细：这个当年由左宗棠创建的兵工厂，经过了百年的风雨历程，工厂老，设备旧，底子薄。企业走向市场之始，新联每年亏损数百万元，背着沉重的亏损包袱，蹒跚难行。迫于生计，只得靠生产油桶、营房车、地膜机、圆捆机、剪毛机等产品“糊口谋生”。

沉重的压力下，新联领导悟出：家庭联产承包责任制，并不是置农业机械于死地的灾难。企业走出低谷、摆脱困境，必须投身市场。于是，新联把目光从过去的国营农场扩大到广阔的农村市场。他们痛下决心停止了新疆——3、4、5、6等大中型联合收割机的生产，上马研制适合农民新需求的收割机。

经过千百天试验，千万次失败，具有产品、营销、价格、服务独特品格的“新疆—2”应运而生。其售价约为大型收割机的1/4，不仅致富后的农民买得起，那些“南征北战”的“新麦客”更视其为“宠物”。1993年生产100台上市被抢购一空，今年生产1万台仍为零库存。

[编后话] 如果把企业比喻为鱼，那么市场就是它赖以生存的水。“鱼儿离不开水”，企业也离不开市场。企业离开了市场，就会成为干水沟里的枯

鱼。决心走向市场，是国有企业走出困境的必由之路。谁早认识这一点，谁就主动。谓予不信，请看今日之新疆联合机械集团！

3. 武汉消息：铁路第一家货票速递公司在武汉铁路分局汉西车站应运而生，由20名铁路职工组成的快递队伍日夜奔波在江城的大街小巷，及时把到货通知送到货主手中。铁路这一新的服务项目是由货主的一封批评信引发诞生的。

今年6月5日，一封货主的批评信放到了武汉铁路分局局长邵力平的桌上。来信毫不客气地批评汉西车站，因到货通知的延误致使货主蒙受经济损失。这件小事如果发生在过去，查明原因、作出说明或处理也就行了；但在铁路走入市场的今天，这封批评信却让人看出了铁路与市场、铁路与顾客的距离。邵力平掂出了这封信的分量，要求汉西站不仅要查明原因让货主满意，还要研究解决类似问题的办法。

汉西车站几百名干部职工展开了一场“怎样改进货单投递”的大讨论。于是汉西车站的货票速递公司就这样成立了，20名职工经招聘考试当上了快递员。车站规定，每份到货通知必须在货物卸车后24小时送到货主手中；公司实行全员承包经营，自负盈亏。

汉西车站从这项改革中获益不浅：除了到货通知再无延时误事、受到客户的普遍称赞外，车站又分流了20名职工。据不完全统计，自货票速递公司7月中旬正式运作以来，已投递通知单近万份，车站、速递公司创收可观，同时快递员在投送过程中还揽回多批新的接取送达业务。

[编后话] 企业怎样进入市场？很重要的一点是要看到自己跟市场的差距。汉西车站的干部、职工正是从货主的一封批评信中看到了这个差距，并采取措施改进服务工作，从而收到了货主和铁路都受益的效果。

我们的企业长期生活在计划经济的条件下，如今要进入市场，犹如人工繁殖的老虎要回归大自然。企业到底有哪些地方不适应市场呢？对这个关键问题就应该像汉西车站那样多开展一些类似“怎样改进货单投递”的大讨论。找到了差距，弥补了差距，我们企业就一定可以演好“放虎归山”这样一出威武雄壮的大戏。

4. 海口消息：历时3个月的海南省人大评议省高级人民法院工作前不久结束。从省人大代表与省高级法院法官“面对面、实打实的评议监督”中，全省政法干部尤其是执法人员深刻理解了这样的道理：“随着民主法制建设的不断健全和完善，人民对权力的制约和监督将不断规范化、制度化和经常化，任何亵渎人民权力的行为都要受到制止和处理。”

自6月3日评议工作开始以来，海南省人大常委会主任杜青林等13名省人大常委、200多名省人大代表直接或间接参与评议。整个评议工作，分为调查研究、评议、整改3个阶段。

这次评议工作为强化人大监督工作积累了宝贵经验。主要表现在：第一，坚持党的领导和赢得人民群众的支持。这次评议，省人大坚持重大事项及时向省委请示报告；关键问题由人大党组或主任会议集体决定；还直接邀请省委组织部、省政法委、省纪委的同志自始至终参与了评议活动。第二，评议法院工作以督察重大案件为突破口。张思佳故意杀人案是一宗震动海南的恶性案件。1992年10月30日，张思佳枪杀3人，证据确凿。案发四年多，检察机关3次起诉，海口市中级法院两次判决，省高级法院一拖再拖。省高级法院一位曾担任此案主审法官的副院长竟然提出判张思佳死刑缓期两年执行。人大评议组果断的将此案作为督察重点，推动省高院依法审结此案，令张伏法。

[编后话] 江泽民同志在党的十五大报告中明确指出：依法治国，是国家长治久安的重要保障，发展社会主义民主带有根本性、全局性、稳定性和长期性的关键问题是制度建设。海南省人大依法加强监督工作，组织人大代表评议法院的工作，取得了较好的效果。他们的经验，值得各地借鉴。

5.《人民日报》报道：在前不久召开的机械部电力设备主机、辅机重点企业和电度表企业产品质量承诺发布会上，记者看到了感人的一幕：当47家电力设备制造企业和40家电度表生产企业向电力部用户公开其质量承诺内容时，电力部代表用户慨然向生产企业表示了相应的承诺条件，生产企业和用户联手为提高产品质量努力，呈现出喜人的团结协作气氛。

为确保国家电力建设项目按期投产并实现机组达标目标，47家代表我国电力设备制造水平的企业，针对目前存在的问题，向用户作出了质量、交货、技术服务、价格和违约赔偿等5方面的承诺。电度表行业40家承诺企业表示，一定狠抓践诺，树立企业和产品新形象。面对生产企业的承诺，电力部表示，用实际行动支持和配合生产企业的承诺，要求电力设备各项目用户千方百计筹措资金，解决购买设备欠款的问题，对不按合同支付设备款影响制造企业正常生产经营的，要追究责任。对质量践约的电度表企业，电力部所属企业采购设备要优先考虑。

[编后话] 提高机械产品质量，当然主要靠机械行业生产者的努力。然而，作为用户的电力部门如果能保证设备制造款到位，这就为生产企业践诺提供了更好的环境条件。

人们把承诺常常理解为单方面的事。但实际生活的经验告诉我们，只有生产者单方面的承诺是不够的，需要使用者的呼应。像机械与电力两方面的相互主动承诺，履行各自的责任，不但创造了和谐的关系，也使承诺对制造企业和用户都有约束力和推动力。这样，在践诺过程中就可以防止责任不清、互相扯皮，保证了承诺兑现，维护了双方的权益。这对振兴机械工业和发展电力工业都有好处。

（七）国际评论

训练提示：我们下面所选的四篇评论，只是国际评论中的一种类型。它针对国际社会中诸如反华之类的不公正的、反动的、霸权主义等现象、事件或言论给以揭露、反驳、批判。观点鲜明，尖锐有力，义正词严，具有很鲜明的论战的特点。播这类稿件时，当然不能温温吞吞，平平淡淡，但也不能声嘶力竭地像吵架一样。这类稿件的政策性极强，播音员（主持人）对我们党的外交政策、国际社会大背景发展的总态势，等等，要做到胸中有数。语言表达既要尖锐、有锋芒，又要注意表现出大国的风度和胸怀，做到有理、有利、有节。

1. 国际论谈

闻道：MFN不是政治足球

MFN是英文“最惠国待遇”的缩略语。这是一个老名称，沿用至今，其实已不反映本质。美国如今同世界上一百几十个国家保持着“最惠国待遇”的贸易关系，没有这种待遇的仅仅是三四个与美国关系极差的国家。因此，现在其真正的含义不过是“正常贸易关系”而已，一般情况下，实在没有拿这件事大做文章的必要。可是，美国国会一年一审中国的最惠国待遇，已经连续八年。这样做，究竟对谁有好处？美国朝野真该好好想想了。

曾在布什总统手下任商务部长的芭芭拉·富兰克林女士5月下旬在美国传统基金会的一次演讲中说，“一年一度的最惠国待遇辩论成了一种运载工具，形形色色的对中国的不满都往里放。可是最惠国待遇压根儿就是个贸易问题，根本不应当让其它不相干的问题来搭车。”

现在因为年年要辩论，所以某些利益集团也养成了习惯，每年冬春之交，就像赶集似的，要制造一些不利于中国的舆论来兜售。今年的辩论，由于新增了所谓“政治献金”等因素，形势似乎比往年更加吃紧。投票前，都估计票数会非常接近，难分胜负。实际上，259对173，优势还是相当明显的。

如果我们透过表面现象研究一下这种辩论的反方，会有一些新的发现。

在国会举行的听证会上，侃侃而谈指责中国现状的人，大都对当前中国的现实并不了解，而支持“延长”的发言者却往往能以亲身经历的事实来说理。

即使是站在美国的立场，反对“延长”者也是不得要领。那么多的政府官员，包括总统、国务卿，难道不都是彻头彻尾为美国利益着想的人？有人问那些反对者：如果取消了中国的最惠国待遇，你们提出的那些目标就能实现吗？诸君无言以对。

一位美国朋友诙谐地说：我们美国没有外交政策，只有国内政治。这是极而言之，指的是有些政治人物在最惠国待遇问题上所采取的立场没有原则，只是为党派斗争的目的服务，把最惠国待遇问题当成一个政治足球踢来踢去。

连年的无谓辩论，不但劳神费力，而且阻滞了两国关系的顺利发展。很多美国企业家说，年年辩论给人一种中美关系前景不确定的印象，使他们在投资决策上拿不定主意，以致丧失了很多商机，一些有远见的政界人士已经提出，如此年年辩论的情况不能再继续下去了，应该给予中国永久性的最惠国待遇。

八年辩论和表决的结果已经可以得出明确的结论，现在该是美国政府和国会的政治领袖们下决心的时候了。

2. 国际论谈

孙伟：欧盟又得先手

欧盟委员会上周通过了由其副主席布里坦和外交专员范登布鲁克提出的一项建议，不再把中国列入受欧盟反倾销规则管制的所谓“非市场经济国家”。它在一项声明中说，鉴于中国已朝市场经济方向取得实质性进展，现有的、可追溯到50年代的反倾销政策需要改变。这项建议将提请欧盟部长理事会批准。欧盟委员会的这一重要举措，反映了它的务实与远见，值得赞赏。

所谓“非市场经济国家”，实际上是国际贸易中的一种歧视性待遇，其要害突出表现在两个方面：一曰“替代标准”。它衡量“非市场经济国家”的出口商品价格是否基于市场的正常价格，不用该国国内的标准，而选一个与其发展水平类似的市场经济国家的价格和成本作替代标准。低于这个价格的，就被视为低价倾销，就要课以反倾销税。二曰“株连同类”。西方把所谓“非市场经济国家”也称作“国营贸易国家”，这类国家若有一家企业的出口商品被诉倾销，则该国其他企业出口的同类商品无论是否属“倾销”，要一律征收统一的反倾销税。而根据欧盟这次拟议中的新政策，它在对中国已基本具备市场经济条件的部门进行反倾销调查时，将以我国国内数据测定该部门产品的价格是否属正常价格，并将灵活地处理一些个案。

近年来，中国在“非市场经济”名下遭受的反倾销报复很有些不公正。一些国家对我国滥用“替代标准”，如美国竟用瑞士、日本等发达国家的市场价格水平与中国的相比，据之对中国出口商品课以高税；有的国家或地区不问青红皂白，同时诉中国上千家企业“倾销”。结果出现了一种怪现象：中国经济体制改革越向市场经济发展，被诉倾销案反而越多。在改革开放以前，中国从未遇到过这类诉讼，首次是在1979年8月，当年有两起；80年代年均6起；90年代前5年年均25起。这或许因为中国出口贸易发展，触犯了某些国家和地区的贸易保护主义。而要对中国筑起贸易壁垒，“非市场经济国家”是最便利的借口。

中国一些商品价格具有竞争力是事实，但这是由中国市场经济状况决定的。许多外商到中国投资经营，图的就是商品生产成本和价格低。如果为迁就外国情况而违背价值规律，人为提高出口价格，那才真的是“非市场经济”。

中国外经贸部长吴仪今年10月曾指出，无视中国今天的发展，把中国称为“非市场经济国家”，不是出于偏见就是有意混淆视听，这将严重影响与中国经贸关系的发展。欧盟委员会认识到了这一点，作出了符合实际的选择。

欧盟作为当今世界多极化趋势中的一支重要力量，近年在国际关系中的自主性日益增强。90年代初，它较早地打破西方对中国的“联合制裁”，此后它不再把经贸关系与价值观上的分歧挂钩。今年春天，欧盟几个主要成员国在日内瓦人权会议上，7年来第一次拒绝追随某些人炮制反华提案。这次欧盟做出改变对我歧视性政策的姿态，在西方国家对华贸易关系中又得了先手。

3. 国际论坛

祝基：芒罗又在乱弹琴

美国《时代》周刊有个记者叫芒罗，他在北京和香港干过几年，自以为成了“中国通”。今年初，他跟别人一块炮制了一本书，叫什么《即将到来的美中冲突》，在美国很是闹腾了一阵子。不过，在美国许多严肃的学者眼中，它根本算不上正经书。但此公还没尽兴，又跑到日本大放厥词，重弹“中国威胁”的老调，要日本继续跟美国走，以“抗衡”中国，否则就只能沦为别人的“从属国”。这实在是乱弹琴。

中国对外奉行独立自主的和平外交政策，不称霸是基本国策。中国没有能力、更没有兴趣去威胁谁。最近访华的美国总统国家安全事务助理伯杰明确表示，美国政府不赞同“中国威胁论”，认为一个强大而不是弱小的中国对世界更有利。而芒罗却在东京大谈中国有“野心”，“企图在亚洲称霸”，“正在威胁其他国家”。这纯属危言耸听。此乃乱弹琴之一。

美国和日本是当今世界上数一数二的强国，中国是发展中国家。单就军费而言，去年美国高达二千六百多亿美元，日本高达四百五十多亿美元，而中国只折合87亿美元。到底谁有能力威胁谁，这道题连小学生也会算。去年，美国在任国防部长佩里曾宣称，全世界其他国家的海军加在一起也构不成对美国的威胁。而芒罗却说什么“日美两国都无法单独与中国抗衡，只有更加密切地进行合作，别无他途”。这叫瞪着眼睛瞎说。此乃乱弹琴之二。

中国同美国和日本都是正常的邦交国。二十多年来，中美关系和中日关系都有了长足发展，在新世纪到来之际，三国都在努力推动中美关系和中日关系更上一层楼。今年5月，日本有位政府要员曾经这样说过，中美日三个双边关系中，任何一个双边关系的改善都有利于另外两个双边关系。而芒罗却挖空心思，把中国同美国和日本之间的正常邦交关系硬扯成敌对关系。这是胡言乱语。此乃乱弹琴之三。

芒罗乱弹琴，可他心里并不乱，他的用心很明确。他给日本摆出了两种前途：“要么接受中国控制的亚洲，成为其从属国，要么继续维持日美之间的密切关系”，二者必居其一。这实际上是要日本更卖力地为美国的利益服务，说穿了，是要日本当美国的“从属国”。

中美日是世界上的三个大国，中美关系和中日关系肯定会继续向前发展，这是各自的国家利益所决定的，也是时代的要求。这种发展趋势谁也阻挡不住，更不要说芒罗这类乱弹琴的舆论煽动者了。

4. 国际论坛

李文政：奇怪的现象

巴西周刊《这就是》杂志刊载的一篇文章，介绍德国向前纳粹分子提供抚恤金的一项法律，读后颇令人深思。

这篇题为《不公正的法律》的文章其材料触目惊心。前纳粹军官埃登姆在第二次世界大战期间枪杀过15名意大利妇女和儿童，前纳粹头目巴尔特下令枪杀过644名法国平民，今天他们却与很多前党卫军的头子一样，以战争“受害者”的身份定期领到优厚抚恤金，过着“如印度土王一样的安逸生活”。与此同时，还有近百名当年集中营幸存的犹太老人却生活在贫困中。杀人者何以成为“受害者”？以埃登姆为例，1944年他从盟军监狱逃跑时腿上挨了一枪，这项法律据此认定他是“受害者”。按照这种荒谬的逻辑，文章作者自然而然地提出了一个冷峻的责问：希特勒如果还活着，是否也会以战争“受害人”身份领取抚恤金呢？因为他在1944年冯·亨德森上校策划的刺杀事件中也负了伤。所以，这种法律实在荒唐。

国际舆论通常认为，德国对二战责任的认识和反省比较好，对战争遗留问题的处理也比较妥善，比较认真。70年代，勃兰特总理在波兰犹太人墓前长跪不起的勇敢举动，赢得了国际社会的普遍赞赏。德国这种敢于面对历史、反省历史的态度，是对历史负责，是对民族的前途负责。德国战后之所以能够较快地同欧洲各国实现历史性和解，并且在新的基础上和睦相处，这种尊重历史的态度起到了重要作用。然而，另一方面，它又根据上述法律向刽子手发放抚恤金，以表示“宽厚大度与犯而不校”的“恕道”。这种奇怪的现象表明，德国在对于那场战争的认识上，依然存在着某种混乱。

人们还必须看到，近年来德国的极右翼和新纳粹分子十分活跃。据德国宪法保卫局1996年公布的统计数字，德国现有96个极右组织，成员4.5万人，其中从事暴力活动的分子达6200人。他们推崇希特勒，有的甚至扬言要建立“第四帝国”。在这种情况下，如果在一些重要是非问题上含含糊糊，不认真澄清《这就是》杂志所指出的那种“对那段阴暗的历史极其混乱的看法”，势必会搅乱人们的视觉，给极右势力和新纳粹的滋长提供温床。因此，很有匡正的必要。

南美大地曾是纳粹战犯逃亡藏匿之地，至今还有新老纳粹分子营造的活动据点，那里的人民关注德国对二战的认识，是十分自然的。巴西《这就是》杂志指出德国仍然存在一些荒谬现象，以唤起世人的注意和警惕，实属必要和有益。

四、补充练习材料

（一）光明日报社论

欢庆香港回归共创美好未来

南海扬波，神州欢唱。我国各族人民和海外中华儿女期盼已久、全世界共同瞩目的时刻：1997年7月1日，终于来到了！随着零时钟声敲响，鲜艳的五星红旗及紫荆花区旗在香港高高升起，中国政府开始恢复对香港行使主权。中华人民共和国香港特别行政区正式成立。百年国耻一朝洗雪、普天同庆香港回归。这是永载中华史册的民族盛事，是举国欢腾、举世瞩目的隆重庆典，是二十世纪世界历史上的重大事件，也是世界和平与进步事业的胜利。

今天，当我们掀开历史那沉重的一幕，悲壮的回声仿佛穿越了百年时空：从1840年鸦片战争的炮火硝烟开始，在外国侵略者的坚船利炮威逼下，

《南京条约》、《北京条约》、《展拓香港界址专条》等不平等条约的签定，迫使中国割地赔款，丧权辱国，香港这颗明珠从此被割占了一百多年。如今，中华民族一洗百年耻辱，无数志士仁人前仆后继为之奋斗的百年夙愿得以实现，我们怎能不热血沸腾，怎能不尽情欢呼！

在香港回归祖国之际，我们不会忘记一百多年来全国各族人民包括香港人民为抗击侵略、维护祖国主权和尊严所进行的不屈不挠的斗争。从林则徐毅然销鸦片，固国防，逐英寇，到关天培、陈化成、葛云飞等爱国将领不畏强敌，血洒疆场；从内地与香港人民一次次反抗外来侵略者的爱国行动，到中国共产党领导全中国人民进行的民族解放的伟大斗争，其英勇不屈，绵延不绝，其威武与壮烈，惊天地，泣鬼神。这是中华民族历久弥新的爱国主义精神的高扬，充分显示了中华儿女特有的骨气、坚强的意志和大无畏的精神。

在香港回归祖国之际，我们不会忘记毛主席、周总理等老一辈无产阶级革命家，历史证明，他们提出的解决香港问题的长远方针是完全正确的。我们更不会忘记敬爱的邓小平同志。是他把马克思主义基本原理与当代中国实际和时代特征结合起来，以无产阶级革命家的远见卓识和博大胸怀，依据世界的现实、历史的状况和中国的实际，提出了“一国两制”的伟大构想。这是建设有中国特色社会主义理论的重要组成部分，是一个前无古人的战略构想。翻开古今中外的历史，有哪一个政党，有哪一个国家的政府，有这样的胸怀，这样的胆略？以江泽民同志为核心的党中央第三代领导集体，以卓有成效的工作，实现了邓小平同志的伟大构想。从过渡期的风风雨雨，到香港特别行政区的筹建，党的第三代领导人高瞻远瞩，运筹帷幄，为香港的平稳过渡和繁荣稳定，为维护国家主权和民族尊严，倾注了大量心血，作出了历史性贡献。

香港回归掀开了历史崭新的一页。香港回归后，按照《中华人民共和国香港特别行政区基本法》，实行“港人治港”、高度自治。中央人民政府负责管理香港特别行政区的外交事务和防务；香港特别行政区享有高度自治权。这样的高度自治，既保证了香港社会制度不变，生活方式不变，原有法律基本不变，又保证了港人当家作主的权利，这是香港历史上前所未有的。我们相信，在《基本法》的指引下，特区政府和600万港人一道，一定能够治理好香港，实现香港的长期繁荣和稳定。香港的明天一定会更加美好。

香港回归也开创了香港与祖国内地共同发展的新纪元。香港过去的繁荣，主要是香港人创造的，同时也是与内地的密切联系和大力支持分不开的。在祖国内地改革开放、繁荣经济、进行现代化建设的过程中，香港作为通向国际市场的桥梁起了极为重要的作用。香港回归以后，这种作用将会进一步得到发挥。实行“一国两制”方针，祖国内地继续推进改革开放，实现跨世纪的宏伟目标，建设富强、民主、文明的社会主义现代化国家，需要香港的繁荣稳定；而内地改革开放和现代化建设的卓越成就，又是香港繁荣稳定的强大后盾。滔滔香江可以作证，在伟大祖国的百花园中，美丽的紫荆花一定会开放得更加绚丽。

香港回归，百年梦圆。我们的祖国从来没有像今天这样繁荣富强，我们的人民从来没有像今天这样扬眉吐气，我们的河山从来没有像今天这样美好壮丽，我们的前程从来没有像今天这样激动人心。让我们在以江泽民同志为核心的党中央领导下，高举邓小平建设有中国特色社会主义理论的伟大旗帜，团结一心，开拓更加美好的未来，实现中国的完全统一和中华民族的全面振兴，昂首阔步迈向新的世纪。

（二）《中国青年报》社论

跨世纪宣言——热烈祝贺党的十五大胜利闭幕

中国人民期待已久的党的十五大，在亿万双目光的热切关注中胜利闭幕了。它以一面鲜明的思想旗帜，一个宏伟的发展纲领，给中国和世界一个惊喜。它以世纪宣言般的气势向全世界昭示了中国共产党面向新世纪的政治经济纲领，昭示了中国共产党坚定的改革意志和宽阔的开放胸襟，昭示了中国在下一个世纪的发展道路。在世纪之交的严峻挑战与大好机遇面前，我们为有这样一面旗帜和这样一个纲领而欢欣鼓舞！

高举邓小平理论的伟大旗帜，是十五大的灵魂。十五大将邓小平理论同马克思列宁主义、毛泽东思想一道，作为党的行动指南写入党章，从而使这一理论的指导思想地位得到组织上的保障。这是中国共产党经过近 20 年改革开放和社会主义现代化建设实践作出的历史性决策，是党在改革和建设的实践中探索社会主义发展道路，思考社会主义理论的必然结论。中国社会主义的进一步发展需要这样一面旗帜，中华民族的振兴需要这样一面旗帜。高举这面旗帜，顺应时代潮流，振奋党心民心，凝聚民族精神！

中国共产党一向重视理论指导。党的历史是党领导人民进行革命和建设的实践史，也是在实践中探索中国社会发展道路和社会主义发展规律的认识史、思想史。中国革命和建设的发展，党的事业的发展，总是伴随着党对中国社会认识的深化和对马列主义的发展。党在重要时期召开的重要会议，尤其是党的十一届三中全会以来的历次重要会议，几乎每一次都有认识上的突破。正是这些不断完善的认识，及时正确地指导着改革开放的实践；正是在党的认识不断完善的进程中，一个伟大理论——邓小平理论的整体面貌，逐渐在全党和全国人民面前展现出来，日益显示出它的真理性和生命力。十五大对这一理论的整体把握、清晰表述和准确评价，反映了党在理论和认识上的成熟，反映了全党思想和意志的集中和统一，反映了全党把邓小平开创的建设有中国特色社会主义事业全面推向新世纪的决心和信念。

社会主义初级阶段理论是邓小平理论的重要内容。十一届三中全会以来，党正确地作出中国仍然处于社会主义初级阶段的科学论断，这一对中国社会主义发展和国情的基本认识，成为党在新时期的路线方针政策的出发点，是改革开放和现代化建设取得成功的根本原因之一。十五大再次强调从我国长期处于社会主义初级阶段这个最大的实际出发，更加明确了社会主义初级阶段的科学概念，全面阐述了社会主义初级阶段理论，深刻论述了党在社会主义初级阶段的基本路线和纲领。十五大对我国改革开放和现代化建设跨世纪发展作出的一系列战略部署，都是以社会主义初级阶段的理论为依据的，是与社会主义初级阶段的生产力发展水平相适应的。

十五大关于公有制经济的含义，关于公有制的主体地位和实现形式的崭新论述，是以“三个有利于”为标准的又一次思想解放。这次思想解放冲破了关于所有制形式的传统观念，消除了长期以来困扰人们的疑虑，必将给国有企业改革和国有经济的发展带来新的突破。如何体现公有制的主体地位，按照市场经济规律发展社会主义公有制，如何发挥国有经济的主导作用，增强国有企业的活力，一直是党在改革开放的实践中不断探索的重要问题。十五大明确指出，公有制的实现形式可以而且应当多样化，一切反映社会化生产规律的经营方式和组织形式都可以大胆利用，并特别指出股份制经济在未来的公有制实现形式中的重要地位。这些认识上的飞跃，是经济体制改革特别是国有企业改革实践的结晶，是不断探索所有制结构的成果。对公有制经济含义全面而深入的理解，不仅有利于我们在更开放的结构和更广阔的空间里发展壮大公有制经济，而且有利于增强我们建设有中国特色社会主义的信念和对改革开放的信心。

在我国改革开放和现代化建设取得重大成就的世纪之交召开的十五大，是一座承前启后、继往开来的世纪丰碑。十五大为我们展示了一个世纪画卷。回首党的一大召开时的本世纪初叶，马列主义的闪电虽已刺穿古老中华上空的迷雾，然而，外敌环伺，内乱频仍，经济凋敝，中国人民前路茫茫，国势一无可以乐观。而今天，在党的十五大圆满成功的日子里，中国与以往是多么不同！对于一个世纪的革命和建设而言，十五大是丰收的盛典；对于下个世纪中华民族的腾飞而言，十五大是奠基礼。在今天，党——经历了马列主义与中国革命相结合的两次历史性飞跃，比以往更加成熟；国家——经历近20年的改革开放，比以往更加富强；人民——感受了改革和建设带来的社会巨变，比以往更加充满信心。这些，都是一个伟大民族的振兴之象！

让我们认真学习和深刻理解十五大精神，在以江泽民同志为核心的党中央领导下，高举邓小平理论伟大旗帜，把建设有中国特色社会主义事业全面推向21世纪！

（三）《人民日报》评论员文章

艺术的盛会　人民的节日

第五届中国艺术节圆满结束了，这届艺术节办得很成功，办成了人民群众欢乐、祥和的节日，它将作为本世纪最后一届国家级艺术盛会载入史册。

在“欢庆十五大，迎接新世纪”的主题下，为期12天的艺术节中，气势恢宏、五彩缤纷的开幕式演出和33台正式参演节目以及18台祝贺节目，共演出百余场，观众十分踊跃，不少场次观众爆满，掌声不断。这些节目包括了戏剧、音乐、舞蹈、杂技、曲艺等舞台艺术的各大门类，集中展示了三年来我国文化艺术事业的丰硕成果和辉煌成就，充分展现了广大文艺工作者在改革开放和现代化建设新时期满怀豪情、信心百倍地迈向新世纪的风采。这一届艺术节把很多国内外获奖作品集中上演，让这些来源于生活，经过艺术工作者千锤百炼、精雕细刻的优秀艺术产品又一次展现在人民群众面前，给人民以艺术的享受，让人民感受到节日的快乐。艺术节的演出活动证明，这些思想性和艺术性高度统一的作品得到广大观众的热烈反应，深得人民群众的厚爱。

艺术节的每一天，都有专业文艺团体到基层演出。艺术工作者们走下大舞台、走出大剧场，把精彩的节目送到更广大的人民群众中，足迹遍及工厂、农村、部队、机关、学校……很多基层群众第一次亲眼看到一流文艺演出，看到自己喜爱的演员走到身边，感到兴奋和满足，好像生活在喜庆的节日里。文化艺术工作者来到基层，从多方面认识到当代社会的真实生活，了解了人民群众的真实情感，为日后的创作汲取了新鲜的养分；同时也为优秀文艺作品争取到更多新的观众，为文化艺术适应社会主义市场经济体制的要求、用改革的办法举办艺术节作了有益的探索。

这一届艺术节注重综合效益，抓住举办艺术节的机遇，促进了文化艺术事业的繁荣，促进了经贸、旅游、科技和城市建设等各项社会事业的发展。这些事业的发展又将使人民群众的精神和物质生活得到改善。

艺术节极大地丰富了人民群众的精神文化生活。直接参与这届艺术节活动的群众逾千万人次，人民群众参与的广泛程度是艺术节成功的证明。艺术节是人民的节日，本着为人民的思路办艺术节，就会有人民群众的广泛参与，就能得到人民群众的热情支持，艺术节就会越办越好。

第五届中国艺术节闭幕了，艺术节给我们的启示是多方面的。我们要抓住当前的大好时机，以十五大精神为指导，高举邓小平理论的伟大旗帜，在江泽民同志为核心的党中央领导下，发展社会主义文化艺术事业，创作出更多符合我们时代精神的好作品，满足人民群众日益增长的文化需求，开创有中国特色社会主义文化事业的新局面。21世纪就在眼前，人们企盼和平、安宁、繁荣的新世纪，人们也企盼艺术园地百花争艳的新世纪，我们的文化艺术工作者任重道远。

（四）《人民日报》评论员文章

新闻也要打假

新闻的生命在于真实。假新闻历来为群众所恶，为广大新闻工作者所戒。

日前新闻出版署报纸管理司主办的一期《中国报纸月报》，披露了1993年报纸10条假新闻，并把报社名称、作者大名一一予以曝光。其中一些假新闻还是相当有影响的报纸刊出的，十分令人遗憾。当然，去年的假新闻决不止这10条。唯其如此，这个问题更应该引起我们的重视。

这些假新闻有什么特点呢？看一看标题，或许有助于我们探究其中的“奥秘”：《她告别了令她耻辱的世界》、《吃熊掌风波迭起》、《高考试卷诈骗案引起的悲剧》……在这些文字背后，若隐若现地显示出某些编者一个共同的“追求”——猎奇。因此称去年假新闻一大特点是猎奇新闻，未尝不可。猎奇的主要原因，正如一些新闻工作者沉痛指出的：近年来报刊竞争日趋激烈，一些报刊编者社会效益观念淡薄，为追求经济效益和知名度，热衷于“热点新闻”和“轰动新闻”，从而使虚假新闻得以出笼。这是就编者而言。至于作者一面，情形就更为复杂。据了解，有的是为了出名，有的是为赚钱，有的是为了哗众取宠，有的是为了挟嫌报复，有的是为制造混乱、蒙骗世人，凡此种种，不一而足。更有人是几者兼而有之。这就需要编者以高度的社会责任感认真识别，严格把关。稍一疏忽，假新闻就会乘隙而入，更不用说有意纵容了。

假新闻出笼，后果十分严重。无中生有的《邓小平谈新闻改革》与《中宣部关于合资办报的建议》、编造公安人员犯罪被杀的《袭警案》等假新闻在社会上流传，造成了不良政治影响，引起了一些思想混乱，有碍社会安定。《她告别了令她耻辱的世界》这一类假的“法制”、案例新闻，侵害了一些单位或个人的名誉，引起纠纷或法律诉讼，给当事人造成极大的痛苦。假新闻《两司机拾遗多方觅失主，30万元巨款不贪占》，则系编者上当受骗，倒非为是，把冒领巨款未遂的恶劣行径美化成“拾金不昧”的“高尚品德”，幸亏后来发现事情本来面目，在报上予以澄清，才有所挽回。不然，报纸版面岂不成了欺世盗名之徒售奸作祟的工具？这些沉痛的教训，不能不引起人们的深思。

在市场经济条件下如何搞好新闻工作，的确是一个比较新的严峻的课题，但是无论如何，新闻的真实性原则是绝不能动摇的。目前，有些报刊是企业性质，有些报刊兼有企业性质，大家在市场上都面临着竞争的压力，要扩大影响，要赚钱，这没有疑义。但这只是问题的一个方面。新闻工作者肩负着重大的社会职责，在抓经济效益的同时决不能忘记要把社会效益放在第一位，决不能忘记“真实是新闻的生命”这一基本原则和职业道德。倘若把迎合某些读者的猎奇心理放在第一位，来竞争发行量，来扩大影响，那就走到邪路上去了。最终的结果，不但发行指标要成泡影，影响变成负面，而且还有办不下去的危险。有谁欢迎说假话、说谎话的报刊呢？

古人云："人而无信，不知其可也。"报而无信，又该如何呢？有鉴于此，建议新闻界也要实施质量的监督和检查，开展打假活动。在每年表彰和奖励优秀新闻的同时，也给假新闻曝一曝光。《中国报纸月报》开始这样做了，很好，很好。

（五）《人民日报》评论员文章

巩固提高　延伸辐射——把"讲文明树新风"活动推向新阶段

11月14日，中央文明办召开电话会议，总结交流了前一段"讲文明树新风"活动的情况和经验，布置了下一步的工作。这次会议体现了党的十五大关于"要深入持久地开展群众性精神文明创建活动"的要求，是贯彻落实党的十五大精神的一个重要步骤。

自7月15日中央文明委召开电话会议，提出在全国开展"讲文明树新风"活动以来，各地高度重视，迅速采取有力措施，集中解决文明言行、环境卫生、服务质量、交通秩序等四个方面存在的突出问题，取得了积极成果，为党的十五大的胜利召开创造了良好氛围。实践证明，前一阶段"讲文明树新风"活动确定解决的四个突出问题，抓得准，抓得好，切合实际，顺乎民意。

在下一阶段工作中，我们要再接再厉，继续坚持"讲文明树新风"这个主题，对群众认可的事、关心的事、欢迎的事要抓住不放，按照这次会议提出的"巩固、提高、延伸、辐射"的思路抓得更紧、更好。

巩固，就是要在前一段取得成绩的基础上，认真总结经验，使各种好的做法逐步制度化、法规化、经常化，使"讲文明树新风"活动逐步在全社会真正蔚然成风。

提高，就是要从成绩中找不足，从赞扬中找差距，采取切实措施，提高水平，提高质量，坚持好的做法，加强薄弱环节，把事情办得更好，使活动的成效更大。

延伸，就是要使活动逐步向深度和广度发展，从大中城市向小城镇和农村延伸，从交通干道向背街小巷延伸，从文明示范小区向更多的小区延伸，从窗口行业向其他行业延伸，并注意抓好风景名胜区、旅游景点环境卫生和服务质量问题。

辐射，就是要发挥中心城市的示范带动作用，特别是省会城市，沿海、沿交通干线城市等中心城市要率先开展活动，带动中小城市和农村。

“巩固、提高、延伸、辐射”这八个字，既有质量的要求，又有数量的要求，既是积极进取的，又是非常务实的，符合当前群众性精神文明创建活动发展的实际，是使“讲文明树新风”活动开展得更好的正确方针。我们要认真领会、全面贯彻这一方针，加强领导，依靠群众，扎实工作，在解决文明言行、环境卫生、服务质量、交通秩序等四个问题上取得更大的进展，明年元旦、春节期间在全国城乡形成“讲文明树新风”的新高潮。

（六）短评

多宣传这样的“明星”

这两天，京港两地近 30 名杰出人物的代表聚会京城，交流管理经验，共话经营谋略，他们的精彩演讲，受到花钱买票听报告的北京各界人士特别是青年的欢迎。

一位从事企业管理的年轻干部说，听这样的报告，比听歌星演唱更带劲、更有意义。一位在商场工作的青年也讲，收获太大了，花点钱买张票值得。

在我们的社会中，歌剧、影视明星固然是人们精神文化生活中不可缺少的，这些年，我们的一些报纸、广播、电视对这些明星的宣传，可谓绘声绘色，钟爱有加。但对那些在经济领域里特别是在改革开放、建立社会主义市场经济体制中英勇搏击、取得显著成绩的企业家、管理工作者和科技工作者，宣传得就很不够。应该说，他们也是明星，是对推动社会生产力发展做出贡献的灿烂的明星，理所当然地要受到重视，要广为宣传，让他们在人民群众中产生广泛的影响。

明星出在改革开放的伟大时代；明星出在各条战线、各行各业。我们的记者、编辑，应该将手中的笔、话筒和摄像机，在更广阔的领域里对准那些为社会做出贡献的人们，使我们的报刊和广播电视节目群星璀璨。

（七）短评

支农不与民争利

“支农”的口号，50 年代喊得最响，当时也确实做了不少工作。近十几年农业发展了，人们对“支农”反倒提得不多了，一些地方的工作也抓得不太实了。以菏泽地区为例，这个地区是一个以粮棉油生产为主的平原农区，农业生产在国民经济发展中占有非常重要的地位。在发展社会主义市场经济中，农民一方面获得了生产经营上的又一次解放，发展商品经济的积极性更加高涨；另一方面，农民初涉市场，也遇到了种种困难和风险，在市场竞争中常常处于不利的地位，迫切需要各级党委、政府部门为其提供更多更好的服务。因此，当前支农的任务不是轻了，而是更重了；为农民服务的责任不是小了，而是更大了。

一段时间里，少数涉农部门和服务实体打着为农服务的幌子，行剥夺农民利益之实，有的强买强卖，有的压级压价，有的任意向农民乱收费、乱摊派，无偿侵占农民的财产；还有极少数部门和单位，利用不正当手段，向农民推销假冒伪劣产品。请问，这是支农吗？不，这是坑农。

正确处理“取”和“予”的关系，是为农民搞好服务的关键所在。涉农部门在给农民服务中适当收取一些费用用于发展自己，是符合市场经济规则的，但必须按照欲取先予的原则，做到扶农不挖农，让利不争利，取之于民，用之于民。部门与农民的关系，是皮与毛的关系，皮之不存，毛将焉附？农民的利益受到损害，部门的利益也难以保证；只有首先保证农民的利益得以实现，部门才能更好地发展自己。

（八）短评

不抠农民抠自己

山东邹城市氮肥厂是个年产1万吨尿素的支农企业。自从企业走向市场后，该厂不靠提价抠农民的腰包，而是靠节能降耗和技术改造来增加效益。当他们看到市场上尿素由原来每50公斤50元提到60元仍是抢手货时，并没有来个“顺水推舟”，而是仍按50元的原价售给农民。该厂厂长说得好：“近年来，虽然受到来自煤炭、电力、运输等涨价因素的压力，但我们不能老在农民身上打主意，靠涨价抠农的买卖不能干！”现在该厂一年生产1万吨尿素都按原价出售，比市价每袋60元少赚农民的钱200万元，但效益仍然提高。

可是，也有些支农企业却意识不到这一点，为了本单位的暂时利益，价格一涨再涨，以致信誉扫地，产品滞销，效益下降。农民呢？由于不愿将有限的资金投入昂贵的农用物资，投入相应减少，结果造成粮产下降，双方受损。

确因原材料等涨价因素的影响，企业适当调整产品的价格群众也是理解的，但是绝不能乱涨价，而应当在革新挖潜、降低成本上动脑筋，下功夫，这才是支农企业，这才是使企业走向兴旺的正确出路。

（九）短评

把眼睛转向山区

顺义县顺华毛纺织厂是一家效益好、产品定货量较大的企业。为了满足定货，他们需要扩散加工产品，以扩大生产规模。那么交给谁去加工呢？他们把眼睛转向了山区，与十个贫困山区乡签订了产品加工合同。这实在是顾全大局，远见卓识之举。

山区，特别是贫困山区由于各种客观条件的限制，经济发展滞后，人民生活水平与城近郊区和平原地区相比还有很大差距。因此，他们发展的速度如何是我们能否实现小康的关键。正如有人所说，没有山区的小康就没有平原的小康，没有平原的小康就没有城市的小康。因此各行各业支援山区，加速山区致富工程的建设是大家义不容辞的责任。

应该说，各行各业为支援山区建设做了大量的工作，有的部门或企业甚至慷慨解囊，无私奉献，帮助建厂建店，表现了高尚的风格。但是，我们现在提出的目标是提前迈入小康，这必然也要加重支援山区的任务，需要开辟新的渠道，想出新的办法，加速山区致富的进程。在这方面，顺华毛纺织厂的作法毫无疑问是值得提倡的。

目前，我们有许多效益高、产品好、销路畅的企业，为解决供不应求的问题，把加工产品扩散到其它小厂，有的为他们加工的小厂多达十几个、二十几个，甚至还要多。这些企业是不是也可以学学顺华毛纺织厂，把眼睛转向山区，在那里多找找自己的合作伙伴呢？

不错，山区的条件差，人的素质也有待于提高，但是只要我们在资金、技术和设备上给予支援，在人才上积极培养，并积极帮助他们加强管理，这种状况是能够改变的。过去，我们平原地区的乡镇企业不也是在城市大中型企业的支援和帮助下，从无到有，从小到大，发展成为郊区主要产业的吗？有些山里人办的企业在老企业的帮助下，不也是办的很红火吗？

只要胸怀全局，各行各业一齐动手，为加快山区经济的发展，多动脑筋，多想办法，多干实事，山区的致富工程肯定会跃马扬鞭，加快进程，山区人民也肯定会早日迈进小康。

（十）《人民日报》短评

公平竞争好

河北省对重大农业科技成果推广项目实施社会招标，把市场竞争机制引入科技成果推广领域，取得了明显成效。事实说明这种做法好。

长期以来，许多地方和部门，不论自身条件如何，都争相要项目，因为项目里边有经费，有优惠条件。争项目怎么争？当然也有一套貌似合理的做法，但实际上透明度不够。如果说也有竞争的话，那么可以说是不太公平的竞争。这样做的后果是，有一部分优秀的科研成果由于推广不力而夭折了。

江泽民总书记在十五大报告中强调："促进科技成果向现实生产力转化。"一项农业科技成果的成功推广，也许就会改变一个县，一个市，甚至一个省的面貌。从这个意义上讲，推广科技新成果也是一种机遇。推广成功，就是抓住了机遇，否则就是丧失了机遇。

俗话说，好姑娘要找一个好婆家。

推广优秀的科研成果，关键是要有一个好的推广机制。河北省对优秀科研成果，实施面向社会公开招标，对投标单位的资格及推广方案由专家以无计名投票的方式敲定，他们的做法，既体现了公平竞争，又有科学的论证，是探索科研成果转化新机制的一种尝试，值得称赞。

[注] 这篇短评发表在 1997 年 11 月 6 日的《人民日报》上，现将同时发表的新闻附在下面。

据新华社记者报道：河北省在农业科技成果推广中引入市场竞争机制，采取重大成果推广项目由政府牵头社会公开招标的办法，收到了显著的社会效果和经济效益。

1995 年初，河北省科委组织省内外大专院校、科研院所的 16 名专家组成评审团，研究制定了项目招标方案公布于社会，根据方案要求，各地市县由政府牵头参与竞争招标，专家评审团依据各地报送方案，以无计名投票形式敲定了藁城（gǎochéng）市 8 万亩小麦联片高产示范、新乐市 10 万亩玉米高产示范和威县 6 万亩棉花高产示范。三个中标单位，都由政府牵头，组成由农林、水、电、物资、财政等部门参加的领导小组，由技术依托单位和当地科技人员组成技术服务领导小组，由县乡村三级党政和科技人员组成承包组，对农民、方田层层建档立卡，形成逐级负责一包到底的网络体系，从而保证了综合组装技术得以实施，使人财物有机结合，政府、科技人员和农民的积极性有效发挥。去年大面积的连片高产示范技术取得成功，8 万亩小麦实现亩产 425 公斤，10 万亩玉米亩产达到 650 公斤，6 万亩棉花平均亩产 85 公斤，产量较上年平均提高 12%。

据统计，全省三年来共向社会招标 17 项重大成果，示范面积 382 万亩，增加粮食产量 2.3 亿公斤；示范辐射面积 1183 万亩，直接增产 7 亿公斤，辐射带动全省 8000 万亩小麦、玉米、水稻，总产累计增加 33.5 亿公斤；农民科学种田的水平也大大提高。这一做法为科技成果推广转化探索出一条有效途径。

（十一）短评

必须严惩这些利欲熏心者

西安市经委赵景章、梁红等人为了牟取非法利益，置党纪政纪国法于不顾，弄虚作假组团出国，造成 23 人集体出走成为非法移民的重大案件，给我们党和国家造成恶劣的政治影响。严肃查处这起案件，再一次昭示了党和政府坚决惩治腐败的决心，也表明了我国坚决打击向国外非法移民犯罪活动的一贯政策。

在改革开放和建立市场经济体制的大潮中，党政机关和干部中确实有少数利令智昏者钻法制不健全、管理不严等空子，为了牟取个人和小团体的非法利益，置国家对外影响和政治声誉于不顾，明目张胆，不择手段地从事违法违纪活动。那些社会上的不法分子也正是看中了某些干部利欲熏心这一点，投其所欲，搞钱权交易，胡作非为，使国家蒙受损失。对此，我们决不能姑息迁就，而必须严惩不贷。

为了有效防止这类事件的发生，一方面要完善和认真执行有关规定，严惩违法违纪者，对违犯党纪政纪者，按党纪政纪严肃查处；对触犯刑律者，要依法严惩，决不能姑息养奸。另一方面，对关键部位的干部要认真选拔，加强教育，使其忠于职守，自觉抵制腐朽思想的侵蚀。

［注］现将有关消息附于后面

西安消息：西安市经委、市外办个别领导干部严重违反外事纪律和国家有关政策规定，为牟取非法收入，弄虚作假，擅自组团出国，造成23人出走成为非法移民。日前，中纪委、监察部在陕西省及西安市纪检监察机关的配合下，严肃查处了这一重大案件。

据悉，对此案负有直接领导责任的西安市经委主任赵景章、企管处副处长梁红被开除党籍、撤销行政职务；市外办主任邓友民和副主任董智对此案负有重要领导责任，分别受到党内严重警告、行政降级和撤销党内外职务的处分。

据调查，今年2月，不法分子张超群要求赵景章帮助组织一批福建人出国“考察”，赵为牟取非法收入，置有关规定于不顾，决定组团，并责成梁红具体经办。此后，张超群等人凭借梁红以市经委名义出具的委托证明书和介绍信，在福建省招募了农民、职工、教师和停薪留职人员23人，并向每人收取人民币4万至14万元不等，总计二百余万元。为办理出国手续，梁红等人将23名福建人冒充为西安市亚细亚服装公司的职工，为他们伪造了籍贯、简历和工作证。后经梁红组织起草、赵景章签发，向市外办报了假借亚细亚服装公司名义组团出国“考察”的请求报告。

市外办在收到经委的报告后，董智借为本机关“创收”之名，严重违反国家有关规定，批示同意，并签发了公务护照。邓友民在政审件未向组织部门备案的情况下，违反规定让工作人员给“考察团”发了护照，致使23名福建人得以顺利出境，并发生了集体出走的事件。赵景章、董智和邓友民在得知“考察团”集体出走的消息后，又不及时向有关部门报告，从而丧失了采取补救措施的时机。

现已查明，西安市经委和外办在这次组团活动中共获取非法收入88.25万元，其中经委获取70.35万元，外办获取17.9万元。此外，张超群等人还以“出国团组费”、“辛苦费”的名义，送给赵景章人民币5万元，送给梁红人民币13.5万元。案发后，赵、梁二人方将此款上交。据悉，司法机关日前已将触犯刑律的有关人员逮捕。此案正在进一步侦察中。

（十二）短评

变了味的出国“考察”

曾几何时，“南下”参观风盛行一时，四面八方纷纷赴海南、深圳等特区学习改革开放的新思路、新经验。这自然是应该的，正常的，但是在这股“南下”风中，却有一些人借此机会看热闹、尝海鲜、买洋货，参观成了变相公费旅游。眼下，在某些人看来国内公款旅游已经不过瘾了，于是又刮起公费出国风。

国内一家工具供货站，发出的订货会议通知竟是“第一次去越南旅游，第二次去朝鲜旅游，第三次去香港旅游。”这些旅游费用谁掏？大概不会掏个人腰包，羊毛出在羊身上，全在订货中解决，此乃“醉翁之意不在酒”，在乎公费旅游中。

某市气象局经费严重紧缺，职工奖金从去年6月至今分文未发。但是，该气象局局长利用职权，照旧报名参加出国“考察”活动，让下属部门从贷款中拨出15000元，作为他“考察”的费用。搞生产，搞科研，没资金，为什么一说出国就能拿出钱来？花的是公家的钱，而且又堂而皇之地是“出国考察”！改革开放嘛。

创建高度发达的物质文明和精神文明，必须大开国门，走出去学习。问题是有些人出国不是根据实际工作的需要，花最少的钱争取最大的考察成果，而是找出种种借口，以达“出洋”目的，名为出国“考察”，实为公费旅游。有的组团出国“考察”、“学习”，点多线长，路途远，任务不明确，没有实质性的考察内容，有的在办理出国手续时说不清楚出国究竟为什么。靠这些人出国，能指望学到人家先进的东西吗？诸如此类的出国越多，代价就越高。在接二连三的“出洋”队伍后面，成千上万用工人的劳动、农民的汗水、科技人员的心血换回的外汇，就海水般地流去了。

公费出国考察已变为一些人谋私的手段，是一种腐败行为。在当前深入开展反腐败斗争中，制止公费出国旅游，也应视为惩腐倡廉的一项重要工作来抓。在完善制度、加强监督的同时，对违法违纪违令的决不能仅仅停留在三令五申上，必须要动真格的。只有这样，才能煞住公费旅游出国风。

（十三）短评

挥霍公款的又一股歪风——公款点歌

公款挥霍真是不得了，公款吃喝还没有刹住，又来了公款点歌。一些干部下到基层，酒酣饭饱之后到歌舞厅潇洒走一回，少则几百元，多则几千元，甚至更多。这些钱，都是由基层单位支付。难怪有人说：“不怕请客吃饭，就怕请客跳舞。”

当前，各地舞厅发展较快，而且大有高档化的趋势。之所以能够如此，重要原因之一是得力于公款消费。据笔者的一位当舞厅老板的朋友讲，他的舞厅收入80%是机关单位的公款支付的。

公款点歌大多是接待单位安排的，为的是能得到上级的政策优惠及资金、物资分配上的关照。因此，要解决这个问题，一是上级机关要自律，要廉洁，要确实根据事业发展的需要公正地使用手中的权；二是接待单位的自身也应端正态度，既要热情接待客人，更要严格执行国家财务制度，加强财务支出的监督。

公款点歌的危害是显而易见的，它使国家财力流失，社会风气败坏。因此我们要大声疾呼：必须立即采取有力措施，坚决刹住这股歪风！

（十四）《人民日报》短评

牢记宗旨　敬业为民

12月25日，国务院在北京隆重召开表彰大会，授予东莱派出所等公安系统七个单位荣誉称号。我们谨向这七个先进集体表示热烈祝贺！向战斗在打击犯罪、维护国家稳定和社会安全第一线的全体公安民警致以崇高的敬意！

这七个先进集体是全国公安机关涌现出来的众多先进典型的突出代表。多年来，他们在党委、政府和上级公安机关的领导下，服从和服务于党和国家的中心工作，在平凡的岗位上，把全心全意为人民服务的宗旨贯穿在本职工作中，落实在具体行动上。他们以人民满意为标准，忠实履行法律赋予的神圣职责，充分发挥了公安机关的职能作用，出色地完成了各项公安保卫任务，为保卫改革开放和社会主义现代化建设、为人民的安居乐业做出了突出贡献，赢得了各级党委、政府的充分肯定和社会各界的普遍赞誉。他们的先进事迹具有鲜明的时代特征，代表了新时期公安工作和队伍建设的正确方向，他们的先进事迹充分说明，越是在改革开放和建立社会主义市场经济体制的新形势下，越是要继承和发扬党的优良传统，越要坚持全心全意为人民服务的宗旨，大力弘扬无私奉献的敬业精神。

全心全意为人民服务是我们党的宗旨，也是公安机关和人民警察的宗旨。江泽民总书记在十五大报告中指出，建设有中国特色社会主义全部工作的出发点和落脚点，就是全心全意为人民谋利益。公安机关是人民民主专政国家政权的重要组成部分，是国家重要的执法机关之一，也是党和政府接触群众最广泛、联系群众最密切的部门之一。公安机关和人民警察的根本任务，就是保卫国家和人民的利益不受侵犯，坚持全心全意为人民服务，这也是做好公安工作的根本政治方向。

全国公安机关和人民警察都要以东莱派出所等七个先进单位为榜样，认真学习贯彻党的十五大精神，高举邓小平理论伟大旗帜，牢记全心全意为人民服务的宗旨，弘扬无私奉献的敬业精神，努力探索新时期公安工作的规律和特点。要深化改革，努力建设与社会主义市场经济建设相适应的公安工作运行机制和队伍管理机制，建设一支高素质的党和人民满意的、能够跨世纪担当重任的公安队伍。要深入开展反腐败斗争，加强廉政建设和纪律作风建设，确保公安机关和民警依法履行职责，优质、高效地完成各项公安保卫工作，为维护国家稳定、社会安全和人民群众安居乐业做出更大的贡献。

[注] 这篇短评发表于 1997 年 12 月 26 日的《人民日报》，现将配发的新闻附于下面。

北京消息：作为公安基层先进集体的优秀代表，黑龙江省哈尔滨市公安局东莱派出所等 7 个先进单位今天在京受到国务院的隆重表彰。

据悉，这是公安战线受表彰的最高规格，也是历年国务院对公安战线表彰数量最多、规模最大的一次。

根据国务院的决定，黑龙江省哈尔滨市公安局东莱派出所、北京市公安局牛街派出所、广东省广州市公安局华乐街派出所被授予“人民满意的派出所”荣誉称号，上海市公安局南京东路警署被授予“南京路上好警署”荣誉称号，山东省济南市公安局交通警察支队被授予“严格执法，热情服务交警支队”荣誉称号，福建省漳州市公安局巡警支队直属大队被授予“人民的110”荣誉称号，山西省曲沃县公安局看守所被授予“模范看守所”荣誉称号。

中央政治局委员、书记处书记、国务委员罗干在今天的荣誉称号命名大会上说，实践证明，公安队伍是一支党和人民完全可以信赖、特别能战斗的队伍。

罗干指出，公安机关作为国家的重要执法机关，在建设社会主义法治国家进程中负有重要责任。在新的形势下，公安工作和公安队伍建设要坚决贯彻实施“依法治国”的基本方略，维护国家宪法和法律的尊严，正确处理改革、发展、稳定的关系；依法严厉打击各种犯罪活动，坚决扫除黄赌毒等社会丑恶现象，加强社会治安综合治理，为改革开放和社会主义现代化建设创造安全的社会环境。他希望广大公安民警进一步密切警民关系，严格执法，热情服务，努力为人民群众的生命财产安全提供可靠保障。

国务院副秘书长杨景宇在会上宣读了国务院的表彰命令。公安部部长陶驷驹主持会议。

（十五）人民论坛

叶大春：戒“心动”

佛家有这样一个故事：一群和尚正闭目打坐，突然一阵风来，把寺中旗杆上的幡吹动了。一个小和尚说：“幡在动”。另一个小和尚说：“不是幡动，是风动。”老方丈说：“既非幡动，亦非风动，是心动。”不是“风动”是“心动”，这是一个主观唯心主义的命题。“戒心动”是佛家用来教育出家人修身养性的。我们是唯物主义者，但不妨从“戒心动”中受到启发，警戒私心杂念，以加强我们的品格修养和党性锻炼。

“苍蝇不叮无缝的蛋，狐狸爱钻有洞的窝”，这是一个很简单的道理。我们的各级领导干部，只要在各种诱惑面前心不动，什么糖衣炮弹、金钱美女、吹牛拍马、甜言蜜语，都能抵挡。心灵的堡垒是最难攻破的，除非自愿打出白旗。

有的人贪污受贿东窗事发后，痛哭流涕，哀求宽恕，怨政策界限不明，怨社会风气不好，怨物欲诱惑太多，怨行贿者手腕太狡猾，怨开后门拉关系的人太执拗，怨亲朋好友合伙坑害了自己，怨老婆吹了枕头风，就是不问问自己：心动了没有，守没守住自己心灵的防线？

古人在戒心动上是很有一些招法的，可资今人借鉴：

一曰：“封心”。《清朝野史大观》载：清道光年间刑部大臣冯志圻酷爱碑帖书画，但到外地巡视，绝口不谈自己的爱好。一下属知其爱好后，献给一本宋拓名牌帖。冯原封不动退还。有人劝他：何不启封看看？他说：这种著名古物若是真的，一看就爱不释手了；不打开看，可以想象它是赝品，心里还好受一点。封其心眼，断其诱惑，任尔物多美，色多艳，钱多迷人，眼不见心不乱，其奈我何？

二曰“惧心”。《韩非子》载：鲁国宰相公仪休喜欢吃鱼，国中许多人争先恐后买鱼献给他，他一概不收。其弟感到奇怪：那么喜欢吃鱼，为何不收？公仪休回答：正因为我喜欢吃鱼，所以不能收别人的鱼。一旦收下别人的鱼，就得徇情枉法替人家办事，徇情枉法就难免丢了相位。丢了相位，自己想吃鱼也买不起了。这种惧怕心理不失为一种自律法，权衡利弊得失，决不轻举妄动。

三曰“禅心”。《后汉书》载：东汉名儒杨震迁任东莱太守时，路经昌邑，县令王密携带黄金十斤贿赂。杨震坚拒不受。王密以为故作姿态，劝说道：暮夜无人知。杨震反驳道：天知地知我知你知，怎么说无人知呢？称得上是禅言。以为是神不知鬼不觉，阴差阳错，到头来还是会暴露在光天化日之下，正所谓“天灭我也！”

四曰“洗心”。唐人笔记小说载：有一个想当清官的县令却长着一颗贪心和一双馋眼，见了钱就眼馋心痒。他很苦恼，找到阎王爷诉苦。阎王爷说，果真要当清官，洗净贪心，换掉馋眼就行。阎王爷命鬼医替他洗心换眼，果真做了清官。这虽然是个神话故事，却说明了一个道理：只要洗心革面，痛改前非，自觉抵制物欲邪念的诱惑，还是能做清白之人的。

五曰“贞心”。《左传》载：宋国京城长官子罕拒绝了一个拍马屁的人献的宝玉，幽默地说：我以不贪为宝，你以宝玉为宝。假如你把宝玉送给我，我俩都丢了宝。倒不如我们各自拥有自己的宝为妙。以不贪为宝，保持一颗坚贞的心，最是难能可贵。

戒心动，做到富贵不淫，贫贱不移，威武不屈，历来是为人称颂的至高境界。这当然不能只靠关起门来修身修性，而必须和为人民服务的实践活动联系在一起。我们的各级领导干部如能把全部的兴趣、热情和才华投入伟大的历史变革，为国力增强、人民生活水平提高而心动，为宏伟的跨世纪工程的实施和进展而心动，我们干部队伍的精神面貌就会更加振奋，我们的事业就会所向无敌！

法制漫谈

汪玉春：且说“覆”与“鉴”

有句古话，叫做“前车之覆，后车之鉴”，讲的是中国人对于“覆”与

“鉴”之间关系的一种认识。但是，社会上有不少人却总是沿着“前车之覆”而一覆再覆下去的。

人生在世，生命只有一次，脑袋只有一个，按说杀头之“覆”当为人生最大之“覆”了。可是偏偏就有连掉脑袋之“覆”也不引以为鉴的人。1995年1月16日，原贵州省国际信托投资公司董事长阎健宏因收受巨额贿赂被枪决，成为轰动全国的一起大案。善良的人们原以为这可足够贪鄙之人警戒一些时日的了。但是谁曾料到，接替阎健宏担任“贵信”党组书记、董事长、总经理的向明序又于1996年2月锒铛入狱，其罪名还是收受贿赂。原北钢党委书记管志诚利用职务之便，贪污、索贿、受贿近150万元，于1991年秋掉了脑袋。具有讽刺意味的是，在管志诚被处决之后任北钢公司总经理助理和副总经理的杨立宇、赵东祥又重蹈覆辙。他们在管志诚死后不到两个月就开始联手作案，而且手法简单，胆大妄为，仅在一笔业务中就索贿受贿150万元人民币，结果主犯杨立宇被判死缓、从犯赵东祥被判有期徒刑15年。

当一个人连“死鉴”都不当一回事的时候，“前车之覆”对他来说还有什么意义？当然，我们今天引述这些足以让人“惊心动魄”的事实，真正目的还是要讨论“前车之覆”怎样才能成为“后车之鉴”。我们以为，要想变“覆”为“鉴”，离不开这样几方面的工作。首先，人们要有变“覆”为“鉴”的自觉性，特别是那些掌管人财物大权的各级领导者们更是如此。套用一句老话来说，叫做要“不断改造世界观”，尽管这个口号在某些人听来会感到有些刺耳。因为只有世界观、人生观、价值观端正了，才能拒腐防变，才能避免重蹈覆辙。其次，上级党委和组织人事部门，应该开拓用人渠道，真正做到知人善任。我们不能抱怨在这些案件中上级用人不当，但是也不能忽略任用了奸佞之人的可能性。事实上，这些年来在组织工作中确实存在着任人唯亲、任人唯近的问题，以至被心怀叵测之徒钻了空子。还有，应该切实加强对权力的监督，因为失去监督的权力必然导致腐败。在阎健宏、向明序案子中，阎、向二人都是独揽“贵信”审批贷款的大权，上级对他们滥用职权缺乏有力的监督，这个教训难道还不够深刻吗？

由此看来，变“覆”为“鉴”，不仅是掌握大大小小权力的人的责任，也是各级组织以至整个社会都必须认真考虑和对待的一个问题。

漫谈

肖荻："小偷尿裤"与"贪官惊魂"

一个小偷正行窃时被公众发现、追捕，逃窜时失足坠楼，一看，早已尿湿了裤子。一个流氓偷窥女生宿舍，被人发现喊捉时仓皇跳进臭水河，活活溺死。这都是天津社会上近期发生的小故事。无独有偶。小蟊贼做贼心虚，大贪官也并非"电线杆子绑鸡毛"，胆壮气豪。原辽宁鞍钢某处处长赵忠升六年受贿590万元，据其本人交代：这些年他一直提心吊胆过日子。只要报纸、电视上一揭露出腐败典型，他就要怕个三五天，乞求佛爷保佑，当然，佛爷没理这碴儿。

这些大小蟊贼一遇风吹草动，如此丑态百出，说来也不奇怪，这正应了那句话：做贼心虚。

由此想到，近见有同志以"刀枪不入"为题著文称："只有诉诸法律才能有效地惩罚犯罪和控制犯罪，道德的谴责和批判已无能为力，可以休矣。"对强调法制的重要我自然一百个赞成。但，我却觉得，像本文开头所说的那些小偷、流氓、贪污分子，那种既欲壑难填又心惊肉跳的心理状态，恐也不是个别现象。这些家伙面对正义的谴责，真的像穿上"铁布衫"而坚如磐石刀枪不入了吗？未必。他不会放下屠刀，但也绝非老僧入定。

当然，对滑向犯罪泥坑的堕落者，既不能不教而诛也不能对牛弹琴，但道德谴责和道德批判并不等于空谈大道理。是非分明的道义谴责，不仅是有力的舆论监督，而且也是对某些人进入铁窗前最后的棒喝。顽固者如王宝森恶贯满盈东窗事发宁可饮弹自尽来逃避千夫所视、千夫所指，恰恰暴露了贪官污吏对道德审判的恐惧和怯懦。我倒是觉得，对万民痛恨的那些硕鼠、蠹虫固然要处以"武器的批判"，但也不能忽视运用"批判的武器"，如果简单地一毙了之或一判了之，那岂不把"资源"浪费了？刘青山、张子善已处决几十年了，仍在不断地给以道德谴责和批判，这确也起了相当的警世作用。道义批判是社会良知的呐喊，是群众义愤的宣泄，是对腐朽灵魂的鞭挞，是对犯罪轨迹的曝光，因而也是对法制强有力的补充。

读者论坛

周云武：拾包索酬的感慨

一次，湖南医科大学附属中学组织学生到长沙市"植物公园"郊游，有个初中学生不小心把包丢了，内有各类急救物品，也有些食品。几个成年游人眼明手快，将包拾起，小伙伴们期望"叔叔"把包还给他们。可"叔叔"们居然提了个要求：拿一百元作"劳务费"，方可还包。老师上前理论，他们就退了一步，要把"吃"的留下，反正不能无偿捡包。后托熟人找"关系"，才算把包要回。

拾金不昧，本来是中华民族一贯倡导的传统美德，表现的既是一种拒绝不劳而获的做人本分，也是一种替他人着想，为他人分忧的无私精神和高尚品德。然而，时下有些人，却把市场经济中的金钱交易，移到了人与人之间交往的社会生活中，凡事都讲等价交换，举手之劳也要索酬。这几个拾包的"叔叔"，可谓"杰出"代表。在他们看来，将包捡起，要低头、要弯腰、要伸手，是"付出了劳动"的，哪能白干？前些天，还听说有个人捡了包，还包于失主之后觉得所取报酬太少，偏又碰上丢包的是个"小气鬼"，不肯"加码"，终于打起官司来。与打官司者相比，这几个"叔叔"的境界可是"高"多了。

现实生活中，如果把商品经济的原则，机械地移到社会生活中来，我们所崇尚的高尚品德，需要继承和发扬的传统美德，就会失去应有的席位，受侵害的将是人类文明。让这些尚未涉世，天真、纯洁的孩子们过早地领受到人间的无情和社会的阴暗，其严重危害更是不言而喻了。

看看此类"拾金"者的索取行为，想想那些乐于助人却不留姓名的英雄，心里禁不住生出不尽的感慨！

群言堂

王淑敏：呼唤礼仪教育

《德育报》曾发出倡议，希望全国中小学加强对青少年的礼仪教育，把礼仪教育作为德育工作的重要内容来抓。此倡议十分必要。

礼仪是为了维系社会生产方式和社会生活而约定俗成的最基本的行为规范，是一个国家和民族道德风貌和社会进步的反映。一个健康有序、文明进步的社会，不仅是一个"赏罚分明"的法治社会，还应是一个有"礼"、循"仪"的礼治社会。

我们时常感叹，现在的人们普遍缺乏公德意识，缺少最基本的礼仪。不遵守交通规则、随地吐痰乱扔垃圾、不遵守公共秩序等不文明现象屡见不鲜。不懂礼、不讲礼而产生的不良现象，使人深有切肤之痛。另一方面，现在的独生子女在青少年中所占的比例越来越大，由于家庭的过分溺爱，使得他们中的相当一部分人养成了以自我为中心的自私、目无尊长、贪图享受等不良品质和习气，这样的孩子将来能否成为讲文明、懂礼貌、守纪律的好公民，是让人存疑的。

事实一再告诉我们，加强礼仪教育，提高公民的公德意识已经刻不容缓。而礼仪教育最关键的是要从小抓起，即从幼儿园、小学抓起。因为这个时期，孩子们还没步入社会，可塑性大，而且又是长身体、长知识的阶段。“蒙以养正”，从小施以礼仪教育，养成良好的文明行为，这对他们以后的成长乃至一生都是至关重要的，也是他们成人、做一个合格公民的最起码的条件和素质。因此，我们的学校应把礼仪教育作为学校德育的一项重要内容来抓，培养他们的公德意识；我们的家庭应跳出“溺爱”的误区，配合学校，对孩子正之以身，施之以礼，为他们成长为一个好公民打下基础；我们的社会则要千方百计地为孩子们的健康成长，创造一个良好的教育环境，使他们在真诚、友爱、和谐的生存环境中受到熏陶。

小小论坛

彭俐：孩童三亿无歌唱

新学年伊始，小学老师介绍刚刚入校的新生相互认识。为活跃班里气氛，她问孩子们谁会唱歌。半晌无人响应。终于有个男孩站了起来，唱的却是：“村里有个姑娘叫小芳，长得美丽又大方……”同学们一听都笑了，老师却只想哭。

无独有偶。在西藏拉萨刚刚结束的隆重庆祝雪顿节的游园活动中，一位电视台的记者找来十几个穿着艳丽的藏族小朋友，让他们选一首喜欢的歌来表演，以便录像。孩子们面面相觑，找不出人人喜欢又人人会唱的歌来。最后，还是由大人提议，唱起了几十年前流行的歌曲：“雪山升起呀红太阳，翻身农奴把歌唱……”

不缺少名牌服装，不缺少电子宠物，不缺少麦当劳快餐，不缺少祖辈、父辈双重呵护的孩子们，偏偏缺少适合他们的歌曲。于是，穿行在大街小巷里，你会不时地听到，那稚嫩的童声唱出的一首首从电视里学来、为成年人促销的广告歌“我的眼里只有你……”，甚至是情歌“妹妹你坐船头……”

等。在班级联欢会上，在夏令营的篝火晚会中，在少年宫的儿童合唱团里，老师们最头疼的事，就是搜索枯肠地寻找一支属于当今孩童的、广为传唱的歌。实在找不到，就只好把历史的时针倒拨，让今日的少年儿童回到五六十年代，回到《让我们荡起双桨》、《听妈妈讲那过去的事情》的情境中去。

每一位成年人，面对我们国家多达三亿的少年儿童鲜有歌曲可唱的尴尬情景，应该赧颜。而每一位或职业或业余的词曲作者应该如坐针毡，并迅速拿起笔来雪耻。如今，成年人的歌曲多得唱也唱不完，成年人的歌星多得数也数不清，成年人的知名词作家、曲作家可以开列出一个长长的清单来。为什么我们偏偏忘却了孩童，冷落了孩童，疏远了孩童?！是不是因为一首儿童歌曲，不足以奠定我们在词坛、曲坛的辉煌地位？是不是因为一首儿童歌曲，不可能成为闯入演艺圈的一炮走红的主打歌？是不是因为一首儿童歌曲，无助音像制品商人的利润……？

是的。一代人不能代替另一代人去感觉，感知，感受。今天的孩童应该拥有能表达他们自己生活和心声的歌曲。否则，在他们长大成人之后，记忆中的音响世界将留下一片无法填充的空白。在联合国教科文组织的文献中，清晰地表达了一种文明社会的共识：“把人类所拥有的最美好的东西，给予妇女和儿童。”为此，我们可以实实在在地做点儿什么。比如，写一首儿童歌。我们多么期望儿童歌曲创作的天地中，出现一位安徒生。

漫谈

多读点书吧！

眼下的广播电视，谈话式节目风行起来。作为一种吸引听众参与的方式，当然无可厚非。但听了许多以后，一个最突出的遗憾，就是不少主持人的文化素质太差。这不仅是指读错别字、用词不当、闲话废话太多等等，也是指他们的知识面太窄、知识度太浅。现在确实有少数青年，满足于一知半解，以为凭一点时髦气派和语汇，加上所谓的机敏、悟性，就可以走遍天下，其实是自欺之谈，自误之道。

说一点钱钟书先生的轶事，对我们或许会有启发。钱钟书不但以小说《围城》等著作名世，而且是个大学问家。有人把他的一部学术著作《管锥篇》作了番统计，所引证的西方学者作家近千人，被引证的著作达一千七八百种，可见他涉猎之广博。他的夫人杨绛的回忆文章中曾讲过这样一件事：

一位学生期末按要求写了一份读书报告。他并没有认真阅读思考，只是从几十本书中东抄西凑，草草交账。钱先生看后不作评语，只是把他所有引录的出处一一注出。他这种幽默的批评，曾一度传为美谈。

当然，同代如钱钟书者能有几人？也没有理由要求所有行业、所有阶层、所有年龄层次的人，都要成为学问家。只是为了整个民族的文化素质的提高，我们应大声疾呼："不要满足于一知半解、自我感觉良好，多读点书吧！"

漫谈史学的寂寞

近些年高考报考文史科的学生日渐减少。今年上海各高校录取的500分以上的考生名单，历史学科达标的为数不多，分数也比其他学科低。历史学科受到年轻人的冷落，不能不引起人们注意。

世上的人事，并不是像神话中的孙悟空，凭空从石头中蹦出来的。无论何人何事，总有个来龙去脉。了解、研究事物以至社会发展的历史，追根究源，并不是让人们单纯地向后看，或者当作文人墨客手中的玩物，而是回顾留下的脚印，探究步子是大是小，方向是正是偏，印子是虚是实，以便明白前进的方向、速度。励精图治的古人说过："以古为鉴可知兴替。"可见，历史的经验和教训，分析得当，采择正确，正是事物乃至社会发展的动力之一。

我们中国历史悠久，上下五千年。祖先给我们留下了许多优良的传统，也有不少糟粕。对糟粕自然要摒弃，不能任其沉渣泛起，死灰复燃，对精华也需要筛选，那些在当时还不错，但今天因环境、条件的变化，不怎么实用的，也应该辨析出来，搁置一边。对于当今和将来有价值的优秀遗产则须认真地继承和发扬，鞭策我们更好地前进。

在古代史、近代史、现代史中，最有价值的要算中华人民共和国史。因为新中国的历史同现实紧紧相连，性质相通。我们要让新中国更加昌盛，就得研究和分析这40多年的历史，从中吸取营养和动力，警惕那些教训再现。

其实，历史远不止政治、决策方面的，还有经济、科技、教育、卫生、文化等方面的，而我们在这些方面的研究还很不够。这些方面的老前辈、过来人，实在应该认真回顾历史，总结经验教训，给青年人留下宝贵财富，明确该如何换脑筋，创造未来。

社会的发展是物质的，也是历史的。只顾眼前而不看未来是不对的，割断过去也是不行的。但愿被冷落的历史学科尽快地恢复到应有的热度。

短评

乘客·司机·售票员

今年冬运即将来临，乘车难与行车难的问题又将突出，要解决好这个问题就需要我们的司售人员与乘客之间多一份理解，多一份尊重。

应该说，司售人员的工作相当辛苦，高峰堵车及误点往往使他们不能按时上下班，这给双职工及家务负担重的司售人员带来了重重困难，使得他们往往容易着急上火。作为乘客呢，迟到要扣奖金，下班后要接孩子、买菜，着急上车的心情更不必说。

大家明白双方都有苦衷，就应该多为对方着想一下。售票员要主动报站，积极疏导乘客，遇区间车、快车及时向乘客讲明白。提高服务质量，温暖乘客心。我曾见过一位售票员，他查票时总说："请您送个方便，把车月票打开。"我从未发现他在票的问题上与乘客争吵。应该说，是他的和蔼亲切创造出了一个融洽的乘车气氛。

身为乘客，我们上车后要做到主动购票，不堵门，扒门，下车时提前做准备。对司售人员多一份尊重，许多事情就会有另一番结果。我坐过一趟快车，车上有三个女学生，她们要去的那站快车不停。她们很着急，便有礼貌地对司售人员好言相求并主动出示车月票，使得司机破例为她们停了一站。对司售人员的尊重最终换来了她们自己的方便。

总之，要搞好今年冬运秩序需要大家的共同努力。我们要相互理解，互相尊重，力争让紧张的冬运变得更加顺畅、融洽。

小议论

年节好度　"历、卡"难过

年终了，人们都在迎接春节，迎节要作两大准备：一是吃的，二是送的。

吃的，接近年终，粮、油、肉政府及时限价，已不足为虑；加上政府禁止放鞭炮，不仅可以节省一笔可观的开支，而且安全有了保证。

送的，为了联络友谊，报个平安，感谢各方，送个挂历、贺年卡什么的，也是需要的。然而，今年市场上挂历不仅奇贵，少者四五十元，多者二三百块，而且多为美人画，"三点"式，"雅观"得拿不出手！只好改送年卡。可北京的年卡，今年也得刮目相看：一张小纸片，有奖带保险的要六元伍角一张，好一点的有奖无保险的年卡也得二元伍角一个，美术年卡更是贵得不敢问津，大家只好去抢购伍角一张的有奖年卡，但它只在各邮局露了几天面就不见了，只好忍痛作罢。无怪有人叹息说："年节好度，'历、卡'难过！"

不知历、卡商想过没有：是卖100万张伍角的年卡赚钱，还是只销1000张六元伍角的或八元的年卡利润高？

思考题

1. 什么叫新闻评论？它有哪些特点？
2. 评论播音的特点是什么？
3. 怎样才能使评论播音的观点鲜明？
4. 为体现评论的严密的逻辑，在播音再创造过程中都应该注意些什么？
5. 在评论播音中为什么必须要处理好"事、情、理"这三者的关系？

第三章　通讯播音

一、理论概要

过去在广播里常见的新闻报道体裁最主要的有两种，一种是消息（即新闻），一种就是通讯。

通讯是我国新闻界很有特色的报道形式，自新华广播电台成立以来，通讯报道以崇高的时代精神启发、教育了一代又一代人树立起积极健康的人生观、世界观。通讯报道在我国各个历史时期都像进军的号角，发挥着激励、鼓舞人民群众克服困难向前进的作用。一篇篇通讯佳品。如："西瓜兄弟"、"桌子上的手表"、"谁是最可爱的人"、"一厘钱精神"、"为了六十一个阶级兄弟"、"大庆铁人王进喜"、"县委书记的榜样——焦裕禄"、"人民的好医生李月华"、"为了周总理的嘱托"、"一篇没有写完的报道"……等等，至今人们也难以忘怀。值得注意的是，在广播中通讯报道的成功，与通讯播音再创作的成功是密不可分的。

当然，随着社会的发展，节目形式越来越丰富，新闻报道形式和报道体裁也有不少创新和发展。大部分广播电台把原来的通讯体裁归入"新闻专稿"的范畴。"新闻专稿"实际上是个综合概念，它是广播、电视、报纸刊物中运用的除了消息以外的，以提供具体新闻事实为主的所有新闻报道性体裁和报道形式的统称，因此人们也称新闻专稿为"繁体新闻"。

新闻专稿所包含的报道体裁和报道形式很多，如：调查报告，专访，实况转播，录音、录像访问等等，通讯只是其中的一种体裁。目前，通讯仍是报纸的主要报道体裁，广播中也使用，但不如以前那么多见了。从播音教学规律出发，通讯有助于训练播音员、主持人进行详细具体报道的独特表达技能。通讯播音训练可以帮助播音员、主持人，在不能借助其它形式、手段时完全可以依靠语言表述功力完成详细具体、生动深刻的报道任务。

要播好通讯，首先应掌握通讯体裁的特点，明确通讯体裁对播音的要求。通讯体裁的功能是详细具体、形象深入地报道新闻事实。通讯体裁的特点是：①内容真实。②讲求时新性。报道的都是受众应知、欲知、未知的新鲜而典型的事实，但在时效方面不及消息要求严格。③通讯比消息篇幅长、容量大，报道深入。④通讯稿件倾向鲜明，作者感情色彩浓重。⑤通讯表现方法比消息丰富、灵活。⑥通讯比消息写得口语，叙述舒展、详尽，生动。

要播好通讯，首先还是应按播音基本要求准备好稿件。主要从两方面进行准备。①是对稿件内容进行恰当、具体地想象、联想，作好感受、体验方面的准备。②是通过必要的分析，正确、充分理解稿件精神实质。

先说第一方面的准备。我们要能够根据稿件提供的材料，很真挚地向听众详细具体，形象生动地报道新闻事实，自已心里就要先有这些人或这些事、这些情景。这就要求播音员、主持人根据稿件提供的背景情况，详细情节、细节，或大量具体材料，理清头绪、设身处地，进行身临其境的想象、感受和情感体验。让稿件文字在自已脑海中化为真切可感的生活，变为打动自身的活生生的人和事。即“播音基础”部分阐述过的“情景再现”。作为一种内部技巧，“情景再现”的能力和内心调动的效果如何，是直接影响通讯播音再创作成功与否的重要一环。

第二方面。在充分了解稿件内容，充分体验、感受稿件所记叙的这段现实生活的基础上，根据播音工作基本要求，对稿件进行必要的分析理解工作，作到正确、深入地认识稿件精神实质。这也是关系通讯播音创作成败的关键。

重视分析理解稿件而忽视想象、感受的通讯播音，难免感情苍白，生硬、呆板、乏味；重视想象、感受而忽视分析理解稿件的通讯播音，则可能播得见字生情，热热闹闹，却肤浅无物。恐怕这都与通讯体裁在大众传播中应具有的社会功能大相径庭，最终影响报道效果。

第二方面的准备，①主要通过归并、划分具体理解、体会内容，认清通讯的主题；②进一步联系播出背景，明确播出目的、播出对象，调动播讲热情，确定主次；③从把握基调、节奏、风格等方面入手、全面把握每篇稿件的特点，写出播音提纲。然后再生动地运用重音、停连、语气、节奏等手段，表现内容，表达主题和播出目的。

通讯播音还应特别注意以下几点：①通讯是新闻报道性体裁，所以首先要善于理解一篇通讯的新闻价值及所包含的信息、知识。播得内容新鲜、饱满、生动而有兴味。②通讯播音总体比新闻播音口语、自然，像和听众热情、诚恳述说采访见闻那样进行通讯报道。通讯播音比新闻播音语言节奏从容、舒展。因此应避免念稿，避免节奏快、赶。③在掌握通讯结构的基础上，作到表述事实脉络清楚、层次分明。让听众听得明白、记得住。通讯常见的结构形式有：时间顺序结构，空间顺序结构，逻辑顺序结构，起、承、转、合结构，作者对报道对象的认识、印象变化顺序结构等等。④结合播出背景，具体体会稿件内容，充分认识主题思想和播出的针对性、必要性，调动播讲者的社会责任感和播讲愿望。避免就事论事地播。⑤通讯播音表现主题的规律，一是通过领起性或归结性的重点语句直接点题，更主要的是通过具体事实，通过形象生动的情节、细节描述，来具体展现主题。人物的语言、心理活动、情态、行为刻画常常对表现主题起重要作用。⑥通讯播音的倾向要鲜明，感情要真挚而充沛。避免感受笼统、感觉空洞，避免感情淡漠、虚假、做作，乃至见字生情。通讯的写法不同于新闻，所以应避免用客观的方法播通讯。⑦无论通讯内容是什么，人物类、事件类、经验类、风貌类等等，都要根据每篇通讯所报道的对象的独特之点，播出每篇通讯的特色，避免千篇一律。⑧吸取民间讲故事的招数，注意通讯标题、开头展开部分、结尾之间的照应关系。在与听众的积极交流中，兴味盎然地一步步把听众引向一个又一个通讯报道的境地。⑨通讯播音表达方法比新闻、评论播音丰富，避免表达拘谨、平直，手法单一。根据稿件写法，注意全篇语言贯穿，前后呼应。相应地可以运用概括叙述，具体叙述、描绘、议论、抒情等多种手法表现内容。随着内容的发展变化，播音中感情色彩、感情形式的变化，播音时的语气、节奏也应有不同形式、不同程度的对比变化。口气比较灵活。整体看，通讯播音的语势起伏变化比较明显。有些稿件，播音时还要注意线索、人称、写作风格及其所包含的寓意等等表达问题。播得新鲜、生动、深刻感人。透过平实的报道引发听者绵深的感触和思考。

通讯主要有四类：人物通讯、事件通讯、工作通讯、风貌通讯等。掌握各类通讯特点，就掌握了分析各类稿件的规律，有利于我们迅速、正确地理解稿件精神，把握叙述脉络和重点。

通讯播音固然有自己的特点，播出时还应注意适应性、谐调性。即，当通讯稿件被安排在不同节目中播出时，应注意播法上与整个节目的风格特点谐调。如放在新闻节目里播，就比在一般专题节目、主持人节目里播，语言要简约、紧凑。如串在主持人节目里播，就要融入主持人的风格特点。

这里选编的通讯播音教材，在教学上都具有典型性。希望通过练习能促进大家提高通讯播音水平。

二、示例：《洪峰到来时……》及示例分析

（一）示例：《洪峰到来时……》

①乌云压顶，霹雳裂空，洪水滚滚而来，就像“天河”决了口。今年6月10号17点一场空前的灾难降临在怀柔县汤河口，降临在大北沟门这个地图上很难找到的小山村。

②那天上午9点多，怀柔县开始下大雨，中共汤河口镇委员会召开各村主要干部参加的紧急防汛会，又通过有线广播，播出当晚有大雨的消息，要各村农民马上进避险棚避雨。

③大北沟门村的广播机和电话在村主任通龙家里，清早起来他就出山了，家门锁着。

④到下午还没有看见大北沟门村村干部。乡党委急了，派车进山通知村党支部书记赵凤足，让他马上组织群众避险。

⑤赵凤足二话没说，披上雨衣就要走，老伴儿杨贵兰拦住他：“上山加点小心，绕着水走。家里就我一个人，你可想着接我来。”赵凤足又是那句平淡的老话：“我是党员，得先想着大伙儿，党给的任务得按时完成。”

⑥大北沟门村由主村和3个小自然村组成，分散在1.5公里长的山沟里，广播打不开，赵凤足和村妇女主任王文珍一起，分头挨家挨户报警，全村94户乡亲一家不落。

⑦看着乡亲们纷纷离家上了山，赵凤足的心才算放下一大半。雨越下越大，洪峰越来越高，赵凤足惦记着村里那座桥，怕桥阻水冲了村子，就对王文珍说："你先照看着山上的乡亲们，我再回村去看看赵志才他们把山洪沟上的小桥拆完没有。"没等王文珍阻拦，他已经跌跌撞撞地向村里跑去了。

⑧叫赵志才的小伙子刚刚把搭在村边山洪沟上的简易桥掀起一角，像一堵墙似的洪峰，就猛虎下山般地扑了过来，小伙子跳出一步，抓住一棵小树，回头一看，小桥和赵凤足都不见了。

⑨洪水塞满了大北沟，一尺多粗的大树，劈里拍啦地折着，就像做饭时折柴禾。水头所到之处，房屋、堤坝、牲畜……眨眼的功夫全没了踪影。

⑩雨停了，水慢慢往下退，乡亲们回了村。人们无心回家清点财产损失，却不约而同地沿着山沟，打着手电寻找老书记。

⑪人们来到新建的小学校，这12间青砖到顶，四白落地的大房，是老书记前年带着乡亲们翻建的。县里给了一万多块钱，不够，还差八千多元。大北沟门是个穷山村，八千多块，相当村委会两年的提留收入。可老书记对大伙儿说："让孩子们有个念书的好地方，这钱花得值。"

⑫人们来到被大水冲毁的护村坝旁边，大北沟门村是泥石流和山洪易发区，为了让乡亲们的生命财产少受损失，头年老书记带着大伙，砌了这道1.5米高，1.5公里长的护村坝。山水太大，坝冲毁了，但正是这道坝为乡亲们撤离赢得了时间。

⑬人们来到村外土道旁，洪水已经冲毁了道基，路成了河。前年，村里发现铁矿石。为了让乡亲们多一条致富的道儿，赵凤足以村党支部名义担保，从信用社帮村民贷出6万块钱，买了6台四轮拖拉机拉矿石。他还带着乡亲们，修平这条出山路，铁矿石才源源出山了。

⑭人们来到村外红果树林。4年来，为了让大伙种红果树发财，老书记带着乡亲们，平均每人栽了上百棵红果树，去年大部分树挂了果，还有那大片的白杨、油松……，哪片绿不是老书记带着大伙播下的？人们仿佛听到他在说："栽树可是给后辈人留念想儿的大好事。"……

⑮老书记，您在哪里？

⑯一天半以后，在15公里外的琉璃庙乡青石岭村发现了老书记的遗体，看着遍体鳞伤的老书记，乡亲们失声痛哭。

⑰大北沟门村笼罩在一片悲哀之中。

⑱全村人都在，只少了老书记。人们从四面八方来到老书记家里。都想再看老书记一眼，再尽一份儿心。山里人兴的是土葬，老书记却没有为自己预备棺材，把老书记抬回山村那天，一位老者请人把自己准备的棺材抬了出来。

⑲赵凤足牺牲了，巨大的打击，早已使杨贵兰支持不住了，可有一点，她心里却明镜似的"凤足是个够格的党员。"当看望她的镇干部说起老书记的后事时，这位普通的农村妇女只有一个请求："党和政府提倡人死了以后火化。凤足他活着听党的话，照党的指示办，在村里带了一辈子头儿。他走了，我支持他再带最后一次头儿。"

⑳14号，全村乡亲一起为老书记送行。

㉑16个小伙子抬着棺材。走在队伍前列。悲声震憾山谷。

人们把老书记抬出棺材，送上火葬场开到这条山沟里的第一辆灵车，车上车下哭声一片，纯朴的山村农民拼命向前挤，呼喊着："老书记，再让我们看您一眼吧！"

（二）示例分析

1．稿件准备

通讯一般没有消息时效性那么强，因此通讯播音准备时间一般有可能比新闻播音充裕，我们应集中精力备稿。每个播音员、主持人工作经验不同，备稿能力不同，备稿的方法也不尽相同。有的有可能作到边感受、边分析、边设计处理稿件；有的则可能分步进行，先着重感受内容，然后再着重进行分析理解，以校正、加深对内容的感受。这都是可行的方法。如果习惯备稿分步走，那么通讯稿件的准备更适合先感性认识稿件，再理性解读稿件，进而作播音设计处理。

这里请注意两点：一是以自己初次接触一篇新稿的心情，努力体会听众初次收听这篇稿件时的心理，注意哪里可能出现收听的新鲜点、兴奋点、关注点；二是从备稿到播出都应一直保持这种初次看稿的新鲜感和接受兴趣，并贯穿到整个播出过程中去，以调动听众的积极回应。

（1）想象、联想，生动感受稿件内容

通讯报道以详细具体、形象生动报道为已任，所以必须按"情景再现"部分阐述的方法，对《洪峰到来时……》的内容展开必要的想象和联想。

①理清头绪：这篇通讯以村党支部书记赵凤足为核心，按事情发生、发展的时间顺序为线索进行叙述。所以备稿时应抓住这个特点理清头绪。

第①自然段先是一个倒插笔，6月10号17点“洪峰到来，灾难降临”，然后再从当天上午9点开始，顺着“受命于危难之时”、“壮烈牺牲”、“寻找老书记”、“再带最后一次头儿”、“全村悲声，送别老书记”——这条线对事情展开想象和联想，身临其境充分感受老书记的思想品格。

②设身设地：

a，拿起通讯稿件，下意识里需要很快就把稿件中的记叙语言幻化为脑海中的电影式叙述，看通讯稿的过程就要像脑海中过电影的过程。每人的生活积累不同，思维的形式和内容也各不一样，这里仅以个人感受加以说明：

如开头。大片昏暗的天空。（整个画面上无一点亮色，无一丝暖色）乌云压顶，大雨滂沱，电闪雷鸣，霹雳裂空。

傍晚。

山涧（中景）。山洪暴发，洪水像猛兽，奔腾咆哮着冲出山谷，冲向村庄。

（特写）

大树倒了。/小树喀嚓一声折断了。/大水就要漫过河床了。

第二段。镜头切换：俯瞰汤河口镇的大全景。雷电。倾泻而下的雨幕中，有人在泥泞中挣扎着急急跑过。

镜头推。在挂有“中共汤河口镇委员会”牌子的机关大门，定1秒。

切换会议室内，小全景。（画面较明亮、淡暖色）镇党委领导讲话，挥舞着手臂。表情严肃、激动。

全场。摇镜头，各村干部。表情各异，气氛紧张、严肃。

（应该说明的是，我们不是影视导演或摄相师，并不懂镜头运用技术。但实际上对镜头变化并不神秘，镜头就是我们观察事物的眼睛，画面变化就是我们观察事物的视线变化。这里作为摄像外行侈谈镜头、画面，目的只是为了和大家交流备稿时想象中的内心感觉而已。）

b，说是过电影，电影还必定只作用于我们的视觉、听觉。实际上看通讯稿件不仅像过电影，更要设身处地，身临其境，听觉、视觉、嗅觉、肤觉、温觉、触摸觉……等等都调动起来，把我们曾经有过的，与《洪峰到来时……》相似、相近的直接或间接生活经验都调动出来，全身心进入情景，感知这篇通讯中的人和发生的事。

③触景生情：情景再现重在寻找对稿件内容的感知，但又不能停留在表象的感知上，还应围绕稿件主题和播出目的获取情感体验。

如第①自然段，情景再现就不能只停留在孤立感受大雨、雷雨、山洪怎样怎样，而应由大自然如何的肆虐、暴戾，进而感受山洪暴发对山里村民生命财产带来怎样的威胁，感受镇和乡党委担心、焦急的心情及组织群众避险的责任感、紧迫感。这样我们也才能体会到赵凤足接受任务、壮烈牺牲的第一层大背景。

④现身说法：坐在话筒前面对听众，就像与自己的朋友、同事真诚述说自己对赵凤足事迹的采访见闻一样，“往事”历历在目，平实而真挚地讲着自己听到、看到的一切，言之有物。

总之，运用情景再现的方法开始准备通讯稿件，可以在想象、联想，生动感受的过程中，帮助播音员、主持人尽快进入稿件的规定情景，并获得与记者类似的情感体验；激发真诚热切的播音愿望；使话筒前播音言之有物，感染力强。是通讯播音准备的必要手段。

(2) 分析理解稿件精神实质

感性认识稿可以使通讯内容在我们心中鲜明、活泼、生动可感起来，并被内容打动。而这还不够，只有经过对稿件的分析，真正理解了稿件的精神实质，我们才能更深刻地感觉内容，感受稿件中的记者情怀。

分析理解通讯稿件的基本方法，应该还是按照备稿原则进行。这里主要针对通讯稿件准备和播出中容易发生的问题，进行重点提示。

①归并、划分

a. 归并——

通讯篇幅一般比消息长，根据“播音基础”部分阐释的归并方法，进行归并、概括大意，可以帮助我们迅速从宏观上掌握通讯稿件脉络、布局，很快地把长篇通讯纷繁的内容整理出来：看总的说几个大意思、每个大意思中又具体说几个小意思。从通讯连续性很强的叙述中既能清晰地感到叙事的层次性，又能体会到层次间的连贯性，递进感。播出时方可心中有数，纵控自如，捭阖有度。《洪峰到来时……》归并情况如下，仅供参考。

第一部分：第①自然段

洪峰到来。

第二部分：②——⑲自然段

山村党部书记赵凤足为党和人民的利益献出了宝贵的生命。

第一大层：②——⑨自然段，壮烈牺牲

第一层：第②——⑤自然段，受命于危难之时

第二层：第⑥——⑨自然段，壮烈牺牲。

第二大层：第⑩——⑮自然段。在寻找老书记的过程中，人们回忆起老书记日常对山村建设的贡献。

第三大层：第⑯——⑲自然段，老伴支持他再带最后一次头儿。

第三部分：第⑳——㉑自然段

全村悲声送别老书记。

b. 划分——

按“播音基础”部分阐释的划分方法进行。如第⑪自然段，可以划分为三个小层次：

“人们来到新建的小学校。/这12间青砖到顶，四白落地的大房，是老书记前年带着乡亲们翻建的。/县里给了一万多块钱，不够，还差八千多块。大北沟门是个穷山村，八千多块，相当村委会两年的提留收入。可老书记对大伙儿说：“让孩子们有个念书的好地方，这钱花得值。”

②概括中心思想

深情赞颂山村党支部书记赵凤足听党的话，按党的指示办事，全心全意为人民利益献身的精神。

③联系播出背景

把握播出背景是认识通讯报道价值，明确播出目的，进一步调动播讲愿望的重要途径。播出背景必须从稿件内容出发去考虑，不可胡思乱想。对播出背景的认识，与播音员、主持人自身的生活阅历、社会生活经验有关；与社会知识面宽窄、日常时事政治、形势任务学习积累有关；与新闻敏感程度有关。这里仅提供认识《洪峰到来时……》播出背景的大致方向。每个人应具体结合自己的所见、所闻，充实对播出背景的认识和感受。

上情——

在改革开放初期，邓小平同志就严肃指出必须加强党的建设。江泽民同志也强调“中国的事情要办好，归根结底取决于党的建设和党的领导”。党中央不断以各种方式教育和鼓励广大党员干部，要坚持党性；立党为公，全

心全意为人民服务。同时加大打击力度，力戒贪污腐败，渎职犯罪。

下情——

主流——党的绝大部分干部忠于党的事业，是全心全意为人民服务的好公仆。新闻传媒陆续报道过无数社会主义现代化建设中各行各业涌现出来的优秀共产党员和党的好干部的事迹，就是证明。全国上下，孔繁森式的干部是多数，他们才是国家的栋梁、事业的中坚、人民的希望。

在历次大规模水灾、火灾、地震等自然灾害降临时，从中央到地方，党的各级领导都亲临第一线，领导抗灾抢险，取得了一个又一个胜利。从媒体报道中，我们知道许多党的优秀干部危险关头冲锋在前，甚至壮烈牺牲的事迹，赵凤足同志就是他们当中的一个。

支流——在西方享乐主义诱惑和商品大潮冲击下，党内确有些投机分子和意志薄弱者。他们或者入党就是为了营私，或者是经受不住考验，私而忘公，贪污腐败。新闻媒体披露的成克杰之流的违法犯罪行为就是例证。又如，有些人把贪污腐败搞到抗洪抢险第一线，变卖抗洪物资，建豆腐渣防洪堤岸，贪污募捐钱物，玩忽职守打麻将，洪水破堤不知道。尽管这些是少数人所为，在群众中影响却极为恶劣，引起全党和全国人民的极大愤怒。

具体背景——

这篇关于赵凤足同志事迹的报道播出前后，正值汛期，全国各地抗洪抢险形势严峻。(赵凤足同志6月10日牺牲)

④明确播出目的

鼓励广大党员干部，以赵凤足为榜样搞好抗洪抢险及各项工作。

⑤确定主次

a. 重点部分——第二部分为表现主题和播出目的的重点部分。这一部分分三大层次，用三组事实来说明赵凤足的思想品格。

b. 重点情节、细节——第二部分第一大层次的第⑤⑥⑦自然段中所刻画的，赵凤足接受党交给的任务之后，怎么想、怎么说、怎么做的一些情节、细节，应重点展现。

c. 重点语句——“赵凤足二话没说，披上雨衣就要走。”/“赵凤足又是那句平淡的老话：‘我是党员，得先想着大伙儿，党给的任务得按时完成。’”/“……怕桥阻水冲了村子，就对王文珍说：‘你先照看着山上的乡亲们，我再回村去看看赵志才他们把山洪沟上的小桥拆完没有。’没等王文珍阻拦，他已经跌跌撞撞地向村里跑去了。”

“山里兴的是土葬，老书记却没有为自己预备棺材，把老书记抬回山村那天，一位老者请人把自己准备的棺材抬了出来。” / “……这位普通的妇女只有一个请求：‘党和政府提倡人死了以后火化。凤足他活着听党的话，照党的指示办，在村里带了一辈子头儿。他走了，我支持他再带最后一次头儿。’”

d. 背景环境——①②③④及⑧⑨自然段中，关于背景环境及险情中的景物描写，起着烘托主题的作用，也应注意展现。

⑥掌握基调

深情赞颂

2. 表达时应注意的问题

(1) 节奏变化

险情之严峻、情况之紧急、牺牲之壮烈，在寻找老书记过程中，对老书记平常带领大家建设家乡的回放镜头；老书记日常带领大家建设家乡的美好情景与痛失老书记、送别老书记的悲痛情景，不仅应依靠基调、语气的对比变化，还应重视通过节奏的对比变化来体现。以《洪峰到来时……》中的一个小例子来简要说明：

如第①自然段主要说雨水之大，洪水之大，“空前的灾难”降临在汤河口，降临在大北沟门村。因此造成全篇以比较沉重、紧张的节奏开头。

第②自然段，说上午汤河口镇党委召开各村主要干部参加的紧急防汛会议，布置防洪抢险工作——一场迎击洪水的战斗打响了！就象有了主心骨，所以语气节奏变得稍昂扬，振奋。

第③④自然段连续性很强。广播机和电话都在村主任通龙家，而通龙一早就出山了没有回来。（预计 17 点就将有一场大的降水、带来大的山洪暴发）到下午还没见大北沟门村的干部，村民们还一点都不知道情况。——时间更紧了！危险更近了！新的矛盾又出现了！所以语气节奏变得更为紧张。

(2) 注意标题、开头、展开部分、结尾之间的紧密照应

首先应理解这篇通讯的标题《洪峰到来时……》删节号里的内在语是什么？感情怎样？一张嘴播出标题就要抓住听众的心，引起他想听下去的兴趣。

由标题把听众带入开头。开头就应充分展现那样恶劣的天气，那样的大

暴雨！那样大的山洪降临在一个小山村！从而让听众想到，后来怎么了？小山村怎样了……等等，通过开头把听众的悬想、期待兴趣再向前推进一步。

由开头领出展开部分，通过三组事实，特别是“壮烈牺牲”这件事，详细、具体地回复标题和开头引起的关注，告诉听众，在特大山洪暴发，灾难降临在这个小山村时，一个山村的党支部书记——一个群众的好带头人，为了百姓的生命财产安全献出了自己宝贵的生命！

结尾照应全篇。在百姓躲过劫难却痛失带头人的悲伤中，我们感到了什么？围绕主题和播出目的，我们需要通过结尾再让听众，特别是让党的干部心里留下点什么？这是我们通过挖掘结尾的内在语，在结尾中应表达的含意。

(3) 抓住人物特点

在播音工作中，我们可能接触过无数篇报道党员干部事迹的稿件，而要播好这一篇人物通讯，就必须抓住赵凤足与众不同的地方，抓住赵凤足的特点，你才会对“这一个”产生独特的感觉，独特的报道兴趣。

赵凤足的特点是什么？首先他是一个小干部，像全国广大农村无数好的基层党支部书记一样，凭着自己的勤劳奔生活，怀着对党和人民的忠诚，发挥聪明才智带领群众脱贫致富奔小康，一旦党和人民需要，可以毫不吝惜个人安危生死，从容赴命。他们就像天上的星星，粗看哪颗都不起眼，细看哪颗都闪闪发光，守候着美丽的夜空。第二，是他的朴实、忠诚。他实实在在地想，实实在在地说，实实在在地做。党的事业、四化建设是靠人实实在在干出来的，党在人民群众中的威望，是靠实实在在的事树立起来的。朴实，忠诚，这正是当前社会呼唤的一种事业精神。

(4) 重视内容的逻辑关系

第二部分是全篇叙述的重点。第二部分中三组事实的内在联系要搞清，避免平铺直叙。从连贯性方面看，这三组事是按时间顺序推进，实际第一组事与第二组事之间的本质关系是点面关系（或称“个别——一般”关系）。第三组事“我支持他再带最后一次头儿”，尽管是间接反映赵凤足，但它符合赵凤足的心愿和思想本质，符合赵凤足的行为轨迹。他为了保护山村的安全献出生命——死后，又带头火化！这也是山村移风易俗，前无古人的大事。所以第三组事是一个递进。

(5) 注意写作风格、写作特点

这篇稿件的风格可以概括为：感情真挚、语言质朴，注意写作上的几个问题对播音的影响：①第四自然段的示例插笔；②叙述中的几个场面调动比较大。注意运用情景再现中内心视象的变化，带动语气的鲜明转换。

三、训练材料及训练提示

本部分的训练材料，为大家提供了：人物通讯、事件通讯、概貌通讯、工作通讯（经验通讯）等不同类型的通讯稿件。

（一）人物通讯播音训练

人物通讯要求我们通过事实来表现人物的思想作风或精神境界。我们要善于抓住稿件的重点情节、细节来表现人物的特点。

1.《瓦匠师傅》

训练提示：这是一篇很有意思的新闻小故事，也是一篇短小的人物通讯，应该容易调动播讲愿望。播这篇通讯请注意以下几点：①注意用第一人称——“我”的感觉叙事；②注意时间顺序，同时特别注意以“我”对陈少品师傅认识的变化过程为线索，把几件事穿缀起来，作到内容集中，层层递进。③想清楚，是什么使“我”一步步改变了对陈少品师傅的印象？抓住了这一点，也就抓了这个人物的特点，抓住了主题。④注意首尾照应。结尾删节号里的含意是什么？用删节号结尾的用意是什么？想清这个问题，理解了作者意图，才能避免结尾播得貌似含蓄、深刻，实则空洞无物。

瓦匠师傅

裴学俊

各位听众，今天我要说的是一个普普通通的农民，一件平平常常的小事。可是，却那么令人难忘，发人深思。

我家在凤凰县城，住的是旧瓦房。年久失修，雨漏如注，真叫人伤脑筋。通过朋友介绍，好不容易在7月23号请来了一位瓦匠师傅，全家人十分高兴。这位师傅一身农民打扮，留平头。看上去笨手笨脚的，这和我心目中的瓦匠师傅相差很远。说实话，对他能不能把房顶检修好，我是持怀疑态度的。

交谈中，才知道他叫陈少品，住在离凤凰县城三十多里的官庄乡，趁农事空闲，进城找副业来了。因为近半年来，我和同事们在集市上买蔬菜瓜果时，吃了些小亏，所以得出了结论：现在做生意的农民“滑头”。

“一天能修好吗?”我唯恐上当地问。

陈少品笑了笑说：“一天能搞完的，我不会说两天，不能让你白花钱的。”说着，他就搬来梯子，准备上房了。

上班前，我交待爱人称两斤肉，加几个菜，买瓶好酒，招待陈师傅。谁知他在屋顶上听见了，着急地大声说：“不要称肉打酒，家常便饭就行，不要再花钱了!”他就像花自己钱那么心痛。

吃午饭的时候，我爱人还是搞了四菜一汤，又买了瓶好酒。陈少品看到后，惋惜地说：“叫你们花钱，我心里不好受啊!”他说得十分诚恳。我刚要打开酒瓶，他连忙拉住我的手问：“你家里有人喝酒吗?”我说：“没有人喝酒，这瓶酒是特意给师傅准备的。”他认真地说：“我不会喝酒，不要打开，免得浪费。”说什么也不让我打开酒瓶。不知怎么的，我对这位瓦匠师傅的看法开始转变了。

午饭后，他搬了一条凳子，不声不响地坐在廊边，我请他到房里休息，他说：“你们城里人要午睡，我坐坐就行了。”我过意不去，执意请他到房里坐，他硬是不肯，我只好也搬了一条凳子，陪他坐在走廊上聊天。他见我坐了下来，就吞吞吐吐地说：“我去……百货商店……买点东西。”说完就走了。看得出来，他说买东西是假，怕影响我们午睡是真。

我躺在床上，翻来覆去睡不着觉。陈少品这个朴实的农民形象，在我脑海里越来越鲜明了。

一会儿，只听得屋顶上悉悉作响，我起身一看，只见烈日下，陈师傅又在检瓦了。他那一块瓦似的平头上，挂满了晶莹的汗珠。

我大声喊道：“陈师傅，天气热，休息一会再干吧。”他头也不抬地回答说：“没关系!”看到他精心检修的神态，我对他完全信任了。

下班回家的途中，我暗暗打算，要和陈师傅好好地谈谈，交个朋友。可是，回到家里一看，师傅不在了。爱人告诉我，下午四点，陈师傅就检修完了。留他吃饭，怎么说他都不同意，检修费也只肯收两元伍角。

我连忙问：“每个工不是应该收三元么?”

我爱人回答说：“陈师傅说不足一天工夫，只能收两元五角。”

我当时激动得说不出话来，多么想再见到陈少品师傅啊！

三天后的中午，下了一场大雨，我注意检查房子，没漏一滴雨。

陈少品师傅的形象又在我眼前闪现出来。雨刚停，只听得走廊上脚步声响。我开门一看，哎呀！不正是瓦匠师傅陈少品么？他满头大汗，气喘吁吁地说："雨一停我就跑来了，看看房子还漏雨不？"我连声说："不漏了，你检修得好，快请坐。"他笑着说："不漏我就放心了。"说完转身就走，我留他坐一坐，他一边走一边说："学校正等着我检修房子哩！"

我站在家门口，望着陈少品远去的身影，想了很多，很多……。

湖南台《农村生活节目》

2.《一个石油工人的妻子谈他的丈夫》

训练提示：要播好通讯，还应善于体会记者报道方法上的良苦用心和生花妙笔。如这篇通讯就是一篇匠心独运的报道，你只有真正体会出作者的独到之处，才能播出兴趣和味道。比如，①稿件开头开得好。作者避开一般常见的正面报道先进人物的方法，一开头就告诉听众，本来是去采访先进人物的，没想到，见到的却是先进人物在家挨妻子训。这个意料之外，情理之中的开头，不仅使人感到新奇，而且浓浓的生活气息一下子就拉近了报道者与听众的心理距离，拉近了先进人物和普通人的心理距离，让听众走进生活去认识和理解我们时代的先进人物，报道自然就增加了许多吸引人的魅力、感染力和说服力。②报道方法新。作者避开直接报道毕国强，而是通过夫妻口角、妻子对毕国强的埋怨、嗔怪，自然、真实、生动地把毕国强的先进思想和感人事迹呈现在听众面前，令人信服。另外，这种报道方法不仅仅报道出毕国强的先进性，也使听众理解到，毕国强所以先进，当然首先是毕国强自身所具有的强烈工人阶级主人翁精神和工作责任感，同时也因为毕国强有一个爱他、理解他、支持他的好妻子、好家庭，从而丰富了报道内容。

播这篇通讯还应注意：①表面上是随意闲聊，实际上遵循着清晰的逻辑顺序，一步步有力地表现着主题。这篇通讯播音若忽略了逻辑性、层次感，极容易播散。②这篇通讯的主题是什么？人物特点是什么？你怎么体会到的？你将怎么让听众感觉到？如果把当前作为这篇通讯的播出背景，你怎样确定播出目的？

一位石油工人的妻子谈她的丈夫

刚到胜利油田，就有人建议我们去采访毕国强，说他是采油十九作业队的队长，有许多感人事迹。

我们兴冲冲地来到毕国强的家，没想到他正在挨妻子的“训”呢！他的妻子叫刘美英。

见我们来了，刘美英不好意思地笑着说：“你们看，我回老家才一个礼拜，可真不敢认这个家啦！地上、桌上，都是挺厚的一层土。这7天哪，他根本没沾家，整天泡在队上。”

毕国强憨笑着，给我们倒水让座。看来他是个不大爱说话的人，倒是他的妻子先打开了话匣子。

热情爽直的刘美英，是十九作业队的成本核算员，这位作业队长的妻子一开口，就说了丈夫一大堆缺点，什么不会做饭哪，不洗衣服啦，还经常吓唬她们母女俩。

刘美英说：“他这个人哪，从来不知道照顾自己。他常说：趁年轻力壮，多干点没啥。他倒说得轻巧。去年4月，队里要安装电潜泵。听说这种机器先进、出油多，就是难装。我给他烙了二十张油饼，煮了十几个鸡蛋，让他带着。可是，第二天早上，他没回来。我就跟要去接班的人说：国强这几天腰疼得厉害，让他早点回来吧。等到中午还是不见影儿，让我和闺女守着一桌菜白等。这下，我可真有点害怕了，他已经连着干了三十多个小时了，别是出了事儿吧？我哭着跑到大队部，对大队长说：‘我不是想拖国强的后腿，万一他累垮了，我们娘儿俩可怎么办哪！’大队长一听也着急了，马上去了工地。可国强还是没有回来。一直到晚上九点钟，电潜泵装好了，他才摇摇晃晃地回到家里。真的回来了，我也顾不得埋怨他了，赶忙热菜热饭。可他呀，歪在沙发上就睡着了。当时他那个样子，吓得闺女直大声喊，还以为她爸爸死了呢！

前年，也是4月份，十七队发生井喷了，真厉害，地上的抽油机都陷下去了。油田组织人抢救，国强也参加了。那天晚上他对我说：明天我去战井喷，你就别离开家了。要是治不住，我可能就回不来了。这里的事组织上会安排的。队里有十七个人要去战井喷，国强也跟他们说，第一，战井喷不能怕死；第二，都要让家里作好思想准备。你们说，这谁不担心哪！第二天早上7点钟，他们准备上车了，队上的工人、家属、孩子都出来送，一直看着他们的车走远了，还不想回家。后来听人说：那天在井喷口抢装阀门，第一个螺丝是咱国强给拧上的。到了晚上9点钟，他们回来了。10个人，每个人都只穿着一个短裤，脸上身上，糊满了油、糊满了泥，连谁是谁都认不出来了，只得用汽油洗了个澡，油泥是洗掉了，可3天以后，身上脱了一层皮……。

刘美英说到这儿，不说了。毕国强开口说："你这个人，真是，我干了吧，你怕这怕那；等到队上任务紧了，你又比谁都着急。那一次快到月底了，队里的修井任务还没完成，你不是一个劲儿地撵着我去加班吗？还说什么，要是换了我，早就急坏了！

毕国强一句话，把妻子说得不好意思了。我们笑了起来，用笑声为刘美英解了围。

3.《黄土高坡青山梦》

训练提示：这篇人物通讯与前面练习的几篇不同之处在于，较少娓娓叙述动人的情节和细节，但大量详实、具体的材料，朴实无华地把一个党的干部决心带领群众改变生存环境、脱贫致富的光辉形象呈现在我们眼前。这样写法的通讯当前较多见。播音时应把稿件中叙述的许多事情，放到特定的环境、背景中去细心体会。比如，"延川县是延安北边的一个国家级贫困县"，我们就应对"国家级贫困县"是一个什么概念？对这个地处我国西北部干旱缺水，土质脊薄的地方生存、生产状态，有一个呼之欲出的感性印象，听到、看到、感觉到。这样才能使稿件中的概括叙述不再是枯燥的概念，而变成无数的实景、无数的故事，在自己的心里活起来，在表达中才能具体、生动起来。播这种稿件特别忌讳浮光掠影地感觉和言不由衷地表达。另外通过以上几篇人物通讯播音练习，你对人物通讯播音有什么规律性的体会？请试着总结一下好吗？

黄土高坡青山梦

——记马思汉和"马家园林"

站在延川县城西面的圆峁山上，那一棵棵活活干死的枣树苗让59岁的马思汉疼得揪心，又黑又红的脸上写满无奈。他说："自己栽了5年树，才体会到什么叫‘救星’!”是啊，自从他1996年承包荒山搞绿化，老天好像就不帮忙，天旱得出奇，栽了十万多株树，活下来的不到五万!

为及时掌握天气变化，从早上6点到晚上11点半，马思汉一天要看5次天气预报。他不在家时，就让老伴帮着看，记在纸上。5年下来，家里的天气记录就有厚厚一大摞。他说：“你下雨我栽，你不下雨我也栽，我就不信荒山绿不了!”老马跟老天爷较上了劲。

延川县是延安北边的一个国家级贫困县，马思汉是这个县的人大副主任。在这之前历任乡长、镇长、农业局长、副县长等职。带领群众苦干几十年没有实现山绿民富，老马心里不服气。1996年，他发动4个兄弟、2个儿子和1个女儿，集资10万元，贷款15万元，承包了面积三百多亩的圆峁山，决心趟出一条绿化致富的路子，给群众做个表率。

为了对付旱魔，老马和他的“董事”们经过精心设计，在山顶修了5个大水窖、20个小水窖和13个连接池，在地下埋了一万多米塑料渗管，把水窖、连接池连接成遍布全山的地下渗灌网络。为防止水土流失，老马雇佣青壮劳力，把较缓的山坡改造成一道道内低外高的水平梯田，然后深挖坑，种枣树、梨树。在陡坡沟畔，老马种沙打旺、苜蓿、拧条，总之是要做到“黄土不露天”。老马还动用拖拉机、推土机，修了5公里的盘山公路。

5年辛苦不寻常。每天天刚麻麻亮，草草吃过早饭，老马装上两个馍，捎上一壶水就上山了。干到晌午，在山上熬点稀饭，就着咸菜凑合一顿，继续挥锄抡镐。刨土、锄草、剪枝……摸着黑回到家，老马累得饭都不想吃，洗一洗，躺下歇一歇，吃晚饭时已经十点过了。自己病倒了，老伴就“披挂上阵”。八十多岁的老父亲看在眼里，疼在心里。为了不挫伤儿子的积极性，老人皱皱眉头，硬把涌到嘴边的话咽了回去。

5年汗水没白流。如今“马家园林”已初具规模：15000株枣树，5000株梨树、苹果、仁用杏和30000株桑树、槐树顽强地活了下来，大一点的枣树、梨树今年已经开始挂果。老马还在山上养起了小尾寒羊，建起了沼气池。这样，山上的草可以喂羊，羊粪可以喂果树、沤沼气。马思汉想得很美：以草带畜，以畜促林，把圆峁山建成种群共生、良性循环的生态园林，实现生态效益、经济效益和社会效益的统一。

老马和他的“董事们”早就琢磨了一副对联：荒山叠翠几代情，绿树缀玉万年青；横批是“马家园林”。因为连年大旱，荒山还没有全部“叠翠”，所以一直没挂出来。他准备等树满山、草遍坡了，就把对联制作好，大大方方地挂到山门上。那时，自己也搬到山上，看着青山度晚年。

（人民日报记者赵永新报道，张慧根据广播要求稍加编辑）

（二）事件通讯播音训练

事件通讯，常常通过一件事的发生、发展变化过程，来表现事件中多个人物所共同具有的某种精神特征、思想品格。事件通讯的叙述脉络主要是按时间顺序进行。像著名事件通讯《为了六十一个阶级兄弟》，还同时穿插着空间变化。

1.《情满区委大院》

训练提示：①这是一篇短小的事件通讯。通过四川小保姆遇到困难流落街头、被接进区委大院、在医院里，最后被大家送上回四川的火车——这一事件的全过程，生动表现出素不相识的崇文区委大院的领导及众多同志，对外来小保姆的热情帮助，赞扬了崇文区委大院的同志们助人为乐的可贵精神。②从内容出发，具体联系播出背景，应特别引起注意的是，这篇稿件不是一般地宣传助人为乐精神、呼唤社会公德意识，而是针对改革开放后，许多农村剩余劳动力涌向城镇，城镇里出现了“外来打工人员”这样一个群体。他们日渐成为支持现代城市正常运转的生力军，然而他们往往既是一个生存能力极强的群体，又是社会竞争中最劳苦无助、遭受歧视的群体，稿件中四川小保姆的困难处境是有代表性的。因而报道崇文区委领导和同志们对这位小保姆的关心和帮助，所表现的是他们基于政策觉悟之上的助人为乐精神，所提倡和呼唤的，是尊重、关心、帮助外来打工人员的社会公德意识。稿件结尾，陈区长的行为和语言就饱含着这种首都人的意识和宽广的胸怀。③表达上，应把握“热情赞扬”这个总基调，叙述过程中又要注意基调的具体变化。

情满区委大院

“五一”前夕的一个清晨，一列开往成都的客车从北京站徐徐起动。列车上，一位四川少女泪眼朦胧，深情地注视着渐渐远去的北京城，她无法忘记在京城度过的日日夜夜。

那是两个月前的一个黄昏，她夹着小包袱在崇文区三八服务公司门前徘徊，晶莹的泪珠顺着两颊大滴大滴地滚落下来。她名叫胡春荣，是从四川省东部山区来京服务的小保姆，年仅 18 岁。不久前，小胡的右手中指不慎感染化脓，几次医治未愈，只得离开用户家。此刻这个举目无亲的川妹子进退两难。她想干活挣钱，可没有人雇她，想回家乡，身边又没钱。

天渐渐黑下来，少女痛苦地哭出声来。

“姑娘，怎么啦?”一位中年妇女干部亲切的话语打断了她的思绪，当女干部了解了事情的原委后，热情地挽起她的手臂：“走，跟我来”。

胡春荣来到了崇文区委机关大院，传达室的工人师傅给她送来了开水，妇联的干部给她端来了热气腾腾的饭菜。许多不知姓名的叔叔阿姨把钱和粮票塞到她手里，区妇联主任张英敏抚摸着她的肩头说：“你就在办公室住下吧，安心养病，吃的、喝的都不必发愁，有我们大伙儿呢。”

第二天清晨，吃过早饭，五十多岁的区妇联副主任杨淑焕带她来到医院。

大夫责怪地说：“这是您的孩子吧，外伤感染应及时治疗。”“不，她是四川来的小保姆，我是区妇联的干部。”

大夫眉宇间闪动着惊异的神情。

小胡在区委大院住了下来。这里没有一个是她的亲人，但个个待她却比亲人还要亲。机关的女同志们怕小胡寂寞，晚上轮流陪她聊天，星期日厨房不开火，大师傅们头天专门为她做出第二天的饭菜，孟师傅还让自己的女儿星期日陪她一块儿玩……。

这天傍晚，区妇联办公室副主任高兰参加完夜大考试，就来到小胡的房里，递给她一双崭新的弹力尼龙袜说：“天热了，把你那双毛巾袜子换下来吧，脏衣服也脱了，我给你洗干净。”小胡不安地说：“我来北京是当保姆的，怎么好让您给洗衣服。”

一天中午，陈广文区长在食堂见到了小胡，立刻放下碗筷走过去，“小胡，伸出手来，我看看。”老陈看到她的患指肿得像个小萝卜，心疼地说：“还得彻底治呀!”他叫通了北京市第四医院院长的电话，还到副食店买来了一袋奶油面包，交到小胡手里。

在医院里，区里的干部几乎天天有人来看望小胡，糕点、水果、罐头堆满了她的床头，感情的浪花在小胡心中翻腾，她噙着泪水，道出了藏在心里的话："离家前，妈妈嘱咐过我'大城市的人好欺负乡下人，一个山里妹子，更得处处留心。'可在北京，我却遇到了这么多好心人。"

两个月过后，小胡的手指完全好了，她就要返回四川了，来的时候，她孤身一人，走的时候，送行者芸芸。区妇联的阿姨们来了，区信访办的叔叔们来了，区长陈广文来了……，站台上，形成了一支欢送队伍，陈区长像是突然想起了什么，翻遍衣兜，掏出一把钱，塞给了小胡："留着路上用吧。首都欢迎你，以后再来！"

2.《电视告急》

训练提示：①这篇事件通讯反映了，为救助一个拿错药的儿童，社会各方面大力支援的协作精神。要让广大听众理解这种精神的可贵，首先要交待清楚事情发生的具体背景，病儿拿错药的危险性，交待清楚公安局、电视台寻找病儿的具体困难及他们的协作热情。②播这篇稿件时有几处比较紧张，但要避免"一道汤"——一紧到底。注意松紧的对比变化。注意围绕事情发生、发展、变化、结果，有层次地反映社会各方面的人对病儿的关心和帮助，也是避免"一紧到底"的有效办法。③请具体联系播出背景，深入体会播出的针对性和意义。

《电视告急》

今年5月25号下午，一位青年妇女，抱着两岁的儿子，风风火火地来到湖北省武汉市汉阳区第二门诊部给孩子看病。看完病，她到药房匆匆忙忙拿了药就走了。已经是下午5点半，快要下班了，司药邹群芳正在紧张地给病人发药。突然，一位病人问："同志，我怎么吃小孩的药？"

邹群芳一听就愣住了，她赶紧查对……坏了！这个病人的药让一个叫邱波的两岁病儿拿走了。拿去的药是土霉素、APC、颠茄合剂。这三种药的服用量超过小儿服用量的4.5倍，两岁的孩子吃下去那还得了！而且，颠茄合剂等又都是剧药，小孩吃了，如果稍微一耽误，就会有生命危险！不行，得快去找。可是，病儿取药交的是现金，既没有家长姓名和工作单位，又没有家庭住址，这该往哪儿去找呢？邹群芳急得团团转。她到处喊："邱波——，邱波——，有叫邱波的小孩吗？"她找遍整个门诊部，没有一个人答应。她又跑到门诊部外面去找。街上人海茫茫，川流不息，哪儿有病人和家长的人影呀，这可真急死人了！她马上向领导作了汇报，有人建议向公安局求援。她又急忙和汉阳区公安分局联系。公安分局的刑警队是专门管刑事案件的，寻找病儿，哪是刑警队的事？可现在群众有急难，哪能不管。刑警队长王树隶马上把这个任务交给了刑警蒋云卿。

蒋云卿立即打电话给分局管辖的翠微、月湖、晴川等七个派出所要求火速查询病儿邱波。

七个派出所的民警马上行动起来，迅速查阅了所有的人口异动本、人口出生证和户口薄，查了所有姓邱的户口。可是，一个又一个电话都回说没有邱波这个人。这时候，已经是晚上九点多了。这该怎么办？

蒋云卿忽然想起电视台，要是在电视上告急，或许能找到小邱波。对！他马上向湖北电视台告急，请求他们帮助。

这时候，电视正在放映话剧：《公安局长》，再有40分钟，当晚节目就要结束了。电视台的工作人员一听说有个病儿拿错了药，生命安全正受到威胁，当机立断，决定破例播出《电视告急》。电视台的全体值班人员迅速行动起来，有的写稿，有的写字幕，有的准备机器……

《电视告急》终于播出了。这时，离播音结束已经不到10分钟了。

话分两头，小邱波的妈妈拿错药回到家，给小邱波吃了点东西，让他休息，就忙着做饭去了。吃完晚饭，她准备给孩子吃药，可是孩子睡着了。她没叫醒孩子，坐下来看电视。等看完话剧，她刚准备给小邱波吃药，电视屏幕上忽然出现了《电视告急》，播音员在报告：急告病儿——邱波，不能服用错拿的药物。汉阳区第二门诊部今天下午5点30分，有一份大人服用的土霉素、APC、颠茄合剂被邱波的家长错拿，急告病儿家长，邱波不能服用此药。

什么？药拿错了！邱波妈大吃一惊。连忙拿起药一看，果然是大人吃的药，好险啊！她看看满脸稚气的儿子，又看看电视机，幸亏《电视告急》播得及时，要不然，后果……太可怕了。

3. 苗田人民的品格

训练提示：①首先请通过这件事认真想想其中反映了苗田人民什么品格，这些品格具体表现在什么地方。然后联系社会实际及个人思想实际，想想自己应该从稿件中学习些什么，你播出后，希望你的听众从中感悟些什么，从而深化自己对稿件的认识，调动播讲愿望。②这篇通讯中叙述的连续性极强，好像哪儿都断不开似的，所以必须强调，一定要注意按时间顺序作好归并工作，播出时作到有层次地展现事实，步步深入地表现主题。③注意细致地描述那些说明主题的重点情节和细节。④请体会一下事件通讯播音与人物通讯播音的区别，并初步总结一下事件通讯播音的规律。

《苗田人民的品格》

11月14日凌晨，在湖南省新化隆回公路苗田乡的一段急拐弯处，冷水江市毛易林场一辆解放牌汽车一头栽进山沟里，车上七千多斤的广柑撒满山沟。

翻车那天晚上，苗田乡山雨纷纷，水雾茫茫，整个深山野沟显得格外沉寂。苗田村电站职工谭国强正冒雨检查水圳。猛然“轰”的一声巨响，他急忙循声跑去，用电筒一照，只见离路面三十多米深的水沟里躺着一部汽车。他掉头便往乡政府方向边跑边喊：“翻车了，快救人啰！”

喊声惊醒了睡梦中的人们，乡政府干部的家门开了，村民的家门开了，乡卫生院医生的家门开了……。村主任胡世华开门时，惊醒了七十多岁的老母亲，老人听说去救人，马上卷起自己睡得热乎乎的被子抱到儿子面前说：“带上这个，别冻坏了司机师傅。”

不到三十分钟，十几个手电筒和火把的光亮从各个方向汇集到一起，走在最前面的是乡武装部长江金星和司法员张善美。

夜黑，伸手不见五指；壁陡，人们难以下沟。

“我下！”张善美把绳子捆到自己身上，绳头递到武装部长江金星手里，便腾空下到沟底。村支部书记谭步升、村主任胡世华、村民谭国强等八人也相继下到沟底。这时，又有三十多个村民拿着绳索、背着竹睡椅赶来了。

人们在沟底找到了司机和两个跟车的人，其中一个人身受重伤。他们把伤员抬到竹睡椅上，两边各有一人扶住伤员，由四人顶着椅子一步一滑沿着陡峭的山壁慢慢爬上去。当他们把伤员送到乡卫生院时，抢救伤员的干部和群众已经浑身是泥和水了。但他们没换衣服，又赶回现场协助看守车辆和物资。

第二天上午，因事外出的乡长、乡党委书记赶到出事地点了解情况，布置抢救车辆和物资。当夜，雨停了，但北风刮得更紧。守护人员围着篝火御寒。时值半夜，人们经火烤、风吹、嗓子干燥、嘴唇皱裂。一起守夜的司机多次劝大家吃几个广柑解渴，但都被谢绝了。司机实在过意不去，就拿出在刺丛里找到的自己花钱买的十斤柑子向每个人手里递，可仍没有一个人伸手去接。司机感动得噙着泪水说："你们真是太好了！"最后，还是村支部书记谭步升回到家里，提来一大壶茶，大家才喝个痛快。

16日早饭后，人们开始捡收撒满山沟的广柑。

四十多名干部、群众拿着箩筐，挑着畚箕，提着塑料袋来了，六十多岁的谭光一老人肩扛锄头也来到现场。有人说："谭老倌，你老怎么也来了？"他说："我不用锄头挖条山路，你们能背着东西从沟底跳上来？"说着，老人头一个下沟，用锄头开起路来。

人们有的把从荆棘中、草堆里、石缝间、溪沟边拾起的散落广柑装进竹筐；有的肩扛着满筐广柑，沿着新辟的陡峭小径往上爬着……

这一天，正是苗田的赶场日。接近晌午时，公路边、山沟里，帮助捡拾广柑的群众多达三百来人，没有一个人往自己口袋塞广柑，没有一个人乘机尝鲜。

当天下午，冷水江市林业局开来一辆卡车，装满从山沟里捡上来的广柑，载着苗田人民的深情厚意，慢慢地驶离了苗田。

（三）工作通讯播音训练

工作通讯也叫经验通讯或研究性专稿。这种通讯直接反映实际工作中的新经验、新观念、新思路，或探讨实际工作中出现的带倾向性的新问题，所以这种通讯针对性很强，对现实的指导性很强，政策性也很强，给人启发，引人思考。

这种通讯所反映的新经验、新观念、新思路，或探讨的新问题，往往正是稿件的主题思想所在。要播好这种通讯，应注意从内容出发联系实际，明确播出的针对性、指导性及其中贯彻的政策精神。工作性通讯有些像工作总结、工作汇报，但工作通讯是在社会更大范围广泛地交流经验、沟通思想，所以应该注意专业性的内容，要深入浅出地说；思想观念的正确性、经验的可行性等等，要用稿件中典型的事实，生动地来说明，不能像工作总结那么枯燥、干干巴巴，让听众想听、爱听，听得懂，听了受启发。

1.《张棉生的第一资格证书》

训练提示：①这篇通讯介绍的是，张棉生通过正确处理战士王如良的问题获得了一条带兵的宝贵经验，即要带好兵首先必须爱兵——这条经验便是这篇通讯的主题。②这篇通讯主要收听对象适宜定位在部队基层干部。

张棉生的第一资格证书

张棉生走马上任五连指导员的第二天早晨，门前出现了一堆碎碗片，他一眼认出，这是自己那只白瓷饭碗。

他想，这碗砸得有来头！

张棉生想到了昨天的“接风宴”，为表达对新指导员上任的一片心愿，连队干部特意叫炊事班多炒了几个菜，为他接风。棉生知道这样不好，但考虑到新来乍到，怕扫了大家的兴，影响团结，就掏钱买了两瓶酒同大家喝了几杯，散席时，张棉生对在场的干部说：“这顿饭算我请客，钱由我付，咱们下不为例。”莫非，砸碗是冲这来的……

没想到，战士王如良主动找上门来，说这碗是他砸的。他说，昨天帮厨，见到给养员买回加积鸭、文昌鸡、万泉鲤等好菜，一打听才知道是为给新指导员接风。晚上站岗，小王越想越生气，跑到饭堂找到指导员的饭碗，“啪”地一砖头就砸碎了。

“你们爱怎么处理就怎么处理吧！”临走，王如良扔下这句硬邦邦的话，头也不回地走了。

“指导员的饭碗被砸了！”消息飞快在连队传得沸沸扬扬。

“还有比砸人家饭碗更侮辱人的吗？”

“王如良这小子潇洒砸一回，闹个处分背一生。”

张棉生的头脑十分冷静，他眼前浮现出连队司务长帐本上仅有的27块2毛钱家底，猪圈里猪瘟后幸存的一头病恹恹的瘦猪，还有全连官兵近乎漠然的面孔……

集合哨声响了，战友们都替王如良捏着一把汗。谁知军人大会一开始，指导员首先宣布党支部给予王如良嘉奖的决定，他称赞王如良砸自己的饭碗是正义之举，是对干部侵占战士利益敲响了警钟。接着，当场把60块钱交给司务长，要过昨晚上加菜的发票，边撕边亮着嗓门说：“以后再有这样的事，欢迎大家都来砸我的饭碗。”

“哗——”一阵掌声暴雨般响起来，不等宣布散会，战士们便一拥而上，围住了他们新来指导员，王如良不敢相信这是真的，许久呆立在原地，泪水涌满眼窝……

爱兵——带兵人的第一资格，从嘉奖卡片被装进王如良的档案袋那一刻起，张棉生就用这句话作为自己的座右铭，向他的战友们捧出了一颗炽热的爱心，用爱兵的行动填写带兵人的“第一资格证书”。

2. 窦店风气为什么这样好

训练提示：①如果说《张棉生的第一资格证书》，是通过正确处理一件事取得了一个宝贵经验，那么这篇通讯则是围绕“窦店风气为什么这样好”这个问题，总结了三方面的经验，每一个经验，都用多个详实生动的事例来说明。要播好这篇通讯首先应抓住这三条经验，另外应注意事实表述要生动，说明要透彻。②改革开放之后，农村经济搞活了，生产发展了，农民生活水平提高了，然而精神文明建设、社会风气、社会治安等问题，又成为人们关注的热点问题。要播好这篇稿件就要针对社会实际，深入体会窦店的工作与别处的情况有什么区别？窦店工作的可贵之处在哪里？这样才能有的放矢地向大家介绍窦店的经验。③经验通讯针对性很强，请考虑一下，这篇通讯适合什么人收听。

《窦店风气为什么这样好》

提起窦店村，那在全市乃至全国都赫赫有名。谁不知道，昔日那“破集烂镇穷窦店”，在改革开放的年代大放异彩，被誉为“社会主义现代化农业的雏型”，去年又跃入了京郊首批“亿元村”的行列。

然而，熟悉的人更知道，窦店不仅是经济腾飞的典型，而且是社会主义精神文明建设的模范。去年，窦店获得了“北京市社会治安先进村”的光荣称号。

若问窦店为什么有这么好的社会风气，村民们会众口一辞：这首先归功于我们村有一批好干部，好党员，有一个好带头人——全国劳动模范仉振亮。

俗话说，大有大的难处。窦店可算得上是京郊少有的大村：4200多口人，包括汉、回、满、壮四个民族；改革开放后，各企业又招有500多名外地民工。要让这么多人都遵纪守法不惹事，谈何容易？

“上梁不正下梁歪，中梁不正倒下来。”村党总支书记仉振亮常对干部们说：“咱当干部的，正人先正己，己不正何以正村里的党员，党风不正又何以正村风？”对这些话，仉振亮历来身体力行。

37年前，他开始当村干部的时候，就给自己立下一条规矩：任何时候，不端人家的饭碗。他至今没破过这条规矩。无论是贵宾还是领导来视察，他都不陪吃；村里的乡亲们办红白喜事，他也“六亲不认”，从不赴宴。

在改革开放后的频繁经济来往中，他更是以自己的一身正气教育了全村党员和群众。一次，有人找来一项工程，提出把工程款提高12万元，拿这部分款和村干部们“半儿劈”。老仉打断了他的话：“不成！我们村的干部要是背着群众捞钱，不等你来‘合作’，早就发了。以后让群众寒心的事，别往我们村揽！”

老仉严于律己，对干部们也不放松。一次，一位村干部的家属由于误会和邻居争吵起来。区区小事，村领导班子得知以后却“大动干戈”：责成那位干部批评教育家属，干部本人在支委会上作深刻检查，仉振亮还率全体干部到那邻居家当面道歉，并播放那位干部在支委会上的检查录音。这阵势，让那邻居都心里过意不去。

窦店人懂得，精神文明，重在建设。正气浩荡，才能压倒邪气。他们先后建成郊区一流的小学教学楼，科技培训中心和一座科技大楼，并且宣布；全村青少年初中毕业以后才准安排工作；工作后还要经过两三年专业培训，达到高中文化程度，才能上岗。于是，文化倒退的路被堵死了，新一代窦店人努力奋进，他们在“学海”中角逐。农村的陈规陋习、陈腐观念在窦店无处藏身。在某些地区还颇为活跃的巫婆、神汉之流，别说是在窦店找不到市场，就是路经窦店，也得提心吊胆地绕着走。

依法治村，是窦店维护良好社会风气的有效手段。他们不惜巨额投资，为全村三十多家企业配置了电视机、录像机，进行录像普法教育。村里还组织了12名责任心强的中老年家庭妇女成立“三八治安队”，每天遍村巡逻，随时清扫精神“垃圾”。对外地民工，村里在与外埠负责人签定“治安管理协议书”的同时，还为每人建立“相貌登记卡”，并请驻村管片民警定期给他们讲授法律常识课。在工作上，窦店给他们创造条件参加技术培训；在生活上关心备至，待遇和村民一样。这些外乡人明白：窦店和他们，不是简单的金钱雇佣关系，而是共同干事业，他们都有一个心思：决不能做有损于窦店的事。

这就是今天的窦店村：各类治安、刑事案件近乎绝迹；“五好家庭”和“双文明户”达90%；义务献血报名者是需要名额的10倍；全村人口自然增长率下降4.1‰……

村美人美前景美，好一个蒸蒸日上的社会主义新农村！

（人民日报记者　王晓航）

3.《拯救塔河　刻不容缓》

训练提示：这是一篇提出问题、研究问题的工作通讯。本篇以强烈的环保意识，用大量的事实，生动、深刻而有力地分析了塔河下游断流的原因，产生的严重后果及解决问题的思路。论理性较强。播音时应注意：①观点要鲜明，态度要诚恳，感受要具体，说明要透彻。②播这篇通讯应有新闻工作者强烈的社会责任感、紧迫感。③宏观想象和理解我国新疆大块版图上正在发生的事情，听到、看到、感觉到干热的风，皲裂的土地，沙尘暴自西向东袭击北京及东部广大地区，还有精绝古国废墟的叹息……。生动提醒处于微观生存状态下的人们注意整体环境恶化的倾向，敦促各级领导、相关部门及广大人民群众，针对塔河断流的具体原因迅速行动起来，“拯救塔河”，阻止沙漠东进！④应该说这篇通讯的播出目的已不是笼统地提出拯救塔河，阻止沙漠连片、东进，而是敦促相关各级领导迅速成立专门组织，确定塔河各段分水比例，对引水情况进行监督管理，用这样的切实办法，使拯救塔河付诸实际行动。⑤那么根据稿件这样的内容和播出目的，就应注意确定恰当的播出对象。⑥这篇通讯用生动的事实说话，因此播时请注意材料在说明主题和播出目的中的作用，特别要注意数字的作用。

拯救塔河　刻不容缓

位于新疆南部的塔克拉玛干沙漠是世界第二大流动沙漠，面积差不多有内地两个省大。在现在一片沉寂的沙漠南部，曾经有一个辉煌的王国——精绝古国，这就是清朝以后称为尼雅的遗址所在地。由于水源断绝，风沙乘势侵蚀，昔日热闹的古城，如今只剩下一些残垣断壁深深埋于沙丘之下。由于现在塔里木河下游断流，沙漠东部的大片绿洲正面临当年尼雅古城所遭受的威胁。所以日前中华环保世纪行采访团来到这里，发觉历史的悲剧似乎还有可能在这块脆弱的土地上重演。

沙漠之中，水就意味着生命。我国最大的内陆河塔里木河绵延 1300 公里，自西向东横贯塔克拉玛干沙漠，哺育着两岸不宽的绿洲。然而近 20 年来，这条生命河在下游缩短了 260 多公里。干涸的河道两侧，原本生机盎然的土地正趋于沙化。新疆建设兵团在下游垦区有 5 个团场，由于干旱，农田已经由 60 年代的 2.7 万公顷减少到现在的 1.7 万公顷，数千人被迫迁往其它地方谋生。

令人震动的是，塔河萎缩并不是因为老天爷赐予的水减少了。水文资料显示，近几十年塔河流域降水及冰山融化的雪水水量变化并不大，问题是，大量的水在上游或中游流失了。这些年上中游兴起一股开荒热，各路大军竞相在塔河两岸开垦耕地。沙漠开荒需要大量的水，塔河堤岸不高，一些人便挖开口子引水或架起大口径抽水机日夜抽水。去年 4 月，在 400 来公里的河流中段，两岸架起的大口径水泵有 400 多台，挖开口子 130 多处。近些年塔河上游流量减少 1/4，流经中游流量又减少 3/4。滔滔塔河到了下游，便失去了前行的力量，逐渐在大漠中消失。

当地一位水利专家告诉我们，沙漠地区引灌应采用防渗渠、膜灌等节水措施。但中上游一般用粗放式漫灌，大量水渗入沙层，或蒸发到空中。下游采用节水措施，一亩耕地用 700 方水，而中上游一亩耕地额定用水就是 1300 方—1500 方。更为严重的后果是两岸密布的豁口造成的河水散失。塔河水主要来自冰山融雪，夏季一到河水暴涨，宝贵的水便由这些乱开的口子漫流入茫茫大漠。在巴音郭勒蒙古自治州，记者看到一户人家在塔河中段挖开一个 4 米左右宽的口子，引河水去漫灌一大片草地。在这片草场上喂养着他家的十几匹马。水利专家算了一笔账，从这个豁口流出的水够下游一个 1 万人左右的农场用水。1994 年，塔河发生罕见大洪水，下游几个农场盼来了引水的希望，可结果是上中游洪水泛滥成灾，下游不见水来。望眼欲穿的农牧民急得直哭。记者在塔河中上游看到，两岸开荒热仍有升温趋势。如果这种盲目开荒继续下去，塔河还能流多远？塔河断流到几时？就成了令人担忧的大问题。

新疆自治区环保局局长谢志强说：“塔河问题不只是上游多开一亩荒，

下游多耕几亩地的问题，更严重的是对整个塔河流域以至塔里木盆地生态的破坏。”塔克拉玛干沙漠沙粒极细，流动性很大。塔河滋润的点点绿洲，构成了一道绿色长城，遏制着沙漠由南向北推进，庇护着塔里木盆地北缘人们安身立命。塔河下游两岸的植被，又把塔克拉玛干沙漠与东边的库姆塔格沙漠切隔开，避免了这片土地成为沙漠腹地。同时这些植被还掩护着218国道，给茫茫南疆留出一条通往内地的生命线。可是塔河断流，切断了这些植被的生命之源。由于干旱，近20年这里的胡杨林减少75%，一半草地沙化，农田减少近40%。这段时间，塔克拉玛干沙漠向东推进了60公里，多处与库姆塔格沙漠汇合。218国道160处被沙淹没，新疆第二条生命线面临被切断的危险。谢志强说，如果下游植被继续枯死下去，两大沙漠合拢，在回灌东风推动下向西蔓延，流沙可以一直威胁到上游地区。那时大规模沙进人退不可避免，现在的绿洲大部分将会被埋于沙下，成为考古遗迹了。

那么，怎么办呢？许多有识之士提出了“以水定耕，以水定牧”的建议，与记者同行考察的全国人大环资副主任委员、原水利部部长杨振怀提出，塔里木这样生态极其脆弱的地方，任何开发都要以可用水量来限定。上游中游不能将水用尽，否则下游生态用水无保证。整个流域应全盘规划，各段按比例分配用水。各地只能在分定的水资源下确定农牧业发展规模，扩大开发只能依靠节水措施解决用水。杨振怀建议，借用国家黄河流域委员会经验，在自治区直接领导下建立塔河流域委员会，负责确定塔河各段分水比例，对引水情况进行监督管理。

听众朋友！日见萎缩的塔里木河正期待着人类恢复她昔日的活力，下游绿洲企盼不要遭受当年尼雅的厄运。拯救塔河，刻不容缓！

（人民日报记者杨武军报道，张慧根据广播需要编辑）

（四）风貌通讯播音训练

风貌通讯也叫风光概貌通讯。①播风貌通讯也应抓住“这一个”的特点进行报道。如报道一座山，就要抓住“这一座”山与众不同的特点；如同是报道改革开放后的新气象，我们就要牢牢抓住这一篇稿件中所反映的这个地方的气象新在哪里？为什么“新”？使听众听了你的报道长知识、开眼界、换思路，感到新鲜、满足。②风貌通讯多按空间顺序叙述，或按记者观察的视线变化来安排结构，有时还用第一人称的感觉进行报道，好像很随意、自由。因此风貌通讯播音尤其要注意抓住叙述脉络，作到条理清楚，层次分明，形散实不散。

1.《白石山上观云海》

训练提示：这是一篇风光通讯。①通过对白石山的山和云的描绘，要能让听众足不出户就好似身临其境般领略那山野风光，呼吸到大自然的气息，在紧张繁忙的劳作之余，得以让心灵亲近自然，开阔视野，陶冶情操，调节心境。得知在我们祖国的大地上有这样一个令人神往的地方。②播这篇通讯有责任把白石山的山与云的与众不同之处充分反映出来，给听众留下独特的印象。③播这篇通讯时要找到第一人称——“我”的感觉，必须调动自己直接或间接的全部生活经验，身临其境般进入稿件规定情境中去，去听、去看、去触摸，去细致地感觉身在其中的快乐。要像作者一样有“汗流浃背”、“气喘吁吁”、“爬”上山顶，沐着山野的清风，嗅着原野的芳香，去看山、看云。向上看，向下看，远处看，近处看……，享受山之威严，云之飘逸、浩渺的美。这样才能由内心升腾出对白石山景观的独特而具体的爱恋之情。④全篇顺着作者观察的视点，按空间移动顺序叙述内容。⑤请写出播音提纲，初步体会风貌通讯的播音规律。

白石山上观云海

秦　海

登上河北涞源县城南20公里的白石山峰顶“鬼见愁”，我们一个个已是汗流浃背，气喘吁吁了。可当我们放眼周围奇特景色，疲劳立即被惊喜所取代。“这山望着那山高”，只见对面一道陡峭险峻的山脊，依次排列着若干参差不齐的山峰，恰像一把把利剑，直指苍天，唯有毛泽东的著名诗句“刺破青天锷未残”方可形容它们的雄伟和气势。再看那山体，悬崖壁立，一色青灰的岩石，在阳光下发着威严的光，千万年的风吹日晒雨淋，它们依然保持着尖锐的棱角，由此可见它们的坚强。俯身下看，则是万丈深渊，渊底是迷茫的树木。我虽远离崖边，仍感惊心动魄，头晕目眩，尤其不敢仰望，一仰望，即两腿发软，身有悬空之感，随时都会失去平衡，我曾经登过黄山，在始信峰见到的景象，又在这里重见，难怪当地人称这里为“小黄山”呢，确实名不虚传。

突然，有谁叫到：“看云！”顺着他手指的方向，只见团团云雾从身下的深渊中蒸蒸升起，似海浪翻滚，似万马奔腾，转眼就弥漫了山谷。绿色的树木在云雾中时隐时现，忽明忽暗。对面刚才还历历在目的座座山峰，此刻都笼罩在云雾之中。忽儿变得那样遥远、飘渺，只能“偶尔露”了。云雾升腾飘逸得极快，势若奔马，忽前忽后，忽东忽西。有一团白云，升腾到一道山梁时，迅速向山梁那边飘逸而去，颇似神话电影中的特技镜头：化作一道白烟，无踪无影。远处更是云海茫茫，有一圆锥形的峰头，突露在云海之中，恰似大海中的一座孤岛。

陪同我们游览的当地的一位朋友说，这面的山谷向南，下过雨后太阳一晒，水气蒸腾起来，便形成满山满谷的云海。越是雨后晴天，云海越大，这同样可以同黄山的云海相媲比。

我们在惊叹和赞赏这云海之余，都抓紧时机，从各个角度拍照，留下这“美好的一瞬”。

2.《“农民车”的新气象》

训练提示：这是一篇反映社会变革气象的通讯。①这篇通讯从春节期间“农民车”行李架上今昔情况对比——这一独特视角，引导听众具体感受到，当今的农民在改革开放大潮的推动下，生活的改善和思想观念的可喜转变。②这篇通讯按作者观察的视线、采访的顺序，有层次地展开叙述，不要播散。③观察要细，感觉要真切，语言表达要质朴。④要注意在浓重的春节气氛中，去叙述车厢内外的人和事，基调要恰当。同时要注意表现当代农民的精神面貌和心气儿。

“农民车”的新气象

蒋耀强　报道

“农民车”是广西人对慢车的称呼。

腊月二十四号早上6点15分，当过多年列车员、列车长的广西南宁火车站干部胡治河，踏上504次由南宁开往桂南的“农民车”，便发现了一个“新现象”。火车的行李架上松松的，没多少东西。他想：“哟，行李架上的行李、杂物怎么这么少？农民的年货塞到哪里去了？”

胡治河对当年春节前后“农民车”上的情景，至今记忆犹新：一张张疲倦的脸挤压在一起，车厢里水泄不通；行李架上一捆捆沉甸甸的挂面，鼓鼓囊囊地装着低档饼干、肥猪肉的麻袋和塑料编织袋堆成几层；座位底下，塞满了纸箱，布包……

今天车上的旅客，大多仍然是农民。他们一改过去如牛负重的神态，在轻松愉快的欢笑声中，谈论起过年的事来。

平南县寺面乡卢瑞敏笑着说：“现在过年的观念淡多了。以前刚过完年就又盼着过年，过年就是过‘肉瘾’。现在平时也杀鸡宰鸭，不必非集中在过年吃。”

这次没带一点年货回家过年的民工蒙达明，落落大方地说：“家门口什么都有卖的，何必费劲背回去呢?”

宁县长塘乡农民陆瑞彬说：“春节空闲时间多，我们村不少农民特意到城里买电视机。实不相瞒，我也是专程到南宁买电视机的!”

大约8点多钟，天大亮了，列车行进在一片宽阔的小平原中间。从列车窗口望去，不少农民赶着马车，开着手扶拖拉机往地里运农家肥，男男女女正忙着为种下的甘蔗、玉米等盖地膜……

过年“闹春”的情景，又引发了不少农民的感慨。不少农民议论说，现在农民最讲究实事求是，操办年货时，也不忘给“土地爷”、“打酒”、“买白糖”、置新衣……记者一问才知道“打酒”就是买农药、增产剂等等，“买白糖”就是买化肥，“置新衣”就是买地膜。

从“农民车”的新气象不难看出，党的开放政策，正改变着广西壮乡农民的旧观念，给他们带来进取意识和求实精神!

3.《昌平双拥镇》

训练提示：这也是一篇反映社会风貌的通讯。要播好这篇通讯，①要抓住南口“像个大军营”，处处弥漫着军爱民、民拥军的气氛——这样一个区别于其它城镇的突出特点进行报道。②这种浓浓的拥军爱民气氛，让人既感到亲切、熟悉，和平日子过久了又有些被忽视、淡漠了，然而它却是我们应该永远珍视的优良传统。播音时应有意联想战争年代的军民关系，联想近在眼前的洪水、地震、森林火灾、老山前线……等等，危难关头涌现出来的无数拥军爱民的真实故事、感人场景，提高发扬拥军爱民传统必要性的认识，加深对南口现象的理解，激发自己的报道热情。③故事一定要讲得有声有色。④请注意本篇稿件的叙事规律，写出播音提纲。⑤播音时应注意符合这篇稿件的基调和风格特征。

昌平双拥镇

昌平南口，巴掌大的地方，却是自古兵家必争之地。如今走在街上，三个人里仍有一个穿军装的，南腔北调的，把个南口道南镇充塞得活像个大军营。大清早，一镇的人听到的先是一阵嘀嘀哒哒的军号声，既叫醒了战士，也叫醒了一镇百姓。天长地久，说不清这军号是为谁吹的。天一擦黑，营房里便是一阵阵嘹亮的歌声，能盖住半边天。

当兵的唱，镇上人也唱。说不清是镇上人跟着当兵的学，还是当兵的受了镇上人的感染。反正是军号一响都沾光，歌声一起连成片，什么也分不开。

咱就举出两三件事，说说这分不开。

道南镇书记彭明庆刚到任就有点愣神，这大街上当兵的怎么比老百姓还多！镇上只有五家稍大点的企业，驻军却有十几个单位。干脆，咱来个地方军队一齐上，共建双拥镇吧！这法子行，一方水土养一方人，谁在这儿，就算一份！过去叫有枪的出枪，有钱的出钱！现在不这么叫法，反正还是那个意思。

就说道南镇那两条小土路吧，过去不足一米宽，人和牲畜共行。一头猪摇尾巴，行人车辆就得给让路，谁让它是畜牲！如今变成了又宽又平的大马路。

咋变的？要说花钱，得二百多万，可愣是一分钱没用。就是过去打仗的那个招儿，整团整营的战士往上上。道南镇凡是长腿的也都拥出家门。谁有什么拿什么，是人您就抄家伙！道南镇人讲话，一人一口唾沫，不信啐不成一条河！这宽宽亮亮的大马路，就这么铺成了！

如今每天踩在这两条大马路上的百姓和战士更是难分两家人。

就说烈属谷氏吧，七十多岁的老太太，有儿有女的，可不去住，就让大兵伺候着！说是自在！老太太也够意思，鱼头鱼尾吃了，把最好的中段给战士留着。老太太抽烟，抽大炮。有好烟，不抽，给战士们回山沟探家用。战士来了，老太太说："孩子，今儿个我想吃饺子，把手洗干净，别老不搓肥皂！"就像吩咐亲儿子。

战士们一批批复员。姓张的走了换成姓王的，姓王的走了来了姓李的。无穷无尽的战士来照顾老太太无穷无尽的日子。老太太也就长了脾气，姑爷送来酒，老太太说："不好！"姑爷送来好酒，老太太对战士们说："提走，喝去！大八月十五的！"

部队来了家属，自然是当官的夫人。当官的吩咐：去买二斤毛线，好的，纯毛的！毛线买了，当官的说：织吧，女式的！夫人一惊，莫不是第三者插足！几天后，毛衣穿在了老太太的身上。

这种事，道南镇多了，伸手一抓一大把，甭编！

第四粮店，有一盘老磨，每晚职工加班磨豆腐。老磨一转就转了五年，专供离退休军人吃豆腐。一盘老磨，平凡得不值一提，辰星日月，磨出的却是一盘盘情意。就是这个店，十多年坚持为老红军们送粮。甭管刮风下雨，受多大累，全店人愣是没人吱过一声。这叫"铁"，这叫"磁"！要往深里说，眼泪得哗哗的。

要说道南镇这地方，从两条马路开始，吃喝拉撒，点点滴滴，支支节节，要拣军民一家的故事，能拣几大车。悠悠岁月，整个道南镇，就是这么堆起来的。

县民政局长韩庆贵说得好："告诉您，这些事，还没一件是形式化，更不是为了迎合啥。道南镇的百姓和战士就是这么活着的！"

不信，您就使鼻子闻闻，伸着耳朵听听，没跑儿！

（北京日报星竹报道，标题修改、文字改动张慧）

四、补充练习材料

训练提示：①这部分材料的编辑打破通讯分类界线，主要考虑按篇幅由短而长，按内容由易而难。②有些稿件还需要播者根据广播特点和节目时间限制进行必要的删改、编辑后，才能使用。③通讯报道的时效性与社会效益密不可分，但作为语体播音固定教材，要保证稿件时效性十分困难，这只有通过其它教学手段来弥补。④练习材料选材内容尽量广泛，目的是为促使初学者更广泛地关注社会生活，关注各方面的政策精神。⑤作一点说明，有些稿件是从报纸或出版物上选来的，从广播播出需要出发，对稿件大多进行了一些文字改动，敬请稿件原作者谅解。⑥有些稿件能查到原作者，就署上了名，有的稿件则查不到作者，就没有署名，也敬请原谅。

钱塘大潮

××人民广播电台！现在是“伟大祖国”节目。今天给大家介绍钱塘大潮。“钱塘”是钱塘江的“钱塘”二字：“大”是大小的“大”，“潮”是潮水的“潮”。

“八月涛声吼地来，头高数丈触山回。”这是唐朝诗人刘禹锡描写钱塘大潮的诗句。

钱塘江，位于我国江南名城杭州的东南面。这里风光优美，水流曲折，健步登上玉皇山顶，远眺钱塘江好像是一个反写的“之”字，“之”字上的一点，正是美丽的杭州西湖。每年农历八月十八，钱塘江畔的居民，都要到江边来观潮，欣赏那最惊心动魄的一幕。人们登上赭山尽览“海宁潮”的壮景；登上玉皇山和吴山又可眺望“杭州潮”的盛况。

潮水来时，站在钱塘江堤上向东极目远望，在远处波涛起伏的江面上，忽然出现一道白线，好像有亿万条银白色的鱼在宽阔的江面上跳跃，追逐；又好像一群洁白的天鹅排成一线展翅翩翩飞来。转瞬之间，你就能听到春雷轰鸣般隆隆的潮声。接着，高头大浪，滚滚而来，水声隆隆而动地，巨浪滔滔而掀天。潮头近时，但见眼前陡然出现一堵三四米高直立的水墙，排山倒海，翻腾咆哮；白花花的潮头飞溅雾空；玉城雪岭，际天而来，震撼激射，吞天没日。苏东坡的诗句，“欲识潮头高几许，越山浑在浪花中”，正是这幅奇景的生动写照！接着，潮峰便疾如雷电似地一闪而过，激涌而去……。

钱塘大潮是怎样形成的呢？

潮汐是一种自然现象，它是由于月亮和太阳对地球的引力而产生的。钱塘大潮的生成则又和钱塘江的地质构造、地形有关。钱塘江的入海口——杭州湾呈一个外宽内窄的喇叭状外形，加上钱塘江河口海宁河段，水下有一隆起的像门槛一样的沙坎。8月中旬，正值大潮汛。海水从外海逼来，由于江面突然束狭，江水涌高，而钱塘江口河段滩高水溅，于是后浪紧推前浪，使潮峰赶上潮谷，层峰叠浪，浪差汛起，至此，举世闻名的钱塘江大潮终于形成。在历史上，钱塘江大潮的最大潮差，曾达两三层楼高，可谓壮观至极。

一年一度秋风劲，在钱塘江，八月十八日观潮是两岸人民的快事。刚才给大家介绍的是钱塘大潮，这次“伟大祖国”节目播送完了。

（编辑张慧）

旅行包里的秘密

春节前的一个黄昏，北京街头，来来往往的人群熙熙攘攘。

人群中，有两位值勤的武警战士缓缓地向前走着，他们的带着微笑的面孔显得那么亲切，然而那两双眼睛，却警惕地向四周巡视着，他们就是武警北京部队九支队的战士胡随军和陈铁。

当他们俩走到建国门立交桥下时，发现桥下有两个男青年围着放在地上的两个特大旅行包站在那里，看到武警战士向他们走来，神情有点紧张。

小胡和小陈互相看了一眼，立即向这两个青年走去。

“同志，这是谁的提包？”

一个青年说：“不知道。”另一个青年连忙把话接过来：“不，不，我们是替别人看着的。”小胡又问：“人到哪去了？”

“打电话去了。”

小胡、小陈对这一带十分熟悉，知道这附近没有公用电话，他们俩马上意识到：这两个人在撒谎！于是小胡进一步询问说：“包里装的是什么东西？”

“自己家里的东西。”一个青年答道。

“能不能打开看一下？”

“不，不行，这是别人的东西。”一个青年有点慌了，另一个青年以为当兵的不识货，就向同伴使个眼色说：“就让他们看看吧，省得他们不放心。”

小胡和小陈打开旅行包一看，里面有几个用卫生纸紧紧包着的纸包。小胡打开一个纸包，里面是个古色古香的陶罐，他抬起头看了看小陈，小陈也正好抬起头来——他手里拿的竟是一把青铜古剑！

一看两个战士的神情，两个青年慌了，想逃跑，又舍不得丢下旅行包。这时候，小胡和小陈已然闪电般地站到两个青年旁边，堵住了他们的去路。小陈威严地低声喝道：“别乱动！”这两个青年就像泄了气的皮球，一个人提着一个大旅行包，垂头丧气地被押到了朝阳区公安局。

原来这两个青年是河北农民，准备来北京倒卖文物。经专家鉴定，旅行包里装的青铜剑、陶罐、古铜镜等是从春秋到汉朝的十二件罕见文物！但事与愿违，他们从北京站下车，刚走到建国门立交桥下就被抓获了！

北京街头，处处笼罩着喜迎春节的欢乐气氛，来来往往的人群中，闪动着武警战士们的带着微笑的面孔，那一张张面孔，显得那么可亲、和蔼。

把百姓放在心坎上

孙伯　韩振廷　李永超

三年前，天津市宝坻县的农民中流行着这样一段顺口溜："供电局三根线，不到十点不送电；蜡烛不少点，电费不少算；一开电视，看再见。"形象地道出了老百姓用电的困难。如今，宝坻成了全国"三为"服务达标县、全国农村电气化县、全国节能县。

提起"供电局三根线"的顺口溜，宝坻县供电局局长刘景耀感慨不已。1993年初，刚刚上任不久的刘景耀从市里开会回家，进入宝坻县境，已经到亮灯时间，可是村庄里却一片漆黑，与途经邻县的灯光通明形成了强烈对比。

当时，全县用电指标只有1.6万千瓦，只能重点保证县城和几个大镇的照明用电，农村用电毫无保证。最严重的时候，每月只能供一两天电，而且供电时间多在夜间10点以后，农民基本用不上电灯，看不上电视。

刘景耀带着职工分头上天津，跑北京，转外地，千方百计筹集资金1900万元，增购用电指标1万千瓦。到1993年到6月，宝坻县实现全面不限电运转。用上电灯、看上精彩电视节目的乡亲们喜上眉梢，农民终于也能亮亮堂堂地过日子了。

一次，县供电局几位局长到一个乡调研，农民们见了"电官了"，感激的同时，更多的是无奈，"有电是好事儿，可一块来钱一度电，我们用不起呀！"供电局来的几个人心都猛地一颤：有了电，农民却用不起，那还谈什么"三为"服务？

他们对全县766个村逐个进行电价摸底，发现电价不合理村多达260多个，个别村一度电费用达一元钱。乱摊派、乱收费、乱加价，权力电、关系电、人情电现象严重。针对这种情况，县供电局立即制定了电价管理办法，公开电价、公开每户用电量、统一收据，很快杜绝了"三乱"等不合理现象。他们还投资2051万元对190个村进行了低压电网改造，降低了电网损耗，提高了供电水平，电价得到了有效控制。

保证了农民有电用，用得起，“电官儿”们的目光又转向如何提高用电质量问题上，制定了依靠科技进步，高标准、高起步、创一流的长远发展规划。

宝坻县最初的供电网络使用的是六七十年代的旧设备，供电可靠性差，质量低，故障频繁，常常是“按下葫芦又起瓢”。1995年起，宝坻县着手对全县电网进行大规模的建设和改造。短短两年时间，新建变电站3所，改造变电站12所，进口重合器、分段器、高压熔断器等先进电力设备12台套，累计投资8000万元，使全县电网结构趋于最佳，供电质量大幅度提高，供电可靠率达到99.99%。1997年初宝坻顺利通过全国节能县验收，成为节能百强县之一。

马六甲海峡印象

刘霆昭

人们授予马六甲海峡的美誉着实不少：沟通太平洋和印度洋的咽喉；连接亚、非、欧、澳四大洲的纽带；北太平洋沿岸国家进入孟加拉湾、阿拉伯海、波斯湾、红海、地中海最短航路的必经之地；经济、军事上的全球性战略要冲。如今，记者随我国赴非洲远洋捕渔船队纵渡马六甲海峡，切实感到其众多美誉当之无愧。

这里虽然缺少大洋那样的浩瀚气魄，但在这里航行，远不像漂洋过海那样单调寂寞。这里是我们出航后所见到的最繁忙的航段，船只往来穿行，频频奔入眼帘，其中有十几万吨级的油轮，有万余吨的散装货轮，有五颜六色的集装箱轮，还有轻巧如燕的帆船和游艇。据统计，这里每年通过的船只达8万艘，日平均约220艘，仅次于连接欧洲大陆和大不列颠岛的多佛尔海峡。

南海水深似蓝黑墨水，而这里的水则呈淡绿色，显然是浅得多了。听船长说：马六甲海峡里有不少浅滩和沙洲，浅于23米的地方就有30多处，行船需要格外谨慎。不过，马来半岛一侧大部分航道水深在25米至百余米之间，而且底部平坦，可使吃水20米的船舶畅通无阻。

这里的气候变幻莫测。“五一”这天，我们的船队恰好行至马六甲海峡中部。船队领导建议在甲板上给全体船员照个合影。列队时，还是天晴日丽，刚按完第一下快门，竟骤然风起，大雨点啪啪急倾狂泻，打在脸上又凉又疼。不过10分钟，雨便收敛而去，只见海峡上空黑一块，蓝一块，不知刚才逞威的那块云是被风撵走了，还是被我们快速行进的航船甩到了身后。据说，马六甲海峡这种“风雨急来速去式”的怪气候，在每年4至5月，10至11月两段时间中较为多见。

海峡两侧，岛屿断续可见，或长或短，或高或低，或大或小，或远或近，但有一点相同，都是绿的。这里地处赤道雨林气候带，年平均气温在摄氏25度以上，年总降水量达两三千毫米，为植物生长提供了得天独厚的条件。海峡两岸遍布热带丛林，有些常绿树高达五六十米，各类藤条在树干间攀援缠绕，密密匝匝，郁郁葱葱，就像陆上的“海”。

我们从马六甲海峡的东端入口——南海，直抵西端出口——安达曼海，明显感觉到马来半岛和苏门答腊岛之间这条1080公里长的海峡，西北宽，东南窄，仿佛一把衔在南太平洋和印度洋之间的大喇叭。那海峡同印度洋分界的标志——韦岛，是几座连绵起伏的小山，其对面的黑色礁石，形状就像活灵活现的大海龟。

在马六甲海峡航行，一股民族自豪感油然而生。我国明朝三宝太监郑和自1405年至1433年七下西洋，都曾经过马六甲海峡，比大航海家哥伦布，达·伽马、麦哲伦的远航还早七八十年。郑和曾五次驻节于临近海峡东北侧马来半岛南岸的马六甲城（海峡即由此得名），并曾亲自帮助当地居民挖井度水荒。在马六甲城内，至今还保存着当年开掘的“三宝井”。

更凑巧的是，我们在过马六甲海峡时收到的第一个电视节目是新加坡电视台播放的《儒家思想漫谈》。主持人陈亮星女士在以“老吾老以及人之老”为题作罢讲演之后，便是几位男青年弹着吉它，用普通话合唱《游子吟》，“慈母手中线，游子身上衣，临行密密缝，意恐迟迟归……”看着这中外合璧，古今相糅的演出，我们这些远离祖国的中华游子，禁不住“万端感慨驻心头”，升起了思乡之情。

（口语化文字改动　张慧）

鲁迅故乡的乌篷船

浙江台《对农村广播》节目播出

亲爱的听众，您坐过乌篷船吗？对，绍兴的乌篷船，鲁迅故乡的乌篷船。窄窄的船身，低低的船篷，船篷是用竹片夹着笋壳编成的，篷上用烟囱灰和着桐油漆成黑色。绍兴人把黑色叫成“乌”，它就叫乌篷船了。多少年来，乌篷船一直是绍兴水乡的主要交通工具。它载人载货、载过鲁迅的童年，也载过祥林嫂的哀怨，如今，它载着的又是什么呢？

这是一个深秋的早晨，记者坐上一条乌篷船缓缓离开了喧闹的绍兴柯桥镇。同船的是一位从陕西西安来的购销员，姓陈。

我问他：您过去来过这儿吗？第一次坐乌篷船有什么感觉？他说：来过，来过四五次了。哎呀，那真是别具一格，觉得这地方特别好，坐上这小船，挺幽雅。想多坐一点时间，小船悠悠地摇着，宽宽的水面，岸上的绿树，心胸也宽阔了……

说话间，小船划出了临街的水巷，眼前是一片宽阔宁静的水面，那位划船的人把手表掖在皮带上，坐在船尾，手划小楫，脚蹬大桨，“嘎吱，嘎吱”地划得正欢。

我问：“师傅，您贵姓？”

他说：“姓吴，叫吴炎昌。”

我说：“您从小就划船吗？”

船工吴炎昌说，这里家家都有船。他家三代都划船。爷爷划船的时候，主要替大老板划，有时候被反动派抓去白划一天，还要吃巴掌。他自己十多岁就开始划船了，过去只好捉鱼虾，捞水草，不好出来做生意。现在党叫我们富起来，大家富得好多了。划船接客，赚得多的话，一天有十多块……

说到今天的生活，这位船工乐滋滋地晃了下脑袋，又亮开嗓门同迎面而来的乌篷船打了声招呼。这些船工大都是阮社乡余诸村和信心村的。他们每天一大早骑自行车赶到十多里路外的柯桥镇，他们的船就停泊在那里，有客就划，没有客就回家干农活。上船之前，我们看到一群船工等在车站出口处，看见外地购销员模样的人就围上去，掏出五颜六色的布头，七嘴八舌地嚷嚷：“小船要不要？”“要去哪个厂，我们熟悉。”“看看这布料？哪里产的我们熟悉。”一下子还真闹不清这是什么生意经呢。

当我们问起这件事，这位叫吴炎昌的船工嘿嘿一笑，说：“绍兴乡下十条道路八条水，进进出出少不了乌篷船。如今乡镇企业兴旺了，除了本地农民，进进出出还有谁？购销员！这一带轻纺企业那么多，外地购销员陌里陌生的，他知道哪条河边有厂，哪个湾头有货？这样，我们的乌篷船也来了个改革，照样是拉客人，不过还为他们的购销活动提供服务。他要哪种料子，我们口袋里就有样品，看中了那样，我们就划船送他到生产这种料子的小厂一家一家地转。”

我说：您看我们刚才划过的那两条河周围有几个乡镇企业？

吴炎昌说：好几百个，每个村都有，多的两三个，少的一两个……

吴炎昌还如数家珍地向我们介绍了附近哪个厂生产仿毛涤纶，价格多少，哪个小企业今年发展最快，支书姓什么？厂长有什么脾气。看样子，似乎要比乡长更熟悉那里的情况。这些土生土长的农民比他们的父辈精明得多了。

小船停靠在华舍乡中心村，吴炎昌领着那位西安的顾客熟门熟路地走进纺织厂的仓库。看完货，又陪他到厂办公室洽谈，吴炎昌在一边端茶倒水，还充当了“翻译”。厂长告诉我们，乌篷船是工厂购销活动的纽带，他们厂三分之一的产品就是靠这些乌篷船推销出去的。每谈成一笔生意，厂家就给船工一定的报酬。在柯桥，这种直接参与商品流通和信息传递的乌篷船有三百多条，每家厂等于有了三百多个编外业务员。

船又向前划去，两岸是金色的稻田，耳边响着水声、桨声、岸边的鸭叫声。河水转弯处又是一家工厂，乌篷船晃晃悠悠，似乎有几分醉意。乌篷船，依然是窄窄的船身，低低的船篷，如今，它载着的早已不是鲁迅回故乡时的忧郁，也不是农民对起码的衣食温饱的企盼，而是载着两岸的美景，农民的欢欣，更载着这样一个信息，农村的变革正在使乌篷船和它的主人获得新的内涵。乌篷船，很不起眼，它也在发光，好多啊。

（张慧从播音练习需要出发，根据录音通讯稿编辑）

鸭梨状元朱元华

人民日报记者　宋光茂

夏天，山东半岛上的梨园闷热难耐。记者猫腰穿行在阳信县郭村的千亩梨园中，循着隐隐约约的吆喝声才找到朱元华。

正在指导村民给鸭梨套袋的朱元华有过美妙的“大学梦”。1982 年他高考落榜回到了号称“中国鸭梨之乡”的故乡阳信县，琢磨着先到县城找个活干，再继续考大学。

那年秋天，阳信县经历了罕见的阴雨天气，梨树普遍得了黑星病，丰收在望的梨乡一下子没了生气。一位满脸愁云的老人来找朱元华。朱元华认得，他是山东省农民“科技状元”、70岁的阳信鸭梨权威朱万祥。老人在18岁的朱元华面前说了这样几句话：“咱村就你这么个高中生。我人老了、眼花了，技术员这担子你接过去吧。咱村的鸭梨、咱阳信鸭梨的希望就寄托到你身上了。”就凭这番话，朱元华当上了技术员。

跟着老人，朱元华观察到，在湿度大、气温在摄氏25度左右时黑星病最容易传染，有水膜的果实抵抗力更弱。对症防治，朱元华取得了成功。

梨树还要考验一番这位新技术员。有一年，梨树原本长得葱茏茂盛。但不知怎么的树叶渐渐变黄，枝条枯死了。朱元华搬进梨园，白天黑夜地观察，找不到症结。朱元华带上发黄的叶片和土壤样本赶到省城济南找科研院所，这才知道是梨树生理性缺铁，唯一的办法就是补硫酸亚铁。

怎么补？朱元华尝试了叶片喷施、根下覆埋等多种办法，成效都不显著。心急火燎又奔波劳累的朱元华病倒了，住进了医院输液。眼前晃动的药瓶突然触发了他的灵感：对，给梨树打吊针！把硫酸亚铁直接输入树干。兴奋不已的朱元华拔掉针头，在护士的呼喊声和病人惊诧的目光里跑出医院。

针头插入梨树的木质部，高压喷雾器把1000倍的硫酸亚铁溶液缓缓地输入树干。朱元华耳朵贴在树干上，仿佛听到药液在里边流动，觉得梨树在欢唱，自己的病一下子也消失在九霄云外。5天过后，叶片由黄变绿，梨树重新焕发了生机。

梨树既然能打吊针，也就能服药片。朱元华不满足已有的成功，继续探索。梨花几度开落，朱元华给梨树服药的技术渐趋成熟。根据叶黄程度和树龄大小，在树干上打2－4厘米深的小洞，放入2－10粒专门研制的“绿叶铁王”药片，再用泥巴堵上，几天之后黄叶变绿。这比打吊针好操作，还降低了成本。1998年，朱元华把这项自己试验成熟的技术在全县免费推广，两年来，又毫无保留地把它传授给了各地慕名前来求艺拜师的人，把丰收的希望送给千家万户梨农。

朱元华在果园里收获了丰收。如今，他成了全国科技星火带头人、阳信县“梨状元”。那个“大学梦”呢，大概在白天很少做得成了。

余明慧的故事

人民日报记者　汤保华

1998 年，全国残联主席邓朴方到贵州考察。在贵阳，邓朴方紧紧握着一位中年妇女的手，恳切地说："你的遭遇令人感慨，你的自强精神令人感动，你是残疾人的骄傲！"这位饱经磨难的妇女，就是余明慧。

1942 年，余明慧出生在贵州山区一户农家。7 岁时父母相继过世，她开始了艰辛的童年。9 岁那年冬天她上山背煤，山高路滑，她摔倒了，煤筐砸烂了左膝盖，骨髓渗了出来。那是一个偏僻穷困的小山寨，谁都不晓得什么叫骨髓炎。没多久，小姑娘的腿就发黑溃烂了，一块一块骨头带着浓血脱落出来。好不容易，她活下来了，从此拖曳着一条残腿。

1956 年，14 岁的余明慧来到贵阳，靠当保姆，拖大了两个弟弟。1964 年，她进了修建飞机场的民工大队。身材瘦小，拖着残腿，干的又是搬运土石的重活，却总是加班加点完成定额，吃苦耐劳的她一次次被评为模范民工。1966 年，工地领导牵线搭桥，她与另一位模范民工王文起结婚成了家，生活展现出新的色彩。可是不久，"文化大革命"来临，余明慧夫妇双双失业，靠打临工、拣垃圾熬过了 10 年。改革开放以后，两口子挺起腰板，贷款买了一辆二手车，干起了个体运输。天道酬勤，家境渐渐好起来了。然而，1985 年 9 月的一天，老王路遇侮辱妇女的流氓，他冲上去制止，却被两个恶棍杀死在血泊之中。仅仅过了两年，他们年仅 10 岁的儿子王军在一次车祸中受了重伤，双目失明，下肢瘫痪。

面对连连厄运，饱受磨难的余明慧拖着病残之躯，一次次坚强地挺了过来。

1993 年，余明慧在当地政府和残联的帮助下，创办了贵阳云岩康利机械化土石方工程公司。公司挂牌的那天，她哭了，她说："我只有一个心愿，办好我们的公司，回报党和政府，回报好心的人们！"几年辛勤劳作，公司拥有 1000 万元的固定资产，一位残疾妇女成了远近闻名的民营企业家。

与此同时，从 1993 年开始，逢年过节，余明慧都要带领公司员工把礼金和礼物送到孤儿院、敬老院、盲聋哑学校、荣军疗养院。每年，她都要慰问公安干警、武警战士和交通民警。市里的公路建设、绿化工程、坡改梯田工程，她都无私地伸出援助之手；长江、嫩江抗洪抢险，她也慷慨解囊。她实实在在地实践着自己回报社会的诺言，几年来，她那不大的公司竟向社会捐款捐物100万元。

瘫痪在床的儿子王军也承继着母亲急公好义的品性。那是1996年夏天，贵阳城郊结合部的山体大滑坡，清晨，王军从新闻中听到这个消息，马上拨通枕边的电话："妈妈，黔春路塌方了，收音机刚才播的，压死人了，你快去帮忙呀!"当时余明慧正在医院输液——她因为劳累过度，胃出血住了院。她立刻用手机叫通了公司："你们尽快把挖掘机都开到黔春路去，一分钟都不要耽搁呀!"接着她请求护士拔掉输液针，奔出了医院。连续四天四夜，在军民抢险队伍中，始终活跃着这位拖着残腿的中年妇女的身影。

苦菜花开分外香。余明慧以她的坚强和善良激励着人们，党和政府也给了她许多荣誉。今年9月，中央电视台《东方时空》播放了余明慧的故事，更多的人认识了这位朴实的妇女。饱经了人生风雨的余明慧却说："电视片太短了，我还有好多心里话没说呢。我多想告诉更多的残疾人兄弟姐妹，人贵在心，身残了，心应该更坚强!"

扔掉算命棍，勤劳造乾坤

——介绍拄拐杖的硬汉子姚建培

上海人民广播电台！听众朋友，在今天的《人生百草园》栏目中，播送一篇通讯：《扔掉算命棍，勤劳造乾坤》，为您介绍一位拄拐杖的硬汉子姚建培。

姚建培自生下6个月以后就患上了小儿麻痹症，拄拐杖的硬汉子姚建培，现在已经38岁了，他如今是"五·一八"土方工程公司、大丰建筑装饰有限公司的法定代表。在我把话筒伸向他，听他讲述自己的故事的时候，我很难想象，西装革履的他，一年多以前曾经是算命先生，穿着长衫，戴着礼帽，骑着小毛驴。我问他当时怎么会想当算命先生的？他说：在我的生活中，确实有一段时间比较消沉，那时候，我看到算命先生，他们比较自然地利用算命获得许多钱。于是，我想，这倒是不要靠什么人就能挣钱过日子的事，当时我还错误地认为找到了自己的位置。

但是，做了一段时间的算命先生以后，他产生了痛苦。他说：

痛苦的是我感觉到不少人对我的目光是歧视的，他们认为，你是有过追求和理想的人，怎么搞起算命来了？姚建培心里痛苦，而他的妻子更痛苦。

看着他怪模怪样的，又气又恼：怎么这么没出息！这对孩子是什么影响？有时痛苦得真想离开这个世界。姚建培当然不是那种没有出息的人。他的父母和乡邻都还记得姚建培读小学的情形。

他6个多月就患了小儿麻痹症，一直是整个人匍匐在地上爬行。8岁，该读书了。为了能上学，他必须学会用手撑着小板凳走路。稚嫩的小手撑在木凳上，每移动一步，都得咬紧牙关。手上磨起了血泡，血泡又被磨破了，钻心地疼。有时一不小心，整个脸撞在凳子上，碰得鼻青脸肿，胸前的衣服常常被鼻子和嘴巴里淌出的血弄得血迹斑斑。但是，他从不缺课。在他读小学二年级的一个冬日，又是雨又是雪，泥泞的小路又窄又滑，他依然撑着小凳去上学。他凳子的腿断了。他摔倒在地上，沾了一身一脸的泥和雪。那会儿，他忍不住哭了，可是，擦干了眼泪以后，又继续向学校爬去。当时，他最大的愿望是能有一只撑不断的凳子。就这样，他以惊人的坚毅和顽强，使老师打心眼里喜欢小建培。班上发展第一批少先队员，老师亲自给他戴上了鲜艳的红领巾。高中毕业以后，他是第一位被乡政府安排工作的残疾人。他的能干和勤奋，赢得了一位健康姑娘的爱情。后来他们结了婚，生了孩子，小日子过得倒也红火。但是，“莫道下山便无难，一山方出一山拦”。在市场经济中，竞争是无情的。要在这样的激流中站住脚跟，那可比学会用手撑着凳子走路还要艰辛得多。一次次的挫折，一次次的失败，使他消沉了，企图在“算命”中摆脱自己的不幸。

得知此事，奉贤县残联领导与他倾心交谈。镇领导屡次登门劝导，并且拿出自己的钱给姚建培的孩子上学。在融融温情面前，这个硬汉子流下了感激的泪水，幡然醒悟。终于，他杀掉了毛驴，扔掉了长衫，成立了以助残日命名的“五·一八”土方工程公司。一个残疾人，怎么会想到建立土方工程公司呢？姚建培告诉我：我认为土方容易上马，土方缺少管理。我又问他：搞土方，作为一个总经理，要来来回回跑，而你又是双腿残疾，这样，你身体状况和你的工作之间产生了很大的反差，矛盾也很大，这样的困难，你是怎么克服的？姚建培说：刚刚到工地上去，因为这些工地，高低不平，一下雨，泥路更是不能行走。那时，我动尽了脑筋，骑着牛去实地察看，得到周围人的理解以后，他们用独轮车推我到工地。

有一次，还有两天就要完成的土方工程，遇到大雨，正在倒塌。姚建培很着急，一定要到工地上去看看。但是，外面急风暴雨。怎么办？姚建培想起了童年时骑牛，他就大声地说，你们帮我牵一头牛过来……

可是，出乎意料的是，他一骑上去，就被发怒的牛从牛背上掀了下来。摔得浑身都是泥水。姚建培回想当时的情景说：那时候，我铁了心，我认为一个人认定的目标一定要不折不扣地去完成。就从地上爬起来，拄着拐杖一步步向前走。

在场的工人感动了，推来了独轮车让他坐上去。雨天，独轮车在泥地里无法推动。他们就硬是把独轮车抬起来，扛着到工地。事后，工人们对他说："就冲着你这股劲儿，我们干活儿，不会给你丢脸。质量你尽管放心。"听到这热乎乎的话语，姚建培兴奋、激动。对于一个残疾人，还有什么比得到人们支持和理解更欣慰呢！

姚建培艰难而稳健地走出了事业发展的开始几步。然而，就是这艰难的几步，夯实了他今天的成功基础。一年多来，他指挥完成了土方一百多万方，修筑公路长五十多公里。由一个土方的门外汉变成了内行。现在，他坐着车，行驶在自己为之流血流汗的公路上，自豪之情油然而生。他说：现在，每当我车子经过自己亲自承接、指挥过的工程，总是油然产生一种自豪，总是感觉到和其它的路不一样。

在厄运面前，姚建培挺直腰干，点燃了生命之火；成功之后，他在所赚的一笔钱中，把一万元捐赠给了县残联；在县助残者协会成立时，他捐助了一万元；在镇的捐资助残活动中，他又奉献出一万元；春节的时候，他赠送给镇敬老院三千元，并且和孤寡老人一起吃年夜饭。如今，他已经有了自己的车。更可贵的是，他的工程队招聘了许多下岗工人，为"再就业工程"作出了贡献。

不信鬼神，不要恩赐，姚建培扔掉算命棍，勤劳造乾坤，在厄运中实现自己的人生价值。

姚建培说：多做一些好事，多筑一些路，这是我的人生追求，到了年纪大了，也是我的安慰。

现在，人们投去的不再是歧视而是羡慕与尊重的眼光。他的妻子也从人们变化的眼光中得到了安慰。爽朗的笑声又在小家庭里回荡。

我问他的妻子：你对丈夫的支持跟一般妻子对丈夫的支持不一样，在生活上得特别照顾，是吗？他妻子说：是。早上起得要早一点，他什么都不行，全都要靠我。不过，他也很艰苦，好干的都自己干。

现在，姚建培最大的心思，就是拓展事业，用所得的利润为残疾人谋利益。他兴冲冲地告诉我，将来在他所在的地区建造一个残疾人乐园，是残疾人生活、学习、工作、康复、娱乐的理想场所。他的人生交响曲，又将奏响新的乐章。

刚才播送的通讯：《扔掉算命棍，勤劳造乾坤——介绍拄拐杖的硬汉子姚建培》，是由上海人民广播电台范蓉采制和播音的。这次节目播送完了，再见。

（张慧根据录音通讯编辑）

大山之恋

听众朋友，在中国战略导弹部队的发展史上，功不可没地记载着为导弹筑巢的工兵们，他们把生命的犁铧深深地插进了风雪高原、深山峡谷和长漠戈壁，在人迹罕至的禁地，在远离亲人的地方，经历了山崩地裂、流血牺牲的大山岁月。

在某战略导弹部队采访的日子里，官兵们向记者讲述了许多发生在那段深山岁月里的悲壮故事。

一年，中央军委决定在某高原建立一个作战指挥阵地。某工兵团接到命令后，火速挥师千里，在那大山深处，打响了第一声震耳欲聋的开山炮。

工程十分艰巨，任务异常繁重，面对艰巨考验的工程兵早已把生死置之度外，以百倍的干劲昼夜奋战在工地上。

这一天，在工程指挥部里，团首长紧皱双眉，一遍又一遍地分析着山洞的石层结构。电话铃响了，话筒里传来急促的声音："老虎口"内严重塌方，多人受伤；2号隧道塌方，无法正常作业——一个又一个电话，令每一位指挥员心急如焚。就在这时一连连长王庆刚闯进了指挥部。"报告首长，我连全体指战员请上级把'老虎口'和2号隧道的任务交给我们！"然而，此时首长们不知道，在王连长的衣兜里正装着3封"妻难产，速回"的加急电报。

炮声隆隆，王连长手举两色旗口吹指挥哨，全身心地投入一线阵地指挥。这时，通信员气喘吁吁地跑过来："连长，电报，妻子难产，问你是要保大人还是保小孩！"通讯员话音刚落，连长大声吼道："你喊什么！没看我在施工吗？给我回话，我王庆刚大人小孩都要！”

在掘进口，由于2号隧道施工震动了“老虎口”洞顶出现裂缝，接着一块牛头大的石块向一名战士的头上砸来，王庆刚一个箭步冲上去，推开了那名战士。战友脱险了，但年仅28岁的王连长却再也没有站起来——也就在这一刻，远在千里之遥的妻子，因难产而撒手人寰！在他们结婚的两年中，在一起生活的日子还不足30天！

像王庆刚这样为构筑导弹阵地而牺牲的还有50多位官兵。他们长眠在导弹阵地上，魂归大山。英雄倒下了，却在人民的心中竖起了一座座伟岸的丰碑！

蓝天女英豪

现任航空兵某师政治部副主任的岳喜翠，是新中国第三代女飞行员，他从1965年展翅蓝天以来，从天山群岭到长白山麓，从青藏高原到东海之滨，蓝天白云间到处都留下了她支援和保卫祖国现代化建设的战斗航迹。

有一年夏天，岳喜翠驾驶飞机和另外两架飞机前往某地执行紧急任务。途中一片乌云夹着雷鸣闪电突然向她们扑来，瓢泼大雨挡住了视线。前面一架飞机因为装有气象雷达，避开雨云飞过去了，后面一架被迫返航了，只有岳喜翠陷入了乌云包围之中，前后航线都被封死，情况万分危急。岳喜翠沉着观察，发现左侧方两块云团还没有完全合拢，就果断抓住时机从云缝中飞过去，飞机绕飞200多公里，胜利完成了任务。当飞机平稳地降落到跑道上时，一位有30多年飞行经验的首长高兴地竖起大拇指说：“小岳的飞行技术真棒！”

一年冬天，新疆地区严重干旱，几百万亩小麦无法越冬，几百万头牲畜饮水困难。岳喜翠率领机组奉命从内地连续飞行9个多小时，来到乌鲁木齐，执行大面积人工降雪任务。人工降雪这天，几千米厚的层积云把天山群峰盖得严严实实。只见岳喜翠驾驶飞机滑离跑道，瞬间就消失在浓云中。飞机在漆黑的云中飞行，好像大海中的一叶小舟，飘来飘去。岳喜翠操纵着飞机紧贴着天山北麓飞行，以高超的技术，一次次避开突兀的峰岩，终于爬升到6000米高空，选择了有利降雪的云层高度，播撒着催化剂。突然，厚厚的积云层急剧变化，连成一片，向飞机猛压过来！刹那间，飞机像扯断了锚缆的轻舟，左右摇晃。机身颤得“咔咔”作响，大有被抓散的危险。岳喜翠强压住就要涌上咽喉的酸水，紧紧把住方向舵，眼盯仪表，同机组密切配合，在茫茫云海中持续奋战7个多小时，撒完了全部催化剂。顷刻间，满天雪花，纷纷扬扬。新疆各族人民手捧从天而降的瑞雪，打心眼儿里感谢共产党，感谢解放军。

岳喜翠搏击长空28载，先后飞过5种机型的飞机，安全飞行5000多小时，多次出色完成合成训练演习、科学试验、人工降水、抢险救灾等艰巨任务，先后荣立一等功、二等功各一次，三等功5次，被评为空军特级飞行员和功勋飞行员。

头雁肯吃亏　群雁跟着飞

——记第二炮兵“安全工作模范连”的事迹

人民日报记者　伍旭东　章顺湖　张家军

人民解放军第二炮兵某部汽车营二连，是一个功勋卓著的英雄连队。组建45年间，连队曾荣获“战斗的钢铁运输兵”、“安全工作模范连”荣誉称号，还先后200多次立功受奖，并一直保持无案件、无重大事故的纪录。谈起这些成绩的来由，战士们都说，最主要的是连队有一支事事率先垂范的排头兵队伍。

1994年2月，连长李连祥带6名战士到北京郊区执行接车任务。入夜，来了寒流，气温降到摄氏零下20度，月台边19节货运车皮上的积雪很快结下近10厘米的冰。这时离发车时间不到10小时，他们不仅要把车皮上的冰壳全部清除干净，还要把仓库里的38台大卡车一辆一辆开上专列进行加固，时间十分紧迫。

这时，只见连长李连祥摘下手套，脱下大衣、棉袄，抓起一把十字镐朝坚冰砸去。战士们见连长要“玩命”，也纷纷脱下大衣、棉袄，抓起镐头，拼命干起来。他们整整奋战了6个小时，使19节车皮全部脱去冰壳，确保了按时发车。而李连祥和他的6个兵，个个手掌被震得血肉模糊，浸透全身的汗水又把他们冻成了冰人。

还有一个动人的故事。

那年深冬时节，副连长徐家成带车队赴陕北执行运粮救灾任务。车到吴旗县境内，狂风四起，大雪纷飞，一辆地方运盐卡车不慎滑到桥下，造成近

10公里的交通堵塞。

当时，运粮车队经过半个月的餐风饮露，已经是人困马乏。当徐家成弄明白交通堵塞的原因后，立即向车队战士传令："跟我去疏通!"他们赶到出事地点，只见运盐卡车已陷入10米多深的河水中，上百名焦急不安的地方司机望着刺骨的河水一筹莫展。徐家成"扑通"一声首先跳入齐腰深的河水中，抱着车上的一袋盐向岸边走去。随他来的7名战士也纷纷跳入河中。运粮队的事迹传到陕西省政府后，一名副省长专程看望了8名官兵。省政府还作出决定，授予他们"模范运粮队"称号。

前任指导员伍宇，上任时的就职演说颇耐人寻味："只要发现干部在连队拿一粒米，战士就可以扛走连队一袋面；发现干部在连队拿一两肉，战士就可以赶走连队一头猪……"当时，战士们只当是"新官上任"的豪言壮语，一笑了之。

过了不久，伍宇的爱人和孩子来队，司务长见他成天忙于工作，顾不上家，便悄悄给他家送去两斤猪肉和一些蔬菜。伍宇回到家后，听妻子说明肉菜的来路，他马上放下碗筷，骑车赶到菜市场买了两斤猪肉和几斤蔬菜，送回炊事班，并就这件事在全连做了检查。

前年夏天的一个晚上，战士覃红飞来到连长康文良的宿舍，一边寒暄一边拿出两条"红塔山"香烟，康文良眉头一皱，惊讶地问："这是干什么?"谁知，小覃话没出口眼圈儿却红了。原来，小覃的父母刚离婚，家里还有一个小妹妹，他不放心，想回去安排一下小妹妹的生活。为此，想让连长"特批几天假"。

康文良刚想发火，但想了想又改变语气委婉地批评说："有困难向领导反映是对的，但咱们连那些规定你咋都忘了呢？再说，家庭遭受不幸本身就有困难，钱怎么能乱花呀?"连长一席话使小覃泪流满面，他深知自己做错了，赶忙收起烟，更不敢提回家的事了。然而，小覃万万没有想到，第二天上午，他正在训练时，连长匆匆赶来通知他，经请示上级领导，已经批准他探家。同时还告诉他，火车票已帮他买好，回去收拾收拾就可以走了。小覃听着连长的话，泪水就像断了线的珠子。

这几年，二连的荣誉很耀眼，可每次领回"奖牌"，连队党支部都要召开一个"清醒会"，查找连队建设的薄弱环节；每逢新官上任，交接班都主要介绍连队建设的弱项；老兵退伍离队，连队干部都要诚恳征求每一个人对连队建设的意见。在荣誉面前二连干部始终保持了清醒的头脑，靠扎实的作风、过硬的本领摘取货真价实的“金牌”。

一年年底，评功评奖中，上级机关准备给二连报请集体三等功。谁知就在这关口，二班战士何建海因早操行动迟缓，受到班长批评后闹情绪，借出车之机私自回家住了两天。问题暴露后，个别干部怕影响连队立功，建议连领导不要上报，内部批评处理。连领导一听，立即反驳道：“这不是二连的思想作风!”针对暴露出的思想问题，连党支部决定“小题大做”。他们一边把这件事向上级领导机关汇报，一边把全连干部骨干领到荣誉室进行思想整顿。连队领导对大家说：“弄虚作假虽能得到一时的满足，一时的光荣，但却保不了长远。更严重的是会因一时一次弄虚作假，毁掉我们长久培养起来的好思想、好作风呵!”一席话，把那些建议问题不上报的同志说得面红耳赤。

率先垂范，立身为旗。正是因为二连有了这样的干部，才带出了45年“不褪色”的功臣连。

走马岭上筑路人——黄本南

人民日报记者　郭卫红　杨建章

不久前，湖北省宜昌县樟村坪镇走马岭村的村民世世代代要把走马岭变成行车岭的梦想终于实现了！喜悦之中的人们没有忘记带领他们摆脱了肩扛背驮历史的党支部书记黄本南。

走马岭位于鄂西山区海拔一千多米的宜昌县樟村坪镇。相传，三国时期关云长骑马路过这里，因山高路陡，只好牵马而行，走马岭因此得名。

1983年，28岁的黄本南担任走马岭村党支部书记。前任书记李明伦拍着他的肩膀说：“我们两任书记都没完成修公路的事，这下就看你了!”

走马岭药材满地，木材满山。但是因为不通公路，全村二百多户人家，搬迁得只剩一百多户。1991年，黄本南率领村民到外地办磷矿有了利润，他忍受着先后四次车祸致使头部重伤、造成二级脑震荡的痛苦，组织劳力沿旧线修公路。但是因为地势险要，连续发生两次安全事故，工程只好下马。

1992年，黄本南提出再次改线修路，村民抵触情绪很大。他挨家挨户上门做工作，先后召开6次群众大会，当众发誓：“只要我不死，一定要把公路修通!”经过4年苦干，到1995年，修通了岭上4.3公里的公路。

公路要向岭下延伸，需要再测量。1996年，黄本南身带一根皮尺，手拿一根竹竿，从悬崖顶到半山腰，把红、白纸做成的五百多面小旗帜，插在板壁岩上，勘测出了一条可以连贯下山的公路线。

新测量出的公路线，从东面坡由上往下旋转到栗林河接矿区公路，垂直高差390米，要修18个“S”形回头线，全长7.8公里，其中有3.5公里几乎都是刀削斧砍的板壁岩。黄本南腰系绳子，带着村民在半山腰里挥动铁锤，转动钢钎，开动小型凿岩机。一年时间，从岩石中凿出六万多个炮眼。

6月的一天，黄本南与指挥部两名同志在工地放线，走到转色垭，正好岩下一个横冲炮炸响了，站在悬崖边上的黄本南被抛起一米多高，再跌下来，腰椎骨受伤，脑震荡又恶化到三级。

这时，公路上正在牛栏包板壁岩开凿第一个半隧道，5个工程队来看过后，都不敢承包。

黄本南放心不下，在家治疗了两天，便由别人搀扶着来到牛栏包板壁岩工地。他全身无力，腰疼得伸不直，一说话头就发晕。村民找来两条麻袋，铺在一个岩屋里。他躺在麻袋上，叫来打炮眼、装炸药、排险的人，分别进行技术指导。

1996年，黄本南带着伤病在公路工地劳动288天，是全村最多的。这一年，他从头到脚，累计受伤二十多次。70岁的老共产党员、村民郭道海说，黄本南是个钢铁壮士，有这么好的书记，公路一定能修通！

要修公路，至少要150万元资金。这对仅有三百多口人的贫困村走马岭来说，简直比登天还难。村磷矿能交的二十多万元钱，已提前收来用光了，黄本南家里14000块钱的积蓄全部垫出来了。寒冬腊月，他冒着风雪，两次找到在外地工作的大姐，借了15000块钱。村会计算了个账：去年黄本南为修公路到处借钱，进出一百一十多个单位和农户，行程五千多公里，总共借钱三十多万元。

黄本南当了15年的村党支部书记，带领村民修了6年的公路，4次遇到车祸，3次遭到炮炸石打，两次险些掉下悬崖。但他始终没有忘记那句话：“只要我不死，一定要把公路修通。”

巴黎的狗坟

“夫人，您有几个小孩?”我常常按照中国人的习惯，这样问法国朋友。“我有两只狗。”我往往得到这样的答复。中国人听来很不习惯，但是，这话却的确反映了狗在法国人生活中所占的地位。

在巴黎，突出的一个印象就是处处有狗。男的、女的、大人、小孩常常牵着一只狗。无论上街，还是做客，无论步行，还是乘车，总有狗在身边伴随，从早到晚，几乎形影不离。狗的品种也多，尽管我来巴黎已经四年多了，每每上街也爱看狗，但却说不清狗到底有多少品种。有的满身长毛，有的光板一身，有的狮头，有的蜂腰，有的身躯高大，有的短腿贴地……很多狗都穿着衣服，季节不同，品种不一，狗的衣着穿戴的式样和色彩也各有讲究。至于狗食品，更是五花八门，超级市场食品部里有狗食品柜台，电视节目推销狗食广告颇为别出心裁。

法国朋友说，巴黎有狗饭店，狗商店，狗医院，狗理发（理毛）店……法国人真是将狗牵在手里，疼在心上。记得有一次，我与法国朋友们去旅行，玩了一整天，大家都很疲倦了。有一对夫妻突然想起了他们锁在家里的狗，立即离开了旅馆，驱车向距离二百多公里以外的家中回返，时间是午夜两点，天下着倾盆大雨。前不久，我度完假返回到法国，我的邻居塞夫人一见面就告诉我，她的狗生病住院了。赛夫人说话时声音里带有呜咽，我一本正经地安慰了她一番，说狗会好起来的。果然，过了七天，赛夫人的狗痊愈出院了。赛夫人高兴极了，在告诉我这一特大喜讯时，还郑重其事地向我道谢，感谢我曾给予她的鼓励。

一天，赛夫人又和我谈起了狗。她问我看过狗坟没有？我一惊，难道人们为活狗搞的名堂还不够吗？狗死了还要立坟树碑不成？我决计去狗坟一游。

我开着车子，从阿涅尔门出来，下了环城公路，不到五分钟工夫，就到了坟地。大门是用铁栅栏修的，上面写着“狗坟，建于1899年”几个醒目的大字，狗坟坐落在赛纳河畔。这是一条狭长地带，长约五百米，宽约一百米。坟墓顺着长条地形一字排开，整整齐齐，约莫有十几行。坟墓都用大理石砌成。有的一米见方，有的半米见方，大小不等，形状不一，有的方棺横卧，有的如假山竖立，有的似剑刺青天。坟上都刻有编号、狗名、生死日月，多数都有狗的烧瓷照片，有的带有狗塑像。坟墓周围，一般都栽种青松翠柏，鲜花异草。墓地上这里那里稀疏地种着一些高大的梧桐，光秃秃却修剪得整整齐齐的枝干像张开的臂膀，伸向天空。

冬季，巴黎的天空总是灰蒙蒙的。这天，云黑且低，稀稀拉拉地飘着细雨，冰凉的雨点落在污浊的赛纳河里，落在黑粗光秃的树干上，落在坟地的花草上，也落在扫墓人的心田里。也许是因为星期天的缘故，前来坟地的人特别多。除了一部分和我一样的游客外，大部分是扫墓的。他们手提喷壶，捧着花盆，把坟墓扫得干干净净，把花草修得整整齐齐，带着无限的哀思而来，怀着无限的惋惜而去。

在一进门的地方，我看到一位妇女，领着两个孩子，每人手里一束鲜花，恭恭敬敬地奉献给一个狗墓。这座坟足有五米高，坟顶雕有楼房模型，坟中央雕着一条大狗，它的长耳下垂，狗尾翘起，两眼炯炯有神，四腿矫健，作扬腿前跑姿态，背上站着一个男孩。碑文上写着："它曾救了四十个人的生命。"坟周围是个小广场，里面栽满了松树，在凄风苦雨里显得异常清秀挺拔。我继续往里走，看见个老太太，白发苍苍，骨瘦如柴，颤抖的手里拿着一条绣花手帕，正弯腰拂去一个大理石坟墓上的土和灰尘，她眼里含着泪，口里呐呐自语："你不是邪恶的，是的，你不干坏事的。"坟墓上刻着这样的话："在我孤独和痛楚的一生中，你是我忠诚的伴侣和唯一的朋友。"

我再往前走，发现一对青年夫妻，正在一个小巧雅致的墓前浇花拔草，男的拿下一盆已凋谢了的花，扔在坟地边上专设的垃圾桶内，女的又放上了一个新花盆，里面的土是油黑油黑的，花株尚含苞未放，不用说，他们下次再来时，定是花开正盛时，墓上刻着"公主，你永远活在我们心中。"

我一边走着，一边思忖，大概前来扫墓的多半是脆弱的女性，所以常见伤感的场面，不足为奇，不料一转头，看见一个彪形大汉，头戴黑礼帽，身穿灰大衣，两手握于胸前，正垂头默哀。他站得笔挺笔挺的，猛一看，几乎将他和身边的几株秃树枝干混在一起。从他的身边悄悄溜过，向坟上溜了一眼，看到刻着一首诗："它爱人，它惹人爱，我漂亮的小狗，我永远为你悲哀。"

雨越下越大，我加快了脚步，最后停在一座新坟前。这坟修饰得非常讲究，坟上有一狗雕刻，全身白色，头上顶着绿草，颈上系着紫白相间的腰带，看上去精神抖擞、性情温顺。狗的后面有一松枝编织的屏风，显然是为了给狗遮风挡雨，坟墓的屏障前点缀着几颗雪松，显得十分肃穆，坟地周围则繁花似锦，红绿黄白，花色讲究，排列艺术，看得出主人的一片倾心。大理石墓碑上刻着两行字。

“人不断地使我失望，

它永远地给我温存；

忠诚的心肝。一九六二——一九七九”

雨一直下个不停，我再也看不下去了，于是，大步离去，驱车回返。

白求恩式的好医生——赵雪芳

巍巍太行山下，白求恩大夫当年生活战斗的地方，有一位白求恩式的医生，她就是长治市人民医院妇产科主任赵雪芳。

三十多年来，赵雪芳用精湛的医术为万名患者解除了病痛；用高尚的道德情操展示了白衣天使的神圣；以坚强的意志一次次战胜死亡的威胁，把自己无私忘我地奉献给了人民群众，一步一步，攀登着事业和人生的高峰。

一、吃太行山的小米长大，回报人民，做白求恩式的大夫是她的志愿

38年前，赵雪芳走出大山进了省城；1963年，她从山西医学院毕业，又回到了大山的怀抱，从当医生的第一天起，她就以白求恩大夫为楷模，立志献身于救死扶伤的崇高事业。

赵雪芳的故乡李疙瘩乡，是阳城县一个贫穷落后的边远山区，农民有病治不起，不少人小病拖成了大病。母亲去世的时候，赵雪芳回到生她养她的山村料理后事。在山村短短的几天里，她发现这里的妇女80%以上患有妇科疾病，有的被夺去了生命。她一口气儿为三百多位山乡姐妹作了检查，利用乡卫生院的简陋设备，为6名妇女做了手术。离开山村前，她去看望手术后的病人，突然发现有人呻吟，卫生院的赵院长告诉她，“刚收下的这个病人，是胆囊炎，正在输液。”赵雪芳习惯地上前检查，晃动几下病人的腹部，她断然说：“不对，她有可能是宫外孕！”她建议立即手术，可是正遇上停电，她找到两个手电筒照明；没有血源，赵雪芳让找来一把勺，煮开消毒，把病人的腹腔内的血，一勺勺舀出来，过滤，再回输给病人，手术成功了，走下手术台时，汗水湿透了她的全身，人们劝她吃饭、休息，她说：“我要在这里观察病人的情况。”当东方渐白，晨光射进山村卫生院病房时，这位叫刘雪芳的农妇苏醒了，看到坐在眼前的赵雪芳，她哭了。

卫生院拿出500元“劳务费”给赵雪芳，推来推去推不掉，赵雪芳说：“行，让我处理吧！”她拿出200元分给这些天参加手术的大夫；拿出100元给卫生院添置简单的设备；给7个手术，住院的病人每人30元，她说：“姐妹们，钱不多，买点奶粉补补身子！”

三十多年来，赵雪芳没有节假日，没有星期天，只要有患者，她就有工作，她医治了两万多名病人，没发生过一例差错。在无影灯下，在手术台前，她日见消瘦，人们没有想到，当她把生的希望和人间的温暖送给别人时，疾病正无情地在折磨着她，死神正无情地向她逼近。

二、无数次选择：自己与他人，死的危险与生的希望？赵雪芳交了赤诚的答卷。

1987年初，赵雪芳患了膀胱癌，院领导和同志们多次催促她检查治疗，当时科里人手紧，作为妇产科主任、党支部书记，她仍然坚守在岗位上，后来病情恶化，不得不接受手术治疗。

谁知，就在赵雪芳接受手术前一天，黎城县和长子县的两名患者先后3次登门，请求赵雪芳给做手术。

患者的痛苦就是自己的痛苦，赵雪芳忍着剧痛，为两名患者分别做了子宫肌瘤手术和剖腹产手术。她了解自己的病情，这两名患者也可能就是自己治疗的最后的病人，她要把生的希望留给别人，用自己生命的燃烧，给人间添一分温暖。

第二天，距赵雪芳自己接受手术的时间只有两个小时了，可她还在病房查病历、下医嘱，向刚做完手术的两名妇女交待术后注意事项，直到病人放心了，她才平静地走向了手术室。

手术后一个月多一点的一天上午，赵雪芳正在家里输液，突然，妇产科的一位同志来告诉她，有一位孕妇在手术台上大出血，大家不知怎么办了。听说病人有生命危险，赵雪芳立刻拔了针头，拖着虚弱的身体走进了手术室，在她的指导下，经过两小时的抢救，患者转危为安，而赵雪芳回家时连楼梯都上不去了。

按常规，她这种手术至少需要休息半年，而她在手术后两个月，就拖着虚弱的身体又奔忙在妇产科病房。正在她继续全身心投入工作，又一个霹雳当头击来，1991年12月，她又被确认为直肠癌，院党政联席会议提出手术治疗方案，请北京专家还是请省里专家做，由赵雪芳自己选定。她感谢院领导的关心，谢绝了外请专家的建议，坦然自若地提出要本院肿瘤科燕主任做。接受第二次手术前，接连几天，她天天要上两台手术。一个周末，已经做完一台，她要求再做一台，有人担心她的身体，她哽咽着说："我……我求你们了，给我这个机会吧……"

三、对人民满腔热情，技术上精益求精，赵雪芳言传身教，带出了长治市人民医院妇产科一支阵容整齐的医疗梯队。

妇产科副主任孙庆芳大夫说，我配合她手术30年，她的心思我摸得清，手术中哪怕是一根血管、一块组织，能不损伤的，她绝不轻易损伤，能保留的脏器，难度再大也要给病人留下，赵雪芳常说，病人躺在手术台上，就是把生还的希望寄托给我们，我们这些做大夫的，都要设身处地地为病人想一想……

今年2月17号一大早，赵雪芳刚走进病房楼，病房护士长迎面走来，上气不接下气地说："我正要叫您去，刚才从长治县苏店镇来了一位剖宫产术后大出血的病人，现在心跳微弱，没有呼吸，血压显示为零……"

赵雪芳快步走进产房："快，快行踝部静脉切开术，送入输液管，恢复心跳、呼吸，另行三路液体，采用大号针头，快速进液，促其复苏，严密观察血压回升……"赵雪芳边做，边指挥，从当天下午2点开始，破例为患者做了子宫切口扩创手术，经过6个小时的艰苦努力，终于从死神手里夺回了一个年轻的生命，并为她保留了子宫。

这仅仅是赵雪芳抢救千百名生命垂危病人中的一个。

赵雪芳对医护人员的要求极其严格。为了锻炼大家的指功，准确掌握接产要领，她找来一个完整的颅骨，缝制了一个大小和新生儿差不多的整体胎儿，连同一副骨盆，组成一套接产模具，结合解剖，带领大家反复苦练基本功。原妇产科护士林梅谈起赵雪芳时说："恨她、爱她、敬她"，她说："我恨过她，因为她批评人毫不留情，我也很爱她，因为她不厌其烦地教我学本领，我更从心底敬重她，她是我心中的楷模。"

妇产科护士长赵桂梅则说："赵主任心中有个天平，一边是医护人员，一边是病人，她的天平永远是向病人倾斜的。"

严师出高徒，长治市人民医院妇产科的73名医护人员，个个都身手不凡，副助产长鲁秀芳，1992 年 6 月到北京一家大医院进修，第一天上班，就碰到一个臀位大胎儿产妇，按照这个大医院的常规处理办法，多采用剖腹产，然而鲁秀芳却不慌不忙，严格按照多年赵雪芳示教的接生法，很顺利地使 1 个 8 斤重的胎儿降生，一不剖腹，二不侧切，顺利生产，使这家医院的医护人员大为惊喜："你有这么高的技术，还来我们这儿进修？快教教我们吧。"鲁秀芳一下由进修生变成了代教师，后来，这家医院还派了两名护士到长治市人民医院妇产科学习。

地处上党腹地的长治市人民医院，集城乡融诊治于一体，门诊病人和住院病人都很多，危重病人相对比城市医院集中，特别是这个医院的妇产科，年门诊量一般在一万六千四百多人次以上，年抢救危重患者量多在四百多人次，成功率 100%，9 项医疗指标，一直在全院保持领先，已连续 6 年无一例孕妇死亡。因此，慕名而来就诊的越来越多，加上新闻媒介的传播和亲戚朋友的介绍，患者的来源更加广泛，许多人不远千里，来这里求诊。

赵雪芳敢爬前人没爬过的坡，敢攀前人没攀过的峰，在她的领导下，长治市人民医院妇产科结合临床进行了多方面的科研攻关，她们用中期引产胎儿的皮肤成功地为一名患者做了皮肤腹膜代阴道；她们先后研制出"H871"、"H872"、"H873"号药物，在治疗宫颈癌前期病变方面有了不同程度的突破；承担和完成了卫生部出生缺陷监测项目和山西省的神经管缺陷监测科研项目；每年带教医学院校实习进修生六十多人，并为全省培训妇产科医师三十多人，近几年，发表学术论文 26 篇。

四、"只要心脏还在跳动，我就决不离开自己的战斗岗位"

长期超负荷的工作运转，使赵雪芳的病情急剧加重，癌细胞无情地扩散，1992 年 12 月，她被迫再次接受手术。

闻讯到病房探望的人络绎不绝，有她的领导、同事，更多的是接受过赵雪芳治疗的病人和许许多多素不相识的人，面对着躺在病床上面容苍白的赵雪芳大夫，人们流下了眼泪。

手术后，赵雪芳不住外科病房，执意要住进妇产科病房，她说，我是一个医生，只要我的心脏还在跳动，我就不应该离开医生的岗位。

一位护士流着泪告诉我们："赵主任住在这儿，我们工作的时候心里踏实多了。有一天晚上，来了个急病号，值班医生不知如何是好，赵主任就躺在病床上为值班医生提出诊疗意见，那天晚上，赵主任一夜没睡好，早晨一见值班人员，就询问那个病人的情况。”

赵雪芳以惊人的毅力，又一次战胜病魔站起来了，她继续向人们奉献一个太行儿女的赤诚，仅今年春节休假期间的6天中，她就抢救了4名危在旦夕的患者。

赵雪芳的事迹正在三晋大地上流传。

中共山西省授予赵雪芳："人民的好医生"的光荣称号，并号召广大共产党员、干部职工向赵雪芳同志学习。

赵雪芳——新时代的白求恩，你是太行老区人民的骄傲，你是中国白衣战士的骄傲！

第四章 文艺播音

一、理论概要

文艺播音是“原作”和文艺稿件结合的产物。我们接触的文字稿件必须依附于文艺作品，才能再创造出适应听觉、有较高怡悦和审美情趣的广播文艺节目。

文艺播音稿件内容丰富，形式多样，常见的有，串连词、解说词、评介稿等类型。串连词和解说词有句无段或有段无章，不能离开录音素材独立存在。评介稿虽有录音素材的配合，但文字本身可以独自成章。所以，在文艺播音中对原作的理解极为重要。即：内容、主题、艺术形式、风格特色等都要先人一步，高人一畴，才能赋予原作更现实更积极的社会意义，才能对听众起诱导的作用。

在“理解”了之后，根据文艺播音的特点，要把握“热情介绍者”的创作心理状态“让听众急待了解的贝多芬、柴可夫斯基、弗斯特等音乐巨匠越来越近；中国的民乐，民族器乐等让人无比自豪；阳春白雪已雅俗共赏，这不正标志着全民族文化素质的提高吗?”当播音员带着真诚、热情、渊博把这“古今中外”给予听众的时候，宣传的目的就达到了。这也正是文艺播音应把握的正确创作心理状态。

文艺广播节目是一种综合性的听觉艺术，它包含的各种音响，无论是播音员的话，还是录音素材中的语言、音乐、效果都应该是互相配合，和谐一致的。所以，播音员的话和录音素材的配合就是非常重要的技能。

播音员的话和录音素材配合的方式有两种：一、插播；二、混播。插播即二者（播音员的话和录音素材）相对独立存在，互相衔接不重叠。他总是在全篇基调统一的基础上，考虑“主”和“从”的问题。

一、以播音员的话为主时，播音员的话要起到主讲作用，需要运用多种语言技巧，把叙述、分析、描写的全部表达出来。录音素材只起烘托、陪衬、证实等辅助作用。

二、以录音素材为主时，播音员的话起串连或解说的作用，播音员的话从属于录音素材，为其铺垫、引路或是解释、说明。

不论是以播音员的话为主，还是以录音素材为主，播音员都要充满对介绍对象的理解和兴致，充满对收听对象的热情和体贴，充满与介绍对象艺术特色紧密相关的美感神韵。

播音员的话和录音素材配合的另一种方式是混播。即二者同时存在，互相渗透重叠。以求和谐一致，浑然一体。

一、在混播时，首先要把握一种“撤到戏的后面”的感觉。使自己的解说完全从属于录音素材，渗透其中，发挥辅助作用。

二、避免闯进闯出。在和录音素材的衔接重叠处，播音员的话头要顺着录音素材的音尾而就势推进来，话尾要牵着录音素材的音头而拉出去。特别是开头第一、二个字和结尾最后一、二个字的控制，忌讳齐头齐脑地闯进闯出。力求天衣无缝，浑然一体。

评介类稿件在文艺播音中，我们称之为“阳春白雪”。稿件内容比起串连词和解说词类更具欣赏性，而且可以独自成章，大都是以播音员的话为主。如介绍小提琴演奏家薛伟，稿件的大多篇幅都是人物与他作品特点的介绍，其中播放的小提琴曲只起证实、烘托作用。所以大部分的播音员的话都要播音员绘声绘色地描述出来。要求播音员对人物及演奏的作品有所了解，诱发更丰富的情感，潜移默化地影响语气、节奏使语言更有色彩，给听众带来艺术享受，引导听众理解认识升华。

教学目的与教学要求：文艺播音从教学的安排上分为二部分，一部分插播，从易到难训练学生掌握文艺播音的特点（内容为串连词、解说词均可独立存在）。另一部分为混播，主要让学生体会如何使播音员的话和录音素材协调一致，浑然一体（播音员的话和录音素材重叠）。最后还附有较高品位的文艺文学节目欣赏稿件，根据学生的情况适当选用。

二、示例及示例分析

(一) 示例

1. “插播”稿件练习《杜冲和他演奏的笛子曲》
2. 混播稿件练习《听，国旗的飘扬声》
3. 评介稿件练习《情浓意深感人肺腑》

示例1：“插播”稿件练习：

杜冲和他演奏的笛子曲

听众朋友您好，我是——，欢迎您收听我们的这次节目。今天，我们将向大家介绍杜冲和他演奏的笛子曲。

杜冲生长在一个音乐家庭，父母都是音乐教师。他十岁开始学习笛子，初中毕业便考入上海音乐学院附中，之后，又以优异的成绩进入上海音乐学院深造。在校期间，得到笛子大师陆志龄与赵松庭的悉心指导，巩固了全面性的演奏技巧和南北各派的演奏风格。1985年毕业后在上海民族乐团担任独奏演员，并经常随团出国访问，得到一致好评。好，现在让我们来欣赏他演奏的《牧民新歌》。这是简广易、王志伟根据内蒙古的民歌素材创作的。乐曲表达了牧民对生活的热爱与驰骋草原的欢乐景象。

刚才您听到的是《牧民新歌》。

再请欣赏杜冲演奏的《秦腔抒怀》。这是由马迪根据陕西“碗碗腔”的哭调创作的。“碗碗腔”是皮影戏的伴奏音乐，以二弦、板胡、月琴及打击乐器碗碗和梆子为伴奏乐器。作者借鉴板胡的特殊压弦法，创造了笛子的垫指揉音技巧，使笛子吹出类似板胡演奏“碗碗腔”的效果，具有浓厚的民间音乐色彩。

刚才您听到的是《秦腔抒怀》。

下面再请欣赏杜冲用口笛演奏的《苗岭的早晨》，由白诚仁作曲。嘹亮的口笛引子，呈现出一片秀丽的山寨景色，晨光熹微映衬着层层梯田，百鸟争鸣。苗族的民歌主题在欢愉快速的旋律中展开，口笛与乐队交错对句，时而重叠或领奏，曲调活跃淳朴。

杜冲不仅演奏基础扎实，而且还精通多种吹管乐器。他不仅演奏笛子，箫、巴乌、埙、胡芦丝及排萧等也能独挡一面。此外，他还涉足西乐，把现代技法融进民乐，敢于创新突破，是一位多才多艺的青年演奏家。下面，就让我们来欣赏他用埙演奏的《懒画眉》。这首乐曲是根据古曲改编的，曲调舒缓、幽怨、古韵浓厚。

最后,我们来共同欣赏杜冲用巴乌演奏的《渔歌》,闫铁明作曲。乐曲取材于云南红河州哈尼族、彝族的民间音乐。全曲由晨曦、渔歌、欢唱、跳月、渔歌、远去等六部分组成,曲调优美清新。在弦乐轻奏、扬琴琶音的衬托下,巴乌奏出了辽阔自由的散板引子,优美舒展的旋律如晨曦四射,形象地勾勒出如画的红河风光,紧接着的渔歌主题,是哈尼族民歌。轻盈摇荡的节奏,写出渔民生活情趣。欢唱是由讴歌主题变奏发展而成的。巴乌与乐队的对答乐段是红河彝族跳月歌舞的旋律,三拍子与二拍子的交替节奏风格独特,将乐曲引向高潮。渔歌主题再现之后,乐曲渐弱慢慢隐去,从而很有意境地结束了全曲。

刚才您听到的是《渔歌》。

以上给大家介绍的是笛子演奏家杜冲及他演奏的乐曲，这次的“高山流水”专栏节目就播送到这儿，谢谢收听，再会。这次节目播送完了。

示例分析：

杜冲生长在音乐世家，从小受音乐熏陶。他学习笛子演奏，技巧全面，且深谙南北各派的演奏风格。他演奏的笛子曲，高山流水，苗岭早晨曲调淳朴，如涓涓细流深入人心。另外，他对箫、巴乌、埙、胡芦丝以及排箫等也能独挡一面。他是一位多才多艺的青年演奏家。播读中应注意：①把握热情介绍者的身份和心理；②所介绍内容的不同层次，如：对作家、作品的理解。

示例 2：“混播”稿练习

听，国旗的飘扬声

北京人民广播电台：

现在是《每周一歌》节目时间。

（音乐起＜）

混播：朝霞冉冉升起，东方透出微明，你听，你听，国旗的飘扬声，它像花儿在欢笑，像水儿在歌唱，像春风在传送……

（第二段间奏混播：

听众朋友，现在您听到的是佟铁鑫演唱的歌曲，《听，国旗的飘扬声》，这首歌曲是由空政歌舞团剑兵作词，羊鸣作曲的。

＜歌曲结束）

每当鲜艳的五星红旗在晨曦中冉冉升起的时候，亲爱的朋友，您会想到什么？想必您一定会肃然起敬，为祖国的腾飞而兴奋，为母亲的伟大而自豪吧。当然了，我们这个幅员辽阔、地大物博的祖国，是有许多的东西值得我们去歌颂，但是今天给大家介绍的这首歌曲，作者只是从“沙沙飘扬的国旗”这个万象之中的一个侧面，来表达他们对祖国的无限深情。他们把视觉的形象与听觉的感受巧妙地结合起来，使人们在听到这首歌曲时，就有一种身临其境的感觉，这也是歌曲的成功所在。

歌中是这样唱的：

“朝霞冉冉升起，东方露出微明，
你听，你听，国旗的飘扬声，
沙沙，沙沙，国旗的飘扬声。
那是花儿在欢笑，
那是水儿在歌唱，
那是春风在传送，
阳光洒满大地，山河一片光明，
沙沙，沙沙，国旗的飘扬声。
那是时代在召唤，
那是中华在振兴，
那是妈妈在叮咛。

（音乐起＜）

这首歌的曲作者为了更好地表现由国旗的飘扬声所引起的人们内心情感的波动，运用了以伴唱烘托独唱，抒情与激情相结合的手法，使歌曲的思想主题与表现形式有机地融化为一体，在歌曲一开始，由抒情性很强的女声合唱作为引子，造成一个鲜明广阔的背景，接着引出了浑厚的男中音独唱，“你听，你听，国旗的飘扬声……"作者把这两个带有启示性的对衬句，以轻柔、自语的手法来表现，显得非常亲切。(＜放前半段)如果我们说这前半段的曲调就像是涓涓的小溪沁入人们的心田，那么，后面这一段则犹如奔腾的江河，激起人们感情的浪花。

（"那是花儿在欢笑……"）

当这种情感达到高潮之后，作者又把乐思转而回到深沉平稳的意境中，仿佛使人在这静中有动的曲调中，能够感受到中华儿女从心底发出的对祖国母亲的亲切呼唤。

（"那是妈妈，……妈妈在叮咛"）

演唱者佟铁鑫是空政歌舞剧团的青年演员，他的声音浑厚宽广，刚柔兼备，演唱深情含蓄，独具风采。他演唱的很多歌曲都给人们留下深刻的印象。比如，他在电影《当代人》中演唱的主题歌《年轻的心》，就一直被广大的音乐爱好者们所喜爱和传唱。我想，他今天为您演唱的《听，国旗的飘扬声》这首歌，也一定会给您带来愉快和美的享受。

(歌曲＜)

好，这次的《每周一歌》节目就播送到这里，是××播送的，听众朋友们，下次节目再见。

示例分析：

伴着辽亮的国歌，鲜艳的五星红旗从香港办公大楼升起，从比赛场上升起，从珠穆朗玛峰升起，从世界各地……冉冉升起的时候，他带给中国人的都是一种自豪，一种激动。多少次看到五星红旗在天安门广场升起，那是一种崇敬、一种激励，每当五星红旗在晨曦中升起的时候，都会使人们肃然起敬。和着佟铁鑫演唱这首歌的旋律，来表达对祖国的无限深情吧！

注意播音的语气和歌曲的旋律要协调。

示例3

情浓意深　感人肺腑

——介绍王维《九月九日忆山东兄弟》

徐应佩　周溶泉

独在异乡为异客，

每逢佳节倍思亲。

遥知兄弟登高处，

遍插茱萸少一人。

这是唐代诗人王维的一首七言绝句。这首诗写得词清语淡，却情浓意深，感人肺腑。千百年来，游子旅客，每逢佳节，往往脱口而出吟诵此篇，寄托怀乡念亲的情思。

这首诗是分两层意思写的：一、二两句写身在异乡的自己怀念家乡的兄弟；三、四两句写家乡的兄弟思念飘泊在外的自己。第一层直叙自己感受，是实写；第二层系想象之词，属虚拟。

“独在异乡为异客，每逢佳节倍思亲。”开篇以一个“独”字领起，犹如奇峰突现，使读者触目即见诗人茕然孑（jié 节）立的形象，窥见其凄然愁苦的心情。继而以“独在异乡为异客”进一步抒发其孤寂凄楚的感情。两个“异”字迭用复现，给“独”字注明了原因，也给全诗交代了背景。身在“异乡”，远别亲人，形影孤单；作为“异客”，人地生疏，举目无亲。“独在异乡为异客”，点明了自己的处境；“每逢佳节倍思亲”，袒露了此时的心情。一个“倍”字，很自然地概入了两层意思。既明说了节时思亲之强烈，又暗写了平日思亲之经常。羁旅风尘，奔波不已，经旅途之颠簸，历世途之坎坷，冲风冒雨，寒凌暑逼；恃强凌弱，尔虞我诈。每当此时，无家人相商，无亲人慰勉，无兄弟相助，怎不油然而生思亲之情！佳节之时，家家户户喜团圆，男女老少乐融融，眼看人家兄弟欢聚一堂，自顾一人沦落异乡，触景生情，对比鲜明，怎不使久蓄于胸的思亲之情顿起波澜！时当“九月九日”重阳佳节，这种“倍思亲”之情自然喷薄而出，无怪诗人不矫不饰地呼出了如此清新自然的诗句。

这两句中，第一句是叙述，第二句是抒情；第一句重在写“身”，第二句重在写“心”，写“身”，突出其“独”，不惜连用两个“异”字作为衬托；写“心”，着重于“思”，仅以一个“倍”字予以强化。写“身”为写“心”创造条件，因为独在异乡才思亲，写“心”是写“身”的必然发展，思亲深切更显得自身是客。诗人写佳节之时的异客，一面是热气腾腾的贺节场面，一面是冷冷清清的孤旅形象，使人感到游子形影更加孤单，神情更加沮丧，因而更增强了艺术感染力。

“遥知兄弟登高处，遍插茱萸少一人。”由自己思念亲人，想到亲人在思念自己。诗人不是抽象地写家中的兄弟如何朝思暮想，如何翘首远望，而是通过具体的细节描写来显示的。古代风俗，每年重九节（农历九月九日）佩带茱萸囊登高，以为可以避灾。诗人用“遥知”，不用遥想，则除表现了相隔较远，又对对方的举动作了肯定，决不是一般的揣测或想象。他知道兄弟们此时，肯定和往年一样，登上高阜，遍插茱萸，嬉戏玩乐，可是今年却“少一人”，定然不免伤神扫兴。兄弟们于高处眺望，天高气朗，目断关山，只见鸿雁南飞，不见兄弟归来，岂不和自己一样，也在那里“每逢佳节倍思亲”吗？登高插茱萸，年年如此，岁岁依旧，而今年却物是人非，兄弟分手，天各一方！诗人就是通过这富有生活情趣的细节，以虚拟中的兄弟怀念之情，反衬出远在异乡的自己的思亲之意。

这首诗写得饶有特色。首先体现了重阳节的思亲，前面所叙的“佳节”，以后面的登高和插茱萸予以坐实，表明并非其他任何一个节日。其次体现的是一个青年的思念兄弟之情。诗人写作此诗年仅17岁，登高插茱萸正是青少年的活动；如果是游子思母、征夫思妇，那便不合于此了。正由于这些，便使我们感到诗人与他兄弟之间情谊的真挚。

好诗皆由心中出。因为抒发了真情，所以很能够动人。由于写出了一般常有的感情，因而很容易使人共鸣。今天那些羁留台湾的人，以及有些旅居国外的人，他们远离故土，久别亲人，身在异乡为异客，每逢佳节之时，每每仍然吟诵王维的这首诗，表达自己怀乡思亲的感情，而且犹如出自自己胸中一样，可见这首诗问世一千二百多年，其生命力至今仍然不衰。

示例分析：

评介类稿件在文艺广播中，虽有录音素材的配合，但文字本身可以独自成章。评介类稿件往往是阳春白雪，又雅俗共赏。一些文学、深邃的内容不失其精品的原味，又深入浅出地从思想性和艺术性上诱导听众更好地理解欣赏或是向听众灌输一些文艺知识。夹叙夹议又赋予原作更现实、更积极的社会意义，以在更广阔的时空纵横面上启迪听众。

三、训练材料及训练提示

外国影片精彩对白欣赏

训练提示：

“好电影离不开好的对白。因为对白不仅要推动故事情节的发展，更要挖掘人物的内心世界，表达人物的思想感情。”的确，这也是我们为听众朋友服务，与听众共同欣赏精彩对白首先要明确的。不论是自己熟悉的电影，还是未曾看过的影片，都要求我们随着电影的音乐，人物的对白共同进入规定的情节和人物的内心世界。这样才能先听众一步，给听众带来美的艺术享受。

在介绍中，既要注意对“每一部”的理解，又要注意“全组”的协调。

中央人民广播电台

现在是“广播影院”节目时间。

听众朋友，也许您是“广播影院”节目的“老听众”了。在这一节目里，您曾欣赏过许多中外电影的录音剪辑，并通过广播认识了众多的银幕形象。电影里精彩的对白，也会伴随着这些银幕形象，深深地刻在您的记忆里。

的确，好电影离不开好的对白。因为对白不仅要推动故事情节的发展，更要挖掘人物的内心世界，表达人物的思想感情。听众朋友，您是否津津乐道于影片里的精彩对白呢？今天，我们特意安排了《外国影片精彩对白欣赏》这一节目，愿它给听众带来美的享受，愿听众朋友与您喜爱的银幕形象，在广播里再一次相会！

（《叶塞尼亚》主题音乐——）

听到这熟悉的音乐，您一定猜到了首先出场的是：叶塞尼亚和奥斯瓦尔多。当然，您也许不会忘记他们的配音演员是：李梓和乔榛。

（①《叶》片断。　　＜500）

不管这爱情在一开始是否带点强迫性，叶塞尼亚和奥斯瓦尔多的爱情，竟只管像这动人的旋律，一往情深了。

都说爱情是个永恒的主题，也难怪，古往今来，有多少文人墨客吟颂着爱情，赞美着爱情。

希茜公主和奥地利国王弗朗斯邂逅相遇，便一见钟情。也许爱情就是这么浪漫、迷人，充满着诗情画意。

（②《希茜公主》片断　　＜340）

刚才是《希茜公主》里的一段对白，由施融、丁建华配音。

多情的又何止是国王和公主。斯巴达克斯，这个历史上可歌可泣的奴隶起义英雄，这个在战场上骁勇、顽强的斗士，在获得了自由，与心上人瓦里尼亚相见时，却又是那么情深意长。没有人身自由的奴隶，根本谈不上爱的权力。懂得了自由的价值，就更懂得爱的珍贵。请听电影《斯巴达克斯》里的片断。由盖文源、刘广宁配音。

（③《斯》片断　　<415）

恋人相见，总该情意绵绵，就偏偏有喜欢唇枪舌剑的。在电影《卡桑德拉大桥》里的张伯伦医生和女作家詹妮佛，虽然已算不上恋人却也有两次结婚的缘分。偏偏这么凑巧，他们上了同一班国际列车，久别重逢，又会有什么新的感受呢？

（④《卡》片断　　<200）

听众朋友，您听出给医生和女作家配音的是谁吗？或许您已经猜到是毕克和丁建华了。

把外国影片介绍给我国观众，离不开隐蔽在银幕背后的配音演员。不见其面，只闻其声。正是他们用那动人的声音，塑造着一个个栩栩如生的银幕形象。如刚才我们听到的：毕克、李梓、刘广宁、乔榛、丁建华等等，已成为人们最熟悉，最喜爱的配音演员，但是还有一个名字，并没有在人们的记忆中抹去，那就是已故配音演员邱岳峰，他那低沉、深挚、诙谐的配音风格，为许多银幕形象增了光彩。今天我们请大家欣赏邱岳峰在电影《悲惨世界》里的精彩配音。

（⑤<《悲》片断　　<245）

离开了“悲惨世界”，我们来看看这两位是怎么“虎口脱险”的吧！善良、怯懦而又爱抱怨的油漆匠奥古斯坦，和性情暴躁、喜欢指挥一切的指挥家斯坦尼斯拉斯，这一对宝贝可演出了不少滑稽戏。您听，好戏又开场了。

（⑥《虎》片断　　<300）

刚才是尚华、于鼎配音的《虎口脱险》片断。听完虎口脱险的故事，再听一段“办公室的故事”如何？恐怕再也没有谁能像女局长卡卢金娜，那般冷漠无情，那么干巴巴地没有一点女人味；再也没有谁能像纳法谢利采夫同志那样，使出浑身解数，百般献媚地讨上级的欢心。

（⑦《办》片断　　<400）

听众朋友，刚才您听到的是电影《办公室的故事》中的一段对白，由冯宪珍、张云明配音。下面请您继续欣赏《外国影片精彩对白欣赏》这一节目。

《幸福的黄手帕》是日本著名电影导演山田洋次的佳作。山田洋次以其影片的抒情风格征服了广大观众的心。看过《幸福的黄手帕》，谁能忘记那激动人心的场面：旗杆上飘舞着一块块鲜艳的黄手帕，那是妻子对丈夫无言的期待，那更是幸福的呼唤！这场戏不仅把影片推向了高潮，也把观众的情感推向了高潮。下面就请您欣赏由毕克配音的这一片段。

（《幸》片断　　＜630）

电影《得克萨斯洲的巴黎》，也叙述了一个丈夫寻找妻子的故事。在那令人难堪的“西洋景俱乐部”，丈夫与妻子重逢了。然而相见却似不相识，一扇玻璃窗隔开了他们，两个人只能通过话筒传递心声。

（《得》片断“有两个人”　　＜900）

刚才是电影《得克萨斯洲的巴黎》录音片断。由尚华、刘广宁配音。

听众朋友，您可曾听说过儿子为妈妈找对象的？在电影《妈妈应该结婚》里，就有这么一个小家伙，名叫瓦什卡。可谁想到，他找的那个人恰恰是自己的亲爸爸！听听这父与子的对话，真够逗人的。

（《妈》片断　　＜230）

刚才是电影《妈妈应该结婚》里的一段对白。在电影《父子情深》里也有个小家伙叫鲁卡。虽然他已经没有妈妈，可他却不想叫爸爸再找个妈妈。爸爸整天忙忙碌碌，很少陪伴鲁卡，鲁卡因爸爸爱上另一个女人，而疏远了自己的爸爸，后来鲁卡得了不治之症，在他即将告别人世时，父与子才强烈地感到是那样深深地爱着对方。可是，已经晚了，为什么人生留下了这么多遗憾？

（《父》片断　　＜435）

刚才是电影《父子情深》里的录音片段。在这次节目的最后，请您欣赏电影《简爱》里的一段对白。

简爱，是英国女作家夏绿蒂·勃朗特笔下的女性形象。她出身贫寒，相貌又不漂亮，但她在寻找爱情的时候，绝不乞求别人的施舍。她追求人在精神上的同等，追求平等的爱。就是这样一个女性，曾使多少人倾慕和崇拜，特别是少女们，或许是由于简爱的这种性格，才获得了罗切斯特的爱情吧。

（《简》片断　　＜345＋310）

听众朋友，刚才您听到的是《简爱》片断，由李梓、邱岳峰配音，这次的《外国影片精彩对白欣赏》节目就播送到这里。也许您喜爱的哪段精彩对白被我们遗漏了，噢，这可是个不小的遗憾。不过如果您感兴趣我们还要为您安排这类节目的。

各位听众，这次节目的编辑是李建、胡晓鸣，赵薇写稿；解说：××；复制合成：陈艳霞。这次节目播送完了。

四、补充练习材料

中央人民广播电台：

现在是“激光音乐唱片欣赏”节目时间。

听众朋友，我是××，我和节目编辑王红在这里向您问好，并且欢迎您同我们一起欣赏美妙的激光唱片音乐。

这次节目请您欣赏两张激光音乐唱片。第一张唱片上，是德国作曲家理查·斯特劳斯的三部作品，第二张激光唱片，请您欣赏一组著名的进行曲。

理查·斯特劳斯是当代德国杰出的作曲家和指挥家。他的生活年代是从1864年到1949年。他从五岁开始学习作曲，不到10岁，就写出了《节日进行曲》、《木管小夜曲》等作品。1885年，理查·斯特劳斯在曼宁根乐队跟随著名指挥家比罗，担任乐队的副指挥和指挥。在这里，他受小提琴家和音乐哲学家里特的影响，以李斯特、柏辽兹和瓦格纳的音乐创作风格为榜样，从此开始了自己独特的音乐创作道路。从1887年写出管弦音乐诗《意大利之行》起，理查·斯特劳斯创作了一系列交响诗和描绘性的交响乐作品。他的成功，甚至引起人们对标题音乐优点的重新认识。理查·斯特劳斯的主要作品有：歌剧《贡特拉姆》、《莎乐美》、《埃列克特拉》、《玫瑰骑士》、《达夫尼》、《随想曲》等十几部；他的交响诗有《意大利之行》、《唐璜》、《死与净化》、《梯尔·艾伦施皮格尔的恶作剧》、《查拉图斯特拉如是说》、《唐吉诃德》、《英雄的生涯》和《阿尔卑斯山交响曲》等作品。理查·斯特劳斯还是一位卓越的歌剧和交响乐指挥，曾先后担任过慕尼黑歌剧院，柏林爱乐乐团、柏林皇家歌剧院、维也纳歌剧院等著名音乐团体的指挥，享有很高的声誉。

听众朋友，今天请您欣赏的理查·斯特劳斯的作品，第一部是他的交响诗《梯尔·艾伦施皮格尔的恶作剧》。我们特别请上海的蔡国铨朋友同我们一起欣赏。理查·斯特劳斯的这部交响诗作于1895年，取材于德国的民间故事。关于艾伦施皮格尔是否真有其人，说法不一。总之，在德国、在欧洲，他是一个家喻户晓、专干坏事的人。他游历过欧洲许多国家，经历了许多奇异有趣的冒险。他既戏弄过权贵，也欺侮平民百姓。理查·斯特劳斯用了两个音乐主题，一个表现梯尔放荡不羁的无赖形象，另一个主题则刻画了他的变化无常。最后，音乐描绘了梯尔终于被处以绞刑的结局。整部交响诗以这两个主题为基础，多次进行变形发展，作了很多情节性的描绘，使梯尔·艾伦施皮格尔的形象生动有趣，活灵活现。作品的演奏时间大约是十六分钟。

听众朋友，接着是理查·斯特劳斯的另一部交响诗《死与净化》，作品写于1889年。作者用非常形象的音乐语言，描写了一个临危的病人在昏迷时产生的各种幻觉。全曲分为四段：第一段：昏睡，入梦；第二段：垂死的挣扎；第三段：梦境、童年的回忆和气绝身亡；第四段：升华和净化。交响诗《死与净化》的音乐时间大约是二十七分钟。

听众朋友，在这之后请您欣赏理查·斯特劳斯的歌剧《莎乐美》中的一段音乐“七层纱舞曲”。时间大约是十一分钟。下面就请听众朋友欣赏。

中央人民广播电台，现在播送一支名曲节目，这一次向大家介绍刘天华的二胡曲：《光明行》。先请大家听一遍，王国潼演奏，张镇田扬琴伴奏。

刚才大家听到的是刘天华的二胡曲《光明行》。

刘天华是20世纪20至30年代我国著名二胡及琵琶演奏家、作曲家和音乐教育家。他于1895年出生在江苏省江阴县的一个知识分子家庭。刘天华从小受民间音乐影响，对音乐发生兴趣，念中学时，参加了学校军乐队，吹小号和长笛，使他更加喜欢音乐。1914年，刘天华父亲病故，家庭经济困难不得不辍学，不久，他就病倒了。在养病期间，他自学二胡和音乐理论，创作了二胡名曲《病中吟》。1915年，刘天华受聘任江苏常州五中音乐教员，病愈后，从丝竹乐师周少梅学习拉二胡，从沈绍同学弹琵琶。1917年，经周少梅先生介绍，到锁山与民间艺人华彦钧会乐、互相切磋二胡演奏技艺，得益匪浅。

1922年，刘天华受北京大学音乐传习所之聘，担任该校国乐导师。这时，正值“五四”运动后第三年，刘天华受到“新文化运动思想”影响，来到北平，他的眼界更加开阔。他深感音乐天地之广，学无止境。不仅研究民间音乐和戏曲音乐，还不惜付出昂贵的学费，向白俄籍小提琴家托诺夫学拉小提琴和音乐理论。在“北京大学音乐传习所”执教后期，他一面从事音乐创作，一面还在“北京女子高等师范学校”和“北京艺术专门学校”兼课，教弹琵琶、二胡和小提琴。刘天华在二胡演奏方面，吸收了小提琴的某些演奏技巧，发展了二胡的演奏技法，为我国现代二胡演奏学派奠定了基础，由于他对中西方音乐都有研究，深感国乐的某些方面有必要进行改进。于是他在1927年创立了“国乐改进社”，并自筹资金主编社刊“音乐杂志”。很可惜，刘天华壮志未酬，于1932年英年早逝，才活了37岁。

刘天华短暂的一生，给中国人民留下了宝贵的精神财富，他作有《病中吟》、《良宵》、《光明行》、《空山鸟语》、《闲居吟》、《烛影摇红》等二胡名曲10首，《歌舞引》、《改进操》等琵琶曲三首，还编有《二胡练习曲》47首，《琵琶练习曲》15首。

二胡独奏曲《光明行》写于1930年，这是刘天华先生在“国乐改进社”成立后，创作几首二胡曲中的一首。体现了他改进国乐的决心。

刘天华先生曾经说过：“改进国乐这件事，在我脑中酝酿了恐怕已经不止十年。我既是中国人，又是以研究音乐为职志的人。若然对于垂绝的国乐不能有所补救，当然是很惭愧的事。”

1927年，萧友梅博士创建“上海国立音乐院”，成立的消息，使刘天华受到鼓舞。于是，他在北平发起创建了“国乐改进社”。决心团结有志之士，共同努力，改进国乐。

《光明行》这支曲子是G大调、2/4拍，三部曲式乐曲，由四段组成，前面有引子，后面有尾声，引子用同音作渐奏，表现前进的步伐（<>）。

第一段第一和第三小节从 $\dot{1}\dot{2}\dot{1}$ 这三个带有装饰音性质的音，引出激昂、奋进号用式的主题，它是由一系列强奏的四分音符和符点音符组成的。

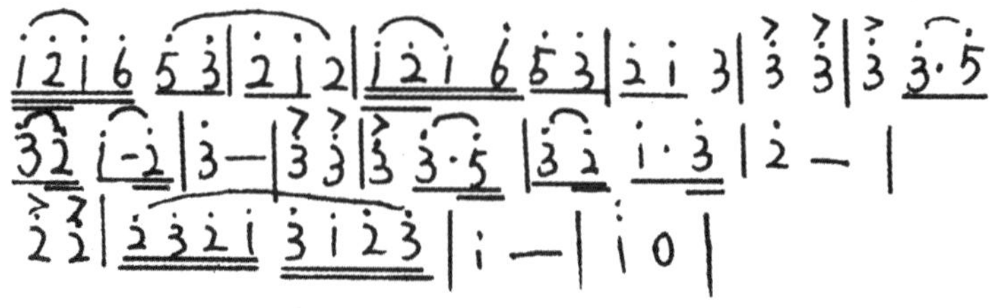

往下是乐曲的第二段，先在内弦演奏，旋律比较舒展，声音由远而近，仍然用了许多符点音符，这样，加强了旋律的弹性，表现作曲家对国乐改革充满信心。

当复奏上面这个主题时，它转成了D大调，移至外弦演奏。

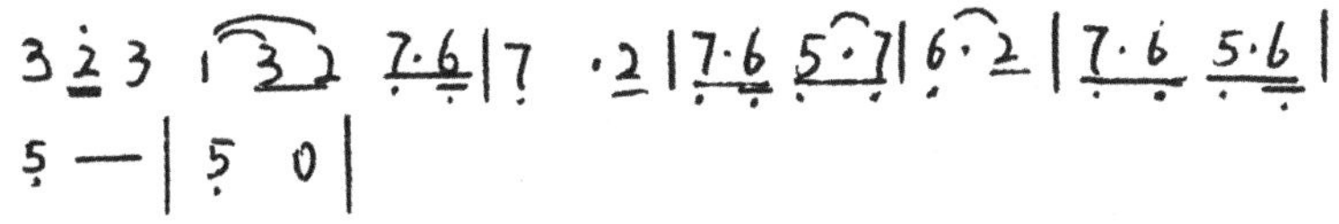

第三段情绪比较活泼，与前一段形成性格上对比。它要求用短弓拉奏，旋律上下起伏跳动。它不断重复2 3 2|1 2 3|这个有特性的音型并运用模进和移调的手法，来描绘矫健有力的步伐。

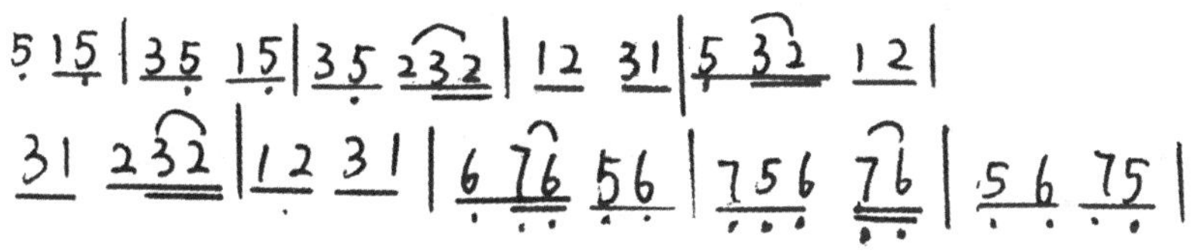

后半段用连弓演奏，更显得豪迈、舒展。

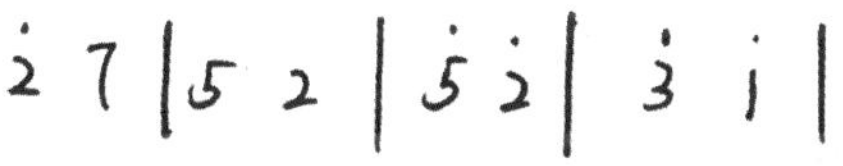

第四段情绪更加活泼，它的旋律不断作一些跳进，仍然保持着符点音符向前推进的特点。在运弓上，采用边顿、边连的演奏手法，既发挥了演奏技巧，又使人感到充满着朝气。

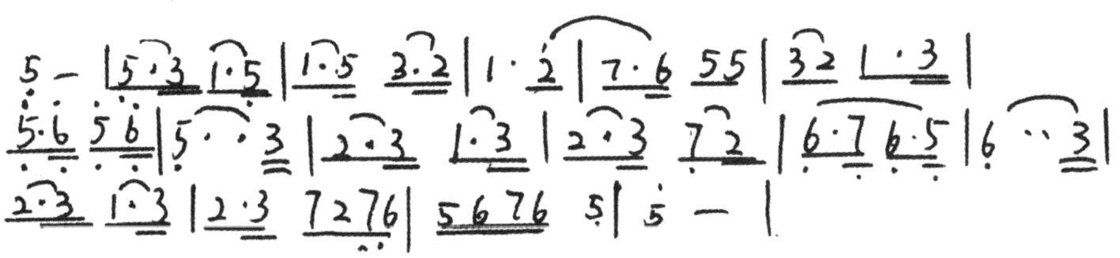

第四段之后，用颤弓再现第二主题，并加以扩展变化，把音乐再次推向高潮。

最后是尾声。一是模拟军号声的旋律与开始的主题遥相呼应。整个乐曲浑然一体，表现作者对国乐改革的光明前景充满信心。

好！现在请大家再完整地欣赏一遍刘天华的二胡名曲：《光明行》，这是另一种版本的录音，它是由张锐演奏的。

二胡独奏曲《光明行》还被改编成不同形式的器乐曲。

请听电胡琴独奏，周耀锟演奏，中央民族乐团小乐队伴奏。最后请听民乐合奏：《光明行》，中央广播艺术团民族乐团演奏，彭修文改编并指挥。

听众朋友，今天的“一支名曲”节目：刘天华的二胡名曲《光明行》就介绍到这里，由贺锡德写稿，王江编辑，田径解说。

2. 练习稿

(音乐起)

您好，听众朋友：欢迎各位走进我们浪漫周末的特别节目“怀旧金曲”，怀旧是一种情感需要，是对逝去时光的追忆，但它更多的体现的是一种智慧，一种伤感的情怀。那么让美国一百多年前的作曲家弗斯特留下的优美旋律，伴随我们来做一次情感的旅行。

(音乐止)

生命对我们每个人来讲，都是极其珍贵的，但是生命带给我们每一个人却不一定都是幸福的感觉，不一定都让我们体会到生命的难能可贵，我们总会沉于幻想，也会沉溺于回忆，当我们回首往事的时候，似乎总有点失落、遗憾和后悔，因为过去的岁岁月月总是没有满足我们所有的期盼，可是人生的舞台从来没有“重写”二字，所以大可不必怨天尤人，唉声叹气，只当是做了一个孤寂的梦吧！

好多年过去了，岁月像一股风，它吹绿了山川，让白云老去，只留下人间的一片片真情徘徊于天地之间，那风花雪月的牧歌，那田园般的故乡，永远是我们追寻的美好的梦。

亲情、爱情和友情这些都是歌曲创作中的永恒的主题，100 多年前的美国作曲家弗斯特恰恰写的就是这些人间最最普通的情感，那些质朴的语言，从表面上看它貌不惊人，但是它们却流行了 100 多年，直到今天人们表达怀旧的情感时仍然是唱着它，这些弗斯特的歌好像是浓缩了美国大工业到来前的一种社会情绪。它那么伤感，又那么迷人。

乐曲《美丽的梦神》

“时间就是金钱”这已经成为人们公认的信条，但是无论如何掌握时间来与金钱赛跑，或者掌握金钱来与时间赛跑，到最后只能是：生命与金钱都是向时间暂借的，如果时间借给你“福”，可能要以“祸”来还本，或许是先借给你“利”，最后却让你以“害”来还本，时间既可以创造一切，也可以破坏一切，随着时间的一天天流逝，没有一个人可以幸免“衰老”，退出舞台，被人遗忘，这就是大多数人的命运。普普通通的艺术作品也逃脱不了同样命运，只有那些真正的艺术精品，才能永葆魅力。

咱们中国有句古话叫“各领风骚数百年”，一种艺术形式能够火上几百年，这好像的确不错，但是那是工业社会以前的老黄历了，到了今天信息时代，艺术流派，学术风格来得快，去得也快，就拿歌曲来讲吧，一种风格流行起来，大家马上都跟着学，再加上现在传媒手段很多，艺术依赖传媒扩大自己的影响，可是经过传媒铺天盖地的宣传，走红的艺术去的也真快，现在有不少音乐界的名星，可以一夜走红大江南北，当然也会在几天之内便无声无息，不过弗斯特的歌可是另外一种命运，一百多年来他的歌从来没有因为时光流逝而退色，尤其是这几年，他的歌与歌坛上日益走红的，震耳欲聋的摇滚乐一起叱咤歌坛，当然，弗斯特的歌带给我们的是另一种审美情趣。那么接下来我们来听听他的一首思念故乡的名曲《我的肯塔吉故乡》，歌中这样唱道：

音乐起（衬乐）

明媚阳光照耀着肯塔吉故乡
玉米熟了，草原处处花儿飘香
夏天里小鸟在枝头歌唱
孩子们在田野里追逐嬉戏
黑人们也快乐欢畅
但不幸的命运前来敲门拜访
啊，再见吧，我亲爱的肯塔吉故乡

故乡，亲人的家，它是血脉的延伸，是生命的河床，它在岁月里浪花飞扬，流淌着一代代人的血和泪，悲和喜，生与死，离与合，以及那歌和笑，从它质朴的外表，你可以感受到它沧桑百劫，沉重苍凉。其实把家乡视为心中最神圣的地方也未尝不可，弗斯特赞美家乡的歌曲佳作恰恰就带有这种宗教式的情结，弗斯特被美国人称为是“游吟诗人”，他一辈子对家乡都有一股眷恋之情。

弗斯特 1826 年出生在美国的劳仑斯威尔，现在这个地方叫彼兹堡，

1864年1月13日在纽约去世，弗斯特一生只活了38岁，可谓是英年早逝了。弗斯特出生的时候家里已经有了八个孩子，他排老九，弗斯特的父母都是爱尔兰的移民，由于家里孩子太多，再加上家里的经济状况并不富裕，所以尽管弗斯特从小就显露出很高的音乐天赋，但是却得不到家里的支持。后来小弗斯特有幸结识了德国移民亨利·克莱伯，最早的音乐启蒙教育，弗斯特就是从这得到的，可是再往后，弗斯特的音乐学习就只能靠自己了。

1846年到1850年这四年期间，弗斯特在辛辛纳提他哥哥的书店里帮助工作，从那时起，弗斯特就开始陆陆续续发表作品，而且竟然都成功了，这一切使弗斯特增加了信心，他决心放弃一切，做一名职业的作曲家。职业音乐家在一百五十年前可是一个风险性很大的职业。那么接下来我们来听一首弗斯特很有代表性的歌曲《班卓琴》，从歌曲质朴的旋律中，您马上会联想到美国南方辽阔的牧场，其实弗斯特的歌视为是美国的民歌，其中最典型的就是下面我们将要听到的这首歌曲《班卓琴》。

上面我们听到的是弗斯特的歌曲《班卓琴》，弗斯特的歌一百多年来一直深受美国人民的喜爱，当然了弗斯特的歌也给出版商带来巨大的财富。我们都知道历史上很多有才华的艺术家虽然他们能为人们带来欢乐，送去美的享受，可他们自己的生活并不幸福，而且还会在贫困中死去，那么弗斯特也是这样的艺术家，他对别人充满了同情之心，但是自己却在孤独中死去。

1860年弗斯特的婚姻出现了裂痕，沮丧之中，他不得不借酒浇愁，最终在贫困中死去。弗斯特死的时候，手里还紧紧地拿着一张纸，上面写着“亲爱的朋友，善良的心……”很显然这是一首歌的歌词，最让人感到悲惨的是，弗斯特死后，人们在他的口袋里找到了38分钱，而弗斯特死的那年正好是38岁，难道这38分钱是对弗斯特命运的一种象征吗？看来上帝并不公平，他让这么一位富有才华的艺术家，带着这么多的对故乡的思念之情离开了这个世界。下面我们来听一首弗斯特的名曲《故乡的亲人》，歌中这样唱道：

音乐起（衬乐）

沿着那斯瓦尼河畔千里迢迢
在那里我有故乡的亲人
我日日夜夜把他们思念
走遍天涯海角到处流浪

但我永远思念故乡的亲人和那古老的果园

故乡亲人让我们永远牵挂，每个人的家都是温暖的栖息地，从表面上来看它平平淡淡，但是每个屋顶下总会纠结着爱恨悲喜，演绎出一个个令人断肠揪心的人生话本，当我们充满惶惑和惆怅，当我们四处飘流感到疲惫的时候，就会回到故乡，回到我们的家，这里是人生的驿站，多少年来，家是我们生命的根，家是我们乡愁的根，大地上每一个家伸展开它们的根须，织成一张张永远也没有边际的大网，将我们的心拴住，并且常常触痛我们心中最脆弱的部分，它散淡悠怡，但却深藏着沧桑忧患。

人们对故乡，对亲人的一种亲情，永远是歌曲创作的主题，而弗斯特恰恰就是写作这类作品的行家，他的歌旋律简单，音区也很窄，顶多一个八度，这么简单的歌曲能够流传上一百多年，靠的就是一个情字。接下来我们来欣赏弗斯特的另一首名曲：《噢，苏姗娜》。歌中这样唱道：

音乐起（衬乐）

我来到阿拉巴马，带上五弦琴
要赶到路易斯安那
为的是寻找我的爱人
尽管天气干燥，烈日当空
但我的心却冰冷冰冷
啊，苏姗娜请别哭泣

听众朋友：上面我们听到的是弗斯特的一首名曲：《噢，苏姗娜》。弗斯特的二十多年的写作生涯里，共创作了二百多首歌曲，特别是1850年，他与珍妮·麦克多维尔结婚之后，由于生活安定，因此他的创作灵感十分活跃，弗斯特的歌曲一般情况下分为两种类型，一种是反映对故乡的思念之情，另一个是表达朦朦胧胧的爱情，那么我们听到的《我的肯塔吉故乡》和《故乡的亲人》是属于第一类的歌曲。而《噢，苏姗娜》则是第二类歌曲的代表作。当然了在弗斯特的歌曲中，第一类怀念家乡的歌曲占了主流，大约有一百多首，这些优美的旋律在弗斯特的笔下显得格外深情含蓄，有的时候还会流露出一种迷人的伤感。对于弗斯特的歌曲，后来的评论家普遍认为，它带有美国中产阶级特有的一种情趣，18世纪随着工业革命的步步深入，美国社会出现了一个庞大的中产阶级，这些人的艺术品位不同于已往的贵族，他们喜欢一种品位高雅，但又不太艰深的艺术作品，而弗斯特的歌曲，恰恰就吻合了他们的这种审美需要。接下来我们再来听一首弗斯特的名曲“开普顿赛马”。这首歌欢快，像这样快速流畅的旋律在弗斯特歌曲中并不多见。

弗斯特对下层普普通通的人怀有深深的同情之心，这一点充分地体现在他的歌曲写作之中，他有一首非常著名的歌曲叫《老黑奴》，在这首歌曲中弗斯特用十分简洁的歌词，并且以自述的形式表达了一个老黑奴心中的痛苦，音乐语言极为质朴，多少年来它一直是美国黑人最喜欢的歌曲，下面我们不妨来看看老黑奴是怎么讲的：

快乐的童年如今一去不复返
亲爱的朋友都已离开了家园
离开尘世到那天上的乐园
我已经听见他们在轻声把我呼唤

故乡，亲人过去熟悉的一切会给我们带来无尽的乡愁，身在旅途，天色已晚，正欲驻足，突然眼前出现了记忆中的景象，于是一种陡然不知身在何处的痛切之感油然而生，此时此刻远隔千山万水茫然惶惑，惆怅莫名，斜阳之下，孑然一身，一切都充满了悠远而迷人的情感。弗斯特写作怀旧、伤感的歌曲可是一位大师，他用非常简洁的几句话，就能把诉不尽的深情款款地一一道来。接下来我们再来听一首弗斯特的名曲《金发的珍妮》，歌中这样唱道：

我梦见了金发的珍妮
像云雾升起的夏日的天空
看见她迎着朝阳轻盈起舞

像野菊花随风招展在田野
那嘹亮的歌声那么轻松
噢，我梦见了金发的珍妮
像云雾飘浮在夏日长空

流年似水，磨不掉纯真的岁月，情如往昔，忘不了遥远的恋情，穿过了岁月的沉沙，温柔的歌声重又响起，愿我们的“世纪名曲”能帮您寻找回当年的那份情，那份爱，能唤起您青春的记忆。

听众朋友：今天在我们“世纪名曲”栏目里，我们介绍一首弗斯特的名曲，名字叫《美丽的梦神》。前面我们在“怀旧情感”栏目里，已经陆陆续续欣赏弗斯特的七首歌曲，应该讲弗斯特的这些抒情旋律分为两种类型，一个是怀念故乡和亲人的乡愁歌曲，另一个就是表达青春爱情的。两类歌曲比下来，怀念故乡的歌曲略多一些，不过表达爱情的歌曲，虽然数量不算太多，但是他的艺术水准还是很高的，像下面我们将要听到的这首《美丽的梦神》就是一首代表作。歌中这样唱道：

音乐起（衬乐）

美丽的梦神快快醒来
星光和露珠在悄悄地等待
白天的喧哗已经消失
银白的月光散发着光彩
美丽的梦神，歌中的皇后
温柔的歌声会使你开怀
美丽的梦神你快快醒来

弗斯特离开这个世界已经有一百多年了，但是他留下的一笔丰厚的音乐文化遗产都始终陪伴着我们，虽然他自己在贫困中死去，而且还带着他那么多的遗憾，但是我们却在他的歌声中感受到了人间的真情，一片炽爱。好在弗斯特死后，人们终于认识了他的价值，在美国人的心目中，弗斯特这个名字完全可以和影响美国历史的一代政治家华盛顿·杰菲逊齐名，当然了，弗斯特的歌本身就具有永恒的艺术魅力，它将世世代代传下去，成为怀旧、思念故乡、想念亲人的一种独特而又含蓄的艺术语言，如果弗斯特在九泉之下，知道他的歌已经成了人们情感的寄托，一定会感到最大的安慰。好了，在今天“世纪名曲”栏目的最后，我们再来听一遍弗斯特的歌曲“美丽的梦神”。愿弗斯特一百多年前的这些名曲，能给您的情感送去温馨，送去宁静。

好了，听众朋友：在弗斯特优美的旋律中，浪漫周末的特别节目“怀旧金曲”就到这里了，感谢各位的收听，下周同一时间我们再见！

听众朋友，在这优美的小提琴声中，欢迎您再次作客文艺调频的精品唱片欣赏节目，我是××，在今天的节目中，请大家欣赏由雨果唱片公司录制，小提琴演奏家薛伟演奏的乐曲。

薛伟是一位颇具才华的小提琴演奏家，现任英国皇家音乐学院的小提琴教授，在1986年，他曾经获得过柴可夫斯基小提琴大赛的银奖和麦加卡尔，弗莱什国际小提琴大赛的第一名，英国报纸对他的演奏给予了极高的评价，在以前的节目中，我们曾经介绍过他录制的小提琴专辑《乡梦》，在那张CD中，优美轻盈的音乐令人难以忘怀，很多听众都对这张CD产生了极大的兴趣，今天请您欣赏的是薛伟演奏的欧洲小提琴名曲。薛伟在录制这张专辑时，使用的不是一般的小提琴，而是由英国皇家音乐学院珍藏的九把意大利古代名琴，提起意大利古提琴，我想很多中国音乐爱好者对此并不熟悉，但是，这些小提琴在乐坛却有着极大的影响力，它们与提香的绘画，米开朗基罗的雕塑，莎士比亚的诗歌和巴赫的音乐共同构成了欧洲的古代文明，称的上是世界文化中的瑰宝。今天，我们就在薛伟的琴声中向大家介绍一下意大利的古提琴。

17至18世纪，在意大利北部的小城克雷莫纳出现了一批以制作弓弦乐器而闻名的制琴世家，他们世世代代都在简单的手工作坊内辛勤的工作，经多少代人的努力，终于制作出完美无瑕的弓弦乐器，在众多的制琴世家中，以斯特拉迪瓦利家族的安乐尼奥·斯特拉迪瓦利最为著名，被人们尊为小提琴的拉斐尔。下面我们就来欣赏小提琴家薛伟用安东尼奥·斯特拉迪瓦利在1734年制作的小提琴演奏的乐曲《序奏曲》，作曲德斯普拉奈斯。

3′00　17

各位听众，这些古提琴的价值并不是开始就被人们所认同，当时，在克雷莫纳城中，很多制琴师都是默默无闻，就像安东尼奥，1937年，93岁的安乐尼奥·斯特拉迪瓦利完成了他最后一把名为“天鹅号”的小提琴后溘然长逝，从此弓弦乐器制造史上一个伟大时代便告终结。在近百年的漫长岁月里，“无知”的灰尘淹没了昔日珍宝，世人并不了解克雷莫纳制琴师的伟大，这些伟大的艺术品消失于垃圾堆中，消失在火炉旁，在人们的记忆中消失……但是，这并不意味着这些伟大的艺术品就此消失，它们在等待，默默的等待，等待着重现光明的时刻，下面就请欣赏帕格尼尼·里奇创作的《D大调歌谣》，演奏家薛伟使用的是安东尼奥·斯特拉迪瓦利在1734年制作的小提琴，在制作这张小提琴时，安东尼奥·斯特拉迪瓦利已是90岁高龄，在他的两个儿子的帮助下共同完成，精美的工艺至今令人叹服。

16　3′00

各位听众，经过岁月的洗涤，沉睡的意大利小城克雷莫纳终于以它原有的面貌再现在人们面前。19世纪中叶，人们对克雷莫纳的宝藏产生真正的兴趣，首开先河的是一位默默无名的米兰木匠，名叫路易治·塔利西奥，他用了27年的时间，徒步走遍了意大利的每个角落，他深入乡村，教堂和修道院，从杂物堆、垃圾堆、劈柴堆里搜寻着那些无价之宝。1827年，巴黎的报纸刊出一条惊人消息，巴黎几位著名的小提琴制作师从一个意大利流浪汉手中购得六把斯特拉底瓦利的小提琴和四把其他名师的小提琴，这在当时的音乐界产生了极大的反响。但是，更加惊人的消息还在后面，在1854年，人们在一位收藏家的家中发现了250多把极品提琴，它们都是阿玛蒂家族和斯特底拉瓦利等大师的心血结晶。美国著名小提琴家约瑟夫·金戈尔曾说："如果不是这个收藏家，我们这个时代只会有少数人，也许根本不会有任何人能够享受到在小提琴黄金时代诞生的乐器奏出的音乐。而今天，这些小提琴也仅在一年中很少的日子中拿出来，得已让世人瞻仰。下面请欣赏格鲁克创作的小提琴曲《旋律》，使用的小提琴就是提琴制造家吉罗拉莫·阿玛蒂制作的小提琴。

2′58

听众朋友，刚才您欣赏的乐曲是格鲁克的小提琴曲《旋律》。小提琴家薛伟使用的是18世纪小提琴制作大师吉罗拉莫·阿玛蒂制作的小提琴。阿玛蒂家族是克雷莫纳城中一个颇有影响的制琴家族，他们家族的几代都是以制作提琴成名的。这个家族出现了很多非常有名的制琴大师，其中最有影响的莫过于尼科罗·阿玛蒂和吉罗拉莫·阿玛蒂。尼科罗·阿玛蒂是阿玛蒂家族中做工最为精细的工匠，即使在今天，他的作品至今仍赢得人们的尊重和仿效。从1620年起，尼科罗就已经在他父亲和叔父的作坊里树立起自己的权威。但是，到了1630年，他的事业并不那么顺利了。长达两年之久的饥荒袭击了克雷莫纳，几乎把这座小城毁灭，随之而来的一场瘟疫又夺去了他的母亲和两个姐姐的生命，在这场瘟疫中，除了几个布里西亚学派的乡间继承人以外，尼科罗意外地成为意大利仅存的提琴制作家。要是没有死里逃生的尼科罗，克雷莫纳制琴业无疑会在它的伟大岁月到来之前就毁灭了。1640年，克雷莫纳的小提琴制作业重新得以恢复，尼科罗收了很多弟子，这些弟子包括了安德烈亚·瓜内利，弗朗西斯科·鲁杰利，乔万尼·巴蒂斯塔和安东尼奥·斯特拉地瓦利，这些弟子后来都成为著名的乐器大师，使这项伟大的事业得以延继下去。下面请欣赏胡鲍伊创作的《克雷莫纳的小提琴匠师》，开始，小提琴和钢琴奏出几个双音，好像演出前小提琴正在调弦，接着，小提琴好像即兴演奏了一段类似华彩段的音乐，像音乐家在试奏小提琴的音色，当钢琴再度进入时，小提琴奏出了情绪高昂的抒情音乐，像是对克雷莫纳的制琴匠的致敬。

15　《克雷莫纳的小提琴匠师》　3′00

听众朋友，尼科罗·阿玛蒂的大多数作品是小提琴，他的中提琴制作要比他父亲和叔父的少得多，虽然小提琴制作有几种不同尺寸，但是，他喜欢比以前较宽的规格，就是后来最受欢迎被人称作“豪华阿玛蒂”型的小提琴，良好的弧度，长长的琴角和雄浑而又利落的镶边，都显示出小提琴制作的优雅，音孔对提琴的设计也是重要的，涡卷形是阿玛蒂最好的传统，琴身的上漆也非常讲究，可以说是提琴历史上的精品。下面请听由帕格尼尼创作的小提琴曲《歌谣和圆舞曲》，薛伟使用的小提琴就是这种小提琴。

4　《歌谣和圆舞曲》　4′10

在阿玛蒂家族中，除了尼科罗·阿玛蒂外，还有一位非常有影响的提琴制作家，那就是吉罗拉莫·阿玛蒂，他是尼科罗·阿玛蒂的儿子，生于1649年，死于1740年，由于他的祖父也叫吉罗拉莫·阿玛蒂，所以后人称他为吉罗拉莫二世，他和阿玛蒂家族的其他成员相比较，虽然是个好的制琴师，但是，在很多方面他的制作工艺并未超过他的父亲尼科罗，可是，他制作的小提琴保持了家族的优良传统。到了1700年以后，吉罗拉莫·阿玛蒂制作的小提琴相对以前少了很多，而且在风格上也有变化。在1713年，也就是吉罗拉莫60岁时，他制作了一把最为精美的小提琴，这把提琴与他早期的作品有很大的区别，这张提琴在风格上脱离了他父亲尼科罗的模式，以一种新的形态流传至今，因此也引起收藏家们极大的兴趣。下面就请听薛伟用这张琴演奏的《A大调浪漫曲》，舒曼作曲。

13　3′47

各位听众，刚才您欣赏的小提琴家薛伟演奏的A大调浪漫曲，使用吉罗拉莫·阿玛蒂在1713年制作的小提琴，虽然，阿玛蒂家族制造出最精美的小提琴，但是，当时的制琴师，包括吉罗拉莫本人都清楚这样一件事，那就是，克雷莫纳最好的制琴家是安东尼奥·斯特拉地瓦利。

斯特拉迪瓦利1644年出生在克雷莫纳镇上的一个古老的家庭中，当他14岁时，进入了当时著名制琴师的阿玛蒂开设的作坊；开始，他只是一个雕刻学徒，但是，经过自己的努力学习，加之具有开拓性的思维，使他成为一代制琴名师。在17世纪的60年代，斯特拉迪瓦利逐渐成为与阿玛蒂齐名的匠人。在1666年，他制成了第一把自认为满意的小提琴，并在琴内写上了自己的名字"斯特拉迪瓦利"，名字旁边还注明阿玛蒂是他的老师，虽然，这把小提琴在制作上还略显生疏，但是，已经显示出他熟练的雕刻技巧，自此后，斯特拉迪瓦利一直与阿玛蒂合作，生产了许多带有这种商标的提琴，开创了提琴制作的一个新时代，直到1684年，阿玛蒂去世后他才离开作坊。下面请听薛伟演奏，纳尔第尼创作的《小广板》，使用的乐器就是安乐尼奥与吉罗拉玛在1629年制作的小提琴。

《小广板》2′55。

当斯特拉迪瓦利离开作坊后，他的制作技巧走上了一个新的高度。有人说，斯特拉迪瓦利最好的作品，基本上都是在学徒以后制作的，早在阿玛蒂作坊中，斯特拉迪瓦利就创作了很多优秀的作品，这些作品基本上都是延续了老师阿玛蒂的样式与风格，但是，斯特拉迪瓦利并不满足于阿玛蒂家族已相传三代的老式样，他不断进行改革，经过40年的努力形成了具有个人风格的作品，在1690年，他开始试制一种新琴，这种琴极像17世纪初期著名小提琴制造师玛济尼的样式，小提琴保留了早期提琴的宽度，并增加了琴身的长度，这种较长琴身的小提琴，就是今日闻名的"长型琴"。不过，后来他放弃制作这种样式长达10年之久，直到1700年，他56岁时才又专攻研制这一精美样式的小提琴，今天，这种琴式已成为各国小提琴制作的模式，下面就请欣赏用这种提琴演奏的乐曲《雏菊》，作曲拉赫曼尼诺夫，演奏者薛伟。

《雏菊》 1′53

从18世纪以来，多少优秀的提琴制造家一直生活在斯特拉迪瓦利的阴影中。卓越的音色，精美的设计和高雅的工艺，是任何人都无法超越的，因此，被人们尊作"小提琴的拉斐尔"，在七十多年的制作生涯中，斯特拉迪瓦利在继承传统的基础上，开拓了独一无二的事业，创造出无人可比的艺术成就。后来，他的两个儿子和他一起工作，然而他的儿子并没有超越他已有的成绩，当斯特拉迪瓦利去世后，一个伟大的时代也告终结。

下面请欣赏维尼亚夫斯基创作的《随想圆舞曲》，薛伟演奏。

《随想圆舞曲》　4′09

听众朋友，以斯特拉迪瓦利为代表的制琴派已经历了三百余年，今天，只有大约650件的幸存小提琴留存在世界各地，它们其中的大多数珍藏在世界各国小提琴演奏家手中，这些乐器的身价令人咋舌，有些提琴的售价竟高达数百万美元，而某些国家更将其视为国宝，禁止出口。可以这么说，克雷莫纳制琴师的杰作是超越时代的，是属于未来的，只有在真正文明时代来临后，它们的真正价值才被人们所认识。

《第十七号匈牙利舞曲》　3′29

听众朋友，这次节目就到这儿了，感谢您的收听。

思考题

1. 文艺播音可分为几类？
2. 为什么要理解原作？
3. 如何把握热情介绍者的身份和心理？
4. 文艺广播稿件的有声表达应注意什么？

第五章　节目主持艺术

一、理论概要

广播、电视主持人节目的核心是主持人。可以说，主持人的语言形象直接关系到一次节目的成败。有一定语言表达能力，有采访、评述能力且思维敏捷，有一定创造性的主持人会使节目锦上添花，相反则会使节目黯然失色。《节目主持艺术综合训练》是广播学院播音系本科学生在《播音发声》、《语言表达》技能训练的基础上进行的。主持人节目的特点之一是有声语言口语化。但这种口语不应是生活中所使用的口语，而是生活口语的精炼，是雅与俗的结合体。是一种既让受众感到亲切自然，又具有一定文采的有声语言。“不工者，工之极也”是口语化的理想境界。

为训练学生做到“有稿播音锦上添花，无稿播音出口成章”，专业课在有稿播音的基础上进行学习，节目主持技能训练是无稿播音的必然程序。所谓无稿播音，包括脱离“有稿播音”的那种稿件形式，最终采取“提纲加素材”的播音方式。亦包括即兴的口头报道、介绍、说明、评述等等播音创作形式。这种形式在新闻节目及其它主持人节目形式中都会出现。应提醒同学们注意的是“功夫在诗外”，在训练技能的同时，注意扩大知识面和对生活的情趣，同时在注意口语表达的同时，不忘提高自己的写作能力，这对提高主持节目的能力是很重要的。

这里提供的训练内容，基本上是按部就班和阶段性的，教师和同学可根据学生的具体情况有选择的灵活运用。在有声语言形式上，既可进行口语化训练，也可作为播音的教材，进行播读式、播讲式的练习，同时也可根据自己的兴趣收集和使用各种新鲜材料。

复述是一种复杂的语言信息处理、转换过程。把听到或看到的信息充分理解、加工并储存起来，然后把这些内容转换为有声语言表达出来。在这过程中，看、听、说都得到了锻炼。

复述练习的目的在于培养学生系统、连贯的说话能力。出于要转述稿件内容，所以需要重新组织语言，把自己对稿件的感悟、理解，经过筛选、概括、归纳，再用自己的语言复述出来。它也是加强记忆力的一种方法。

复述的方式很多，一般分为详细复述、简要复述和创造性复述三种。

（一）详细复述

它是一种接近原作的较详细的复述。要求按原稿中的顺序、结构把内容重现出来。还要把原作中的书面语句式、倒装句式改为口语句式，听起来会更顺畅，更易懂。注意记下重要词语，理清顺序及层次结构，编出复述提纲。

1. 我国南北方人的心理差异

听众朋友，不知您察觉到没有，我们国家北方和南方人是有心理差异的。北方人大多性格奔放粗犷、热情外向；而南方人呢，大多感情细腻，稳重内向。那么，为什么会有这种差异呢？有这样一种观点，我给您介绍介绍，您看有没有道理。形成这种差异的原因，并不是因为南北炎黄子孙有什么明显的大脑结构或者遗传素质的不同，而是由于地理环境不同造成的。

您知道，我国北方山少，平原多，辽阔的平原，放眼四处眺望，周围几里甚至几百里一览无余。所以北方人的性格一般比较豁达爽朗，大方而不拘小节。所以“自古燕赵多慷慨悲歌之士”。相反呢，南方山多水多平原少，地形地貌受山水阻隔，条块分割相当严重，自古以来，南方人在这狭窄的土地上精耕细作，为了生存，他们自然养成了精打细算小心谨慎，善于运用现有资源，发挥聪明才智的思维习惯。

另外呢，南北方的气候差异，也给生活在各地的人们造成了心理差异。南方气候比较温和湿润，使南方人养成了沉稳、安详、感情丰富而细腻的性格。而北方气候寒冷、干燥、多风沙，有的地方一年里有近半年的霜雪天气，所以呢，长期生活在北方的人们，大多形成了粗犷、坚强、贤良的个性。

听众朋友，我这里说的只是一般的情况。当然啦，人的心理差异和性格的形成，也往往不一定受到地理、气候环境的影响，南方人也有性格奔放粗犷、热情外向的，北方人也有感情细腻、稳重内向的。而且随着社会的进步，我国南北方人的心理差异正在逐步消失。

复述提示

读两遍后，对南北方人的特点、心理差异作出详细复述。本文较口语化，复述时能否模拟主持人的样子，与听众充分“交流”起来。

2. 馈赠的礼节

馈赠即赠送礼品。在人际交往中，正当的馈赠是一种表达友情、敬重、感激的形式，并应当带给受赠者以欢乐，所以在礼节上必须慎重行事。

选择礼品时，应对受赠者的性别、教养和嗜好加以考虑，挑选具有鲜明的特色、醒目的标志、对对方有实用价值、并能引起其重视的礼品。一般来说，礼品大致可分为两类。一是永久性礼品，即可长期保存之物，如工艺品；二是一次性礼品，即不宜长期保存之物，如鲜花。前者重实惠，后者情浓意长。选择时，可根据受赠者情况做出决断。

例如，同是白领，男士和女士喜欢的礼品就有所不同。通常男士喜欢的是领带、衬衫和钢笔，女士则比较喜欢鲜花、化妆品和衣料。可见，馈赠的要诀是实用和恰到好处。

对于不同民族的风俗习惯，选择礼品时应予以尊重。在我国，老年人忌讳被人送钟，因为其谐音“送终”。恋人之间是忌讳送梨，友人之间忌讳送伞，因为其寓意分别是“离”和“散”。港人青睐红木制作的小型棺材摆件，也是因其意即“升官发财”，讨个吉利。一些国家以绿毛龟为宠物，而在国人看来，被送了“戴绿帽的乌龟”岂不是天大的侮辱。如对此稍有疏忽，就会产生负作用。

此外，日本人忌讳4和9，欧美人忌讳13。许多国家在数目上，喜欢单数还是喜欢双数的讲究大不一样。这些都应引起注意。

馈赠的方式有亲自赠送和请人代赠两种，前一种显得郑重其事，后一种则是不得已而为之。亲赠礼品，宜在宾主会面之初。若是两对夫妇会面，则赠送和接受在两位夫人之间进行最好。中国人讲究双手把礼品递给受赠者，在涉外活动中，则不必如此。因为不少国家以左手为不洁，双手赠礼，反而不够尊重。总之，只要态度上显得尊重和友善就足够了。

目前，礼品包装已受到人们的高度重视。它如同礼品的外衣一样，精心包装的礼品无疑可以显示出对受赠者的重视。国人受礼后，往往要等赠送者走后才打开。外国人则讲究接过礼品后，必须马上当着赠送者的面打开，并讲几句赞美礼品的话，以示自己非常喜欢。他们认为，把礼品原封不动放在一旁，就意味着对礼品不感兴趣，至少也会令赠送者感到被冷落。

如打算退还礼品，应在24小时内尽快付诸行动。同时要感激赠送者，并说明不接受的原因。在商务活动中，退还礼品时可附上专门致谢的函件。对此处置必须适当，不宜使用讥讽、挖苦和侮辱性的辞句。最好说明一下拒收礼品是本人的决定，还是因为必须按照有关规定办事。这些，都是为了给赠送者留下回旋的余地。

复述提示

复述时，层次要清晰，尤其是不同国家的不同礼节，避免张冠李戴。表达时注意内容的流畅、完整、清新。

3. 神奇飘逸高雅——中国编钟音乐巴黎首演纪盛

帷幕徐启。烟雾缭绕中，36件套大小编钟若隐若现。随着古装演员操杖击钟，乐声四起，如鸣雷，似响瓮。整个大厅即刻沉浸在一片神奇凝重的氛围里。这是“'99巴黎·中国文化周”的主要表演节目中国编钟音乐会首场演出开幕的场景。

2日晚，记者提前15分钟来到联合国教科文组织一号厅演出现场，这个能够容纳1500人左右的大厅已经座无虚席。从人们期待的眼神可以看出他们对中国编钟音乐的好奇与热爱。

《朝乐》、《楚商》、《双音竹枝词》及《屈原问渡》、《高山流水》等曲目，充分展现了中国古代编钟的神奇。其宽广的音域、优美的音色，使人回味无穷。清脆的高音、明朗的中音与浑厚的低音水乳交融，共同编织出一曲曲飘逸、高雅的乐章。伴着中国古代宫廷歌舞的精湛表演，观众屏息静听，若有所思，若有所感。每当一个曲目演奏结束，场内立即爆发出雷鸣般的掌声。

中场休息时，人们三三两两地交换着各自的切身感受，切磋着对神秘的中国编钟音乐的不同理解。接着，中国艺术家们以编钟这种2400多年前的古老乐器，为观众演奏了中国近代音乐作品《二泉映月》、湖北民歌《数蛤蟆》等，表现了编钟这种乐器绵绵不绝的生命力。特别是当艺术家以编钟成功地演奏苏格兰民歌《友谊地久天长》时，全场观众产生了强烈的共鸣。乐声甫止，掌声骤起，经久不息。一阵盖过一阵的掌声，使中国艺术家们深受感动。他们又接连齐奏了两曲，观众仍以不倦的掌声表达他们不愿离去的心情。盛情难却，骨笛、瑟、埙、古筝、琵琶等演员又一位接一位地轮流登台单独献艺。演出大厅的气氛达到了高潮。

在人们恋恋不舍地缓步走出大厅时，记者采访了几位观众。法国前驻华大使白乐尚先生说："演出令人惊叹！编钟音乐不仅与西乐迥然不同，也有别于一般的中国声乐。"一位身着藏红色彩裙的中年法国妇女在接受采访时表示："我和我的先生为能借中国文化周的机会欣赏到精彩的中国编钟音乐感到十分荣幸。"站在一旁的她的先生立即会意地点头微笑，表示赞同。她接着说："几千年前制作的古代乐器现在竟然还能够奏出如此动人的乐曲，实在不可思议！编钟的乐音太美妙了！《高山流水》一曲中，我确实感悟到了高山的雄姿和河水流淌的声响。"她的感悟引起了记者的兴趣，遂脱口问道："您从《二泉映月》中能够体味出怎样的情感？"她同样脱口而出："悲伤。"

虽然记者知道一般法国人都有较高的音乐欣赏水平，但是，面对这位女士对中国音乐的非凡理解力，记者还是赞叹不已。

几位华裔姑娘激动地说："太棒了！我们都要哭了！中国的编钟音乐真让我们自豪！"

（《人民日报》果永毅　马为民）

复述提示

读两遍后，进行详细复述。演出的氛围、曲目的名称、观众的反应及原话，一定准确、清楚地交待出来。

4．在设计博物馆与历史相遇

11月5日到22日这18天，北京海淀区昆明湖南路56号来往着许多文化人。“百年海报设计精品回顾展”使坐落在这里的设计博物馆成为文化磁场。

回顾展上的200幅海报，是从馆藏的数千幅海报中精选出来的。其中有二三十年代的月份牌年画及传统木版年画，有新中国成立初期及“文革”时期的宣传海报，八九十年代的文化海报，不同时代的不同主题、不同表现形式，构成20世纪中国历史的一个缩影。

二三十年代西洋味极浓的擦笔水彩画法，与东方美女的笑嫣姿容一起讲述文化融合的故事；50年代中期的“我们热爱和平”海报，手捧和平鸽的孩子淳朴的笑容中带着一种“时刻准备着”保家卫国的警惕；1958年“争取小麦更大丰收，要把白面变成主粮”海报，飞翔的凤凰羽翼竟是与天同高的麦穗；60年代多半是祖国山河一片红；80年代初，“科学的春天”海报中，手持科学明珠的东方少女表达着一个古老民族腾飞的梦想；90年代，海报从过去单一的政治宣传迈向更多的领域，文化、商业、艺术，内容上丰富多彩，艺术上百花齐放……

“海报是文化含量最高的设计。随着商品经济的发展，海报等平面设计在中国这样一个疾步走向国际舞台的国家，也许比在历史上任何一个西方国家都有更大的影响。”设计博物馆馆长、著名设计家何跃华早在12年前就创办了展示设计协会，作为“设计”这个概念在中国最重要的推广传播者，他对于设计艺术有着深刻的理解。1987年，他曾与德国斯图加特艺术中心共同举办了“德国150年设计回顾展”，在中国设计界引起巨大反响；1993年在他策划下举办的“首届企业形象战略研讨会”，开创了中国企业CI设计的先河。

就在举办各种展览的过程中，何跃华越来越觉得设计艺术需要一个阵地展示自己，以便为更多的中国人所了解和接受。于是，经国家文物局批准，设计博物馆应运而生。这是中国第一个以研究、收藏、展示、出版各种设计艺术为主题的博物馆，它收藏了海内外著名设计作品五千多件。从开馆之日海内外一百五十多位著名设计师共同参与的“诞生”海报展，到“获奥斯卡提名奖的加拿大实验电影观摩”、“台湾海报设计回顾展”、“华人CI设计百杰作品展”……都曾引起一定的震动。这些中外设计精品展，为中国设计师们提供了观摩大师原作的机会、展现各自艺术风格的舞台。

设计博物馆举办世界各地的设计及相关行业来京展览，也从事海报、包装、书籍装帧、企业机构形象、工业产品的设计。对于何跃华他们来说，设计是可以载入史册的东西，更是代表未来，有着远大前程的事业。因此，设计博物馆与其说是一个精彩的“展示场地”，不如说是一个美丽的“实验工厂”。

（《人民日报》卢新宁）

复述提示

读两遍后进行复述，时间、地点、名称要清楚，不同时期海报内容的回顾，以及博物馆的规模、作用让听众一目了然。

（二）简要复述

简要复述就是对稿件中的主要内容，用自己的话简明扼要地表达出来。要保留原稿件中的重要语句。可以按照原稿的次序，删去那些次要的、解释性、过渡性、描述性的部分，然后概括稿件的主要内容。但不要一味求简而偏离原作的中心。这个练习可培养学生的综合概括能力和简要地表述复杂事理的能力。

1．黑夜里的光芒——加拿大民族英雄泰瑞·福克斯的故事

在我们的人生道路上，总会有一个或两个特殊的人打动着我们的心。他们所表现出的那种勇气、无私和坚韧，他们为了自己的梦想而不懈奋斗的精神，改变着我们对人生甚至整个世界的看法。

泰瑞·福克斯就是这样一个人。他让我们看到了人类在面对病痛时所能够展示出的巨大的自信和宽宏。

清晨的泰瑞把自己的右腿、其实是一只假肢浸入大西洋冰冷的海水中，弯下腰伸手抚摸水中的礁石，同时把大约两加仑的大西洋海水装进事先准备好的一个瓶子里。一加仑他要倒入 5300 英里（约 8530 公里）以外、旅程终点处的太平洋里，另一加仑他要留作纪念。

1980 年 4 月 12 日对于加拿大东海岸城市圣约翰的居民来说除了细雨绵绵春寒料峭之外，似乎与一年中其他的 365 天并没有什么太大的区别。但对于泰瑞·福克斯而言，这一天却有着非同寻常的意义。

他将要从这里——纽芬兰省圣约翰市的大西洋岸边开始他企盼已久的“希望的马拉松”，终点是加拿大西海岸他的故乡——不列颠哥伦比亚省的科奎特勒姆港。

陪伴泰瑞的是他的老同学道格·奥尔沃德。他开着一辆福特野营车跟在泰瑞后面，车里装有空调，还有炉子、冰箱和一个盥洗室。车身上印着“希望的马拉松，为帮助癌症研究徒步横穿加拿大”。泰瑞的目标是为加拿大癌症协会募集到100万加元的捐款。

持续16月的化疗使泰瑞的心灵经过了一场凤凰涅槃的历程。他看到自己以前从未见过的人间苦难。他听见医生对住在他身边的病友说他们只有15%的生存几率。他亲眼目睹了他们年轻而强壮的身体被病痛折磨得惨不忍睹。他永远也忘不了那些日子，作为癌症患者少数的幸存者之一，泰瑞在出院时觉得自己身上承担着一种责任。

泰瑞·福克斯1958年7月28日出生在加拿大温哥华市的东郊。父亲罗利·福克斯是一个铁路扳道工人，母亲贝蒂则靠给人做头发挣钱。

1977年3月，就在泰瑞离大学毕业还有一年的时候，膝盖里面一种无法忍受的疼痛开始困扰他。有天早晨，泰瑞一觉醒来发现自己已经站不起来了。

一个星期之后，泰瑞得知自己得了一种罕见骨肉瘤。这种恶性肿瘤多发于10到25岁的男孩子身上。它一般从膝盖部位开始生长，把周围的骨头变得异常的松脆，致使整个腿部的骨头组织就像一条突然在一片沼泽地中戛然而止的高速公路。

这种骨肉瘤虽然并不常见，但“名声”却不小。小爱德华·肯尼迪（美国参议员爱德华·肯尼迪的儿子）1973年就因此锯掉了一条腿。

医生毫不隐讳地告诉泰瑞他的右腿必须尽快锯掉，然后还要接受一系列的化疗，因为血液里可能已经有癌细胞存在。不过由于医疗技术的进步和新药的发明，泰瑞有50%到70%的生存几率，而两年前这个数字只有15%。泰瑞还得知就在他住的同一个病区，一个与他来自同一个地方、患他一样的病的15岁女孩刚刚去世。

3月9日，泰瑞永远失去了自己的右腿。

手术头一天的晚上，泰瑞的高中篮球教练特里·弗莱明给他带来了一本田径杂志，其中一篇关于一位截肢的残疾运动员参加纽约马拉松比赛的文章深深地打动了他。就在这天晚上泰瑞开始有了徒步穿越加拿大的梦想。

“我不知道我为什么会有这样的梦想，可能是因为我喜欢竞争吧。我是个梦想家，我喜欢挑战，我不愿就此放弃。当我下决心要做一件事的时候，我知道我需要竭尽全力，不可能有任何折衷的方法。”泰瑞如是说。

截肢手术两年后，他开始了长跑训练。在 15 个月的时间里，他总共跑了 3159 英里（5084 公里）的路程。有一次刚刚跑了半英里假肢就断了，他一头栽倒在路上。他捡起假肢搭了一辆车回家，然后用钳子夹住假肢又出门跑完了事先计划的 5 英里路程。

1979 年圣诞节期间泰瑞把自己要徒步穿越加拿大的计划告诉了父母。母亲贝蒂表示坚决反对，但父亲罗利只问了一句：“什么时候开始？”

当泰瑞与加拿大癌症协会接触时，所有人都认为他的计划简直是天方夜谭。

然后当 4 月 20 日泰瑞真的踏上征程时，所有目睹这个壮举的人都无不为他的真诚与勇气所感动。

而在汉密尔顿市，1960 年加拿大马拉松冠军高德·迪克森把自己的金牌送给了泰瑞，说他进行的是人类体育运动历史上最伟大的长跑活动。

每天清晨 4 点半泰瑞穿着印有一幅加拿大地图和“希望的马拉松”字样的 T 恤和短裤上路，用左腿迈一大步，然后用金属制成的右腿跨一小步艰难地前进。一路上成百上千的加拿大人无不为之动容，多伦多一位含泪看着泰瑞跑过的妇女说：“他让你又恢复了对人类的信心。”

随着“希望的马拉松”为越来越多的人知晓，捐款也源源不断地送到癌症协会。有的人在路边等候几个小时的时间就是为了看一眼泰瑞，给他捐上几块钱，有的人则直接将钱塞进他的手里，而不是放进紧随其后的给养车里的捐款箱中，有位街头艺术家找遍了身上的每一个口袋，但没有发现一分钱，于是就把手中的价值数百加元的吉他放进了泰瑞的车中。

1981 年 6 月 28 日，泰瑞在离自己 23 岁的生日还有一个月的日子里离开了人世，在医院里他始终都穿着同样的 T 恤。

1980 年 9 月 1 日，泰瑞到达了安大略省桑德湾附近。他像往常一样一大早就出发，路旁的人一边鼓掌一边对泰瑞大声说：“不要放弃，你会成功的！”然而跑了 18 英里（29 公里）之后，他开始咳嗽而且胸口感觉到一阵阵的疼痛，泰瑞以为这次的感觉不过是跟往常一样罢了，他以为只要忍一会儿它们就会自然消失。从加拿大最东部的圣约翰市到这里，他已经跑了3339英里（5374公里）的距离，途经了6个省，还有1/3的路程就到家了。在这144天的时间里，他平均每天都要跑一个马拉松（42.195公里）。

咳嗽确实很快就停止了，但疼痛却越来越难以忍受，奔跑和停下来休息都不能使它有所减轻。路边的人们还在不停地为他鼓掌欢呼，泰瑞不想让支持他的人看到他倒下，于是就一直跑到一个没有观众的地方才钻进车里让道格送他去医院。

医生在泰瑞的双肺上都发现了肿瘤。

泰瑞坐飞机回到了温哥华。他没能如愿在家乡“亲脚”踏入太平洋，而是被救护车直接送进了医院。

整个加拿大都在为他们的民族英雄泰瑞哭泣，所有的政府部门都为他的去世降半旗致哀。泰瑞的生命虽然短暂，但加拿大以至全世界的人民都不会忘记他，他的传奇故事将会永远被人们传颂。

泰瑞临死前就得知人们要用一个以他的名字命名的长跑活动纪念他的“希望的马拉松”。

这个活动始于1981年9月13日。三十多万加拿大人在700多个地方参与了第一次泰瑞·福克斯义跑活动，共筹集到资金320万加元。自此以后，“希望的马拉松”逐渐成为全世界最大的为癌症研究募捐的活动。每年9月的第二个周末全世界五十多个国家都有无数的人以各种形式参加“希望的马拉松”。

正如发起者夏普先生所说：“泰瑞提前结束了‘希望的马拉松’，但他没有失败。他如同天空中划过的一个流星，光芒虽然远在天际，但在黑暗的夜晚却无比明亮。”

（文/詹万里）

复述提示

应抓住泰瑞·福克思的性格发展变化的脉络，作概括性复述。要求主干清晰，脉络分明，抓住要点，精于提炼。必要的地方可原文引用，既忠于原文，又主次分明。

2. 诱人的易拉罐

传说中的一夜暴富听起来的确是美妙至极，而现实中的出门天上掉馅饼、地上捡金砖的事儿到底可信不可信呢？

重庆市最近就发生了这样一件有趣的事：有家生意兴隆的小餐馆。近来时常有一伙人在此聚会，有时还会分钱。经过警方跟踪调查，发现他们从餐馆出来后，总是乘坐一辆绿色的小面包车向长途汽车站而去，然后登上一辆开往遂宁的长途客车，车行十几公里后，又中途全部下车离去。他们在车上都干了些什么？为了弄清真相，清晨，两名侦察员也悄悄地跟着他们一道上了长途车。

起初，车上一切正常，并无什么异样的气氛。但是，短暂的平静很快就被打破了：一个貌似朴实憨厚的农民，拿出一罐健力宝，东敲西打地鼓捣了半天，终于拉开了这罐饮料，但紧接着就喷溅到了一个人身上。此人立刻就跳了起来："我问你喝过没喝过？没喝过我教你怎么喝，否则下次别人要打死你！"然而，就在此人夺过健力宝时，"奇迹"发生了："是个'奖'字，红的！"他喊道："哇！——特奖，18万！"车上顿时就沸腾了……"这个奖要到广州去领，还要带身份证，"一位"好心人"提醒。"我的身份证丢了"，得奖的"农民"应声答腔。没有身份证自然领不到奖。怎么办？别急，办法有的是！一旁立刻有"涪陵地区外贸局"的人愿意用8万块钱交换奖牌，其中1万给现钱，别的是外币。一番讨价还价后，双方终于以1万人民币、9千美元成交。凑巧的是，车上竟然还有一位"银行工作人员"，偏偏就随身带了验钞机！这下，外币的真伪也不成问题了。接着，最初发现中奖的那位又有新的建议："你那个是外国钱，要到外国去用。这样，当着全车人的面我也不欺负你，我拿3块钱换你一张！"这的确是一笔好生意。3块钱人民币买进1美元，然后再按8块钱卖出去。这么好的发财机会，焉能放过？乘客中立刻就有人掏钱，大家开始争相兑换便宜美元。吵闹中，好几位乘客购买了美元，其中一位甚至还不惜摘下了自己身上的首饰。

车子在行驶，前面就要到达隧道了。这时，一位"大款"提出把剩余的美元"包圆"让"得奖人"跟他一起下车去取钱。但其余的人似乎并不同意让那"大款"一人发财，焦急地嚷嚷着。于是，漆黑的隧道中，这伙人吵吵嚷嚷地下了车，很快就消失得无影无踪……。

黑暗过去了，车内又重现明亮。人们仍然沉浸在刚才的兴奋中。此时，并没有人注意到到底都有哪些人下了车……

那么，车上都少了哪些人呢？那位憨厚的中了"巨奖"的"农民"、发现“中奖牌”的“乘客”，买下“中奖牌”的“涪陵外贸局工作人员”，热心帮着鉴别“美元”真假的“银行职员”，那位带头购买“美元”的“乘客”，包下了所有剩余“美元”的“大款”。侦察员认为到了该让车上的人们“梦醒时分”的时候了。于是亮明了身份，让车停在了路边。经核查，人们换回的“美元”其实只是一些根本就作废了的、或者是市值很低的外币，几毛钱就能买到一张！“呜呜——！”上了贼当的一位妇女禁不住失声痛哭。

掌握了确凿的证据之后，警方立即以迅雷不及掩耳的速度，抓捕了这个6人作案团伙。就是那么几样简单的“道具”：易拉罐、破盖、废币，全年都有效的“兑奖期”，搅起了人们的黄粱梦，骗走了人们的贴身钱！“真想得出来！”一位警官边查看边议论。

从这帮骗子的藏身之处，警官还发现了冒充美元、英镑、法郎让人们兑换的大量假币，什么委内瑞拉币、秘鲁币、厄瓜多尔币，等等。

据调查，这个骗子团伙在三个多月的时间里，已经蒙骗了六十多人，行骗金额达十多万元！其中个人受骗金额最多者1万7千余元；受骗者中有工人、农民、干部等等。贪小便宜，辨别能力差，是上当者“失足”的共同原因。另外，在骗子们数十次的活动中，竟然没有人指出其使用的是假币。有人虽然发现了，却采取视而不见的态度，这无形中助长了违法犯罪行为的嚣张气焰。为此，渝中区公安分局向社会呼吁：“希望广大群众能够积极站出来，和公安机关、治安部门一道，携起手来，打击这些违法犯罪分子，给社会创造一个安宁的环境。”

（北京广播报48期）

复述提示

应选取骗子团伙在长途客车上所作所为及言语动作进行概括性叙述，并顺势点评教训。尤其把骗人的方法讲清楚，以警世他人。

3. 翩翩堂前燕　冬藏夏来见

汉乐府诗中有“翩翩堂前燕，冬藏夏来见”的诗句。这十个字把燕子飞翔的姿态，秋去夏来的候鸟特征表达得非常完善，充分体现了中国文字的高度概括力。唐朝诗人白居易的一首诗中道：“须臾千来往，犹恐巢中饥。辛勤三十日，母瘦雏渐肥。”更是把母燕育雏的辛劳跃然纸上了。

古人对燕子如此多情，并不是无缘无故的，至今，我国民间还有“燕子来巢，吉祥之兆”的说法。燕子虽然不会预兆什么吉凶，但它确实是捕捉大量害虫，保护农业生产和人类健康的有功之鸟。

燕子的种类很多，其中最常见的是家燕和雨燕。家燕是一种典型的候鸟，它们有惊人的记忆力，每年返回故居，重入归巢的比率极高。动物学家有过统计：老燕回归巢率为47.1%，头年幼燕回巢率为16%。有的燕子竟然能连续四年返回归巢。所以，每当燕子飞回来时，人们总有一种“似曾相识”的亲切感。

燕子春来何处，秋天又飞向何方？鸟类学家研究查明，燕子越冬期间，不仅遍及东南亚，而且远达澳洲北部。每年2月初它们飞返我国广东，3月初至福建、江西，中旬就到了长江下游，4月初飞抵黄河流域，北京可以在四月底前见到燕子。秋季南飞，一般始于8月，终于10月。

燕子的飞行速度很快，每秒达98米，每当长途迁徙，往往成千上万，合群飞行，每天至少可飞140公里。北京常见的雨燕，样子虽然很像家燕，但比家燕大，翅膀更尖长，尾巴却短得多，飞行速度惊人，每小时可达110公里！燕子飞行的速度虽然快，但是每次迁徙远行，仍然是一个十分艰苦的历程。它们在飞越海洋时，大多取道岛屿连绵的路线，以便中途歇脚；特别是飞渡浩瀚的南太平洋时，经常忍饥挨饿，有时甚至一两天得不到饮食。有些当年生的雏燕，由于体力不支，在途中夭亡了。

家燕从南洋飞返我国，衔泥筑窠以后，雌燕产下四五个卵，接着孵化半个月，雏燕就出世了。一对燕子每年可育雏两次，那时的燕子倍加辛苦。一对燕子喂养一窠小燕子，一小时至少喂十五次，每天得喂180次，平均每天捉害虫450～500只，加上他们自己吃的，总共在六百只以上。可以算一笔简单的账：一对家燕和它们的两窝雏燕，从4月到9月，180天中就能吃掉50万只昆虫，这是多么惊人的数目！燕子吃掉的害虫中主要是蚊蝇，还有蝗虫、螟蛾、蝼蛄等农业害虫。有人计算过，一只小燕子一天能吃掉蝗虫540只，一只燕子一个夏天吃掉的害虫，头尾相接排列起来，足足有一公里长！有人捉住育雏期的雨燕，它又阔又长的嘴里，竟然装有370只小虫子。因此，在一个育雏期里，一窝雨燕就能吃掉25万条虫子。

燕子大量灭虫，对农业生产是一大贡献。一亩玉米以5000株计算，如果平均每株玉米上有一条虫子，那么一对家燕与它们的雏鸟，就能除掉200至400亩玉米田里的虫子。也就是说，一窝家燕的灭虫本领相当于20个至

40个农民喷药治虫的效果。请不要忽视这不要记工分的“义务植保员”啊!还需要说的是，药物治虫会造成环境污染，不利于人畜健康，尤其对农村养蚕、养蜂更不相宜。目前世界各国提倡充分利用生物治虫，利用燕子就是一种很有效的生物治虫方法。

(陈雨春)

复述提示

对此类稿件，应抓住重点和关键，条理分明地体现事物的本质特征。本文介绍了燕子的哪些特征?注意不要忘掉一些关键的数字。

4. 钟王五绝

除夕之夜，一阵阵钟声在北京西北郊的上空回荡。轻击，圆润、深沉、古雅；重击，纯厚、洪亮、庄严。内行人听了，能分辨出钟声是由1、3、5、1等完全谐和音组成的泛音系列，宛如一个庞大的交响乐队齐声发出的奏鸣。这就是位于北京西北郊大钟寺内的“钟王”——永乐大钟发出的音响。

这口被誉为“钟王”的大钟，与世界同类大钟相比，具有“五绝”。

第一绝是形大量重、历史悠久，具有很高的历史价值。永乐大钟通高6.75米，最大直径3.3米，重46.5吨。永乐大钟铸造至今已有五百多年的历史了。它产生的背景与明初的两大历史事件——“靖难之役”和明成祖迁都北京相联系，因而具有很高的历史价值。同时，它还反映了中国历代封建统治者的统治思想。永乐大钟是佛钟(钟身内外铸满佛经铭文)，又是朝钟，它把神权(佛教)和皇权(政权)糅合在一起。大钟的钟壁，不论是上下里外，都铸满了字，共有汉文和梵文书写的佛教经咒一百多种。为首的一部经是明成祖朱棣御制的《诸佛世尊如来菩萨尊者神僧名经》。这部经和钟上的其它铭文，涉及到明朝初年的政治、经济、文化、中外邦交和民族关系，是我们了解明初历史的很好资料。

世界上最大的木结构宫殿群是北京的故宫，世界上最大的坛庙是北京的天坛，世界上铭文最多的大钟就是与故宫、天坛同时问世的永乐大钟。永乐大钟的钟身内外整齐地铸有二十三万多字的佛经铭文，这就是它的第二绝。

永乐大钟具有第一流的声学特性，这是它的第三绝。我国古代声学在世界上居于领先地位。远在战国时期就产生了曾候乙编钟。而一口永乐大钟振动频率的丰富，远远超过了曾侯乙编钟的每一口特定的钟。日本著名的声学专家北村音一教授在聆听了永乐大钟的钟声后说："这是我所听到的世界上最好的钟声。"永乐钟声不是一个音，而是由最佳泛音系列的各个分音组合而成，是由于钟体的成分、钟身各段不同的厚度及形状等因素，通过人为的控制来实现的。永乐钟声低音频率丰富，衰减得慢，因而在较好条件下可传至四五十公里远。

我们登上钟楼，还会发现永乐大钟的另一个秘密：这么大的钟所以能悬挂在主梁上，只是靠了一根长 1 米、高 14 厘米、宽 6.5 厘米的铜穿钉。这根钉承受了四十多吨重的剪切力。人们不禁会惊讶地问：我们祖先怎么就知道用这根小穿钉能保证几百年后大钟不会掉下来呢？力学专家初步估算了一下，穿钉恰好可以承受四十多吨的剪切力，而且保证了钟体和钟钮的合理比例，不破坏大钟美观的造型。为了防止由于穿钉表面不平造成局部应力加大，穿钉内部还铸进了一根相当于低中碳钢的芯子。以上这些就是大钟几百年来安然无恙的奥秘所在。先进的力学结构就是永乐大钟的第四绝。

永乐大钟于十五世纪初问世，此后的三个世纪里，它一直是世界上最大的钟。到了 1737 年，俄国沙皇为了拥有一口世界最大的钟，不惜花费巨大的财力、物力，用了五年时间铸了一口重约 193 吨的大钟。但是，由于铸造工艺方面的问题，那口大钟浇铸冷却后出现了大裂缝，成了世界上从未敲响过的大钟。而我国的永乐大钟，采用的是我国的三大传统铸造工艺（泥范法、铁范法、失蜡法）中的泥范法——地坑造型表面陶范的方法铸造，其铸造难度和工艺要求是很高的。由于我国古代能工巧匠运用这种工艺达到了炉火纯青的地步，使永乐大钟的钟体一铸而成。钟体庞大，铸造精美，遍身铭文，经五百多年而完好无损，这和它科学的合金比率分不开。大钟的成分中铜占 80.54%，锡占 16.4%，铅占 1.12%，还有少量其它元素。尤其是锡的含量比率非常科学。经铸造专家鉴定，这个含锡比率曲线是铸钟的最佳比率曲线，它使钟的强度增加而硬度适中，经得起重击又不破坏音质。高超的铸造工艺是永乐大钟的第五绝。

永乐大钟是国之瑰宝，是中华民族悠久历史文化和勤劳智慧的象征。

（选自《燕都》创刊号　夏明明）

复述提示

一般关于某个器物的说明要说外观，但本文应着眼于向观众介绍大钟的科学价值，是我国古代自然科学及铸造工艺高度发展的明证。

5．大浪淘沙说伟人

今年九月，英国BBC广播公司通过新闻网页举行公开投票，由公众推选过去一千年中最伟大的思想家。前三名是，马克思、爱因斯坦、达尔文。马克思居首位。

前不久出访西欧，路过波恩，顺访那里的德国议会大厦，见大厦前厅第一张巨幅画像是马克思、恩格斯、列宁三位伟人头像叠影。

今年七月，由香港高等院校校长和院长提议，经过邮递和互联网投票，由公众在世界范围内推选千年伟人。在被推选出的五十位最具影响力的人物中，孙中山、毛泽东、邓小平的名次均列前茅。

英国、德国、香港地区的社会制度和意识形态，不同于社会主义国家，何以如此推崇马克思主义创始人，推崇社会主义国家的领袖？一百年前，马克思所创立的学说还被看作是“幽灵”和“怪物”，一个世纪之后，马克思主义何以如此被广泛认知？一百多年来，我们的世界发生着怎样的变化，不同社会制度的对峙、参照和交流，如何错综复杂地演变着人类的历史，这种演变给人们什么指向和警惕？民意不是长官意志，不是任何政权和政党的宪章和决议，但这不是比其他意志更加顽强，更加具有价值吗？

三件事情给我们一种眼界，历史是无情的，也是公正的，人类大有希望！三件事情给我们一种观念，一切有益于人类进步和文明的伟大人物和伟大思想，属于整个进步着的人类，而不只是属于少数人，哪怕是最先进的少数人。不管其学说从理论到实践要经过多少坎坷，被加上多少恶名；不管层出不穷的现代文明成果多么持续有力地矫正着以往的观念；不管过往政客多么夸张喧闹企图永远霸占历史，都丝毫不能模糊历史的走向，磨损伟人的光泽，愈是撞击愈是光灿夺目。

事情的重要性不只在于马克思主义越来越被广泛认知，还在于被一些人遗忘和模糊。前不久，我们的一家报纸的一篇文章在回顾和评介一千年来最有影响的世界经济学家时，忘记了或者不肯承认有一个马克思。这是我们共产党人办的报纸，而共产党的创始人是马克思，马克思首先是以其经济思想改变了人类历史的巨人！比起包括这家报纸在内的成千上万种新闻传媒在宣传发展马克思主义方面所取得的成就，这篇文章的失误似乎算不上什么大错，但也应该清楚，这个失误是发生在我们思想理论的根基上，发生在马克思主义越来越在世界范围被广泛认知的时代，这不能不引起我们的关注。

对于马克思主义，有些人动摇了，历史没有动摇；有些人糊涂了，历史却永远清醒，整个人类却越来越清醒。难道我们不应该时刻警惕自己，从中找到我们和时代脚步的距离，和现代文明的距离，和真正的共产党人之间的距离吗?

（《人民日报》陈沙）

复述提示

应抓住本文的中心论点及主要论据，作概括性复述。复述时注意，原论证的逻辑层次。

6. 说“笔名”

现如今，用笔名可以说成了时尚，无论是老作家，还是新作者；是赫赫有名的大家，还是小荷才露尖尖角的后起之秀，大都有自己的得意笔名。这些五彩缤纷、含义各异的笔名，无疑给创作园地增添了绚丽色彩。但是，也有些笔名不是很美，既谈不上韵味，更谈不上时代的追求和特点，与文章不是相得益彰，而是很不相称，就好像五颜六色的百花园中长了一棵狗尾巴草，给人一种不协调感。比如有的笔名叫“浑水”、“冷眼”、“瘦子”、“老蔫”，有的叫“吃错药”、“申不平”、“四不像”、“潘多拉盒子”、“达摩克利斯剑”等。不知道为什么要起这样的笔名。

名字只是一个代表符号，笔名是也。但又不能否认，一个笔名又往往代表一个时代，反映一个人的心态，寄托一个人的愿望、理想和追求，折射一个人的修养和水平。像给建筑起名一样，一个健康漂亮的作者笔名，如同锦上添花，给人以美感；反过来，一个邋遢的笔名，则如一个漂亮的小姑娘戴了一顶脏兮兮的帽子，使读者对作者的认知大打折扣。因此，用怎样的笔名，又是一个很有学问的问题。

笔名起自何代，一时难以考察。用笔名比较多的时候，则可能是近现代的事情，尤其是在现代文学史上，由于客观的社会原因，用笔名可以说是达到了一个小高潮，许多文化名人都有一个或几个笔名，如：周树人（鲁迅）、沈雁冰（茅盾）、田寿昌（田汉）、郑振铎（西谛）、舒庆春（老舍）。仅朱自华就有朱自清、柏香、知白、白晖、白水等笔名。当代德高望重的文学巨匠巴金、冰心本身就是笔名。巴金原名叫李尧棠，冰心原名叫谢婉莹。他们这些笔名不是有一段美丽的故事或精神上的寄托和向往，就是字面上特别优美和讲究。如“鲁迅”，是取“愚鲁”而“迅速”之意。另外一个原因是，为了躲避国民党的新闻检查。又如“冰心”的笔名，则起得饶有韵味。1919年，年仅19岁的谢婉莹写出她的第一个短篇小说《两个家庭》，她害怕别人笑话、批评，不敢署真名，便从婉莹的蕴义中释化出具有相同意思的“冰心”二字。冰心两字直观感觉也很美，很容易使人想到唐代诗人王昌龄的七言绝句《芙蓉楼送辛渐》里的两句诗“洛阳亲友如相问，一片冰心在玉壶”。

写文章署名，无论是笔名还是真实姓名，这是一个人的基本权利和自由，别人无权干涉，受到法律保护，这是毋庸置疑的。但是话又说回来，有权利和自由，就有义务和责任。每一位写东西的人，都是精神文明的宣传者和传播者，在署名问题上，也应体现着高度的精神文明和社会责任。违背政治纪律、法律规定的笔名自不必说，有损于文明，有损社会公德的笔名也是不应该的。

据报道，近日广州市针对一些建筑起洋名和名不符实的问题，专门颁布地名管理条例，对起名进行严格规范。这种做法，对我们发表文章署名应该很有启示。

（《人民日报》郝湛秋）

复述提示

应就本文的中心论点及论述，作概括性复述。复述时应注意文章的逻辑层次。

（三）创造性复述

创造性复述是指在原作基础上，加上一定的想象和创造而进行的一种复述。创造性复述的想象和创造必须合乎情理，必须以原文作基础，不能随意。

创造性复述可以对原作有较大的改动，有时也可改变原作的人物、结构，也可对内容进行增删。要求语言、内容不能偏离主题，想象和创造要合情合理。

复述要求

根据所提供的素材，把它编成一条简明新闻，然后充分发挥想像力，根据素材编成一则新闻故事。

1．生物治虫害　益鸟满园飞——天坛公园人鸟同乐度新春

宽阔的草坪上，遒劲的古树间，灰喜鹊、红嘴蓝鹊等各种各样的鸟儿在盘旋嬉戏；伴着鸟儿欢快的鸣叫声，游人或在林间小道上漫步，或在树下长椅上悠然小憩。这样一幅人鸟同聚、其乐融融的场面，成为假日里天坛公园独有的景观，也使得春节期间来这里游玩的市民兴致大增。

今冬本市的气温一降再降，并且创下了几年来的最新记录；然而，出人意料的是：即使在大雪连天的日子里，天坛公园里啾啾的鸟鸣声也从没有停止过。其实，“秘密”就在于这里的工作人员时刻惦记着饥寒交迫、在大都市里无处藏身的鸟儿，刚进入冬季就通过人工筑巢，给它们安下了上千个温暖的“家”。同时，天坛公园里三千多棵古树、六万多平方米的草坪，为鸟儿提供了充足的食物。

前一段，孔庙因为用农药杀虫危及益鸟，请了不少专家前去会诊。天坛公园的高级工程师祁润身告诉记者，他们以前也曾遭遇过同样的尴尬，最多的时候一年喷施化学农药六千多公斤，结果害虫死了，害虫的天敌——鸟儿也或死或逃。于是他们开始尝试生物防治，去年，公园里放飞了数万只肿腿蜂和草蛉。它们吃尽了古树上的松柏蚜虫和红蜘蛛，而肿腿蜂又是鸟儿的“美餐”，这样就形成了良性食物链，出现了新的生态平衡。结果，天坛公园的鸟儿从以前的四十多种、2800只，急剧增加到现在的58种、五千多只。

（丁肇文）

2．5300年前的“冰人”将展出

本月16日，由奥地利和意大利两国警察“保驾”，一名5300年前的“冰人”从奥地利的因斯布鲁克经布伦纳山口运抵意大利北方小城博尔扎诺。

这位“冰人”是奥地利一对夫妇7年前在奥意边境的阿尔卑斯山登山时在冰川中发现的。开始，大家以为这是现代某一位不幸遇难的登山者尸体。但经考古学家鉴定，这位古代雪山猎人在海拔三千多米的冰川中已经躺了五千多年。考古学家说，这位雪山猎人死于公元前3300年至公元前3200年之间，死时年龄为三十五岁左右，这是全世界至今所发现的最古老和保存最完好的木乃伊。

“冰人”发现后，意奥两国为抢夺这一无价之宝争吵不休。万般无奈，只能派测绘员上山确定尸体发现时究竟在边界哪一侧。最后，意方如愿以偿，但奥方先发制人，以进行研究为名把“冰人”偷运到因斯布鲁克大学的一所史前史研究所，并对“冰人”进行了6年的研究，直到今天才送回意大利。

为迎接“冰山来客”，意大利投资1000万美元在博尔扎诺专门建造了一所博物馆。馆内设有一铁制房间，房间内的气温保持在摄氏零下6度，湿度为百分之一，以努力模拟这位“贵客”在阿尔卑斯冰川中的“居住条件”。整个房间只有一个小窗口，游客可通过这个窗口窥看。为使游客能看清这位古人，房间内还安装了冷光灯。博物馆内还陈列有和“冰人”一起发现的一柄青铜斧子和一把石制匕首。博物馆将在几个月后对游人开放。

“冰人”是用冷冻车运送的。为保证安全，奥意双方对运行路线和时间绝对保密。运送途中，两国派了大批警察。据说，奥地利的一些民族主义分子强烈反对归还“冰人”，一些恐怖分子还向意方发出了恐吓信。

3. 东区部分地区停水

本市部分供水水源来自密云、怀柔等水库，属地表水。地表水温度很低，供水管线受冷发生收缩现象，易发生自然爆裂。东区管网今年就发生过7起直径一米以上供水管道破裂事故。

昨天上午（12月30日），位于东二环朝阳门立交桥东北角处的自来水干线发生破裂，造成东四以南部分地区水压降低只能送高至6米，而正常情况下应送水至17米。

今晨4时50分，当笔者离开自来水干线破裂抢修现场时，三十多名自来水公司东区管网维修所的工人们仍然站在泥泞的冰水中进行着修复工作。

据了解，干线抢修主要困难在于积水较深，铸铁闸门更换难度大。现场停放着8辆施工车和指挥车，施工机械发出阵阵轰鸣，一片灯火通明，工人们已连续施工40多个小时了。

4. 外婆上学

在重庆，有个小姑娘叫王荔，由于患有先天性的脊髓膜膨出症，不能上学。

她的外婆已是七旬老人了，1991 年 11 月，她恳求学校老师能否帮助王荔听课，学校终于答应了。

董世芝老人神情专注，认真听讲。

学习电脑，为了外孙女不畏难。

董婆婆总是早早到校，做好上课准备。

放学了，董婆婆与同学结伴回家。

在学校外婆是学生，回到家外婆是老师。靠着外婆的“知识喂养”，王荔从小学四年级一直学到了高中。

被外婆感动的教师们自愿放弃休息，帮王荔补习功课。

如今外婆依然走在“上学”的路上。

5. 聪明反被聪明误

李建新年方 28 岁，毕业于湖南师大数学系，又在上海电子研究所攻读完研究生。

1996 年 11 月他通过广州“好又多”百货公司面试。

他在电脑程序编排和操作的测试中都取得了第一名。

专家赞扬他不仅具备内地计算机操作的普通技能，也熟悉世界上最先进的商业管理电脑程序。

公司所有电脑疑难问题都由他解决。

9 个月内，他职务连升三级，担任电脑部副课长。工资由 1500 元提至 3000 多元。

李建新觉得缺钱，在地下软件交易市场结识了兰威电脑公司经理，经他点拨，李建新心领神会。

公司的经营秘密都储存在电脑中，李建新接触不到公司的绝密资料。

李建新试探着一步步破译了电脑的密码指令，从小容量的下级机盗取了上级机的内容。

1997 年 8 月他将调出的商业资料以 10 万元卖给了一大型超市的外籍老板。此后他不断窃取最新决策。

竞争对手的每件商品都比“好又多”便宜一点点。

公司一大批顾客流失，1997 年 9 月份公司销售额跌了一千多万元。

李建新的伎俩终于败露。

6．双语教学

地理课上，老师讲到“地球”、“太阳”、“南极”、“北极”等概念时，会向学生同时提供相关的英文词汇；历史课上，老师则用英文讲述“卧薪尝胆”、“纸上谈兵”等历史典故——一代教育工作者的双语教学梦想，在深圳市高级中学已经成为现实。

据了解，高级中学从去年9月开办起，就在素质教育上大胆探索。在教学手段上，学校彻底告别了黑板和粉笔，每间教室都使用了现代化的多媒体教学系统。在教学理念和教学方法上，学校拓展思路、大胆尝试，其中史地课堂上让英文词汇渗透教学的全过程就是其中的一项尝试。

如今，在该校的地理课堂上，老师用英语教“开场白”、作自我介绍，并采用全英文板书，注意反复出现常用的英语词汇。历史老师则利用历史史实具有情节性的特点，将越王勾践卧薪尝胆、汉高祖刘邦实行休养生息政策、诸葛亮草船借箭等史实编成英文故事，在课堂上讲解，并用英语提出问题。

双语教学的最大受益者当然是学生。史地教学中渗透英文，既增强了同学们对史地这两门副科的学习兴趣，又使大家切实感受到英语的应用性，从而避免了单纯学习语言的枯燥。用双语教学不但使授课教师的工作量增加了许多，而且也对教师的自身素质提出了更高的要求。尝试历史双语教学的老师刘敏是欧美近代史专业的硕士研究生，而尝试地理双语教学的老师丁雪梅从南京师大附中调入前，便自学了多年英语。

二、介绍解说

这部分内容是属于介绍性节目和解说性节目范围。一部分为有文字依据，我们应按前面练习过的内容来要求，同时还有一部分练习为即兴，即兴相对有准备而言，不能从容构思，反复推敲。因而，只能打一个腹稿，或写一个简单的提纲。

拿到题目后，要求学生对话题飞速地作出判断，展开想象，围绕一定中心意思组织材料。所谓“出口成章”，说出来的话要讲究章法，先说什么，后说什么，有一个大致结构安排，能体现出布局谋篇的独特技巧。

因在规定的时间内进行，在短暂的时间里，边想边说，在说的过程中，又产生新的语点，会使内容得到扩充，有利于发挥出最大的潜质，因而带有很大的即兴性。但也要求结构的完整性和条理性。如果用文字把它整理出来，应是一篇结构完整的文章，并极富文采，“不工者，工之极也”。

由于即兴口语，它必然当众，因而要与观众充分交流，通过眼神、手势、动作，引起观众情感上的共鸣。

（一）文稿介绍

“介绍”也是“即兴口语”的一种训练方式。如向受众介绍我们采访的新闻的现场环境，文艺的演出现场及体育比赛的现场环境，或演出、比赛的规则、选手、演员的情况及一些必要内容、特点的介绍等。主持人要对身旁的事物、人物等的特点、变化，然后按一定的顺序、条理清楚、生动形象地用口语讲述出来。一般应该是在充分准备好的情况下边看边说或看后说。它要求观察仔细，从宏观到微观，只有这样才能把握全局，掌握全貌。只有观察准确，才能抓住特征，形象起来。环境介绍，应对每一处所的名称、用途、规模、历史、特点要熟悉，要讲得方位明确、层次分明、重点突出。特点介绍，指向受众推荐自己所熟悉的人、事物，要点鲜明，有吸引力。

文稿介绍，指的是有文字依据的介绍词，本部分内容丰富，有人物介绍、环境介绍、特点介绍等。在熟悉内容的基础上，最终的形式是带有感情色彩的讲说，同学可根据时间自由选用，不口语的地方，可稍做修改。

1. 华罗庚：走出书斋的数学家

华罗庚是我国著名的数学家、教育家、社会活动家。

华罗庚是江苏省金坛县人。新中国成立后，华罗庚放弃国外的优厚待遇，冲破重重封锁回到祖国，致力于新中国数学的拓荒和奠基工作，是中国解析数论、典型群、矩阵几何学、自守函数论与多复变函数论等多方面研究的创始人和开拓者。

华罗庚50年代初从事多复变函数论中四类典型域的调和分析研究，研究成果于1956年获国家自然科学一等奖。他还领导了“哥德巴赫猜想”讨论班。华罗庚一生留下二百多篇学术论文和专著，有的成为具有不朽价值的经典文献。其研究成果被国际数学界命名为“华氏定理”、“布劳威尔—加当

—华定理”、“华—王方法”。

除了纯粹的数学研究，华罗庚在数学的应用方面也做了大量的工作。他创造性地让数学从书斋里走出来，为国民经济服务，积极推广“优选法”和“统筹法”，是我国最早把数学理论研究与生产实践密切结合并作出巨大贡献的科学家。自60年代开始，他组织“小分队”在全国各地普及和推广“双法”，在许多领域取得了巨大的经济效益。

（新华社北京8月30日电）

2. 邓稼先：“两弹元勋”

“两弹元勋”邓稼先，为我国原子弹、氢弹的发展作出了杰出贡献。他长期甘当无名英雄，把自己的青春之光融进了中国核防御力量的“铁脊梁”之中。

1950年，26岁的邓稼先在美国获得了物理学博士学位。他带着当时最先进的物理学知识，涉洋归来报效祖国。50年代末，邓稼先从物理学讲坛上“消失”了，他的身影闪现在核武器研制的基层第一线：在北京郊外的高粱地里参加研究所的兴建，在罗布泊国家试验场的土路上颠簸，在云遮雾罩的山区指挥着原子弹、氢弹的研制。邓稼先为我国的核武器研制事业兢兢业业、呕心沥血，孜孜不倦地奋斗了28年，从原子弹、氢弹原理的突破和试验成功及其武器化，到新的核武器的重大原理突破和研制试验，都作出了重大贡献，为我国第一颗原子弹和第一颗氢弹试验成功立下了卓越的功勋。邓稼先曾荣获全国自然科学奖一等奖和国家级科技进步奖特等奖，以及“全国劳动模范”等荣誉称号。

1986年，积劳成疾的邓稼先被癌症夺去了生命。在生命的最后一个月里，他28年的秘密经历才得以披露，“两弹元勋”的美名才开始传扬。

（新华社北京8月30日电）

3. 苏宁：舍生忘死的“炮兵英才”

中国人民解放军沈阳军区某部参谋长苏宁，舍生忘死，为抢救战友光荣牺牲，谱写了一曲人生壮歌。

苏宁1953年出生于一个干部家庭。革命传统的熏陶，人民军队大熔炉的锤炼，使他树立了报效祖国的坚定信念。入伍22年中，他以坚定的政治信念和献身国防的高度责任感，树立了一个革命军人、共产党员、领导干部的光辉形象。当战士，他是训练尖子；当班长，他带领全班夺得全团比武第一名；当干部，被师里树立为基层干部标兵。他潜心钻研军事理论，撰写了70篇学术论文，受到有关专家高度评价。

1991年4月21日，苏宁负责组织全团进行手榴弹实投考核，不料发生了意外。在万分危急的时刻，苏宁一个箭步冲上去，一手拉倒处于险境中的战友，另一手推开同样处于险境中的连长，接着扑过去抓起即将爆炸的手榴弹想扔出壕外。然而，就在这一刹那，手榴弹爆炸了，苏宁倒在血泊之中……牺牲时年仅37岁。人们赞誉苏宁为“炮兵英才”，有关部门授予他“献身国防现代化的模范干部”等光荣称号。

（新华社北京9月2日电）

4．张华：舍己救人的大学生

17年前，一个大学生为抢救掏粪落池的老农民，毅然跳进粪坑救出老人，自己光荣献身。他就是解放军第四军医大学学生张华。

张华1979年考入第四军医大学空军医学系，同年加入中国共产党。1982年7月11日，张华路过西安康复路口时，听见马路对面的公共厕所里传来“快来救人”的呼喊声，于是飞奔过去。张华看见69岁老汉魏志德在疏通厕所粪便时被沼气熏倒，落入粪池，便迅速脱下军装，拦住一位正要下池的老师傅，抢先沿着竹梯下到3米深的粪池救人。张华左手紧握梯子，伸出右臂，从一米外的粪水中拽过魏老汉，又一把抱在腰间，朝池口的人们喊道：“人还活着，快放绳子。”话音刚落，张华也被强烈的沼气熏昏，倒入粪池。

当群众把张华救出来送进医院时，他因严重中毒窒息时间过长，年轻的心脏再也没有恢复跳动，牺牲时年仅24岁。

张华舍己救人的英雄壮举迅速传遍古城西安，传遍祖国大地。他被授予“富于理想、勇于献身的优秀大学生”荣誉称号。

（新华社北京9月2日电）

5．天下第一山——黄山

黄山，素享“震旦国中第一奇山”的美誉，陈毅元帅更是直截了当地称它为“天下第一山”。明代著名旅行家徐霞客在游历众多名山之后，曾发出“五岳归来不看山，黄山归来不看岳”的感叹。1990年，联合国教科文组织自然遗产委员会正式通过决议，将黄山列入世界自然文化遗产保护目录。

黄山，秦时称黟山，唐代改为今名。因传说皇帝曾在此修身炼丹，故名黄山。在安徽歙县、太平、休宁、黟县间，其山势由东北向西南伸展，是长江水系和钱塘水系的分水岭，环山约一百二十公里，总面积约一千二百平方公里，精华部分约一百五十四平方公里。

黄山有无数奇峰，云山千里，森罗万象，或雄伟险峻，或小巧灵秀，千峰叠峙万壑纵横，犹如峰的海洋。有名可指的就有72峰，其中海拔在1500米以上的大峰不下30个，而莲花峰、光明顶、天都峰三大主峰，海拔都在1800米以上。其它千峰万壑环峙在三大主峰周围，风采各异。

黄山有“四绝”——奇松、怪石、云海、温泉，凡到过黄山的人，无不对此赞叹不已。

黄山松形态奇特，挺拔如削，枝柯遒劲，满山奇松，盈千累万，记不胜记。提起黄山松，人们都会很自然联想起那著名的迎客松。与迎客齐名的还有陪客松、望客松、接引松、探海松等等。此外，黄山还有不少以各种珍禽异兽命名的奇松，著名的有凤凰松、麒麟松、黑虎松等。

黄山怪石林立，竞相崛起，千姿百态，堪称一绝。当你步入黄山峰海，可见峰壑间点缀着各种造型的奇石，有的像飞禽，有的似走兽，有的像老翁，有的似少女，形象逼真，惟妙惟肖。奇石中最集中、最奇妙处首推石笋一根矼，那一根根形状各异的石柱，参差林立，恍若栉比鳞次的摩天大厦。

黄山云海，瑰丽而壮观，素有“云海之乡”的别称，一年之中约200天有云雾。黄山的云雾，波澜壮阔，变换无穷，时而东进，时而西撤，时而舒展，时而像风平浪静的汪洋，时而像波涛汹涌的大海。如果你有机会赶上旭日东升的时候在狮子峰右侧的清凉台看云海，那更是绚丽壮美之至，妙不可言。

凡到过黄山的人无不以沐浴温泉为乐事。黄山温泉坐落在桃花溪畔，为朱砂泉，含有矽、钙、钾、镁、钠等多种有益人体的氧化物。泉水清澈甘美，流量稳定，温度始终保持在40℃左右，可饮可浴。泡茶则茶味甜润，酿酒则酒味香冽，沐浴则可祛病，延年益寿。更有趣的是每年冬季，当黄山已是一片冰天雪地、银装素裹的景象时，温泉里的池水仍是热气腾腾，温暖宜人。这时温泉游泳池就成为人们冬泳训练的最佳场所了。黄山除温泉外，还有飞瀑、流泉、碧潭、清溪等水景。其中尤以著名的三瀑——百丈泉、九龙瀑、人字瀑等为人称道。黄山是自然美的典范，其美由峰、石、水、云、日、雨、树等自然景观构成。它是祖国名山中的一颗璀璨夺目的明珠，是一幅最具天然色彩而又天下绝秀、绝奇的画卷。

6．趣话民族风情——傣族风情

傣族聚居的地方处于我国的西南边陲。那里有枝叶茂密的大青树、婆娑苍翠的凤尾竹丛、高大的椰树林、碧黄的芭蕉林以及用仙人柱围成的篱笆，一派亚热带的风光，十分迷人。

别具一格的傣族竹楼就掩映在这绮丽的景色之中。这种“干栏”式的建筑是为适应当地湿热气候而建的，上可避热，下可防湿，据说已有一千多年的历史了。这是傣族传统的住宅。以西双版纳地区最有特色。每户一座竹楼，自成院落。院子里种着木瓜、柚子、芭蕉、菠萝蜜等各种亚热带果木。竹楼的形状大体呈方形，分上下两层，上层住人，离地2米多，用二三十根木柱支撑；下层没有墙，是堆放杂物和关牲畜用的。竹楼是人字顶，坡度较大，上面盖着茅草或瓦片。拾级登上竹楼，上面有走廊和晒台。居室内分为两半，里面一半是卧室，外面一半是客室。

傣族的传统服装一般都是用妇女自织的布匹制做，有图案形花纹。傣族男子的服装与汉族比较接近，上穿无领对襟或大襟小袖短衫，下着长管裤，大多用白布或蓝布包头。

傣族妇女的服饰很有特色，但各地差异较大。比如西双版纳地区的傣族妇女一般上身白色、天蓝色或绯色紧身内衣，外面套以大襟或对襟的圆领窄袖短衫。这种短衫独具特色，袖管又细又长，紧贴胳膊；衣服的腰身细小而短，腰背处有一小部分外露，下摆较宽而大。下身穿颜色艳丽的筒裙，长及脚面。她们一般都将长发盘结于头顶，插上一把月牙梳，有的还盖上一块花头巾，形象婀娜多姿，优美动人。

傣族妇女是很讲究发式美的。这与苗、侗、佘、黎族等妇女的发式不完全一样，有其独特之处。傣族妇女一般都是把头发做成发髻盘在头的一侧，发髻上也不必束带子，只是插上一把漂亮的月牙梳，这就增添了形象的优美。

她们的筒裙也是很有特色的。顾名思义，这种裙子的样子如同水桶一般，不过傣族的筒裙与黎族、佤族以及景颇族等的筒裙又不一样，主要是长至脚面。

傣族妇女的服饰还有个引人注目的地方，就是她们的腰际都系一根手工制作的、精细的银腰带，据说这根腰带十分宝贵，是由母亲一代代传下来的。实际上这是一种信物，如果姑娘将银带交给哪个小伙子，就意味着她已经爱上他了。

傣族人民以稻米为主食，西双版纳及其他地区爱食糯米。他们常常用芭蕉叶包着糯米饭带到田间劳动时进餐。傣族也喜欢吃竹筒饭。他们还普遍喜食酸味食物，诸如酸菜、酸笋等几乎家家必备。他们的酸菜制作别有风味，将青菜晒干煮熟后，加进一些酸木瓜汁，然后晾干。他们喜欢吃烘烤的鱼、虾、螺蛳、螃蟹等水产品。另有一种叫“剁生”的传统菜，是用切碎的生肉，拌以盐、辣椒等调制而成的美味食品。

傣族也非常嗜好饮酒，他们多是利用糯米酿制的香醇美味的水酒。傣族还同佤族、黎族一样，有一个相同的习惯，就是喜嚼槟榔。

7. 教你吃鱼翅

中国人吃鱼翅的历史是很悠久的。早在明清时代，人们就将鱼翅列为“水陆八珍”之一，认定为一种极名贵的食品。而今在中国的东南沿海一带的人们对于吃鱼翅已是非常讲究，但北方及内陆的人们，对鱼翅相对陌生，常有人品尝鱼翅后的感受是：“吃起来像粉丝”。食，不仅不得其味，而且也不知它到底好在哪儿，光知道它的名气很大。

位于京城的东云阁鲍翅海鲜大酒楼特从香港聘请了香港十大名厨之一的张志球先生，主理鱼翅、鲍鱼，张先生曾任职于香港、台湾地区及美国的餐馆，对于鱼翅的做法和吃法颇有独到的见地，以下是张先生想对京城的食客们讲解的一些关于品尝和甄别鱼翅的见识。

●鱼翅到底好在哪儿

众所周知，鱼翅取自于鲨鱼的鳍。古时候，人们认为鱼翅能补五脏，而且含有丰富的软滑素，能预防骨骼老化、软骨磨损、生骨刺，以及对风湿关节炎等骨骼疾病亦有益。而今的现代医学也在研究鲨鱼，美国人发现鲨鱼不会得癌症，在鲨鱼的身上没有找到致癌细胞，而且鲨鱼很少生病或病死。目前，美国很多药厂正在研究用鲨鱼骨锥和软骨制成药物医疗癌症。

●鱼翅为什么美味？

其实，鱼翅本身是没有味道的，制作的关键是汤和火功。制作鱼翅要用特别好的上汤来配合，用乌鸡、火腿、上等猪肉等一同煨炖。若鱼翅不够熟烂，便韧脆不适口，被人称为“怒发冲冠”。经浓厚的汤煨烂的鱼翅入口消融、味留舌底。鱼翅制作时间越长,口感越软滑,但分量会有所归缩。有的餐馆为了使鱼翅看上去显得较多,常常火功不够,这样会大大影响鱼翅的美味。

●鱼翅能做出多少花样来？

由于做鱼翅原料太贵，且制作工艺较复杂，所以鱼翅主要为清炖和红烧两种做法，但也可根据不同口味做出一些花样来。香港人是最讲究的，人们多喜欢肘子炖鲍翅或红烧鲍翅，而且各种创新的食法也在不断问世。目前在香港最受欢迎的是鲨鱼骨浓汤炖鲍翅。而今的香港人对于胆固醇越来越害怕，固做鱼翅最忌讳油太多。台湾人口味较清淡，他们最喜欢的是清汤鸡炖鲍翅。内地人口味是最厚重的,不忌油,不忌咸,而且吃饭时喜饮酒,酒精麻醉舌头上的味蕾后,更喜欢味厚的食物,所以用浓汤制成的红烧鲍翅最受欢迎。

●怎么享受鱼翅？

好的鱼翅翅针粗大，且很软滑。很多人在吃鱼翅时都会在汤里加一点醋，这种吃法不能得其真味。醋酸会破坏原有上汤的香醇之味。人们吃鱼翅加醋，无非是认为鱼翅较难消化，醋可帮助消化。其实煮得熟烂的鱼翅是不难消化的，所以吃鱼翅最好不要加醋。

●张师傅的鱼翅套餐

“东云阁鲍翅海鲜大酒楼”，集餐饮娱乐为一体，同时可容纳200余人就餐，菜肴以张志球师傅拿手的“鲍翅”为主打，张师傅在保留了餐厅原潮粤特色菜的基础上，又推出了“鲍翅系列套餐”，其中每位198元的鲍翅套餐，包括原盅鸡炖翅一只、蚝皇原只鲜鲍鱼一只，另外配上一款家常菜肴，既美味又实惠。另外，张师傅还推出了商务鱼翅套餐、金银套餐等，他想要北京人能够真正认识鱼翅、接受鱼翅、享受鱼翅。

文/饕餮

8. 北京东来顺的涮羊肉

北京东安市场北门，有一家75岁的老店，名叫东来顺，以供应涮羊肉闻名中外，为人民生活增添着情趣。

涮羊肉是冬令佳肴。每年从秋末开始，直到次年暮春，在东来顺的餐厅里总是笑语喧哗，座无虚席。一个个紫铜火锅，炭火正红，热汤滚沸，一盘盘薄达一毫米以下的羊肉片，红白相间，像朵朵盛开的鲜花，衬上嫩绿的白菜，雪白的粉丝，玉石一般的糖蒜，每张餐桌都像一幅精致的图案，就是看看也是一种享受。

涮羊肉的特点，第一是选肉要严，第二是切肉要薄，第三是佐料要精美，第四是火候要适当。四者缺一不可。

选肉的要求是羊肉没有膻味，吃起来能全部咽下不"吐核"。东来顺不但保持了选用膘满肉嫩的西口大羊，而且坚持用阉过的肥羊。每只羊重四十多斤，能够用作涮羊肉的只有十二三斤，就是上脑、后腿、大三叉、小三叉和臀部"黄瓜条"。除了这几个部位一概不用，所以说选肉要严。

切肉要薄。每片的肉长二十厘米、宽四厘米，而薄厚在一毫米以下。如果把一片肉平铺在青花瓷盘里，你可以透过肉片隐约看出盘上的图案，这种刀技，是东来顺切肉师傅的拿手本领。

有了好肉还得好佐料，涮过的肉片要蘸上酱油、辣油、料酒、芝麻酱、豆腐乳、韭菜花、卤虾油等七种调料配成的浆汁才好吃。顾客可以按照不同口味自己调配。除了佐料，还有白菜、香菜、龙口粉丝等配料也都很有讲究。特别是糖蒜，更是别有风味。自然，涮羊肉还得好在涮字上，肉片下锅，要善于掌握火候，要把肉片涮得不老不生，恰到好处。

东来顺既要接待内宾又要接待外宾。凡来过东来顺的外宾和侨胞，几乎都是满意而去的。一位法国老人吃过涮羊肉后，兴致勃勃地讲他到非洲和拉美的好多国家，第一次吃到这样的好菜。一位荷兰客人说：吃到这样的美餐，简直如同过圣诞节一样。一批冰岛朋友饭后还全体起立鼓掌，向服务员道谢，并特地请来厨师一一握手致谢……在这些珍贵的友谊的鼓舞下，东来顺的涮羊肉必将精益求精，更好地为中国人民和世界人民服务。

（二）创意介绍

1．自我介绍

介绍是自我推销的一种形式。为了使别人了解自己，常在适当的场合对自己进行一番介绍。介绍什么？要根据自己的特点，考虑到场合和对象，有选择、有主次地加以介绍。

在自我评价时，不能过高，也不能过低，关键在于掌握分寸。该说的事情、成绩要说清，但遣词用句要留有余地。一般不宜用表示极端的词句自我赞美。

对自己要讲的内容作周密的考虑，对语言逻辑乃至词语进行反复推敲。要做到条理清晰，简洁明快，重点突出，一般不要超过三分钟。

(1) 例稿：莫小丹

一直以来我的愿望是做一名优秀的美术教师。所以，从广州美院毕业后，我顺理成章地进了一所职业高中。我的教学方法与别人都不同，我经常带全班学生外出，让他们自己把握观察事物的方式，我希望他们能够用自己的方式表现看到想到的东西。在教材的选择上，我也和教学大纲上的不一样。我不希望千篇一律。这样做的结果是学生们都很热爱美术课。但是，遗憾的是，学校提出意见，要求一定要在课堂里上课。

我遗憾地离开了学校，到现在还很遗憾。接触电脑设计，那是很早以前了，在90年代初。我在一些广告公司做过设计。现在也在一家广告公司做设计。其间，我也曾花了几年时间去做陶艺，我热爱陶艺，我喜欢泥土与皮肤接触时的那种感觉，很享受泥土在手指下慢慢变形、变成自己都想不到的可爱事物时的惊喜，我还喜欢一件泥坯放进烤窑后的期待。后来我转到首饰设计，一度想做个银饰设计师，我喜欢小巧但是精致的物品，我喜欢银的那种色泽、属性与软硬度；但是，我没有找到合作者。而后，我在家里呆了三年，结婚、生孩子、带孩子。

在家里的时候，纯属偶然，我接触到插图设计，我的第一张插图就是给《南方周末》画的，画的是一个人在办公室里午睡，梦见自己变成了正坐着的那张椅子。很好玩。所以，慢慢地喜欢上了插图。有时候，听别人说起喜欢自己的插图，心里就会暗暗高兴。有时候我也会想，如果有一天，有一个自己的插图工作室，以画插图为业，那该多好。但现实是，国内还没有开始注重插图设计，有点遗憾。

(莫小丹)

(2) 例稿：真实的我，但不是全部

既然要自我介绍，就不要虚拟，说点真实的吧。

先说外貌。身高1米68，在南京人里算个异数。体重原本54公斤，一年前调进报社，现代化办公条件下，我的体重成了50公斤（精神压力？高楼综合症?）。留着一头长发，很多年没有变化，头发很多很黑，每次洗头都受到美发师表扬。虽无明眸皓齿（眼睛近视，齿有蛀牙），但对自己容貌基本满意，感谢我父母，他们很会掌握分寸：要是再难看几分，对不起观众；再好看一些呢，醒目是醒目了，难保不被人妒忌。现在这样挺好，和同性异性一样好相处。

人怎么样就不太好说了。基本上是一个好人吧。从小到大好学生，容易感动，容易相信别人，表面自信其实有一点自卑，讨厌竞争、争斗，对自己比较克制，对人没有侵略性。有一点点“思有邪”，有时伤感得没有道理，好在都在作品的范围里。

基本生活状态：两栖生物，既是写作的人又是文学编辑。编辑是我的工作，写作是我的纯爱好，我不靠稿费养活自己，所以我可以说我对写作的爱是纯洁的。我和文字的关系非常密切，接触的人可以分两大类：作者和读者，写稿给我看和我写稿给他看的人。

性格？看上去比较光明，但是了解我的人就看出实质。有朋友说我消极，有朋友说是低调，我自己说就是懒。我最大的享受是：穿着一件又大又暖的老棉袄，“猫”在家里的破沙发上看闲书。最痛恨的是天天坐班的刻板生涯，认为对人的创造性和灵性绝对是一种磨损。不喜欢“拼搏”、“进取”这样的字眼，喜欢“茶烟轻扬落花风”，“不采蘋花即自由”这样读了满口生香的句子。如今的人很少有资格说“闲”字，但想不出有什么值得我用自由、生命为之所用，就不肯乱折腾——那不是忙，是盲。但是懒是一回事，你若说我不认真，我是不承认的。我有我认真的地方，至少茶要好，朋友要有趣。不然做人还有什么意思。

有一个很通俗的问题，你为什么写作呢？我其实不太知道，以前用了一句现成话：为了让我的朋友更爱。后来发现我的朋友们很可恶，不论我写不写，写得怎么样，对我的评价和态度就那么回事了。所以另外找个能说服自己的理由：为了寻找人群中潜在的同类。其实不管有没有理由，我都会写下去的，因为不写的时间一长，就很不开心。我眼下的奋斗目标是：把开了头的几篇小说写完，争取写得好，让人家说我的小说超过我的散文了。到目前为止，朋友们总更喜欢我的散文，我很不甘心。

优点：守信用。没有把握的事就不答应，答应了就要做到。比如答应写的稿一定按时交，约会一般比对方早到。还有，做事有原则。比如为了每期及时看到《南方周末》，早早订了全年的报纸，后来编辑说可以把单子寄过去，算他们赠阅了，我说好意心领了，但是我想自己订。真的，喜欢的报纸杂志就要自己花钱订，好书就要自己花钱买。

缺点：固执。好担心，有悲观倾向。还有个鲜为人知的毛病，特别怕和人告别，因为会莫名其妙地突然想流泪又不好意思（自己也觉得可笑，因为可能彼此才开会认识了几天），只好东张西望王顾左右。最近好像好了，但愿不再发作。

（潘向黎）

(3) 自创练习

请参考上面的例稿，你也做个自我介绍吧！

2. 环境介绍

环境介绍要求：向听众介绍自己所生活的或曾经见识体验过的环境。对每一处所的名称、用途、规模、历史、特点要熟悉，要讲得方位明确、层次分明、重点突出。

向客人介绍我们学校，如果你是向导，你怎么样向客人介绍我们的学校？

向新同学介绍“西街自由市场”的地理位置、规模、经营品种、交易情况及你的体会。

有一朋友从外地第一次来到北京，请你向他介绍你所感兴趣的一切，以提高他的游览兴味。

我向同学介绍我的家乡及风土人情。

介绍我采访新闻现场。

介绍游行现场。

庆典现场。

探险现场。

公园游园会现场。

展览会现场。

水电、工厂等竣工现场、施工现场。

转播体育比赛的体育场馆现场。

文艺演出直播现场。

旅游胜地的环境。

3．特点介绍

特点介绍要求：不论是描绘人物、景物、器物，还是事件、场景都要求符合生活的真实，令受众信服。抓特征，突出特点，事物就会被描绘得活灵活现，主动形象。使受众有如见其人、如睹其物、如临其境的感觉。

向其它院校同学介绍我们学校的教学特点。

介绍一本书。主要内容，它的特点，把它推荐给同学。

难得的一枚（一套）邮票。

为电视台一个栏目推介我熟悉的一个同学做主持人。

向观众推荐一位演员及他演唱的一个剧目、一首歌曲、一个名段。

向观众介绍一位运动员或数位运动员（如现场转播挑战赛）。

向新同学介绍我们学院的一位权威教师。

向观众介绍一件产品（家用电器、运动器械、生活用品等）。

介绍参与你节目的观众、嘉宾、明星。

介绍我国的航天飞机、巡航导弹。

介绍黄山、庐山、张家界、九寨沟等旅游名胜的特点。

一些行政、组织机构。

我喜欢的一位主持人、播音员。

我讨厌的一位主持人、播音员。

我喜欢的一个动物。

我喜欢的花。

难忘电视、电影中的一个或一组镜头。

4．趣事见闻

生活中常常碰到很多事情，有的很有趣，有的很有意义，可以作为“即兴口语”讲给同学听。讲述中要把握叙事的线索，事情发生的时间、地点、人物、原因和结果。要求层次分明、顺序清楚、详略得当。一般不必加入个人的评议，进行比较客观的讲述，要给同学留下思索的余地。

（1）哈佛面试

据说拿到哈佛的面试邀请就有一半的成功希望了。

墨菲先生与我寒暄了几句后，便直入正题："你为什么觉得自己具有领导潜力？"我心头一惊，这不是我所准备的问题。但我尽量不露出惊慌，开始讲自己工作中如何领导他人的例子。由于事先无准备，讲得没有条理。墨菲先生面无表情，低头忙着作笔记。

一个出人意料的问题又抛了出来："我们这里培养的是高级管理人才，你除了自己的本行外，对其他工作还有什么了解？"我心中暗想，今天面试八成要砸锅。好在平时常看报纸杂志，再加上个人投资兴趣，所以对当今经济形势变化趋势略知一二，特别是对高科技领域多有了解，于是便想到哪儿说到哪儿。

除了偶尔抬起头，墨菲先生一直忙着奋笔疾书。我因对自己的回答缺乏信心，越发觉得墨菲先生的脸色阴沉，希望正一步步离我远去。

他总算停止发问，反过来问我有些什么问题。我觉得反正没多大希望了，就问："很多人评论哈佛自诩老大，作风官僚化，课程设置跟不上时代，所以这几年排名每况愈下，对此您有什么看法？"墨菲先生脸上的表情变得诚恳起来，他说："前几年我们确实存在这样的问题，现在从院长到职员都在努力从各个方面改进，新的课程，新的计算机网络系统正在逐步建立，我相信这些很快就会反映在排名中了。"

我与墨菲先生道别时，看到他戴一条绿色条纹的领带。猛然记起今天是以绿色为标志的爱尔兰传统节日圣派屈克日，于是随口说："您今天戴了一条特别的领带，圣派屈克日快乐！"此时他才第一次露出笑容，说："谢谢！你的围巾上也有绿色，圣派屈克日快乐！"

走出小楼，我的心直往下沉，眼前的校园景色令我更向往到哈佛来，照我今天的表现大概是没戏了。

一个星期后收到一封来自哈佛的信，映入眼帘的居然是"祝贺！"我几乎不能相信这是真的。不知是什么打动了墨菲先生，难道是无意间夸了他的领带？

（李雯青）

模拟讲述

你是如何"面试"的，有类似的经历吗？讲给同学听。

(2) 相约忘记

三年前，妹妹旅居澳洲时，爱上了当地青年詹。詹金发碧眼，一句汉语不懂，连辽宁、沈阳都不知道。面对这样一只笨驼鸟，妹妹只好嫁到澳洲去。

妹妹启程前，我悄悄塞给她一个小本，密语道："詹不懂中文，这本日记给你，专门记录詹的丑行，他要敢虐待你，你就用中文记录下来，滔滔罪状不可饶恕之日，我的律师朋友会不遗余力地替你讨还血债。"我说得咬牙切齿，好像詹是一颗蚕豆，被我衔在唇齿之间，只待"嘎嘣"一声咬得粉碎。

小本还真派上了用场。妹妹不久就打来越洋电话，字字句句声讨詹，声称再也忍受不了西方的文化。原来，澳洲人格外强调人格独立，自己和他人的概念十分明确，即使是夫妻，也是各自使用自己的银行帐户，吃饭、购物AA制，泾渭分明。一次，妹妹的客人来了，詹说他请客。仨人吃完饭，詹掏出钱包，付了客人和自己的帐，却不肯付妹妹的帐。妹妹可怜巴巴地望着他，詹却满脸认真地申辩："我答应请客，担负客人的费用，没有允诺承担你的费用啊。"当着中国客人的面，妹妹简直无地自容。"记下来，白纸黑字记在本上，等罄竹难书的时候审判他。"我对着话筒出主意，唯恐妹妹受委屈。

妹妹回国探亲，我俩又能挤在一起窃窃私语了。妹妹拿出小本，让我更真实地了解澳洲的风土人情。粗略一翻，从头到尾密密麻麻，心想：笨驼鸟真成法西斯了。可仔细阅读，没有一处记载詹的劣迹。我迷惑：詹改邪归正了吗?

妹妹笑了。她说，詹第一次请客后，她大书特书了一番，怒气平息之后读给詹听。詹一声不吭地听完了，妹妹本以为他会生气或检讨，谁知他思考一番后说，"我怎么想不起来了，居然有这么一回事。我不明白你为什么要把这些事记录下来，难道我们是为了相互伤害和抱怨才结婚的吗?"望着詹几乎透明的蓝眼睛，妹妹突然明白了什么。从此，她就不给詹记"帐"了。

妹妹和詹相约忘记，忘记不愉快的事，忘记声讨、报复，一心一意建筑幸福的大厦。那我们呢?

(栖云)

模拟讲述

你在与别人相处时有类似的经历吗？有令人感悟的启示吗？说一说！

(3) 例稿：我的苹果树

在我10岁那年夏天的一个黄昏，我在家门前的过道旁，发现一棵小苗，大约十五厘米高，虽然它那么小，爸爸还是很快认出它是一株苹果树苗。“苹果树!”我立刻联想到又大又红的苹果，于是，急急忙忙把它移植到苗圃里，并告诉家人由我自己来培育。我想，等我长大了，它就会给我结出丰硕的果实。

那时，我对苹果树一无所知，根本不知道像这样由一颗种子发出来的树苗是不可能结果的。爸爸虽然知道，却没有告诉我，也许是不想扫我的兴吧。

像所有孩子干活一样，我照料我的苹果树也是三天打鱼两天晒网，一阵子殷勤浇水、精心培土，一阵子又把它抛到脑后。然而，它的生命力却那么旺盛，在我不经意间，竟茁壮成长起来。

第二年春天我的苹果树开花了，没多久，花期过去了，片片小花随风而逝，但我的苹果树却依旧光秃秃的。

几年以后，我上了中学，在我的生物课本里我读到了有关的知识：用种子培育出来的果树不能结果。我想如果早知道是这样，也许我就不会移植它了。但是既然已经种了，而且它长得那么好，我还是很喜欢它，于是我又向有经验的人学习剪枝和嫁接的技巧，希望它至少能长得更美观些。

再后来我考上大学离开了家乡，就把我的苹果树全忘了。

意料不到的事情发生了，就在我走后的那年夏天，它就开始结果了，先是稀稀拉拉的，然后不断增多，后来满树都挂满了美味可口的大苹果。除了供我们全家吃，还可以做果酱和果干。就连邻居到了秋天也能分到大筐大筐的苹果。

如今35年过去了，我的苹果树每年都结出至少四百公斤的果实，就像我幼年时的想象一样。

在我对苹果树一无所知的时候，一直深信这样的一天一定会到来。假如当初我对果树有一点了解的话，很可能就不屑于培育它了。但它还是在我盲目的信念中结出了丰硕的果实。

其实，世界上的事往往就是这样的。

（罗纳德、李岱译）

模拟讲述

以第一人称讲述一个类似“我的苹果树”一样的有意义的故事。

(4) 黄山茶女

趁黄山的雾雨尚未散尽，我和中国电影市场通联会的代表们披着天都峰的仙露、清凉台的霁泽终于艰难而满足地回到了登黄山的始发地——温泉。正当我们几乎是拼着最后一点力气跌跌撞撞地挨近专车时，呼啦啦，涌上来几十位荷篮挽筐的黄山女青年。顷刻间，十几个代表被密不透风地围在中间。

“买茶吧！您看我这茶成色多好！”“买蘑菇吗？这是黄山香菇呀！”……此起彼伏的皖赣软语加上黄山茶女们热切的面容，代表们的手伸进衣袋。蓦地，我发现喧嚣的人圈之外，远远地站着一个瘦瘦的女孩儿，最多不过十五六岁，那一对瓦灰色的忧郁的大眼睛怯生生地朝我们张望。她穿一件有补丁的浅色碎花衬衣，挎一只小树条篮子，在她身旁，还偎着一个六七岁的黄发小囡。我下意识地突破重围，向女孩儿走过去。

“叔叔，您买茶吗？”她有些企盼地望着我，像极了安徒生笔下卖火柴的小女孩儿。我心底泛起一丝酸楚。为掩饰情绪，我拿过她的茶叶装做鉴别真伪的样子：“姑娘，你这是什么茶呀？”“是毛峰。”她相当诚恳地回答。“为什么不过去卖呢？”我笑问。她低下头：“挤不过她们……”

我蹲下身，把手里的可乐易拉罐递给更小的女孩儿：“喝吧！”“不要……”小囡睁大惊奇的灰眼睛，躲到姐姐身后。我几乎落下泪来，只好背过脸，装模作样地点上一支烟：“你应该去上学。”我说。“爸爸不能动了，只靠妈妈一个人……妹妹还小。”她话锋一转，“这茶是我自己种的，叔叔，您买吧。”

“这茶，我全要了……”我猛吸一口烟，揉了揉已经湿润的眼睛。女孩儿脸上显出灿烂的笑，像黄山绚丽的云霞：“您识得货，叔叔！爸爸说，这茶提神、帮助消化，比城里人喝的花茶强百倍哟。”

看着女孩儿纯真、没有半点邪念的脸，我的灵魂似乎受到严厉的考问。我飞快地抽出一张百元钞票，递给女孩儿，拿上茶叶转身欲走。女孩儿却拉住我："您有十五块零钱吗？我没零钱找。""不用找了。"我急忙奔向车门。"叔叔，您等一会儿。"女孩儿拿着钱飞快地向一家商店跑去。小囡蹲在原地，紧紧抱着那只空篮子。

忘记了汽车何时开动，忘记了爬山的腰酸腿疼，似乎也忘记了黄山的奇松怪石……那两对灰色的、略显忧郁的大眼睛却始终在我眼前晃动……"叔叔——"一声急切的、遥远的呼唤把我惊醒，透过车窗，那个穿浅色碎花衬衣的瘦小身影跑动着，极力想追上愈去愈远的汽车，手扬得高高的，拼命晃动手里的几张钞票……

（尚军）

模拟讲述

在与别人相处过程中，有值得你要说的故事吗？请按《黄山茶女》作者的思路编一个亲身经历的一个故事。

（5）自创练习

请参照下面题目说出你的趣事见闻。

童年趣事

发生在寝室里的一件事

在餐厅里

在公共汽车上

难忘的一件事

不寻常的经历

广院小景（春夏秋冬都可以）

一次难忘的体育比赛现场（场面描述）

我熟悉的朋友

一次生日聚会

第一声喝彩

追截逃犯

随团采访花絮

有苦难言

急中生智

自作聪明

吝啬的人
丢三落四
错怪了他
当机立断
祸不单行
双喜临门
自作自受
好事多磨

（三）文稿解说

解说，指运用有声语言对事物或问题进行阐释、解析和说明的语言活动。它在主持节目的运作中有着特别的用途。通过这部分练习，可以锻炼学生缜密的观察力以及准确、简洁的口头表述能力。

由于解说总是针对特定的事物或问题进行阐释、说明的，应该是就事论事的讲说，应避免节外生枝。概念要正确，区分要清晰，用语要恰当。选择词语要通俗，短句、自然句为主，语言应平实、朴素，减少过分的描写，以防止受众产生不信任感。

1．平实性解说

(1) 鸟儿为什么会唱歌

自然界的鸟儿中有许多天才的歌唱家，如夜莺、燕雀、云雀、金丝雀、啄木鸟等，不胜枚举。它们的歌声，或高亢，或清脆，或激越，或悠扬，或低沉，或嘹亮，婉转悦耳，令人陶醉。这些鸟儿为什么会发出如此美妙动人的声音呢？科学家们经过研究发现，这主要是因为它们有着与众不同的发声器官。

这些会唱歌的鸟儿喉头有两个声门裂，空气就是从这里流过转变成动听的声音。因此，鸟儿自己就能演奏二重唱。对此无论是帕瓦罗蒂还是多明戈都只能自叹不如。在发声之时，鸟儿是依靠心脏肌肉的动力将空气从两个皮囊压缩到肺里。这种双囊结构能够使鸟儿获得出色的声音效果，而它们的双声门裂也能发挥我们人类高科技音箱的作用：左边是高音，右边是低音。

北美红雀在歌唱时可以不间断地从一个声门裂转换到另一个声门裂，因此能够把声音持续拔高而让人感觉不到有层次变化。金丝雀是通过左边的声门裂发声，而使用右边的皮囊呼气，两者之间有一个细微的间歇。雄鸟在歌唱时的这种间歇越短，就越能讨得雌鸟的欢心。

尽管天生条件优异，鸟儿要成为优秀的唱歌大师同样要经过刻苦的磨练。在出生不久它们就要学习发声，掌握节奏，然后练习不同的声音，最后再做双喉头训练。只有啄木鸟可以少付出一些努力。因为当它们用坚硬的喙啄击树干时，自然就会发出“嘟嘟”的声音，就像鼓槌敲在鼓膜上。

如果我们把自然界的鸟儿组成一个乐队，下面这些美丽的鸟儿将是最理想的成员：

1．键盘手：乌鸦

2．背景音乐：红尾鸲

3．鼓手：啄木鸟

4．低音吉他：灰林鸮

5．电吉他：苍头燕雀

6．歌手：夜莺

7．节奏吉他：鸫

解说提示

应该运用准确、平实的语言客观地阐释、说明“鸟儿为什么会唱歌”的道理，做到朴实无华。

(2) 京剧近来为什么缺少新流派

京剧艺术，是生长在东方文明古国中华大地上的一片茂盛的森林。每一棵树，就像一个剧种；每一个树枝，是一个流派；每一片树叶，是一个演员。没有树枝的树，即光杆的树，是缺乏美的树，甚至难以称之为树。

中国的“国剧”京剧，以徽班进京200年计其历史，可以分为4个阶段，每个阶段大约五十来年。第一阶段，发芽阶段；第二阶段，成苗阶段；第三阶段，枝繁叶茂，流派纷呈阶段；第四阶段，即近五十年。

中国京剧最近五十年，基本上没有出现有影响的新流派。上海当家的，是言派和麒派。这一点，看一看他们的新戏《曹操与杨修》和《狸猫换太子》就清楚了。河北省，承传着奚派。在北京，梅派、马派传人遍地。实际上，这两个流派，已经成了京剧的普及派。包公戏，几乎成了裘派的一统天下，高派只剩下了辛宝达一根独苗。小生戏，叶派发达，姜派式微。很值得一提的，是程派。从舞台上的大梁到戏校的学生，都不乏其派。后起之秀，多而质优，很是值得京剧骄傲。然而，我们掰着手指头数一数，当今活跃在京剧舞台上的这些流派——梅派、程派、马派、麒派、言派、奚派，还有裘派、叶派等等，有哪一派是近年出现的新流派？

我深究其原由，以下几点，不可不正视：

第一，缺少剧目。京剧二百多年创作的剧目，总计有五千三百多出。按照这个数字来平均的话，每年要有二百六十多个新剧目诞生。我们现在每年究竟能创作多少个新剧目，50年前京剧艺术出现的有影响的有生命的流派，有十几个。这说明，平均要有五十来个剧目的支持，才能产生一个流派。京剧艺术的流派，是京剧艺术质量的一个参照系数。没有数量，就没有质量。

第二，艺术是个性的表现，艺术创作是个人的劳动。它和科学发明有着同样的道理。

如果完全取消了各有千秋的戏班制而改为清一色的戏曲学校制，共性取代了个性。可能等到演员在学校毕业了，已经过去了创造新流派的基础年龄段。

第三，青年演员们较普遍地存在着浮躁心态，热衷于短期行为。只想通过几出戏甚至于几口唱来得奖、出名，耐不得寂寞，不能静下心来，去下功夫追求和创造自己的新剧目并通过这些新剧目来形成自己的新流派。而今天那些频繁的大奖、大赛，又助长了这种短期行为和浮躁的心理。更令人奇怪的是，那些如牛毛般的奖和赛，又从不把演员创造自己的新流派作为奖和赛的内容。这实质上是否定了青年演员创造自己新流派的重要性。

第四，创、演分家。不是京剧唱我，而是我唱京剧。流派，只有主角在创作当中有意识地体现我之特色才能够形成。今天的演员，按照编剧的剧本和作曲者的曲调来念、唱，按照导演的意图和武打设计者的套路来做、打，演员们都成了一个个身上拴满提线的木偶，他们怎么能够创造出自己的新流派！在这一点上，“样板戏”可以说是达到了登峰造极的地步。唱腔上，一个音符也不能动；表演上，一个姿势也不能变，甚至于连演员衣服上补钉的位置、大小、颜色、形状都不能走样！这哪里是艺术，简直是绳索！过去的一部《玉堂春》，梅派有梅派的表演，程派有程派的唱腔。今天的一部《红灯记》，100个剧团来演，也是一个味，不会走“样”的！

第五，今天的中青年演员，较普通的已经不具备创造自己新流派的素质。这种素质不是在“学”上。今天的中青年演员，“学”的功夫很好，程派、裘派的传人们，真是学派学到家了。我们所说的素质，是指在演员们的“创”上。今天的中青年演员，有多少能够自己主导编剧、作曲创作出新的流派剧目？没有新的流派剧目，哪来的新流派？这个问题的出现，与我们戏曲学校在素质教育方面的淡化有很大关系。

第六，京剧的流派，是一个艺术综合整体。唱、念、做、打，手眼身法步，都有自己的特色。特别重要的一点，就是每个流派都有自己的美学思想作为艺术实践的指导。像梅派，讲究中和之美，继承了历史上宫廷雅乐传统。所以，看起来，听起来，都很稳重、舒展、大方、流畅。而程派，则讲究对比之趣，无论是唱念，还是做舞，无处不体现对比，如急缓、抑扬、收放、刚柔等等，仅仅在某一个方面有一点特色或者在某一点上有一手绝活，不能称其为流派。当今，廉价的流派桂冠到处飞，京剧界上了一点年纪的演员，几乎都成了一派，此为不可取。

第七，京剧艺术的历史实践告诉我们：流派的创造，要根据创造者的自身条件来定位和发展。这已经成为一条艺术规律。演员形成自己的流派，切记要扬长避短，甚至要化短为长。周信芳，本来嗓音缺乏明亮。但他却将此化短为长，形成了一种“云遮月”的朦胧美。同时，他又在唱之外的做、念上开拓，刻意夸张，终于创造出一般人无法企及的麒派京剧艺术，成了一座高山。有些人，不根据自身条件，盲目去学习某一流派，甚至根本不清楚某一流派的历史和素质要求，南辕北辙，削足适履，结果是可想而知。

其实，每个演员都存在着形成自己流派的基因，都有成为一个流派创始人的可能。人们也在企盼着京剧新流派的诞生。中国要想出现京剧新流派百花齐放的局面，不是不可能，但任务艰巨：一，我们需要对历史反思，认识失误和差距是痛苦的；二，要对京剧艺术现行的教育、体制等进行深入的改革，这也是不容易的；三，演员自己，要从浮名虚誉中跳出来，要从短期行为中跳出来，提高自身素质，树立远大志向，要有一种不成流派枉为艺的劲头。

（孙焕英）

解说提示

这是一篇分析性的解说例稿，它属于举例说明、解释“京剧缺少新流派的原因”。对原文稿件熟悉的基础上，要做到概念准确、区分清晰，应有一定主观感情的倾向性。

(3) 愿你有个好人缘

“人缘”，其实就是人际关系。一个人的人际关系如何，即是否有个好人缘，直接影响到工作、学习、生活是否顺畅和谐。可以说，从某种意义上，人缘是一个人安身立业的支撑点。有个好人缘，你就能如鱼得水，左右逢源；没有好人缘，你就会处处碰壁，寸步难行。

那么，怎样才能有个好人缘呢？

一、大肚能容。四川成都新都寺内有一尊笑容可掬的弥勒佛。佛像旁有一副对联：“大肚能容，容天下能容之事；开口便笑，笑世间可笑之人。”这副对联很耐人寻味。人生在世，不如意事常八九。人事纠葛，牵丝攀藤，盘根错节。世态百味，甜酸苦辣，难以胜数。人际关系中，有时发生矛盾，心存芥蒂，产生隔阂，个中情结，剪不断，理还乱，当何以处之？一种方法是，小肚鸡肠，耿耿于怀；另一种方法，则是冤仇宜解不宜结，所谓“退一步天高地宽，让三分心平气和”。这番禅道哲理，值得三思。

二、做人要厚道。在处理人际关系时，不待人刻薄，使小心眼。别人有了成绩，不能眼红，不能嫉妒；别人有了问题，不能幸灾乐祸，落井下石，更不能给人“穿小鞋”。《国史补》史记载了一个“呷酒节帅”的故事：一位名叫任迪简的判官，一次到军使李景处赴宴迟到，按规矩该罚酒。倒酒的侍卫一时疏忽，错把醋壶当酒壶，给任判官斟了满满一盅醋。任判官一喝，酸不可支。他知道李景治军极严，若讲出来，侍卫必有杀身之祸，于是咬紧牙关，一饮而尽，结果“吐血而归”。事情传出，“军中闻者皆感泣”。这种为人厚道的品格，深为人们所称道。

三、要有人情味。想有好人缘，要有容人的雅量，更要有急公好义的火热心肠。人都有三灾六难、五伤七痨，人吃五谷杂粮，哪能没有一点病痛？你能在人家最困难的时候，善解人意，急人所难，伸出友谊之手，替人家排忧解难，将是功德无量的大好事。

四、待人以诚。诚实是人的第一美德。在古代原始人的部落里，撒谎是要受到最严厉的惩罚的。在处理人际关系时，应该是真心诚意，忠厚老实，心口如一，不藏奸，不耍滑，不要在人生舞台上，披上盔甲，戴上面具去演戏。不能像王熙凤那样，“嘴甜心苦，两面三刀，上头笑着，脚下使绊子。

明是一盆火，暗是一把刀，都占全了”。也不能像薛宝钗那样，“罕言寡语，人谓装愚，安分随时，自云守拙”。对人四面讨好，八面玲珑，城府很深，惯有心术。做人要坦诚，更要有一些侠骨柔肠，光明磊落，襟怀坦白，使人如沐春风，这样才能有个好人缘。

（摘自《价格信息报》盛沛林/文）

解说提示

本题目的解说，应属于“分类说明法”，对事物进行分门别类地说明，怎样才能有个好人缘呢？如果能做到以下几点就差不多了，从几个不同的方面来说明。语言脉络应清晰、流畅。

以上练习为平实性解说，这种解说的语言应该严谨、朴实，一般不需要修饰与描写，直截了当把事理讲清楚，这种方式容易使受众接受。

2．抽象事理解说

播音员

主持人

制片人

导演

采访

访谈

朗读

朗诵

音质

音色

丹田气

重音

感受

现场直播

娱乐节目

口播新闻

体育解说

播音风格

配乐散文
电视散文
屏幕形象
综艺节目
天气预报

以上练习，属于抽象事理解说，同学可以任意找到类似这样的概念来练习“互出互答”。要求阐释的概念要准确，要言简意赅，话一说出就应抓住了关键，并通俗易懂。

三、即兴采访

（一）现场采访

现场采访与现场访谈是锻炼学生进行有目的、有成效的对话能力，以及语言应变能力和快速听记力，这对提高学生的表达能力，适应今后工作的需要无疑会起到重要作用的。因而它属于高难度说话训练的一种形式。

现场采访，指的是在发生重要事情、事件的现场，对有关人员了解事实的访问。主持人可向被访者直截了当地提出问题。要求提的问题简单明了。主要了解主要事实、数字，以及当事人、目击者的原话、周围人的反应等。为了更深入地了解新闻事实，实际工作中，还存在约定访问，顾名思义，应事先与被采访者约定好，请事先作些准备，由于谈的内容集中，有条理，又有现场真实感，所以，这种形式广泛用于实际工作中。

1. 根据素材现场采访训练

由于我们处在学习的状态中，和社会的接触有一定的距离，因而这种采访也处在模拟之中，所以我们提供一些现有的材料，供大家参考，可改编，但不能全部用原文，否则就失去了练习的意义了。下面的练习，设想我们都在现场，一个是赶巧了，一个是临时赶到现场。约定采访的练习，当然会更从容一些了。

(1) 司机命在旦夕，少校奋力相救

空军某导弹兵训练基地少校军官张玉珠在探亲返回部队途经潮白河大桥

时，见桥边站了不少人，扒着栏杆往下看，只见水泥桥栏被撞出个大缺口，一辆213吉普车车门插在泥里，斜倒在河岸边，两个轮子悬在半空中。他带头跳了下去，经过30分钟的努力把顺义县石油宾馆受伤司机贾寒峰救了上来，并送到了顺义人民医院，等亲属来到时，他已悄然隐没在夜幕之中。

(2) 一巨鲸在琼山海滩搁浅

一条罕见的巨鲸在海南省琼山市演海镇北港村海滩搁浅，生命处于危急之中。

北港村是距离演海镇3海里的一个小岛，演海镇距离海口40公里。这条巨鲸是2月5日上午10时30分左右被北港村渔民陈文荣发现的，鲸鱼长约十一米，高约一点四米，估计体重在一点五万公斤以上。几百人闻讯从海口赶来观看，大家面对这样的庞然大物显得束手无策，一些年轻人不停地往鲸鱼身上泼水，试图延长它的生命。

据悉，当地村民已和琼山市水产局等部门联系，寻求救助巨鲸的办法。

(3) 网络酒吧

网络酒吧作为一种新兴娱乐场所，在北京露面已有多时。最近一段时间，在北京大专院校聚集的学院区“网吧”突然火了起来，先后已有二三十家网络酒吧开业。仅在北京大学附近具有一定规模的网吧就有三四家，靠近清华大学、北京语言大学的五道口就有十几家网吧，且还有上升之势。

(4) 蹦极跳

房山十渡有一游乐项目：蹦极跳。它以一根弹力绳拴住人体，然后让人从高处往下跳。隔着拒马河，对面麒麟山笔直的峭壁上伸出一座大桥，那就是50米高的跳点，每隔几分钟就有人跳下来。不过也有因恐惧或其它原因而走下来的，有的竟还哭了。说是游乐，但可不是每个人都能乐出来的，它被称为勇敢者的运动。

2. 四条素材详情参考

(1) 寒夜坠桥，司机命在旦夕　空军少校，率众奋力相救

1月9日，一群手拿感谢信和绣着“雷锋犹在，情满人间”字样大红锦

旗的人敲锣打鼓来到驻扎在京郊东北的空军某导弹兵训练基地，立刻使这座宁静的军营沸腾起来。

一问才知，这些人是来寻找救命恩人的。

事情发生在去年11月20日一个寒冷的冬夜，一辆黄色“面的”飞快地疾驶着，在车的后排座上，躺着一个昏迷的年轻人，蜷曲着身体，不时抽搐着，殷红的鲜血不断从他头上、脸上渗出，骨折的大腿暴露在撕烂的裤子外面。在他的旁边一位三十开外的男子焦急地注视着他，不停地催促着“面的”司机，“快点、快点……”

躺着的年轻人是北京顺义县石油宾馆司机贯寒峰，他身边的男子叫张玉珠，是空军某导弹兵训练基地的少校军官。

原来，这天晚上，张玉珠到县城探望朋友，返回途经潮白河大桥时，见桥边站了不少人，扒着栏杆往下看。他走上前问：“出了什么事?”“有辆车掉下去了!”张玉珠这才发现，水泥石桥栏被撞出个大缺口，一辆213吉普车车门插在泥里，斜倒在河岸边，两个轮子悬在半空中。张玉珠大喊道：“我是部队的，赶快救人!”话音刚落，人已冲到了桥下，其他人也跟了上来。借着灯光，张玉珠看到车的玻璃已经粉碎，司机脸上满是鲜血，他用手拽了拽车门，又拽了拽受伤司机的双臂，可根本拉不动。巨大的冲力已使车头严重扭曲，变速杆插进了方向盘，紧紧卡住了司机的双腿。

硬拽看来不行，张玉珠灵机一动，大声问：“哪位同志有钢锯?”“我有!”不一会儿，一位女同志跑着从车里拿来几把锯条。张玉珠把钢锯小心地伸向方向盘中。一下、两下、三下……张玉珠的手被划出了血，时间一秒一秒地过去，大家屏住呼吸等待着。30分钟过去了，方向盘割断了。张玉珠和另外两个人把受伤司机轻轻抬出来，伤者得救了。

大桥上下响起一片热烈的掌声。

“面的”风驰电掣，几分钟后，停在了顺义人民医院的门口。另一辆车也匆匆赶到，他们是石油宾馆经理宗春明和几个职工。张玉珠见宾馆的领导赶到，就向“面的”司机付了车费，转身离去。等宗经理回头找这个搭救者时，张玉珠的身影已悄然隐没在夜幕之中……

(2) 搁浅巨鲸，重归大海

据中央电视台《现在播报》报道，2月5日，一头长11米、重达15吨的巨鲸在海南省琼山市的海滩上搁浅。8日上午，海南省出动两艘大船，用两个多小时的时间，将这条搁浅了3天的蓝鲸重新送回大海。

2月5日，这条搁浅的鲸被当地居民发现的时候，一半身子在海水中，一半露出海面，只能艰难地摇动尾巴，每7分钟发出一次沉重的喘息，庞大的躯体随着巨鲸头部上方鼻孔的呼气和肺部的开合上下起伏。在太阳的烤晒下，巨鲸全身多处受伤，肌肉裸露面积达几平方米。当地居民为巨鲸搭起了塑料遮阳棚，并不停地往鲸鱼身上浇水。

海南省和琼山县有关部门曾打算依靠涨起的海水助鲸鱼一臂之力，但由于它的体重太大，没能成功。昨天上午，海南省有关部门出动两艘大马力船只，在海水涨潮时终于将其送回大海。

据海南省水产部门介绍，这头鲸鱼属于蓝鲸，属国家二级保护水生动物。虽然这头鲸鱼已搁浅3天，但由于保护措施得力，估计不会有生命危险。

(3) 学院区网吧成网

网吧为什么一下子增加了这么多，而且多集中在学院区呢？业内人士分析，这主要是因为学院区在读大学生较多，在此居住的居民又多在附近的科研院所和高科技企业工作，这些高素质的人员非常希望在学习、工作和居住的场所之外，能找到一个环境优雅、消费不高的地方通过互联网与外界联络、收集信息，并在此结识志同道合的朋友，一起参与区域网内的联网对抗游戏。

消费需求造成了供应的增加，这也是学院区网吧陡增，且都效益不错的原因。北大附近的飞宇玩友咖啡屋现在还处于试营业阶段，就有几个北大的学生要求在这里开户，建立自己的互联网址。据该网吧负责人介绍，这些学生都是考了托福、GRE后准备和国外的大学联系，出国深造的。可要在学校联系，许多学生共用一个网址，需要排队，速度较慢，保密性较差；他们担心外界反馈回来的信息被别有用心的人截走或删除，从而耽误了自家前程，事实上也确实发生过此类事件。而在网吧建立了自己的帐户，不但保密性强，而且由于用网线的只有几个人，所以联络的速度就加快了许多。中关村的几家网吧负责人自信地说，现在还处于寒假期间，等开了学，来网吧开帐户的学生会越来越多。

京城的网络酒吧就因其别样的文化、独特的高素质消费群体与其他老百姓喜爱的娱乐场所一样，成为京城服务业一道新风景。但随着网吧业在京城的兴起，一些不具备条件的咖啡屋也购置几台电脑，自称网吧，一哄而上。业内人士希望有关上级部门能引起重视，对该行业进行规范化管理。

(4) 蹦极挑战恐惧

房山的十渡新开了一个游乐项目：蹦极跳。

所谓蹦极，简单说，就是以一根弹力绳拴住人体，然后让人从高处往下跳。尽管因为安全措施的严密而使得这项活动的危险性并不大，但当人站在高处时所生出的那种恐惧却经常会使人却步而返。所以，它一直被称为勇敢者的运动。

蹦极是英文的音译，英文写做：BUNGY。据介绍，它源于新西兰，是当地土著人的一种成人仪式，后发展成一种极限运动。它为愈来愈多的世人所接受和喜爱，不过是近几年的事。由此也可看出，我国在许多方面追逐国际流行风的脚步是愈来愈快了。

蹦极分为直升机式、大桥式和跳台式几种。十渡的蹦极是跳台式，在国内是第一家。

尽管十渡的这项游乐活动刚开展不久，但闻讯而来的游人还是不少。

7月26日这天，我和几个朋友结伴来到这里，也想经历一下这个不寻常的挑战。

隔着拒马河，对面麒麟山笔直的峭壁上伸出一座天桥，那就是50米高的跳点；每隔几分钟就有人跳下来，逢这时，便会激起下面观看的人们的一阵惊呼。

不过，也有因恐惧或其它原因而走下来的，有的竟还哭了。这样的镜头无疑对准备上去的人们是个不小的刺激。说是游乐，但可不是每个人都能乐出来。

我问自己：我敢跳吗？

排队等候的人很多，我是第60个。我的后面还有不少的人。工作人员说，这项活动在这里开展以来，已有一千多人跳过；现在平时每天二三十人，周末时有百余人。

看来，“勇敢者”挺多。

蹦极跳的全套设备是从新西兰引进的，而且现场还有一位新西兰的技术人员负责安全指导。

蹦极跳的天桥斜挂在半山腰上，宽约三米，长约二十米；尽头是十七平方米左右的方亭子，左右各一个跳台。如果你有足够的勇气，那里该是你的出路。“……往前走，不要朝两边看；你看多么蓝的天哪！跳下去，你就会融化在蓝天里……”日本电影《追捕》里的这句著名台词用在此时此刻，该说是再贴切不过了，并且还有了一种别样的味道。

排队排了近四个小时。由此可见，人们这种挑战恐惧的决心，也足够书上一笔了。

跳前还有一些必要的手续，比如要在一张保证书上签名；人家还要问你是否有诸如心脏病、血压高、骨折史等等，并明确规定18岁以下人员不准跳……

还要称体重，不同体重的人用不同粗细的跳绳。

工作人员仔细地把你捆绑好，还要检查两遍；告诉你，听他喊三、二、一，你就往下跳。他没说“一咬牙一闭眼”的事，却告诉我：别往下看。我虽说想听他的，可是受一种莫名其妙的心理的驱使，我还是忍不住偷眼向下看了一眼：脚下是一池清水，游船才巴掌大……心呢？好像还在，但也已经虚了。据说，此时是最恐惧的时候。我给自己打气：镇静、镇静……并给脸上安排了笑容，甚至命令自己举起双臂，英雄般地舞动起来。在这样的“镇静”中，我竟忘了工作人员的特别嘱咐：跳时最好是头朝下，要不会很不舒服……我听到了“一”，条件反射般地跳了下去——准确地说，是“掉”了下去，脚朝下。那一瞬间的感觉，严格地说，已经没有了，全身都懈了力，惟一的念头就是：完了！

当然没完。我被在关键时刻发挥了作用的跳绳伸了个180度的“掉头”之后，又上上下下弹了几次。这几次，我是觉得心里一次比一次“笃定”，直到最后被“顺”到已等在下面的小船上。这时心里的感觉是兴奋、骄傲、自豪。

我战胜了恐惧。我有理由自豪。在随后发给每个跳下来的人的一个证书和一件背心上，我们都被称为“勇敢者”。

我是“勇敢者”。我是“勇敢者?”——当我面对其他的时候？

我再三次问自己。

3．创意采访练习

(1) 禁烟日

(2) 献血日

(3) 学院文艺节

(4) 学院餐厅

(5) 学院运动会

(6) 招生考试

(7) 新生入学

(8) 西街市场

(9) 教学设想

(10) 学院前瞻

(11) 毕业分配

(12) 学生住宿

(13) 学生心态

(13) 学生经济状况

(15) 市内交通

(16) 学生业余生活

(17) 学院环境

(二) 人物访谈

现场访谈指的是主持人和被采访对象约定好了，双方都有准备的正式访问。在访谈前都要做好准备工作，对采访对象的大致情况，如年龄、学历、资历、职务，以及专长、兴趣、爱好等要有一定的了解。这样才能根据访问的目的判断该向对方提哪些具体问题。你掌握的材料越多，访谈的目的性也会越强，问题也会更集中，提的问题也会更有价值。另外应把对方不好回答的问题，留在最后来问，即使对方婉言谢绝了，你也把主要材料得到手了。虽然事先拟定了访谈的提纲，但还要灵活。随着谈话的深入，一些新意会出现，主持人采访时应善于抓住线索，使你的访谈更丰厚，更深入。

1．季羡林教授谈“教授”

编者按：近日，北京大学为德高望重、贡献卓著的学界泰斗季羡林先生庆贺了88岁大寿。季先生是学贯中西的一代鸿儒，虽然已经到了望九之年，但仍脑勤笔健。为表达对先生的敬仰，本报特编发此篇杨澜专访——

杨澜：我想您这一生中经历了中国的各个历史时期，就像您说的，您的心是一面镜子，可以照出中国在本世纪的发展。您是1911年辛亥革命前出生的，……比如说学校吧，您读过私塾，然后又上过西洋的学堂，然后又出国留学。各种教育制度都曾经经历过。我读过您一篇文章叫《论教授》，也说到教授在中国的各个历史时期他们的形象、面貌、生活状态都有很大的不同。我们能不能从北洋时期那个时候说起，您说那个时候的教授有一种教授架子，为什么呢？

季羡林：教授架子就是当时……拿“清华”来讲，当时的教授一般工资100“大头”，比较高级一点的就是400，那时候我们学生生活费一个月6块大洋。

杨澜：那个时候的教授对待学生是什么样的态度？

季羡林：对待学生是……用现在的话，是等于两个阶级，学生一般都是比较穷的，一般。教授架子极大，一般不大与学生来往。

杨澜：听说您那个时候的系主任在教莎士比亚的剧的时候，每节课念到哪一句，不管是结束没结束都夹起课本就走人。

季羡林：是这样子。

杨澜：我们再说说50年代吧。50年代那个时候，好像中国的教授也还是地位挺高的，工资……像你那个时候要做一级教授的话，一个月也能拿300多块钱。而到了文革的时候，可能就是另外一种情况了，那时候做教授成了一个倒霉的事。那个时候的农民，一天的工分才挣一二分钱，但是那个时候您的工资加上国家的补贴能够达到400多块钱，所以那个时候就跟你们说，不要把自己的工资告诉农民，怕把农民给吓坏了。您现在敢把自己的工资告诉农民了吗？

季羡林：现在也不敢告诉，怕农民耻笑。

杨澜：您现在工资有多少呢，能问吗？

季羡林：我的工资老一级，工资的基础是887，加上各种……反正是各种名目的一个月可以拿到2000块钱……

杨澜：所以人们说到现在的教授贬值了，这个贬值不光是指他的工资，他的购买力下降了，同时还是指我们现在好像有一种教授泛滥的现象，好像这是……过去评个教授是一件很荣誉的事，但是现在基本上谁都能够评得上了。

季羡林：就是这样子。原来我开过玩笑，我说将来只要进了“北大”，包括工人在内，一进来就定教授。工资可以有区别。

杨澜：有一个统计数字说，在1994年的时候，全国高校的教授就已经有三万多人了，副教授有十万人之多了，的确是一种很庞大的阵容了。

季羡林：有一句话很难听，湖北说“教授满街走，讲师多如狗”，这话难听，不过确实是这样。

杨澜：我想现在教师队伍恐怕还面临一个很严重的问题，就是青黄不接。比如说现在中国大陆有一百多万的高级研究教学人才，就是把科学院这些都算上。但是45岁以下的仅占6%。也就说有一个统计说到2000年的时候，将近一半的这种高级的教学和科研人才就退休了。那个时候就会出现中国人才一个大的断档。您对这个问题怎么看呢？

季羡林：我用了个说法叫“海洋主义”，出洋、下海。

杨澜：为什么会经商和留学呢？从1978年到1997年，中国差不多已经有27万留学生到海外去了。但是到1997年为止，其中只有不到1/3的人回来。您过去也是留学生，您怎么看待这样的现象？

季羡林：我们过去留学，从来没想不回来，没有这个概念。

杨澜：有些人也说，留学生之所以不回来，很多是因为那边的物质生活条件好，所以我就在想一个问题，在您做学生的那个时代，中国的生活水平和西欧比，那个差距比现在还要大，为什么那个时候绝大多数留学生都回来了呢？

季羡林：那时候差距不大。

杨澜：不大？

季羡林：从国外一回国，“清华”、“北大”回国以后不能当教授，“北大”叫副教授，得过渡那么几年。“清华”没有副教授这个名字，叫做专任讲师，得过渡几年。他回来拿的工资是高级的，300块“大头”，400块“大头”，那很高级了。反正起码不比国外低。

杨澜：您觉得现在中国的高校都在说要进行这种体制上的改革。我们也在说我们要创办世界一流的大学，“北大”百年的时候也都提出这样的口号。您对这样的口号怎么看呢？

季羡林：这个口号很含糊，“北大”、“清华”就是一流，我听说，我不知道，没研究过。他们一流几流，有个条件就是经费，而经费咱们只好甘拜下风……

杨澜：像现在做一个大学的校长，可能最主要的精力，要放在怎么样去……能够拉赞助。

季羡林：弄钱。最需要解决是经济问题，你把工资提高5倍、10倍，他的地位就提高了。像这样在收破烂的人的眼中，教授就不值钱了。那他自己怎么能够……摆架子也摆不出来。“科教兴国”先得增加教育经费。

（摘自12月4日《科学时报》）

作业练习

根据杨澜采访季羡林教授的实录，请你采访一位教授或校长、专家。可以变换角度，但一定要有明确的目的，为什么要作这次访谈？要达到预期的目的是什么？怎么样提问才能获得成功。

2. 名誉　谣言　友情——余秋雨访谈录

许多人都非常熟悉余秋雨的散文，像《文化苦旅》、《山居笔记》，其中写了许多自然山水、文化古迹，凝聚了很多文化内涵，包括了一些文化的思辨、思考。近年来余秋雨关注的命题转向了人生本身的范畴，比如在新书《霜冷长河》里面提到关于名誉，关于谣言，关于友情等等。余秋雨认为，我们的周围正在经历着一种人生的大转型。现在人和人之间的那种个人化的对比越来越强烈了，所以人生问题比以前任何时候都显得更加鲜明，可以说是裸露出来了，文化人应该关注这些。

关于名誉

谈人生问题可以从名誉入手，中国人一向把名誉看得非常重。

一般人都认为名誉重要，许多好人因为名誉去自杀，但大家能不能不用这种方式，能不能不用以死去抗争这种方式？为什么大家在名誉里面走来走去，走不出来呢？有没有可能干脆把名誉扔掉？余秋雨说，如果从社会学角度来看，光是扔掉的话，那么这个社会就不像样了，走向另外一个极端了。这个社会的秩序有时候是靠法律来维持，有时候法律管不到的就要靠名誉，靠一些道德、宗教和伦理，这些东西可能都靠名誉来起作用。如果没有名誉这个坐标的话，将会更混乱，表面上好像是非常轻松，但是你要进入一个更无序的世界了，这种轻松也是有限的。所以就产生了一个悖论，最好把名誉看得淡一点。

名誉是用灰色传播的方式来进行的，也就是说，所谓名誉的绝大多数部位是无法进行实证调查的，不像法律，法庭上都有一些举证，但是它最后造成的效果比法庭的判决还要严重。

讲到名誉的时候，余秋雨单独谈到李清照，李清照给人的印象是风华绝代，甚至会把一些冰清玉洁这样美好的词联系到她身上。她不像现代的、当代的一些名人，有各种纠缠、绯闻，但是她一生受到了很多名誉上的困扰。

无论是李清照周围的人，还是她自己都没有想到，苦苦挣扎了大半辈子的各种名誉，其实都不重要。她在难过的时候，在不高兴的时候，写下的那几首词却流传千古，为她争得了在中国文化史上最高、第一流的名誉。把不重要的东西过滤掉，剩下的就是最重要的东西。所以与其让历史过滤，不如我们自己在生活中先过滤。

关于谣言

很多名誉的困扰都是由谣言带来的，要是没有谣言，很多名誉的问题就会变得孤立。名誉的问题本身就是由谣言造成的。余秋雨谈到，他和周围的许多朋友一样，都受到谣言的困扰，而且发现一个规律：有时几十年都没有一个大谣言，有的时候突然在一两个月里，一个谣言引发了第二个谣言，第二个谣言连动了三四五六个谣言，平地惊雷，一下子这个人不是人，鬼不是鬼，青头紫脸。中国的谣言就是越是怪异越是好传，一定要有一点暧昧，说不清，道不明的，谁也无法调查，谁也无法去验证，就一下子传开了。可能大家也不乐意去验证，但乐于传，心理非常复杂。生活中有许许多多无法求真的事情，就经常用想象去替补了，这是一种最温和的心理特征。

谣言的传播原因之一也就是人们的好奇心，好奇本身带不带有恶意呢？余秋雨说，有的带有恶意，有的不带有恶意，有的谣言可能和嫉妒有关，出于一种为了求得心理平衡的心理。你永远那么出色吗？你那么高大吗？我就不相信。所以传这个谣言，把你压下去一点，或者听到他有这个谣言，兴奋得很，到处传播，这个已经有点恶意了。这个恶意又是合乎逻辑的，是正常人的恶意。有意识的制造和有意识的传播谣言在社会上虽然很坏，但还不太严重，最严重的是乐于听一切还没有被证实的东西。为什么那么多正常人相信一个荒诞的结构，为什么每个人都会领受谣言带来的伤害？在这个时候，你本人很可能就是一个信谣者、传谣者。

即便人们不信谣言，大家也乐于参与其中，将信将疑。传播的方式各种各样，在传谣的过程中，只要有一点点痕迹，那么一定有人来补充它，传的人就成了一个谣言的补充者。谣言开始的时候可能是一个小小的雪球，后来就越滚越大，而且越滚越圆，把本来的漏洞完全补住了，最后变成一个玲珑剔透、巨大无比的东西，好多好多的人都参与了创作。这个雪球再滚到眼前的时候，真是难以想象，这居然是一个真实的东西。

多数谣言都是用一种民间文学的方式，口耳相传。用这种口耳相传的闲谈方式，多数人都会把自己澄清。这种口耳相传的谣言，其范围毕竟比较小。现在有的报纸登了以后，好多报纸可以转载，这个人一般很难为自己狡辩，如果你一旦去跟造谣者做这种辩解，就把自己摆在了和他同样的境界上。

曾经有这样一个笑话：你走在街上，突然有个人怀疑你上身都是疙瘩、黑斑，你为了证明它是谣言，当众把扣子解开，看见身体上什么黑斑也没有。但是当你当众拉开衣服的扣子时，你这个出丑远远大于他说你可能有斑点，所以好多人为什么不辩的原因就在这儿。这种辩解的过程就变成了对造谣人的一种证实，最多大家说，噢，他说的不是真的，但对自己造成的伤害远远超过了对对方的伤害。你自己当众脱了衣服，已经成为一个笑话，也许有人会怀疑你有尾巴。那怎么办？在这种情况下，辩解是非常困难的。

余秋雨对于谣言谈出了自己的看法：恶者拨弄谣言，愚者享受谣言，勇者击退谣言，智者阻止谣言，仁者消解谣言。我们能做的事情也许只有一件，齐心协力，把那些无法消灭的谣言，安置到全社会都不在乎的角落。

关于友情

很多人受到困扰的是我们用美好的词去形容的友情，有人把它比喻成寒夜里的篝火、黑暗中的明灯，但往往是这种广义的友情带来很多困扰。许多人都知道友情的可贵，给友情投入了很多的期待，但是在关键时刻友情都没有及时到位，它不能直接地帮助你，这时候你就会觉得非常失望。仔细一想，友情难道就是这样吗？这样的友情是不是太实用了一点。我们生活中的大量的悲苦，实际上是和友情连在一起的，别人信谣也许你并不在乎，如果朋友信谣就特别伤心，其杀伤力就加倍了。

许多人对于友情给予许多期盼，但又不能完全判断这个友情的真假。生命中很多的东西都寄托在友情上，人到一定的年龄可能就是为朋友活着，如果你赖以生存的对象是虚假的，那对你的打击是很大的。因为他的虚假不能说他就是小人，就是坏人，就是来骗取友情的人。这也许是一种错位，你在失望的时候他也在失望。

从友情当中受到打击，往往会带来两种结果：一种是你一直最终没有找到自己真正的知音，另一种是交错了朋友。很多人对友情都有一种期望，高山流水不是很多人能达到的境界。无可否认，人类生活当中确实存在着大量高山知音似的朋友，那些追求人生完满、追求人生灿烂的人很难放弃这种追求。麻烦的是他把一般的朋友错误地升格为第一等级的朋友，就产生了一种自我的追求、自我的错位。

性格敏感的人可能对友情的需求更多，但从友情当中受到的伤害可能性也更大。所以现代人、现代社会在有意识地回避那种最高境界的朋友，倒是非常倡导一种泛泛之交。古人说君子之交淡如水，这也是一种人生哲学，一种人生方式，现代人更是这样。虽然人们一再倡导或者很多人主观上都希望友情非常纯净，不带有功利的色彩，但因为这两个人的相识、交往本身是在一定的社会环境、社会背景之下的，友情当中完全剔除掉功利的成分是不可能的，一般意义上的友情也不必把功利的成分剔除。如果你突然因为一个非常奇怪的案件进监狱了，你对于朋友毫无使用价值了，甚至还有很多糟糕的负面效应的时候，这时你的朋友还来，他们不是来报答些什么东西，但却是对你生命的一种珍惜，对你和他生命对应关系的一种珍惜。真正的友情在本性上拒绝功利，拒绝归属，拒绝契约，它是独立人格之间的互相呼应和确认。

（供稿/中央电视台《文化视点》卓应安）

作业练习

请你根据“文化视点”余秋雨访谈录的内容，重新设计所提问题的骨架，这些问题应涵盖名誉、谣言、友情这三部分内容，使它具有对话性质的访谈录。

四、现场谈话

几个人或一些人就一个问题面对面地进行探讨研究，交换意见的一种语言活动，它应该创造一种类似中央台“实话实说”的氛围。它对培养学生利用群体思议的方式来解决一些模糊不清的问题或疑难问题。集体议论，有利于沟通学生思维的横向联系，互相交流思维的成果。甚至通过争论使学生运用分析、比较的方法达到独立思议，不人云亦云的个性思维方式，并锻炼学生的思维向问题的纵深发展。同时在“实话实说”的过程中，学生是处在边听发言，边说自己看法的双向信息交流活动中，因而也是对学生的听话注意力、记忆力、理解力等方面有所锻炼。另外在即兴中大胆发言，陈述自己的见解，也大大提高了学生良好的心理素质。

（一）实话实说

1．名人做广告利弊

当英国的塞恩斯伯里食品零售公司与约翰·科里斯签约，让其在该公司最新的广告活动中扮演主角的时候，它所采用的是书本上历史最久的伎俩之一。虽然明星的支持可能并非最具独创性的广告工具，但是它却能够十分有效——选择哪位名人和如何利用他（她），都是经过仔细筹划的。然而，对明星若欠缺考虑或使用不当，则可能使广告者的品牌受到不利的影响。

观点参考

优势明显

今天，利用明星的广告商比以往任何时候都多。一个原因是，媒体的迅速成长使可供选择的名人增多。另外一个原因是名人效应的持久性。人才代理公司“名人集团”总裁莫拉姆如是说。

莫拉姆还说：“一名演员，只要人家给钱，要他说什么，他就会说什么——这只不过是另一项工作而已。若是由一位名人来做，你就可以认定，有人对产品进行过检验，他的推销是用自己的名誉担保的。这对消费者来说是一种额外的保证。”

尽管好处是明显的，但是利用名人并不能保障广告活动的成功，因为在对待商业信息方面，消费者已经变得十分老练。一家广告公司最近利用纳尔逊·曼德拉、约翰·列侬和小野洋子为希尔顿饭店做广告。它的董事长德拉尼说：“某人拿了人家的钱来告诉你买一件东西，消费者对这种广告越来越持怀疑态度。其结果是，广告公司不得不更加密切地注意自己所用名人的相关性以及利用他们的方式是否得法。”

选择适当的明星至关重要。要想使广告有效，名人必须与品牌相符。一家广告公司在一系列电视广告片中启用了喜剧演员莫蒂梅尔，因为调研结果表明，消费者视之为“一位非常可爱、机智的‘人民演员’，具有平易近人的品格”。

潜在风险

广告者必须意识到启用其行动和私生活超出他们控制范围的名人的潜在风险。例如，当百事可乐公司的品牌发言人迈克尔·杰克逊的私生活受到指控时，该公司不得不迅速采取行动来保护自己的形象。最好的防范措施是一个强有力的创意，不管名人形象如何都能独立存在的创意。

另外一个风险是一位大名人可能会喧宾夺主。一家广告公司的创作主任比蒂说：“危险在于，广告成为一次得到赞助的幽默表演——观众只记得‘哈利的广告’，而不记得品牌。”

对一位大名人的过度使用也是有风险的。比蒂说：“如果这已是本周第27次使用‘辣妹’做广告，则消费者会视之为与品牌毫不相干的赶时髦。”

一家公司的市场营销主任马什说：“要想高效地利用名人作为联想，就必须采取细致的平衡行动。利用名人只应是达到一个目的的一项手段，而不是目的本身。如果运用得法，可能会非常成功。但广告若很拙劣，则即使有名人参加，也无济于事。”

资料特别提供

打开电视，翻开报纸，现在的明星广告可谓是满眼皆是。爱多的成龙，步步高的李连杰，奇声电子的陈佩斯，先科 VCD 的那英，雪碧的张惠妹，百事可乐的王菲，爱立信的刘德华，新大洲和三元牛奶的姜文，百年润发的周润发……不一而足。

据武汉晚报报道，明星在做热自己的形象之后，往往就会被拿来一用。尚在学生时代的赵薇因为饰演《还珠格格》一夜成名之后，湖北稀世宝矿泉水公司马上让她唱起了“一天喝瓶稀世宝”。

明星广告身价看涨

中国企业最早拿名人的身份作广告炒作恐怕要算孔府家酒厂了。1993年，《北京人在纽约》在国内播出形成“万人空巷”之后，孔府家酒厂当即找到当红的王姬拍摄孔府家酒的“回家篇”广告，为了炒作产品品牌，孔府家酒对外宣称：请王姬，付酬是100万元。

1994 年，当时还是一家小企业的广东 TCL 公司闻知“争议人物”刘晓庆正在拍摄古装片《武则天》，感觉是个契机。据说，当刘晓庆得知并不知名的 TCL 找她拍广告时，态度不屑：“让他们拿 20 万美元吧！”没料到 TCL 公司一口答应。好事的刘晓庆也许认为至少在身份上不能低于王姬。

这以后，据说巩俐给美的电器拍广告的身份为 400 万元，姜文的身份也为 400 万元，而“小霸王”在炒作了一个成龙给“小霸王”免费拍广告的故事后，从爱多电器公司传出的消息说，成龙的“好功夫”得酬不低于四百万元；步步高说李连杰的“真功夫”也不低于四百万元；还有刘德华和周润发的广告得酬都为四百万元以上。今年，请那英的先科公司在业界放话：花了 500 万。这里只有请陈佩斯的奇声电子未在名人的身价上张扬。除此之外，好像每个人都对身价之事敏感，企业也给外界造成印象：我花钱越多越不掉价。

名人怎样促使产品窜红

成龙是中国企业比较喜欢选用的一个人物。成龙本人在香港有“成龙大哥”之称，声誉极高。他饰演的人物形象往往正直、热情，他本人的形象很健康，所以应是一个合适的广告人选。然而，近来成龙又大有将自己形象做乱的热头，既给爱多 VCD 做广告，也给汾煌可乐做广告，这使下一个再选成龙作广告者面临极大的风险，成龙本人所代表的产品形象也变得不再明确。步步高当年选李连杰与成龙的“好功夫”针锋相对是聪明的，这种“搭车”的技法在某种程度上强化了步步高的产品形象。如果说前者属于声誉型名人广告的话，而后者则明显属于策略型名人广告。

奇声电子今年选择陈佩斯出演他们的产品广告应该也属于策略型名人广告。奇声把自己的两个产品——无绳电话和家庭影院都交给了陈佩斯。比较来看，在无绳电话广告中，步步高先入为主，它选用的“非常小男人”形象有广泛的记忆度，人们普遍评价说，“非常小男人”在厕所里打电话的镜头把无绳电话的方便性演绎到极点。在这样的情况下，后来者再创新意的广告时就面临极大的难度。但奇声选择陈佩斯也是一个奇妙之举。陈佩斯也是一个“非常男人”，他饰演的角色一直都很善良、正直，奇声认为这也正好符合了他们的企业精神。在奇声无绳电话的这个广告里，我们确实看到陈佩斯又扮演了一个乐于用奇声无绳电话助人的邻居形象。

在当今中国商战激烈，新的产品不断涌现的当口，起用名人作广告体现个性属明智之举。至少老百姓会认为这里面还有名人的信誉担保。据说，陈佩斯与奇声合作之前，曾十分慎重地对奇声电子公司进行了一番仔细考察。从某种程度上说，名人广告是名人本身和产品一道相互提升，而绝非仅仅是企业在借力使力。

2. 领导干部的环境意识

尽管早就颁布了《中华人民共和国野生动物保护法》，但滥捕、滥杀野生动物的现象非但没有减少，反而有愈演愈烈的趋势。边地姑且不论，仅以京、沪、穗等大城市为例，经营野生动物的餐馆就俯拾即是，生意异常火爆。所吃更是触目惊心，举凡天上飞的、水里游的、地上走的，无所不吃。什么金钱豹、穿山甲、果子狸，黑熊、野猪、梅花鹿，什么鸵鸟、麻雀、猫头鹰，锦鸡、孔雀、白头翁，什么鳄鱼、林蛙、眼镜蛇、蜥蜴、毒蝎、亚洲龟……可谓无所不吃。柳宗元说过：永州之野产黑质而白章的异蛇，其毒无以御之者，触草木尽死。而对于大千世界的众多野生动物而言，某些中国人其毒之大，甚于永州之野的异蛇……触珍禽异兽，尽死！

观点介绍

外国人常把第一个发明机械、第一个飞上太空的人作为脍炙人口的英雄，而我们却以“第一个吃螃蟹的人”作喻，去赞赏那些勇于探索、创新的人。我在北大求学时，便有好奇的外国留学生问我：为什么要以此为喻？第一个吃某种东西的人有什么了不起？这个问题长久地停留在我心中，至今没有明确答案。但有一点是肯定的，那就是“吃”在国人的心目中是多么重要！以至于第一次吃什么东西可以成为一种英雄行为。

据《中国青年报》最近报道，大吃野生动物的饕餮之徒不是别人，多数是领导干部和企业经理！虽然这是一个并无多少新意的“发现”，老百姓早有感觉，但一经记者明察暗访予以证实，我还是感到莫大的遗憾。

干部和企业经理是真正的社会精英且不论，但按照常理，他们多少应当比普通百姓多一些见识，多一点理性，多一点文化，多一层环境意识。换言之，在社会生活中，由于其相对特殊的地位和身份，他们理当比一般群众多承担一些社会责任和道德义务，应当在言行举止上为公众作出表率和榜样，起码不该以道德低下、法律意识、环境意识淡薄的形象出现在公众面前，出现在混吃海喝国家保护动物的餐桌旁。

据悉，这些干部和企业经理中意于此，绝不仅仅出于好奇，而是为了滋养身体、显示气派、表明身份。群众不是没有这份虚荣心，而是缺乏支撑这份虚荣的足够的票子。穿山甲300元一只、娃娃鱼620元一只、鹰650元一只，岂是一般干部和工人、农民享受得起的？而领导干部和企业经理就不同，人家吃什么都是“为了工作”，“为了工作”就不能自己掏腰包！

为了堵住公款吃喝的黑洞，国家三令五申，据说至少发了36个正式文件，然而36个正式文件照样堵不住这些人的大嘴，滥吃野生动物不过是一个缩影。因为它事实上触犯了国家的有关法令，因而格外显眼。破坏生态环境固然是犯罪，破坏人民群众的精神环境又是什么呢？

3. 得奖等于失业

前些日子，在收看中央电视台《文化视点》时，香港著名节目主持人吴小莉谈及香港电影现状时的一席话引起了笔者的注意。她说：在内地，得奖是个终身的荣誉；但是在香港，流行一句话，得奖等于失业。包括一些大哥大、大姐大级别在内的演员也非常担心获奖，因为一旦得了奖，未来一两年内很难再接到片约。

观点参考

这话初听起来有些不可思议，细忖之后，方觉这番活的涵义。试想，演员获奖后，身价自然跟着上涨，而且会变得很挑剔，这无形中给导演带来不小的压力。再者而言，即使最优秀的演员也不可能每个角色都得到观众的首肯。因此，弃用明星，启用新秀便成了明智之举。得奖演员失业也就在情理之中了。

按理说，获奖是一个演员梦寐以求的大喜事，是付出心血和汗水的最佳回报。“得奖等于失业”一说多少有些出乎意料。因为在内地，若某位演员获了奖，尤其是国外某某大奖，媒介的爆炒是肯定少不了的，恐怕片商也会在一夜间踏破门槛，何愁无戏可演？但有一点，是我们的电影工作者所汗颜的，那就是香港电影在相当长的时间都是东南亚商业电影和娱乐电影的“龙头”。而我们至今都在学习香港娱乐电影中的快慢节奏、镜头处理，以及影像张力和动作设计。香港电影业的有名，和它独特的运行机制有很大关系。演员再有名气，不敬业、不服从导演的指挥，势必会被“炒鱿鱼”。再次，演员拍片不纯粹为了获奖，这样反而有利于更好地塑造人物形象。影星成龙曾坦言，他拍片的惟一目的是“除了带给观众一种好的信念、一点娱乐外，就是带给他们开心”。应该说，不管拍文艺片、历史传记片，还是拍喜剧片、动作片、鬼怪片，都是拍给老百姓看的，而不是仅仅拍给评委看的。凡百姓喜欢的影片，不获奖亦无妨；相反，专家称好的影片，观众未必就“买账”。这也是某些影片虽获大奖，但观众寥寥无几的缘由之所在。

这几年，由于媒体的极力渲染，中国影片能否获奥斯卡最佳外语片奖成为一个热门话题。真实，这是一种误导。能否获奖固然重要，但更重要的是如何取得观众的认同和高额的票房。即使一些影片“有幸”得到这一荣誉，恐怕也无法扭转电影市场日渐疲软的现状，反不如静下心来踏踏实实地拍出一批未必能获奖、但百姓却喜爱的影视剧。看看那些参展的各国影片，靠的多是演员深厚的功力，优美绝伦的画面，感人泪下的故事情节，以及惊险刺激的特技。

我一向很奇怪，内地的演员为何获奖前与获奖后是两副迥然不同的面孔。难道获奖就可以“一俊遮百丑”？我忽想，如果内地的演员能够多一些“得奖等于失业”的忧患意识，多一些敬业精神，屏幕上还会有那么多无聊、乏味的影视剧吗？

4．歌手何必都是创作型

不知从什么时候起，歌坛兴起了一股自写自唱的浪潮，一个新专辑推出，总有几首歌是歌手自己所作，有的歌手甚至包揽了所有的词曲。但由于缺乏必要的技巧和经验，一些歌星写出来的歌佶屈聱牙，生涩难懂，还自认为曲高和寡，知音难觅；一些歌星虽然各方面条件还是不错的，但功利的心态、错误的定位，使其在创作中迷失自我，无法被歌迷接受。

观点参考

实际上，歌曲创作并不简单，一首好歌，其实是凝聚了创作者长期的投入与多方面的才能。如罗大佑和李宗盛不仅有熟练操纵键盘和弦乐的功底，其散文和诗歌更是令圈内人士叫绝；李海鹰在大学就是公认的才子，吹拉弹唱无所不精。歌坛也有成功的创作型歌手，比如刘欢写的歌被广为传唱，这应该归于他所具备的深厚的音乐文学修养和创造力。

唱别人的歌并非是坏事，只要是好歌，大可不必都当创作型歌手，不妨集中精力在演唱技巧、改善嗓音条件上下功夫。如果一心两用，又没有足够的文化素养，反而把两方面都耽误了。

5. 电视新闻评论进入“个性化”时代

'99中国电视节目学术研讨会透出的信息表明，中国的电视新闻评论栏目已开始进入“个性化”时代。专栏的鲜明特色加之个性化的名牌主持人是创造高收视率的保证，也是节目生命力所在。而那些只是简单地陈述新闻事实而没有鲜明个性的栏目将被逐渐淘汰。

观点参考

电视新闻评论的个性化，体现在新闻评论栏目的个性化及主持人、记者的个性化。“栏目越有个性，就越具生命力。”这已经成为中国电视人的一大共识。比如《焦点访谈》，是以社会热点、焦点形成社会舆论，达到以舆论监督为目的的电视新闻评论节目，成为全国观众每天关注的电视节目，保持着较高的收视率。其他像北京电视台的《今日话题》，上海电视台的《新闻透视》，广东电视台的《社会聚焦》等，都精心策划，以个性化的面目出现，成为当地的名牌栏目。

电视新闻评论的个性化还在于发挥主持人、记者的个人特色和魅力。在新兴的电视新闻评论节目里，主持人、记者的个人学识、风度、气质、亲和力及富有个性化的语言，已经成为此类节目的重要组成部分。媒体自身也开始有计划有意识地培养和造就独具风格的、有鲜明个性的主持人，用他们的人格魅力来塑造媒体的形象。优秀的电视新闻评论节目主持人，已逐渐成为一个电视台的形象标志。目前像中央电视台的白岩松、敬一丹、方宏进、水均益、崔永元等在个性化评论方面已作出很大努力，已经取得观众的认同。

电视新闻栏目走向“个性化”时代是必然趋势，鲜明特色+名牌主持人将是节目个性化的要素，也是高收视率的保证。

6. 体育是什么载体

如果没有全球性体育盛事，超级跨国公司如何引导全世界目光汇聚在他们的商标、产品上？如果没有商业赞助，体育运动是否能发展到今天的水平？

观点参考

作为商业文化的载体，体育赞助近年来得到长足的发展，对促进体育运动起到了极大的推动作用。众多赞助商像可口可乐、索尼等公司的名字现在可谓是家喻户晓。对于赞助商而言，赞助体育运动可直接树立其企业形象，以及在商业竞争上获得优势。

刚刚结束的世界杯就成为众多商家必争的焦点。今年现场观看法国世界杯观众超300万人次，而电视观众逾百亿人次。足球和国际足联就成为各国超级公司竞相投资的目标。

以可口可乐公司为例，从赞助1930年第一次世界杯开始，至今可口可乐已有近70年支持足球运动的历史，并从1974年起，可口可乐成为国际足联的长期伙伴。

可口可乐公司还不遗余力地赞助世界青年足球锦标赛、世界女子足球锦标赛、世界五人足球锦标赛以及亚洲等洲际青年足球锦标赛，并且还协同国际足联共同宣布世界顶级足球的排名和推广世界足球发展计划（FUTURO）——在发展中国家实施一系列的足球基础理论教育。目前这项计划已遍及125个国家。

可口可乐公司对世界杯赞助投入大量资金和资源，效果如何？且看可口可乐目前每日全球销量超过十亿杯，我们就不难找到答案。

正因为商业发展需求体育这样的载体，那么围绕这一载体向全球推广奥林匹克文化的营销机构便应运而生。在80年代诞生的“国际运动与娱乐营销公司（ISL MARKETING)”便是将商业文化与体育载体有机结合的集大成者。

ISL的方法是让所有奥林匹克大家庭的成员们认识到一个统一的销售权，从而能够大大增加所有成员的收入。ISL推出革命性营销方式的奥运计划（THE OLYMPIC PROGRAM)，简称TOP。参与的公司只要购买TOP的会员资格，便可获得在全世界使用奥林匹克运动标识的权力，应该说这是一项大胆而又富有创新的策略，所以理所当然地得到了跨国公司的青睐。可口可乐、VISA等公司在1988年率先成为TOP的成员。

现时全球的超级国际公司如adidas（阿迪达斯）、可口可乐正是遵循着这样的赞助策略，即全球化运动项目、保证电视转播和报纸等传媒充分报道、名称简洁、独家赞助、保持连续性和正确的受众目标。正因如此，各运动队伍得以在国际体坛上争相竞技，而各大超级公司也因此得到了有效载体，打响了商标，建立了知名度。

7. 我们共同的姓名是什么

日常生活中，不管你是何种身份，在相互问询间，人们彼此的称谓不外乎“同志、师傅、先生、小姐”……因此，有时听起来不大舒服，那么——我们共同的姓名是什么？

观点参考

“张先生、李小姐”，当您听到有人这样称呼您时，不知您感觉如何。这种称呼好像是在80年代由南方传入我市，逐渐流传开来；现在也成为北京人常挂在嘴边的“官称”了。记得刚开始听到有人称呼自己“先生”时，觉得很新鲜，似乎感到自己的身份有所抬高。

待时间久了，新鲜感消失后，对这种称呼也就不以为然了。可近来不知怎的，听到人再这样称呼自己或自己再这样称呼别人时，感觉有那么一点别扭似的。总感觉这好像不是咱们自己的话。另外，用咱北京人的话来说，这样互相称呼显得彼此“生分”了。细想想，是这样。记得有一天，我在街头向一位女青年问路，我刚说：“小姐，请问……”话没说完，她瞪了我一眼扭头就走。当时我既尴尬又莫名其妙，后来无意中听到几位女同胞聊天，我才恍然大悟。她们说：“现在不像以前那阵儿了，一听有人叫我‘小姐’就特别反感，因为马上就联想到了‘三陪’。其实我也知道人家没这个意思。”

称呼，是我们大家共同的姓名。每一种称呼都有其鲜明的时代特征，是随社会的发展而演变的。新中国成立以后，“同志”成为我国公众的通用称呼。这一称呼诞生于战争年代，有着极其鲜明的革命特征。记得曾有一首诗，标题好像是《同志，我们共同的姓名》。主诗通篇洋溢着革命的激情。这个称呼我们高频率地使用了三十多年，至今仍有人在用。改革开放以后，公众口头称呼中的“同志”逐渐被“师傅”代替了。这大概是随着工作着重点的转移，随着一个崭新的时代的开始，人们在不由自主、不约而同地向“火药味”告别吧。其实“师傅”是一种行业性的称谓，其中包含有师徒辈份的意义，但这却没能影响它的广泛使用。现在想想，那阵子也挺可笑的：老年人称年轻的售货员为“师傅”，当教师的称工人为“师傅”，工人称医生为“师傅”，农民向警察也称“师傅”，许多人见到军人称之为“解放军师傅”……就这样，人们自然地经过了一个“师傅”时代。这可能是因为自古有“能者为师”之说，人们只取其尊敬之意，并不过多计较其他意思了。随着改革的深入，经济的发展，北京人好像觉得在称呼上也该上点儿档次了，再加上南方来的改革“排头兵”们大都使用“先生、小姐”的称呼，因此这种称呼便在北京人中流传开了。现在人们对这称呼感到厌倦了，那还会诞生一种新的称呼吗？大家互相称“公民”行吗？这一称呼好像带点洋味，笔者似乎也无权向大家提出这种倡导。但“公民”二字确实很有内涵。

人们对“先生、小姐”的厌倦具有多种原因。主要恐怕还是职业的差异。白领们互称先生似乎顺理成章，蓝领们大概还是对互称“师傅”更习惯一些，更觉得恰当一些。对军人、民警等公职人员们称“同志”可能更合适一些。其实，“同志”这称呼无性别指向，且含有志同道合之意，并不落伍。

同志也罢，师傅也罢，先生、小姐也罢，公民也罢，这都不过是个代号。我们还是顺其自然，别自己别扭自己就可以了，大家互相尊重是最重要的。

（大铭）

8. 话剧，中看中听吗？

A. 最近看话剧，常常竖直了耳朵也听不清演员的台词，当你正琢磨他刚才说的关键词是什么来着，他已经又说下一句话了。现在话剧越来越追求装饰美、形体美，使用现代化的声、光、电，加大动作。可作为话剧之本的“话”，却被不同程度地忽略了。

B. 将话剧当作一般小品来表演，乃是时下申城一些职业话剧演员的追求。具体表现为：抛弃话剧所特有的话剧腔，该激昂时不激昂，该深沉时不深沉，该抑扬顿挫时不抑扬顿挫，而是信口道来，缺乏一种感情和表情的投入。这些话剧演员还美其名曰“生活化表演”。为此，为数不少的资深话剧演员表示不敢恭维。

观点参考

A. 语言是话剧演员的第一功夫，如果“话”都不能说清，那就谈不上体现人物的状态、心理、年代感和职业特征了。已故著名话剧导演夏淳曾感叹：“现在有些年轻演员什么都是将就，不讲究，台词尤其如此。”但是，这些演员美其名曰：说不清楚话，是表演松弛。笔者曾听说过一件事，某戏都快连排了，有位配角的一段台词还没有处理好，念不清。急得导演没辙，退而求其次——“砍”，把这段台词忍痛给砍掉了。还有一位在影视界已闯出名气的话剧演员，白天他有两个电视剧套拍着，下午五点多钟匆匆赶到剧场后台，晚上他在话剧中还担任重要角色。如此奔波，恐怕连静下心想想台词的功夫都没有，台词有时候便说得有气无力。

话剧是一门语言艺术，首先应该说好“话”。法国19世纪的表演大师老哥格兰这样要求演员：“你必须这样刻画和描绘你的角色，以致连盲人也能够通过你的声音、念词和音调的变化而看见他。”这是话剧演员中较高的艺术境界，不仅中看，更要中听。京剧还讲究“千斤念白四两唱”呢，请话剧坚信“话”的力量。

B．话剧演员如果热衷于同一般小品、影视表演一样“淡化表演”，其结果是忽视演技，忽视人物性格形象的塑造。

9．让说话回到平常

说话，本该是人们生活中最正常最随意的一种交流方式。可数年之间，电视上的某些主持人，偏偏把这一件本来平常的事情，异化成了非常不平常，比如装腔作势，比如嗲声嗲气，比如故作深沉，比如虚假煽情，比如超常激动，等等。于是过度职业熟练与油滑的种种“美声”，反而越来越让观众难以接受，所以只要某些主持人在电视上刚一张嘴，就会有观众们赶紧换频道而非礼勿视。

但经过与观众的不断交流与磨合，电视台这两年在选择主持人上，也开始慢慢走向了平常。于是，我们终于在中央电视台某几个栏目中，很难得地见到了像方宏进、崔永元、黄健翔这样的主持人，听他们用最平常朴实的说话方式，与观众进行十分亲切真诚的交流。

观点参考

在《焦点访谈》节目中，只要一听是方宏进的声音，我马上就会老老实实地坐下来，听他把一件事情慢条斯理从容不迫地说完。说实在的，方宏进真不是一位潇洒俊男，但他沉稳自信却不夸张，听他在节目里说话，绝对是让你完整准确清楚明白地了解一件事情的来龙去脉，而毫无过分炫耀表现自己的成分，更没有俯瞰芸芸众生的轻薄傲气。

所以，在我看来，方宏进首先是一名好记者，而不是一位表演型的主持人。

而崔永元刚一出现在《实话实说》节目里，就立刻赢得了观众的广泛认可。他言谈智慧机敏但并不卖弄机灵，他有足够的文化底蕴，但绝不掉书袋故弄玄虚，他开起玩笑幽默风趣但从不油嘴滑舌。的确是以“实话实说”而换来观众的亲近和信任。

当有几个相当糟糕的体育主持人，成了球迷经常批评的对象时，黄健翔的解说，对球迷来说，无疑是一种有品位有涵养有分寸的“福音”。听他解说足球，极少外行假充内行，明明嘴笨还非要前言不搭后语，错误百出赶命一般地抢速度。对球场上的比赛，他的解说有见地有预言有评价，但从来都把进一步的想象留给球迷，听他解说球赛，真是一种难得的享受。

综上所述，这三位电视主持人，他们风格不同各有千秋，但异曲同工之处，其实就是一点：他们都让说话回到了本真和平常。

我在电视之下，也曾接触过一些电视上的男女主持人，当没有摄像机就像枪口一样瞄在面前的时候，他们其实说起话来，也非常正常随意，毫无矫饰、做作、显摆、虚假的成分，可不知为什么，只要他们一离开人群，再回到镜头前面，那职业的假嗓假声就又情不自禁会拿捏出来。

张艺谋有部电影片名起得实在可爱，叫《有话好好说》。但愿那些老在电视上有话说不好的男女主持人们，也能从方宏进、崔永元、黄健翔他们的说话方式中，得到几分举一反三的有益启示：真诚第一，质朴第二，大俗是大雅，有底气才能平和。否则装假说话时间太长了，还真不一定就能矫正得过来了。

（文/何东）

10. 北京电影学院一位研究生“口出狂言”：导演水平制约我国电影发展

中国电视的发展

据服务导报报道，现在电影导演普遍缺乏专业知识，甚至一些名气很大的导演也不精通当代电影的基本常识。这是阻碍我国电影实行产业化，造成影片质量普遍低下的最重要的原因。北京电影学院一位研究生在半年来接触近百位电影导演后得出以上结论。

观点参考

这位研究生为撰写论文，通过导师和熟人的介绍，从今年初开始与我国许多电影导演作广泛接触，并就国产电影的产业化等进行深入交谈。他发现，不少“著名”导演对电影基本知识的无知程度令人吃惊，比如：不清楚电影与一般戏剧"戏剧性"的区别；虽然都知道镜头的"切换"，却不知道观众对同一场景切换次数的心理承受程度；说不清构成现代"动作片"或"灾难片"的几大要素；对电影"产业化"生产程序缺少基本了解等等。

这位不愿透露姓名的研究生认为，由于专业知识的普遍欠缺，致使我国电影出现三大"特点"：一是模仿性强。如某部电影不仅在影片结构，甚至在故事内容上都"抄袭"了美国早期影片《与狼共舞》；某著名导演"创造"的全部使用业余演员的做法，实际上只是搬用了意大利的"新现实主义"；不久前获某国际大奖的一部影片的音乐风格，基本上是模仿了《泰坦尼克号》。二是太个性化。不少导演以突出自己风格为名，掩盖专业水平上的不足。这类影片一般只能靠炒作来吸引观众。三是小作坊制作难成规模。不少导演对当代观众需要的"大片"缺乏制作经验。

该研究生指出，我国电影导演成名的基础往往不在于他们拍摄的影片，而是影片之外的种种社会炒作。五六十年代的一批知名导演多少受前苏联电影体系较深的影响，无一不对这一体系的专业知识有较深的研究。"文革"造成的"文化断层"则使现在的"业余"水平走红一时。与此同时，毕业于电影学院导演系的"学院派"则敌不过实力雄厚的"杂牌军"。导演专业水平不高加上体制、资金方面的因素，已经造成我国电影至今未能形成产业化规模的三大原因，而其中最致命的是导演的水平问题。

（李平）

（二）评　　述

节目中，主持人对向观众所提供的信息谈自己的见解和感受是经常的。评述的关键在于"评"，在这里，无论是先述后评，还是边述边评，都应注意"评"与"述"是相结合的。这个练习除了提高我们的语言表达能力外，还可以提高分析能力、理解能力、鉴别能力和评论能力。进而使我们的思维更具灵敏性和条理性。要求在进行评述时，原意要如实反应，对材料进行深入研究、具体客观地分析，观点才能公允，分寸才能把握得当。表述看法时，观点鲜明，依据充分，令受众折服。有声语言也应该准确、简练、严谨，体现出说理的力量。

1. 点评

(1) 在返回桂林的途中，停车休息时，我钻进密林，突然眼睛一亮：兰花！我知道，兰花是群芳百卉中的珍品。我小心翼翼地把它从土里起了出来……极小心地用塑料袋把兰花包裹好，我要乘汽车，坐飞机，把这珍爱之物带回北京家中，为陋室添一风景。

(2) '97中国江苏“明星城之星”周雯雯说，我要用成绩证明模特不是“花瓶”。她的父母为她请了两位老师，一位教舞蹈，一位教英语。她还能如数家珍地随口报出一串历史典故。

“模特虽然都该有俊俏的外表，但绝不应是腹中空空的花瓶！我想，我目前取得的成绩已证明了这一点。”周雯雯如是说。

(3) 近日济南市妇联不断接到投诉电话，反映位于省城纬七路的一座楼楼顶，有一块对妇女含有歧视色彩的“怡人洗脚城”的广告牌，画面是一个一米见方的粗大脚丫子里非常逼真地画了一个青年妇女的肖像，5个脚趾头紧压在妇女肖像的头顶。

(4) 北京市文物系统31家博物馆从今年3月起试行的每月第一个星期日免费开放制度明年将缩小接待范围，免费接待的不再是广大市民，而仅限于北京市离退休干部。免费日活动未达预期效果，免费日人满为患，售票日门可罗雀。有关人士认为，免费开放从目前来看不宜普及，一味强调免费开放是对博物馆人员劳动的不尊重，对文物的不尊重，与市场经济规律也背道而驰。

(5) 新年音乐会在北京遍地开花，不仅一家音乐厅就演出了18场，还有星级饭店、大型商厦也跟风般地纷纷赶起这个时髦，办新年音乐会。音乐界认为，这种新年音乐会除了热闹以外很难称精品，无法与维也纳新年音乐会、柏林新年音乐会等相比。他们认为，我国的新年音乐会自1995年在北京开始举办后，到了1997年则有泛滥之势。

(6) 广西南宁市至少四千多人没有过好元旦，1997年12月29日，非法传销商原广州生威保有限公司人员带着四百余万元传销款逃之夭夭，4000上套者风雨中哭天喊地。传销者中有人早有怀疑：“哪有这种天上掉馅饼的事？”有人说得更直白：“非法传销无非就是大骗子骗小骗子，小骗子再骗小小骗子。”事出后，有人不从自身找原因，却说：“110怎么不管管这事？”而此间新闻媒体曾对“生威保”的非法传销穷追猛打。

(7) 清退民工工作进展顺利，南京市已从轻工、冶金、机械、化工、纺织及电子行业腾出近四千个岗位。然而，记者21日从市劳动部门获悉，民工腾出的岗位至今仅有一千多人愿意顶上去。

(8) 南京市为取得自学考试毕业证书的农村户口的考生办理“农转非”手续，是该市实施自学考试工作十余年来的第一次，截至昨天，短短一周已有一百余人来办理登记手续。

这些登记名单将于月底上报有关部门审核，最后由公安局为这些“农转非”考生发放准迁证。

(9) 10月31日，山东一位民乐演奏家在山东医学院附院做老年白内障手术，手术中医生将患者左眼右眼颠倒，术后一只眼完全失明，至今仍未出院。“山医”附院医务处负责人否认手术有做错眼的问题，并说手术失败是因患者右眼爆发性脉络膜出血造成的。此事发生后，张家和院方多次交涉，院方至今未给明确的说法。

(10) 12月10日发生的平顶山市西区五七煤矿瓦斯爆炸事故现场处理和抢救工作，目前正在紧张有序地进行，据初步了解，这起重大责任事故是因突击生产冒险蛮干造成的。

(11) 广西一些地方的群众团体自发开展民间医生专业技术职称评定工作，据一位知情的民间医生说，在广西首届民间医师学术经验交流会上，会议组织者——广西老科技工作者协会医药卫生分会下属的广西民间医师分会，给与会的百余人评定职称，申报医士、医师、主治医师、副主任医师、主任医师职称者，分别交纳300元、600元、1200元或3000元的审评费。这位民间医师还告诉笔者，今年6月，他已获得副主任医师职称，但接过证书一看，发证机关是南宁地区科学技术协会，属群众团体。

(12) 在江西省九江修水之间，沿路的大多交警无论何时何事，无论是自己还是带人，上了公交车都是坐好位，手一摆，说声“我是交警”便算“买票”了。

(13) 去年11月25日，唐胜利被四川眉山天涯夜总会的老板胡水元（化名胡天成）以招收服务员为名，骗到眉山，逼迫她看黄色录像并做三陪小姐接客。唐姑娘宁死不从，由二楼跳下，致使腰椎骨折，下半身完全瘫痪。据说，截瘫恢复的可能性不到2%。事后，胡水元只被判一年劳教。

在眉山，唐胜利的病友曾劝她的父亲：“胡水元这个人后台很硬，你动不了他，千万注意安全。”某报记者拒绝采访，而他们也承认，多次接到匿名恐吓电话，一类威胁他们“少管闲事，小心收拾”；一类诋毁唐胜利的人品。

(14) 要么脱装经商，要么严守纪律。黑龙江省向亦警亦商、明警暗商者亮出红牌。此项工作始于1997年10月，有144个政法部门加以整改，涉及政法干部1102人。

(15) 湖南邵阳市的700万市民几乎都知晓有个厉害的新闻“青天台”——“866台”。“866台”是“邵阳市866舆论监督台”的简称，是邵阳市委、市政府为优化投资环境而设立的新闻舆论监督机构。其主要职责是对被投诉的行政执法部门和社会各界进行有力有效的舆论监督。“866台”记者享有不少“特权”：“866台”不同于市内任何一家新闻机构，直接由市委、市政府主管，其记者可以“采访无禁区，稿件优先发”并享有“专奏权”。

(16) 记者近日从武汉市房改委资金管理中心办公室了解到：该市今年为支持和鼓励职工购房而预备的1.5亿元专项贷款到目前为止仅有一千多户申请，而申请的绝对金额也仅为三千余万元，尚不足预备额的零头。

(17) 从今年1月1日起，浙江省人民警察必须持有重新换发的《治安检查证》，才能对辖区内公共场所、特种行业等进行治安检查管理。否则，当事人有权拒绝，这是浙江省公安厅在近日召开的情况通报会上公布的。

(18) 据第二届“葡萄酒文化日”组委会透露，近一年来，我国葡萄酒果酒工业发展迅猛，新建葡萄酒厂一百多个，全国目前葡萄酒企业已达三百余家，而白酒生产则逐渐降温，人们的饮酒习惯正在改变。

(19) 弘扬社会正气，鼓励见义勇为的《青岛市表彰与保护见义勇为公民条例》于12月13日被山东省八届人大常委会第31次会议审议批准，这是山东省第一部为支持“义士”而设立的地方性法规。

(20) 中国人权发展基金会教育培训中心与北京市总工会职介中心在推动再就业工程上的合作今天正式开始，据中国人权发展基金会教育培训中心主任符孟渔透露，由该基金会资助再就业工程在全国范围内还是第一次。他说，这次行动全是公益性质的，它体现了对人的劳动权、生存权和发展权的维护。

五、创意合成

这部分内容，只是给同学们提供作节目的素材，大家还可以根据所选题目再对内容进行充实，然后经过自己的创意，做一期完整的节目。

1. 美容

(1) 美容会使你身心健康

国际上颇有名望的香港医疗美容专家李文华说：我们常常说美化社会，人的美化比其它美化更重要。许多人注重在衣服上投资，却没想到在美容上投资。其实，美容的本身是最大的投资，回报率是很高的。美容整形后，好多人找对象、找工作都明显的不同了。几年前，我自告奋勇为一位倒挂眉的男士免费美容——纹眉。纹完以后，一个原来看上去似打瞌睡，又像贼眉鼠眼的人，顿时变成精神抖擞的男子汉，这位男士感激不尽地说："别人看到您改变了我的面貌，其实我最大的变化是精神面貌。我现在心情开朗、自信而充满力量。"女人纹眉、纹眼线不仅可以节省每天花在画眼线、画眉毛上的时间，而且不怕流泪、沾水。

是否中国人的经济实力还不够去美容的水平？李文华认为美容本身不在于花钱多少，而在于美容知识知道多少。这其中包括根据自己皮肤的条件去选择适合自己肤性的化妆品。化妆的最大作用，是利用化妆品去掩饰瑕疵，使得妆容上的优点更加显著。其次，化妆也应该与年龄、身份、时间、场合和服饰等方面作出恰当的配合。常见有些青春活泼的女孩，化妆得像一个"风流贵妇"似的；一些已经步入中年的妇女，把脂粉在脸上堆涂，浓艳得近乎庸俗。李文华认为，要保养好皮肤，必须懂得喝水。一般人注重脸的干净，衣服的干净，却忽视了肠胃的干净，好多人脸上色素沉着、黑斑很多都是由于肠胃脏引起的。只有多喝水，多用水冲洗肠胃，让皮肤新陈代谢正常，脸才会干净。

(2) 留住青春要讲究科学方法

"靠科学方法养护皮肤，比单纯用化妆品能更有效地防止和延缓脸部皮肤出现皱纹等衰老征兆。"有二十多年美容工作经验的刘苏珊在最近开业的苏珊美容院里，实地解释她的观点。

美籍华人刘苏珊目前是美国加利福尼亚州美容师院取得执照主考教师。

她希望通过在北京工人体育馆内开设的合资美容院把国外美容方面的新动向介绍到国内来，帮助更多的人实现青春长驻的愿望。

刘苏珊强调现代美容必须和传统手段相结合。现代美容主要是利用药物养护、人工磨砂等多种方法延缓皮肤衰老。甚至使用一些医学手段，去掉松弛下的眼睑或拉紧明显的皱纹，改善已出现的老态。对有些人还可以辅以化妆，使人的面部年轻而有神采。刘苏珊认为，传统手法同样很重要，可与各种现代的办法并存，比如自我按摩。在北京，她曾指导一位中年妇女自我按摩，改善发胖后脸颊肌肉下垂并堆积在颈部的状况，效果很明显。

在美容中，刘苏珊觉得安全卫生这个环节更不容忽视。美容离不开化学药品。每个人体质不同，对药品的适应性也不同。她认为美容师应充分了解药品，具备必要的医学知识。就拿最大众化的项目烫发来说，好的美容师应该了解每个人发质的差别，头发烫过与否、损伤程度等等。然后从数种冷烫药品中选择合适的品种，这样才能保证烫出的发型持久而不伤头发。

(3) 她追求的是内在美

在强手如林的北京青年公共礼仪大赛中，二商局职工大学的青年女干部丁文并不是参赛选手中长得最漂亮的。但她却荣获最佳奖，并在决赛中被评为仅10名的北京公共礼仪荣誉迎宾员之一。她是靠什么成功的呢？也许，她在赛场上回答主持人的一段话，可以看成是她成功的“诀窍”。

主持人问：“你认为人的外貌不能由自己左右，那么如何追求更高层次的美呢？”

她回答：“人的外貌是天生的。但如果只是相貌好，而言谈粗俗、知识贫乏，不能给人以美感。内在美才是美的最高层次和真谛。追求内在美一要有健康、开朗、积极的人生观，二要不断学习各类知识，充实丰富自己，并培养广泛的爱好。三要树立正确的审美意识。用一句话概括：一个人不是因为美丽才可爱，而是因为可爱才美丽。”

23岁的丁文在生活中就是这样追求美的。她热爱学习，参加了财贸学院经济法大专班的学习，并在业余时间自学英语，成绩颇佳。她喜好画画、书法，常在学校的黑板报上一展身手。她爱读文学作品，从中汲取了广博的知识。她还是学校文体活动的积极分子，运动场和舞场上常能见到她潇洒的身影。当然，她也很注重化妆和服饰，她在这方面的原则是：不追求时髦，但要落落大方。由此可见，丁文能在这次比知识、风度、口才、形体、应变能力等综合内容的礼仪大赛中脱颖而出，正是她平日努力追求内在美的结果。

2. 刘帅

(1) 任志庆双手接落童

连医生都不相信：四岁半的男孩刘帅从15层楼上跌下，在生命即毁之际，却被一双普普通通的手挽救了。

前天下午5时15分，朝阳区六里屯住宅区里，一阵孩子哭喊声从高空传来。

楼远处的人们闻声望去，只见一个胖墩墩的孩子躺在了4号塔楼15层的窗台上。有人不禁惊呼："别迈腿，快回屋！"没想到，不懂事的孩子反而把另一条腿迈出了窗台，接着又往外一滑，返身双手扒在窗框上，身体悬在了半空中！

这个小男孩名叫刘帅，住在15层6单元，当时他妈妈出门倒垃圾，一阵风把单元门撞上，屋里只剩下小刘帅一人。焦急万分的妈妈一边敲门一边喊："你在屋里等着，我去姥姥家取钥匙，千万别动弹！"

正在他妈妈飞跑着去同住一幢楼的姥姥家取钥匙时，在楼外的人们看见一场撕人心肺的悲剧就要发生了。楼下的人们惊呆了，几个乘凉的老太太吓得用手紧紧捂住了双眼，此时，北京荧光灯厂31岁的工人任志庆和妻子带着两岁的儿子照完生日照片正路过此处，一看到摇摇欲坠的孩子，任志庆不禁大喊一声："不好！随即把自行车和坐在后衣架上的孩子往妻子身上一推，疯子般地飞向4号楼。

与此同时，楼区另一侧，一位不知名的小伙子也伸臂奔来！

一秒、二秒、三秒……只见悬在高空的孩子挣扎了几下，随着一声惨叫，从四十多米的高空重重摔下……

孩子"自由落体"坠向地面。任志庆像箭一样冲向孩子的落点。

十分之一秒、百分之一秒，就在孩子落地的刹那，任志庆伸出了双臂。孩子带着几百斤的冲击力，重重地砸在了他的前额和身上，顺着他的面颊滑下落在了他的双臂上，随之和他同时摔倒在地。孩子还在哇哇大哭，任志庆却昏死过去，鲜血从他身上流出。

同时跑来的那位不知姓名的小伙子窜上来抱起孩子，喊住一辆过路汽车，直奔医院。等孩子得到救治，他又赶回刘帅家报了信儿，便悄悄离去了，最终也没留下姓名。

又拦住一辆汽车，抱起浑身是血、昏倒在地的任志庆送往医院救治的人们，同样没有一个留下姓名。

现在，小刘帅转到北京儿童医院治疗，已经没有生命危险。

任志庆经抢救也脱离危险，但眼睛充血，鼻梁骨被砸裂。他用手挡着接孩子时被砸肿的手臂腼腆地对人们说："我当时看见孩子扒在15层楼的窗台上，太悬了。什么也顾不上，就想着把孩子接住。"

刘帅的姥爷刘志强指着任志庆说："他是我外孙子的恩人，是咱身边的活雷锋啊！"

(2) 豁命也要接住孩子

"任志庆双手接落童"的消息一传开，听众纷纷打电话询问任志庆近日的情况。为此，记者带着听众的嘱托，昨天再次赶到任志庆家。

一进任家门，明显感到任志庆的精神已从出事时的紧张中松弛下来，负伤的眼睛和胳膊已经消肿，但仍然有些青紫。他抡一抡胳膊风趣地对记者说："医生说我脑震荡，我的脑袋也确实有点晕，但凭我这身子骨儿，现在挑担水没问题！"

回忆起那天飞步抢接刘帅时，这个在厂里工作一贯认真的人干干脆脆就几句话："当时我什么也没想，如果真要想点什么，也许就接不住孩子了。孩子掉下来时太惨了，我当时就感觉像是自己的孩子要出事，豁命也要把他接住。再说，当时冲上去的也不是我一个人，还有那个不知姓名的小伙子，我真希望你们记者想想办法，多宣传宣传他。事后我又知道，其实我爱人也没顾上管自己的孩子，也跟着我冲上去了，可是她没我跑得快。"

任志庆的爱人刘欣荣是北京化工二厂的工人。她截住任志庆的话头说："快别说我了，这几天我们家成天不断人，从街坊四邻到各级领导都来看望，其实我们没干什么，谁遇见这事儿都得管。"

"这也是，"任志庆接过话茬儿说，"本来我想第二天就上班，不让人们知道这事儿，谁知道领导都来了，非让我休息，真不好意思，也担待不起。再说，不也就做了这么件普普通通的事儿，如果我当时没接住孩子，我会后悔一辈子的。"

在采访中记者得知，任志庆负伤后，他所在的北京荧光灯厂和市照明公司、一轻总公司的领导都来看望过他，一轻总公司还派专车接他到天坛医院作了全面检查。还有一位懂医学的70多岁老大爷，听说任志庆救儿童这件事后感动得不得了，专程赶来为他做全身按摩……

正说着，小刘帅父母所在的市煤气公司党、政、工团的领导带着慰问品也来到任家。他们带来了刘帅父母所在班组工人凑钱买的慰问品，再三再四地请任志庆务必收下这点敬意。

在座的任志庆80岁高龄的父亲任振源显得特别高兴，他激动地插话说："出事后，咱不担心志庆怎么着。唯一惦念的是孩子别出大事。我这辈子就求上进，看来我没白教育志庆，党也没白培养他，他光荣，全家也跟着光荣啊！"

刘帅的妈妈刘增杰也赶来了，她红着眼圈说："任大哥就是刘帅的再生父母。出事那天是任大哥儿子的两岁生日，我家刘帅的生日以后也就改在这天了。往后，两家成了一家，两个孩子的生日就在同一天过了……"

真挚的情感，欢快的笑语，在这个劫后余生和救人者的家庭里久久荡漾开来……

(3) 寻找不知名的手

许多听众打电话，强烈要求找到那位同时伸手接小刘帅的"无名者"。同时，还有人向记者述说了当时的情景。

当时一个捧着茄子和西红柿的小伙子，他走到4号楼附近时听到人们的惊呼声，发现小刘帅已经悬挂在空中。情况万分危急，只见他扔下了菜就张开双臂冲了过去，几乎与任志庆同时到达孩子摔落的地点。孩子快落到任志庆头上时，他伸出了右手去接……

当任志庆和刘帅同时摔倒在地上昏过去时，小伙子当机立断抱起孩子就朝着附近停着的一辆小卧车飞跑，但跑到车前才发现里面没有司机。这时有人已经紧急截住了一辆双排座小货车，那小伙子抱着孩子就上了车。

听完这些情况后，在记者再三请求下，热心人带着我们一直寻找到双桥，终于见到了那位不知名的小伙子。此时他才告诉我们，他叫史海龙，今年28岁。史海龙接着说："救孩子可不是一两个人的功劳，当时有不少人在帮忙，要不是那位热心的老司机，要不是医护人员的及时抢救，孩子也就悬了。说真的，我也是个当父亲的人，谁家骨肉不心疼？谁看着孩子从那么高的楼上摔下来也会上去接的。"

史海龙把孩子送到医院后，又赶到小刘帅家报信，之后才发现自己的西服沾满了孩子的血，接孩子的手也十分疼痛。记者看到，此时他的右手中指仍然肿得像根小胡萝卜。他对当时扔掉的菜已经忘了，没想到一切安排好后，当他返回扔菜的地点时，惊奇地发现，有人把散落的菜又归到一起，茄子、西红柿一个不少，简直神了。

临别时，史海龙告诉记者，等小刘帅出院时，他一定去接。

（4）爱，在十五层楼下延伸

昨天，北京儿童医院外科第一病房。

一大早儿，院长、医生、护士都纷纷前来为35天前送到这里抢救的小刘帅送行。小刘帅的家人来了，市煤气公司和荧光灯厂的领导、职工也赶来了，二十多人挤在病房里，阵阵欢声笑语。

痊愈的小刘帅换上了一套崭新的衣裤，欢快得像一只小鸟，从爸爸妈妈怀里，一次又一次扑向医生、护士的怀中……

任志庆、史海龙来了，小刘帅瞪着两只大眼望着眼前这两位叔叔，在妈妈的提醒下，一头扑进了任志庆怀中，使劲亲着他的脸，接着就抱住史海龙的脖子，又是两声响响的吻，然后冲着两人甜甜地叫着："爸爸！爸爸！"望着这三位新结识的"父子"，人们眼前又浮现出那惊心动魄的瞬间……

3. 惊心动魄的一幕

4月20日，北京的夜晚，微风习习。欢歌笑语从展览馆剧场中飘出，荡漾在宁静的夜空。

这里正在举行"海峡情——纪念五四青年节"文艺晚会。第五个节目，是总政歌舞团舞蹈家，连续三次在全国舞蹈大赛中夺冠的刘敏表演独舞《祥林嫂》。刘敏翩然起舞，时而像云一样轻盈，时而像剑一样刚劲，时而像地底流动的岩浆那样深沉有力，时而又像幽暗处透出的微光那样飘忽不定。她用肢体的高难度动作诉说着祥林嫂在封建礼教压迫下痛苦扭曲的心灵。

音乐的节奏变得激越了，刘敏仰头飞快地平转，仿佛灰暗的空中飘下的一团飞旋的雪花，向舞台的边缘转去。忽然，她消失了，人们还没来得及看清她的脸，她却毫无防备地跌入二米多深的乐池，舞台边铺着的蓝布被她的身体撕开飘起，像深井中溅起的水花……

音乐戛然而止，剧场刷地静下来。好像人们用双手小心翼翼捧托着的一件宝物被打碎了。四周的空气凝固了，静得使人窒息。忽然，一个观众挥手高叫："舞台太小了!"随之爆发出一片喧哗，"太可惜了!""完了!""不死也残了!"人们像潮水般涌向台口，观众的叹息声、救护车的急切呼叫声，汇成一股躁动不安的洪流，在剧场内外激荡。

刘敏被几位热心人小心地抬着，走进黑暗之中，化妆室门口，里三层外三层围满了演员和舞台工作人员。"怎么样了?"人们焦急地询问，等待着。化妆室里，刘敏躺在两排临时拼起的椅子上，接受医生的检查。她胸脯急剧地起伏，脸上满是汗水，上气不接下气地说："也不知是怎么回事，完全被剧情笼罩了，以为台口的蓝布下是实地……"

导演满头是汗地挤了进来，压低嗓子问："感觉怎样，救护车备好了。"

刘敏睁开大眼："我没事，请转告观众，谢谢他们，不要影响大家的情绪。""我休息一会儿，再把最后3分钟节目演完。"她声音很轻，但斩钉截铁。

"不行! 不行! 伤势不明，万一有内出血怎么办?""你不要命了?"

人们急了，导演急了，刘敏也急了："我一定要给观众一个完整的节目，不然对不起大家。"

周围的人默然。他们还能说什么? 天幕垂下，音乐又起，刘敏又从她摔下台前的那一串仰头平转开始起舞。她从容洒脱，像大河长江一泻千里而不可收拾。台下的人却如心头重压了一块千斤巨石。细心的人还可以发现，她的腿在颤抖，她的呼吸是那样急促。

舞台上的灯全亮了，她脸上闪着晶莹的汗珠，走向麦克风，温柔而激动地说："艺术家的上帝是观众，是观众保佑了我，谢谢大家!"她深深地向台下鞠了一躬。

掌声，热烈得好像能把她托举起来。两位姑娘冲上台，把不知哪儿弄来的鲜花献到她的怀里。

刘敏不停地流泪，直到最后谢完幕，被送进了医院。

1991年4月20日，展览馆剧场，《海峡情——纪念五四青年节》文艺晚会，总政歌舞团著名舞蹈演员刘敏表演独舞《祥林嫂》时不幸从舞台上跌入乐池，她爬起来强忍着疼痛演完最后3分钟，全场观众报以热烈的掌声。

在刘敏的家里我见到了她。

谈起这事，刘敏只轻轻说道："我爱舞蹈，舞台上20个春秋一直追求的就是艺术的完整。从舞台上摔下来的时候，我只想不能对不起大家，不能把一个残缺的艺术形象留给观众。有幸的是观众也同样感受到了我所做的一切，近来有很多观众通过各种渠道慰问我。我觉得这是心灵沟通的一种升华，真是一生难得。”

刘敏这个月一直在家休养，但仍带病试排了舞蹈《咏梅》和《火凤凰》，准备参加“七一”大型歌舞晚会。经过休养，她身体已基本无恙，只是颈椎还不太舒服。

舞蹈圈中的人对刘敏的评价是“大家风范”。确实，刘敏在舞台上淡淡的表演，带给观众的总是如醇酒一般浓浓的感受。

艺术上的追求和生活上的追求境界是一样的。舞台之下的刘敏同样追求生活的多彩，她喜欢看书、看好电影、听音乐，她尤爱小玩具，姿态各异的小玩具布满房间的各个角落。

相信将于今年 11 月举办的刘敏专场舞蹈晚会上，我们又可欣赏她翩跹的舞姿了。

4．京城荧屏渐热包装

“启用新标志，包装主持人，北京电视台生活频道崭新面貌迎国庆。”前天见诸本报的这一条小消息，在大多数人看来不免稀松平常，但它传递出来的信息却让业内人士颇为鼓舞。

“香港电视媒体不论娱乐节目还是新闻节目都极讲究包装，这与内地电视媒体有很大不同。”“专门为各个主持人拍推广片，在电视广告节目中播出，不断强化主持人形象，这在内地台是没有的。”香港凤凰卫视中文台主编潘红星先生把这话说在今年的 2 月 14 日。而今天，内地尤其是北京电视媒体，自我包装方面或许尚嫌稚嫩然而却是坚决的举步，却已经是大家眼中的现实。而时间，仅仅过去了半年而已。

BCTV—4 生活频道：包装为树频道形象

前天下午，记者专程前往采访。北京电视台生活频道欧阳程副主任告诉记者，自 1996 年 11 月 8 日开播至今，生活频道已快走完第 3 个年头。来自各方的反应是：分开来单个栏目都还算看得下去，但是整体却失之松散，没有一个明确的整体形象。于是，生活频道为达尽快树立频道新形象之目的，决定在频道整体包装上痛下功夫。

生活频道此次“全新包装”内容主要有两项，一是推出新台标，细心的观众或许已经注意到，从9月1日开始，再锁定有线四生活频道，会看到荧屏左上角往日只有孤单单“生活频道”四个字的位置，多出了两只相握的手，意在“生活频道与老百姓心手相牵”。

而更比新台标要显眼得多的是被“精心包装”隆重推出的7位主持人。他们每个人会有一部专门为之拍摄的时长20～25秒的形象短片，以每隔30分钟（平均）的频次反复滚动播出，他们在各自形象片中朗朗说出“真情告白”也是频道专为他们度身定制。

CCTV—8电视剧频道：包装要成系统和声势

希冀以包装主持人形象凸显频道风貌，北京电视媒体中已有开风气之先者。不久前一部集中了北京电视台十余位主持人的形象短片也是毫无预告地突入观众视野，在荧屏上也颇滚动了一些时日。片中主持人意气风发、节奏明快地你来我往，每人一句与自己栏目相关的话说得踌躇满志，颇令不少第一次领略如是风光的观众耳目为之一新。业内人士也为之欣喜，将之与7月间那次轰轰烈烈的飞黄直播并提，认为这是北京电视台在上“星”后备感压力的情况下，扬鞭奋蹄、重振河山的昂扬之举。

当然，“包装意识”并非只体现在包装和推出主持人这一方面，为之猛醒的也不独北京地方的电视媒体。今年5月3日，由中央电视台第八套节目（原文艺频道）改版而成的“电视剧频道”的正式播出，可谓电视界一件大事。全新登场的“电视剧频道”一望而知在整体包装上用心良苦：特别制作了统一频道标识、总片头、主题音乐、形象片、频道片花、频道宣传片、频道广告语等，全天安排了11段包装时间，滚动播出。目的，有关方面一言以蔽之：“使整个频道在包装上形成系统和声势，并通过包装为频道定型。”

有业内人士指出，这种现象背后，是频道间的激烈竞争这一只无形大手在翻云覆雨。其掌风所到之处，人人如履薄冰，无人再敢高枕各种“先天之利”大而化之，代之以时时警醒，处处求变。

凤凰卫视中文台：包装打造明星主持

“我们借鉴了凤凰的模式，但具体做法又有所不同。凤凰的主持人说的是自己的栏目，而我们的主持人所说根本都是一句话：生活频道是观众的知心朋友。突出频道宗旨是包装的核心。”前天的采访中，这是生活频道有关人士一直着力强调的一点。

说到频道及主持人包装，的确不能不说香港凤凰。凤凰卫视中文台台长王纪言曾有一句名言："在凤凰台最有才干的不是台长而是主持人。"而在一篇名为《大众娱乐 1998 继续造星》的文章中，有这样一句话："1998 年不乏一夜成名的神话。由于'两会'转播报道，大家认识了明星式的凤凰卫视主持人吴小莉。"

一句"明星式的主持人"可谓点睛，而"制造媒体明星"更是凤凰媒体包装战略中的不二法门。正如凤凰卫视中文台主编潘红星所说，"凤凰卫视新闻包装体现在主持人身上，推出主持人，靠新闻主持的明星效应带动节目。"这既包括为主持人创造施展才华的机会，为之"度身定造"适合其性格、风格、特长的栏目（例如陈鲁豫和《凤凰早班车》），也包括抓住一切机会为主持人造势（比如吴小莉的"两会"被朱镕基点名）。

而其他诸如每年为主持人拍两套照片，为每位主持人制作印刷精美的"明星卡"（带凤凰台标和主持人照片，供为观众签名之用，要求主持人必须随身携带），安排其他媒体对主持人做宣传报道等，则早已成为凤凰公关部门熟练的"技术动作"了。至于说到为主持人拍推广片，谁又能忘了那个笔挺西服、双手插兜、咬牙发狠"这次我把宝全押在《铿锵三人行》上了"的窦文涛呢？

以主持人为中心还是以频道宗旨为中心？

对于凤凰的做法，欣赏者有之。北京广播学院《现代传播》高级编辑朱光烈认为，凤凰卫视中文台开播不过 3 年，发展如此迅速，其中一个重要原因就在于创新，突出主持人作用。"我认为现代传播'外不以受众为中心，内不以主持人为中心'就与现代化无缘，很难取得大的发展，凤凰卫视中文台证明了这一点。"这是朱光烈年初在接受媒体采访时发表的看法。

而北京电视台生活频道的人们则另有考虑。"生活频道是以生活服务为主的专业频道，老百姓更多地会关注节目的内容，而对主持人的印象不容易那么深。所以我们推出他们，更多是想以他们为线，串起生活频道'百姓朋友'这样一个宗旨，创造一种温馨亲切的氛围。"在欧阳副主任看来，观众固然会特别钟爱一个节目，但一个频道的整体形象却越来越受到关注。一个好节目如果放在一个毫无个性特征的频道，往往会淹没其中而默默无闻。

包装固然有用，更重要还在内容

相形之下，电视策划人张锦力视角则更有不同。前天晚上记者采访他时，他用不多的几句话阐明他的观点："包装当然有用，应该学着去做得更好。但更重要、更应该被重视的还是内容，就说凤凰卫视，那些平常没有条件看到凤凰卫视的人，什么时候是他们会千方百计去找地儿非看不可的？是播黛安娜葬礼、播《法轮功大揭底》的时候！因为他们有，我们没有！"

而凤凰中文台创作总监郭滢说在7个月前的一段话，则似乎恰好可为之做注："新闻观念上，凤凰卫视有独到之处。我们宁愿在中国内地被当做另类补充。1997年下半年，朱镕基出席世界银行年会并发表演讲。演讲非常精彩，一张门票卖到了9000元港币。我们进行了直播，而内地媒体则没有。"

"对于内地电视台来说，凤凰卫视所开创的范式的意义主要在于其'另类选择'的创新模式。在现代市场竞争中，竞争优势的获得20%来自于技术创新，80%来自于策略创新。策略创新就是包装、角度、口味的创新。这是它对于长期处于'大一统'传统中的我们的传播模式的开拓创新而言，更为重大的意义。"中国人民大学舆论研究所喻国明所长如是说。

（文/吴菲）

编　后　记

播音与主持艺术专业教学和有声语言技能、技巧训练离不开大量的各种类型的文章、稿件等文字材料。为满足教学的需要和保证教学质量，本教程所用材料，都经过每单元的编著者认真选择，从社会上公开出版、发行的报刊、文集等正式出版物和广播、电视正式播出的节目中选取的。可以说，没有广大作者、译者和出版单位的支持和帮助，播音与主持专业教学和训练就无法进行。也可以说，过去、现在和将来活跃在我国广播、电视播音与节目主持岗位上的众多播音员、节目主持人的身上，也无一不体现着他们辛勤的劳动和汗水。在此，我们对长期以来一直对播音、主持教学给予大力支持和帮助的广大作者、译者和出版单位表示诚挚的感谢和崇高的敬意！

编者　谨识

2002 年 1 月